COLLANA

MEDICINA PER L'A

Franco Libero Manco

CODICE VEGAN

Corpo - Mente - Coscienza - Spirito

Anima Edizioni

Immagine in copertina: © isaporidiliila

Progetto editoriale: Jonathan Falcone
Direzione: Timoteo Falcone
Redazione: Sabrina Lescio

ANIMA s.r.l.
Gall. Unione, 1 – 20122 Milano
Tel. 02 72080619 fax 02 80581864
e-mail: info@animaedizioni.it
www.animaedizioni.it

I edizione Anima febbraio 2015

Tipografia Italgrafica
Via Verbano, 146
28100 Novara

Prefazione
di Valdo Vaccaro

Tanti sono i difetti che caratterizzano l'essere umano: cinismo, viltà, avarizia, venalità, insensibilità. Catene che gli impediscono di spiccare il volo, di fare un salto di qualità e che mantengono a livelli assai bassi la vera cultura della coscienza umana aperta all'amore universale.

A volte, i difetti citati vengono superati essendo troppo rozzi e troppo evidenti, ma c'è ancora qualcosa che stona e che non quadra: è l'eccesso di vanità, la presunzione di essere una creatura speciale e privilegiata, la convinzione di essere, per volere divino, meglio della mucca o del maiale.

Il difetto ha un nome specifico e si chiama antropocentrismo. Per gli uomini di chiesa, di tutte le maggiori religioni fuorché il Buddhismo, l'insidia non è solo presente ma addirittura ridondante. Secondo la visione antropocentrica noi uomini, dotati d'intelligenza superiore e di anima, e circondati da altre creature inferiori, saremmo stati prescelti da Dio per sfruttare a nostro piacimento gli altri esseri considerati senz'anima, privi di sentimenti, di memoria storica e di parola, e dunque utilizzabili a nostro piacimento.

Chi ragiona in questo modo dimostra aberranti limitazioni di cultura e di spiritualità. Gli animali hanno metodi comunicativi e comportamentali diversi dai nostri, ma non necessariamente inferiori in qualità e in meriti.

Il *Codice Vegan* dell'amico fraterno Franco Libero Manco è un testo di avanguardia che parte proprio da queste considerazioni e che considera la visione antropocentrica come ciò che maggiormente preclude l'evoluzione morale, civile e spirituale del genere umano.

A parte la decina di sue precedenti opere, Franco Libero è persona conosciuta e di grande carisma, per il gravoso e coraggioso impegno profuso a favore delle cause vegana, animalista e salutista che egli considera come componenti fondamentali della visione universalista.

Troppo conosciuta perché io possa presentarla. Sottolineo però le qualità professionali e artistiche, oltre che umane, dell'autore, che potrebbe fare grandi cose nell'arte, nel disegno, nella pittura, e che ha rinunciato coerentemente a tutto per portare avanti la sua personale e coinvolgente battaglia per un mondo migliore.

"Se la coerenza è determinante in una causa, noi non possiamo che essere Vegetariani. Non possiamo invocare protezione e giustizia per gli animali, se poi ce li mangiamo a tavola", è una frase che leggo aprendo a caso il suo testo "Biocentrismo, l'alba della nuova civiltà umana".

È per me un onore e un piacere dare il benvenuto a questa ennesima perla della sua intensa e coerente produzione letteraria.

Valdo Vaccaro

Introduzione

Che cos'è il Vegetarismo

Essere vegetariani non significa solo seguire una dieta alimentare conforme alle nostre esigenze biologiche di esseri pacifici e fruttariani, ma abbracciare l'unica filosofia di vita che consente la realizzazione di se stessi e di un mondo migliore.

Il termine Vegetarismo fu coniato nel 1847 in Inghilterra dalla Vegetarian Society, adottato poi nel 1857 in Germania e in Francia nel 1875. Dal 1889 si parla di Vegetarismo. Mentre il "Fruttarismo" nasce in Francia nel 1920, successivamente si diffonde in Germania, Inghilterra, Italia. Dal 1944 si parla di Veganismo. La parola "Vegan", una contrazione di "Veg(etari)an(o)", fu coniata da Donald Watson che, insieme a un gruppo di Vegan inglesi, fondò la Vegan Society a Londra nel novembre del 1944. Il termine sta per indicare coloro che cercano di escludere tutte le forme di sfruttamento e crudeltà sugli animali. Nel 1908 fu fondata l'International Vegetarian Union con lo scopo di riunire le associazioni vegetariane di tutto il mondo.

Il Vegetarismo si diffonde in Italia principalmente a opera di Aldo Capitini (1889-1968), il Gandhi italiano, apostolo della nonviolenza, che nel 1952 fonda a Perugia la Società Vegetariana, e nel 1961 organizza la prima marcia della pace Perugia-Assisi; nel 1963 fonda il Movimento Nonviolento per la Pace, poi costituisce Centri di Orientamento Sociale e Religioso, lavora per l'obiezione di coscienza, per la riforma religiosa, per l'educazione popolare, per lo sviluppo della scuola pubblica.

Il Vegetarismo, come filosofia di vita, trova le sue origini nel pensiero dei grandi iniziati, nei mistici, filosofi, santi, uomini di cultura e di scienza di ogni tempo e paese, in un forte richiamo al senso della giustizia e della compassione universale estesi dall'uomo a ogni essere vivente.

Nella sua pratica attuazione il Vegetarismo vuole dare all'individuo gli strumenti per essere artefice del proprio destino attraverso la consapevolezza delle proprie capacità di recuperare e conservare la propria salute fisica, di favorire il proprio equilibrio mentale e sviluppare la propria sfera spirituale attraverso stili di vita e abitudini alimentari conformi alla nostra natura. Infatti da ciò che mangiamo, dalla qualità dei nostri pensieri e dal nostro stato emotivo dipendono il nostro benessere e la nostra felicità. Solo quando le quattro componenti fondamentali dell'individuo, corpo, mente, coscienza e spirito, sono in sintonia tra loro si ha il perfetto benessere.

Il Vegetarismo supera la concezione meccanicistica, settoriale e sintomatologica della medicina convenzionale per intervenire sulle cause che determinano la malattia, secondo approcci terapeutici alternativi, naturali, di tipo olistico, ambientali e comportamentali.

Il superamento di ciò che genera disarmonia nel nostro essere, oltre a prevenire la malattia e ripristinare l'equilibrio energetico dell'individuo rafforzando le sue difese immunitarie, consente di sviluppare una coscienza giusta e compassionevole, una personalità serena, forte e positiva nei confronti della vita rendendo l'individuo parte attiva della sua stessa guarigione.

Il Vegetarismo dunque si propone di: dare all'individuo gli strumenti di difesa dalle malattie derivanti da alimentazione e stili di vita contrari alla nostra natura; favorire il rispetto della vita in tutte le sue manifestazioni; debellare la fame nel mondo e salvaguardare la natura; sensibilizzare la coscienza umana verso le necessità vitali di ogni essere vivente; abolire la violenza in senso lato mettendo in atto il principio "non ammazzare" e "non fare ad altri ciò che non vorresti ti fosse fatto"; opporsi a ogni pratica di sfruttamento dell'uomo come dell'animale sviluppando una mentalità di pace, di condivisione, di non predominio. Da una nuova cultura umana, infatti, fondata sulla consapevolezza delle possibilità di autodeterminare la propria condizione fisica, psichica, morale e spirituale e da una nuova sensibilità umana aperta alla condivisione e al rispetto dei più deboli è possibile porre le basi per un mondo libero dalle malattie, dalla violenza e dal dolore.

Il Vegetarismo non è un compendio di norme alimentari intese a tutelare la salute; non è un movimento di nutrizionisti alternativi;

non è l'ideologia rampante delle ultime generazioni e non è nemmeno la tendenza spontanea verso un romantico ritorno alla natura nel rispetto di tutti i viventi. Il Vegetarismo (e nella sua più ampia definizione "Vegetarianesimo") è l'espressione più alta, profonda e matura dell'intelligenza positiva e della coscienza universale protese verso il bene, la verità, la vita e l'evoluzione integrale dell'uomo in armonia con tutti gli esseri. Nella sostanza è il ritorno al piano originale di Dio per il creato enunciato dai grandi mistici di ogni dottrina religiosa e filosofica.

Il Vegetarismo, anche se si manifesta platealmente nelle ultime generazioni specialmente occidentali, affonda le sue radici nei lontani millenni della storia, traendo il suo insegnamento dal pensiero degli uomini più illuminati del mondo in una sorta di sincretismo universale, facendo proprio il pensiero dei grandi filosofi, dei grandi iniziati, dei grandi mistici, letterati e scienziati di ogni tempo e paese, base della morale e della spiritualità umana.

Il Vegetarismo fa suo l'anelito dell'uomo verso la liberazione integrale dai condizionamenti fisici, mentali e morali e lo rende libero e artefice del proprio destino, della propria salute fisica, del proprio equilibrio mentale, dello sviluppo della propria sfera emozionale e della propria elevazione spirituale.

Fulcro fondamentale della visione vegetariana è il rifiuto della violenza, in empatica adesione al pensiero jainista, al sentiero dell'amore enunciato dal Cristo, alla legge della compassione indicato dal Buddha, alla via della rettitudine raccomandato da Zoroastro e da Pitagora.

La cultura della scienza e dell'etica vegetariana supera le barriere ideologiche, razziali, culturali, religiose e politiche, per valorizzare le differenze positive formali e sostanziali, per espandersi a raggi concentrici sempre più vasti dall'uomo ad ogni essere vivente.

VIVERE SECONDO I PRINCIPI ETICI DEL VEGETARISMO SIGNIFICA:

- estendere i codici del diritto dall'uomo a ogni essere in grado di soffrire;
- valorizzare le differenze formali e sostanziali componenti la vita;
- estendere i principi: non ammazzare e non fare agli altri quello che non vorresti per te stesso, dall'uomo a ogni essere senziente;

- anteporre il biocentrismo alla visione antropocentrica;
- responsabilizzare l'individuo delle proprie scelte che sono in grado di condizionare il destino collettivo e quindi non delegare altri a tutelare il proprio bene fisico, mentale emozionale e spirituale.

Noi abbiamo un sogno

Noi abbiamo un sogno, quello di un'umanità libera dai condizionamenti mentali esercitati per millenni dai centri di potere politico, economico e religioso; un'umanità libera dalle malattie, dal dolore e dalla violenza; un'umanità in cui ogni individuo ha finalmente gli strumenti per tornare ad essere artefice del proprio destino.

Noi siamo consapevoli che una società migliore è possibile solo se migliori saranno le coscienze di coloro che la compongono: più giuste e sensibili verso le esigenze vitali di ogni essere vivente, aperte alla fratellanza biologica universale in cui i codici del diritto alla vita, alla libertà e al rispetto sono estesi dall'uomo a ogni creatura. Siamo consapevoli che i sistemi politici ed economici cambieranno solo se cambieranno il cuore e la mentalità della gente che li fa e li gestisce.

Riteniamo che il Vegetarismo sia l'anello mancante alla cultura umana per poter superare il lungo periodo storico dell'ingiustizia, della violenza, della guerra, del dolore, della malattia.

Noi siamo consapevoli che educare a rispettare e a valorizzare il piccolo sia la soluzione di gran parte dei problemi del genere umano. Infatti come potrebbe l'uomo nuocere al suo simile se fosse educato alla gentilezza verso ogni essere vivente?

Chi dice "io sono verde" oppure "io sono bianco" è in errore: chi guarda in una sola direzione esclude dal suo orizzonte tutto il resto. Chi dice "io sono arcobaleno", questi è nel vero.

Noi sosteniamo la cultura delle cause e del senso critico; non la cultura della sintomatologia.

Ci opponiamo all'arcaica quanto perniciosa visione antropocentrica, alla quale contrapponiamo la vitale filosofia del biocentrismo.

Consideriamo una vergogna per un popolo civile convivere con, tollerare o giustificare l'esistenza dei campi di sterminio che sono i mattatoi, come ciò che preclude l'evoluzione civile, morale e spirituale di un popolo.

Noi siamo consapevoli che nessuna malattia può essere debellata senza considerare l'individuo nella sua interezza e senza neutralizzare le cause che l'hanno generata, che sempre risiedono nel modo di essere e di alimentarsi dell'individuo.

Nessun vero benessere è possibile se l'individuo non cura simultaneamente le quattro componenti fondamentali dell'essere: quella fisica, quella mentale, quella emozionale e quella spirituale.

Il cibo influisce sulla mente, sul corpo, sulla sfera morale e sulla dimensione spirituale dell'individuo.

La tossiemia è l'effetto di una moltitudine di cause che porta a tutte le malattie, come i cibi cotti sono la causa della debilitazione dell'uomo.

Con la frutta, i cibi crudi, il digiuno, l'aria pulita, la serenità d'animo e la bontà del cuore è possibile curare ogni malattia.

Invito ai lettori

A prescindere dalla giustezza della tesi generale di questo libro, che riteniamo evidentemente inconfutabile, essendo la vastità del suo panorama qualcosa che si potrebbe dire addirittura universale, potrebbero essere sfuggite al controllo dei suoi tanti dettagli piccole inesattezze, esagerazioni o contraddizioni.

Saremmo dunque grati a chiunque volesse segnalarci eventuali errori o proporci correzioni o miglioramenti.

Prima parte
Aspetti etici

HO CAPITO CHE...

Ho capito che la vera forza liberatrice per l'uomo nasce dalla conoscenza e dalla volontà di essere artefici del proprio destino.

Ho visto che l'umanità da sempre è in mano a tre centri di potere: quello politico, quello religioso e quello medico.

Ho visto che i grandi meccanismi di gestione delle cose comuni sono concepiti per consolidare il potere dei forti.

Ho capito che le guerre moderne si fanno anche per rinnovare gli arsenali bellici e favorire le influenti industrie produttrici.

Che i concetti di patria e di religione troppo spesso dividono i popoli più che avvicinarli.

Che la scienza il più delle volte non è al servizio della gente ma di chi paga i tecnici della ricerca, cioè delle grandi multinazionali, veri e propri imperi economici come la chimico-farmaceutica, la petrolifera e quella dell'alimentazione, le quali pagano gli scienziati per dimostrare quello che a loro torna utile e vendere i loro prodotti.

Che la medicina convenzionale è fondamentalmente sintomatologica, non preventiva, perché la salute non rende mentre la malattia dà sostentamento ad un esercito sconfinato di persone.

Che la politica crea classi di potere che sempre sfuggono al controllo di chi le elegge, e che gli stessi mezzi di informazione danno alla gente quel che la gente chiede, non quello di cui la gente ha realmente bisogno.

Che la miseria e la fame nel mondo non sono frutto di un fatalismo ma la conseguenza di un meccanismo pensato per manovrare e assoggettare le masse.

Che le carenze di cultura e di pensiero critico della gente sono volute perché diventano piedestallo di ogni tirannia e servono a mantenere la gente in uno stato di perenne necessità di dottori del corpo e dello spirito.

Ho visto che nella Bibbia vi sono molte contraddizioni dottrinarie, che la vera religione cristiana è stata ampiamente disattesa e che, a parte gli ultimi decenni, la Chiesa si è servita di Cristo piuttosto che servire Cristo, e che la sua preoccupazione dominante sembra essere quella di perpetuare se stessa.

Ho visto che in merito al modo di alimentarsi dell'uomo la religione cattolica tende a spegnere il naturale sentimento di pietà dell'animo umano verso la sofferenza dell'animale e svalutare tutto ciò che non è umano.

Ma c'è una componente unitaria in tutta questa situazione. La coscienza umana. È la coscienza infatti a fare la storia, che sempre si esprime in base al suo grado evolutivo, al suo senso di giustizia, alla sensibilità del cuore della gente, alla capacità di condividere la sofferenza del prossimo. Qualunque violenza, qualunque ingiustizia dal più piccolo reato alla strage nasce dall'animo umano.

Ciò che occorre, per risolvere tutti i problemi del mondo e consentire all'uomo di superare la lunga fase storica dell'ingiustizia e della violenza, è rendere migliore l'animo umano, cioè più giusto, più buono, più fraterno, più conciliante, più compassionevole.... Questo è il solo modo per rendere migliori i sistemi, i meccanismi, il mondo. Il resto è demagogia.

QUANDO SAI CHE...

Quando sai che il 15% della popolazione mondiale dispone dell'85% delle ricchezze naturali e mangia il 60% di tutto il cibo prodotto, mentre cinquanta milioni di persone (quanto le vittime della Seconda Guerra Mondiale) ogni anno muoiono di fame e di miseria, e non ti ribelli a questa abissale ingiustizia, tu non sei un uomo.

Quando sai che nel mondo un miliardo e mezzo di persone percepiscono in un mese il salario di un giorno dell'ultimo manovale in Occidente, mentre ogni mucca riceve dalla comunità europea un sussidio di 2,5 Dollari al giorno (il doppio di quanto dispone il 75% degli africani) e dici, "Che ci posso fare", tu non sei un uomo.

Quando sai che tutte le malattie del mondo potrebbero essere debellate con la somma che il mondo spende in un solo giorno in armamenti militari (centocinquanta milioni di Euro al minuto); che un sottomarino atomico costa quanto quattromila ambulatori medici; che i soldi spesi ogni anno solo negli Stati Uniti per curare le patologie e i danni causati da eccessi alimentari basterebbero a eliminare la fame nel mondo, e non ti senti sprofondare dalla vergogna, tu non sei un uomo.

Quando sai che il Sud per pagare i suoi debiti versa ogni anno dodicimila miliardi di Dollari nelle casse dei paesi ricchi e che il 40% di tutte le importazioni agricole destinate agli animali d'allevamento degli Stati Uniti vengono dai paesi sottosviluppati, e credi che siano cose che non ti riguardino, tu non sei un uomo.

Quando sai che milioni di tonnellate di eccedenze alimentari vengono distrutti, che centinaia di migliaia di capi di bestiame vengono inceneriti e che tonnellate di latte vengono versate sulla strada per equilibrare i prezzi tra offerta e consumo, mentre sette madri su dieci nel Terzo Mondo vedranno i loro bambini morire prima che abbiano compiuto quindici anni, e il tuo cuore non si spacca dal dolore e dalla rabbia, tu non sei un uomo.

Quando sai che sessanta miliardi di animali ogni anno vengono allevati in modo infernale e uccisi per imbandire le tavole degli umani, che i cereali utilizzati per produrre un solo chilo della carne che mangi sarebbero sufficienti a sfamare quaranta bambini, e non ti senti ribellare a questa spaventosa follia collettiva, tu non sei un uomo.

Quando sai che quarantamila bambini muoiono ogni giorno (otto milioni ogni anno) per mancanza di acqua potabile mentre tu sprechi centomila litri di acqua mangiando un solo chilo di carne di manzo; quando sai che mille bambini solo in Italia vengono uccisi ogni giorno con l'aborto, e hai ancora il coraggio di guardarti allo specchio, tu non sei un uomo.

Quando sai che nel mondo ogni anno trecento milioni di animali vengono torturati e uccisi con la *vivisezione* (l'86% senza alcuna anestesia), e ti limiti a dire "poveretti", tu non sei un uomo.

Se sei un vero uomo non ti nascondere dietro i tuo pregiudizi:
levati i tappi dalle orecchie, la benda sugli occhi,
la corazza sul cuore.
È troppo comodo, troppo ipocrita limitarsi al lamento,
alla critica, alla protesta.
È troppo comodo aspettare che siano gli altri a realizzare
un mondo migliore.

La rivoluzione dell'etica universale

L'universalismo è uno stato di percezione della coscienza più ampio, è la visione unitaria delle cose, è la consapevolezza che tutto ciò che esiste è parte inscindibile di un solo grande organismo. L'universalismo riconosce il valore intrinseco di ogni singolo componente come unico e irripetibile, e trascende ogni parzialismo e ogni concetto isolazionista. Esalta l'interazione armonica delle differenti culture, la sinergia delle forze vitali.

Nella sua attuazione pratica richiede al soggetto una coscienza individuale più giusta, una mentalità di pace e di giustizia più ampia e profonda degli schemi convenzionali marcatamente antropocentrici; la capacità di estendere il diritto al rispetto, alla libertà e alla vita dall'uomo a ogni essere senziente. Questo non vuol dire che tutte le cose siano sullo stesso livello, che il comportamento del criminale abbia, sul piano dell'etica, lo stesso valore del comportamento dell'uomo giusto e onesto; non significa che l'essere umano abbia l'obbligo giuridico di trattare alla stessa stregua un uomo e una zanzara, ma l'esigenza morale di rispettare le esigenze vitali di ogni creatura perché tutte appartenenti alla medesima realtà in continuo divenire, con l'identico diritto di esistere e di attuare il proprio destino evolutivo, nella consapevolezza che più un essere è debole e indifeso e più ha il diritto di essere tutelato dal più forte.

L'universalismo, pur conservando il valore delle proprie identità culturali, supera il concetto di patria, di nazione, di appartenenza ad un gruppo etnico, l'assolutismo dogmatico del concetto dualistico tra bene e male.

Ciò che occorre è superare le divisioni mentali, fittizie, virtuali, capire che non c'è nulla di assoluto nell'universo, che tutto è in continuo mutamento. Capire che nulla di ciò che viene detto o fatto ha valore imperituro, che tutto è in relazione al contesto storico sociale in cui si verificano i fatti e che solo ciò che mira alla conservazione della Vita e all'armonica compenetrazione tra le cose resta come punto di riferimento oggettivo. Per i credenti può essere Dio, per i non credenti sarà la speranza nel bene, nella democrazia, nella giustizia, nella vita che, a mio avviso, è la stessa cosa.

Occorre capire che il bene ed il male sono intrinsecamente legati al punto che l'uno non può esistere senza l'esistenza dell'altro. Infatti se dovesse essere abolita la violenza dalla dimensione terrestre, per il fatto che ogni specie esiste in virtù della sopraffazione di quella più debole di cui si nutre, ogni cosa sul pianeta cesserebbe di esistere. La strada da seguire sta nel perfetto equilibrio delle due realtà: ma quanto più un uomo opera nel bene tanto più si avvicina ai margini dell'equilibrio.

Se il bene si identifica con la vita e con l'evoluzione integrale di ogni essere vivente, il male è tutto ciò che si oppone alla vita, alla gioia, all'armonia e si manifesta con la sofferenza, il caos, la morte. Ma se l'essere umano arrivasse, un ipotetico giorno, ad abolire ogni forma di violenza e di ingiustizia tra i suoi simili e verso gli animali, fino a realizzare il mitico paradiso terrestre, nulla cambierebbe per le altre specie viventi che esistono solo in virtù della violenza che esercitano a danno di altre creature spinte dalla necessità di sopravvivenza.

L'essere umano è il solo che ha il privilegio di potersi opporre all'inesorabile legge naturale, accettando di essere vegano: in questo modo vince la legge della violenza a cui sono soggetti impotenti gli altri esseri che per esistere devono necessariamente uccidere. Anche se sarà impossibile abolire del tutto la violenza dell'uomo verso le altre creature. Pensiamo a quanti piccoli animali vengono uccisi nella coltivazione dei campi o nella realizzazione delle strade o dei palazzi.

Nell'ottica dell'universalismo qualunque schieramento è errato. Chiunque si posiziona in una corrente di pensiero o abbraccia le teorie di una qualunque dottrina o ritiene preminenti i valori di una cultura su un'altra cade nell'errore di una cultura segregazionista, antropocentrica, razziale, specista. Convinto che la sua verità sia quella a cui le altre devono uniformarsi cercherà il trionfo della sua. Chiunque dice: "questo è mio fratello" sbaglia perché nostri fratelli non sono solo quelli della nostra stessa specie ma tutti gli esseri senzienti. Chiunque dice "io sono donna" sbaglia perché nel maschio ci deve essere, e c'è, anche la dimensione della parte femminile e viceversa. Chiunque dice io sono "rosso, verde, o bianco," chiunque dice "io sono cristiano, induista o buddista" tenta di affermare la supremazia della corrente del suo pensiero sulle altre. Chiunque guarda in una sola direzione si priva della percezione di un orizzonte più vasto, ma chi, invece di fermarsi e dire "questa è la parte che io prediligo, in cui meglio mi identifico", non guarda in modo circolare, anzi sferico, preclude a se stesso, alla sua anima e alla sua mente la possibilità di conoscere le differenti realtà che lo arricchiscono e che compongono la Vita.

Rivoluzioni ed evoluzione

L'essere umano nel corso del suo processo evolutivo non è sfuggito (e tuttora non sfugge) alla legge della natura con la quale il più forte impone le sue regole sul branco. Dalla forza fisica iniziale, come principio di imposizione si è passati alla forza della maggiore perspicacia del soggetto per arrivare alla forza del potere economico. Il popolo ha sempre subito la buona o la cattiva sorte di chi comandava il gruppo o di chi governava a seconda che il soggetto fosse animato da giusti propositi oppure crudele e tiranno. La difficoltà è sempre stata, ed è quella di, avere al comando qualcuno che, oltre a essere in grado di far rispettare le regole, garantisse nello stesso tempo la giustizia e il bene del popolo.

Le regole imposte, se da una parte costituivano una sorta di sicurezza per il gruppo, dall'altra precludono la libera espressione dell'individuo, condizionato se non represso nelle sue migliori espressioni evolutive.

Quando i potenti, in un progressivo delirio di onnipotenza e di rapacità, hanno preteso dal popolo più di quanto questo fosse in grado di dare, sono scoppiate rivolte, ma il potere che arrivava a sostituirsi era spesso peggiore di quello abbattuto. Ma dalla mancanza di libertà, dal sopruso e dall'ingiustizia nasce il desiderio di affrancamento e di democrazia. L'alternarsi al potere ha fatto sì che coloro che succedevano al tiranno deposto, per il fatto di esser venuti dal popolo fossero animati da una volontà di giustizia maggiore di chi era stato al potere.

Il potente, come il capo branco, tende egoisticamente a fare i suoi interessi quando non è animato da uno spirito di giustizia e democrazia, ma questi aspetti morali della coscienza umana sono emersi lentamente nel seno del gruppo a mano a mano che la coscienza collettiva si evolveva secondo le aspirazioni di uguaglianza e condivisione.

I grandi uomini di spiritualità hanno contribuito notevolmente a innalzare il livello morale della coscienza collettiva facendo in modo che coloro che poi si succedevano al potere fossero più giusti ed umani nei loro propositi.

I potenti, se da una parte hanno dovuto (loro malgrado) allargare la sfera del diritto e della legalità a masse sempre più estese, più emancipate, consapevoli e determinate, erano d'altronde essi stessi parte di un'umanità che pian piano si allontanava dai livelli primordiali.

Il potere può rallentare ma non impedire il processo evolutivo insito per legge naturale nelle cose. E anche se per "sbloccare" la stasi dovuta alla tirannia si è dovuto quasi sempre ricorrere all'uso della forza, senza il progressivo sviluppo del senso critico dell'intelligenza umana, dovuto agli Iniziati, ai grandi filosofi a agli uomini di scienza, le grandi innovazioni non avrebbero avuto la capacità di attuarsi se non in tempi molto più lunghi.

L'impegno dello Stato di educare la gente alla pace, alla giustizia, alla fraterna condivisione è ciò che manca per accelerare il processo evolutivo capace di scongiurare in futuro nefaste ricadute verso tiranniche espressioni di individui capaci di sfuggire alla legge dell'evoluzione integrale.

MENTE, CORPO, SPIRITO

"Non si dovrebbe intraprendere la cura di una parte senza tener conto del tutto. Non dovrebbe venir fatto alcun tentativo di curare il corpo disgiunto dall'anima; per ottenere la salute della testa e del corpo è necessario cominciare curando la mente... Perché questo è il grande errore dei nostri giorni nella cura del corpo umano: che si compie separando l'anima dal corpo." Platone (427-347 avanti Cristo).

L'etica universale del biocentrismo è uno stato della coscienza più ampio, è la visione unitaria delle cose, è la consapevolezza che tutto ciò che esiste è parte inscindibile di un solo grande organismo, è l'anello mancante alla cultura esistenziale adeguata a realizzare un mondo migliore.

Nella sua attuazione pratica richiede al soggetto una coscienza individuale più giusta, una mentalità di pace e di giustizia più ampia e profonda rispetto agli schemi convenzionali marcatamente antropocentrici, la capacità di estendere il diritto al rispetto, alla libertà e alla vita dall'uomo agli altri essere viventi, nella consapevolezza che più una creatura è debole e indifesa più ha diritto di essere tutelata dal più forte.

La filosofia del biocentrismo affonda le sue radici nel pensiero dei grandi uomini di spiritualità e di scienza di ogni tempo e paese, valorizza la sacralità della vita in tutte le sue multiformi espressioni, supera le barriere ideologiche, razziali, politiche, religiose, culturali, si apre sfericamente alla valorizzazione delle diversità componenti la Vita, va alle cause dei problemi, cerca di sviluppare nell'individuo il senso critico delle cose e della storia in modo da renderlo capace di autodeterminare la propria esistenza e di responsabilizzarsi nei confronti del suo contesto sociale. Il biocentrismo è la sola filosofia che estende i tre principi della civiltà mondiale "non ammazzare"; "non fare ad altri ciò che non vorresti fosse fatto a te" e "ama il prossimo tuo come te stesso" dall'uomo ad ogni animale senziente.

Nella sua visione olistica e sincretista il biocentrismo può arrivare dove nessun'altra dottrina è mai arrivata e così risolvere i tre mali fondamentali dell'uomo, quello fisico che genera le malattie corporee, il male mentale che genera azioni incontrollabili, inquietudine, paure e via dicendo e il male spirituale che genera egoismi, crudeltà, insensibilità, aggressività, violenza. Questo processo di rinnovamento essenziale passa inevitabilmente attraverso l'alimentazione vegana. Il Veganismo infatti, oltre a prevenire la malattia, a ripristinare l'equilibrio energetico, rafforzando le difese immunitarie dell'individuo, consente lo sviluppo di una coscienza giusta e compassionevole, una personalità serena, forte e positiva, rendendo l'individuo parte attiva del suo stesso destino.

La filosofia del biocentrismo (componente dell'Universalismo) ha quindi l'ardire di ritenersi l'unica dottrina morale in grado di risolvere i più gravi problemi che da sempre affliggono l'umanità quali: la violenza, le malattie, la fame nel mondo, la distruzione dell'ambiente, l'inquinamento, la carenza di acqua potabile, l'esaurimento delle risorse energetiche. Per attuare questo ambizioso processo riteniamo che sia necessario intervenire sull'uomo piuttosto che sui sistemi, perché se gli uomini sono giusti, saggi e lungimiranti qualunque sistema è ottimale, per contro qualunque sistema politico, economico, religioso e via dicendo non funziona se a governare sono uomini ingiusti ed insensibili. Si racconta un aneddoto in cui fu dato ad un gruppo di persone un foglio di carta su cui era impresso da un lato il planisfero e dall'altro lato il profilo di un uomo. Il foglio strappato in piccoli pezzi doveva essere ricostruito ma le difficoltà erano enormi finché a qualcuno non venne l'idea che era molto più semplice ricostruire il planisfero ricomponendo la figura dell'uomo.

Se il bene si identifica con la vita e con l'evoluzione integrale di ogni essere vivente, il male è tutto ciò che si oppone alla vita, alla gioia, all'armonia e si manifesta con la sofferenza, il caos, la morte. L'essere umano è il solo ad avere il privilegio di potersi opporre alla inesorabile legge naturale, accettando di essere vegano: in questo modo vince la legge della violenza a cui sono soggetti impotenti gli altri esseri che per esistere devono necessariamente uccidere. Anche se sarà impossibile abolire del tutto la violenza dell'uomo verso le altre creature. Pensiamo a quanti piccoli animali vengono uccisi nella coltivazione dei campi o nella realizzazione delle strade o dei palazzi. L'umanità potrà migliorare la sua condizione solo se saranno migliori la coscienza e la mente di coloro che la compongono; per questo è fondamentale, imprescindibile intervenire sulle tre componenti dell'entità umana e curarle simultaneamente. Non solo infatti un individuo positivo è in grado di influenzare i suoi simili, ma vi è un nesso tra il comportamento umano e gli stessi eventi planetari: le catene di causa-effetto sono molto più reali di quanto si riesca ad immaginare e, come diceva Francis Thompson, "*Tutte le cose, da un potere immortale, vicino o lontano, segretamente, le une alle altre sono legate al punto che tu non possa muovere un fiore senza turbare una stella*".

Corpo, mente, coscienza e spirito

L'entità umana risulta fondamentalmente costituita da quattro componenti, corpo, mente, coscienza e spirito, che tra loro interagiscono e si condizionano a vicenda. Se il corpo è in stato di malattia la sofferenza coinvolge la condizione psichica che influenza quella emozionale, che a sua volta si estende alla dimensione spirituale della persona. Se una sola componente non è in stato di benessere si viene a creare una specie di scompenso nella natura umana e a questa subentrano l'inquietudine, la sofferenza, l'infelicità. Le suddette quattro componenti possono essere paragonate alle quattro gambe di un tavolo, che per essere stabile deve avere gambe della stessa lunghezza, cioè la vera realizzazione dell'uomo si attua solo quando corpo, mente, coscienza e spirito hanno lo stello livello evolutivo.

Se il corpo si ammala è perché l'uomo vive male, e si alimenta male; questo succede perché la sua parte ragionante non ha ancora raggiunto i livelli necessari a comprendere le leggi della natura. Può forse una mente essere serena quando il corpo è sofferente? Le malattie psicosomatiche sono una realtà non trascurabile. Se un uomo non ha saggezza e conoscenza come può sapere che cosa è meglio per la sua mente e la sua anima? E come può la sfera emotiva non essere turbata da pensieri turbolenti o azioni delittuose? Allo stesso modo quando la sfera sentimentale si esprime in modo negativo, lesivo per se stesso e gli altri, come può l'individuo essere in pace con se stesso e con gli altri?

La mente non può migliorare se stessa senza l'ausilio del corpo materiale in quanto è espressione sottile dello stesso, così il corpo non può migliorare se stesso senza l'ausilio della mente; allo stesso modo l'anima non può migliorare se stessa senza la volontà del soggetto, cioè l'azione della mente da parte della materia che la costituisce. In realtà corpo, mente, coscienza e spirito sono mondi che si compenetrano, che si influenzano reciprocamente e sono tra loro indivisibili al punto che se una delle componenti viene a mancare del tutto l'individuo cessa di esistere. Quindi, se le componenti sono inseparabili, per deduzione si può supporre che alla morte del corpo fisico dell'uomo si estinguono anche la mente, la coscienza e la sfera spirituale. Ma tutto è all'interno dell'Uno e quando il corpo materiale si frammenta i suoi componenti restano, sotto altri aspetti, all'interno dell'Uno perché nulla si crea e nulla si distrugge.

Se anche un solo organo è malato inevitabilmente ne soffre l'intero organismo. Ma se si vuole operare la guarigione di una delle quattro parti è necessario intervenire anche sulle altre tre. Il benessere integrale dell'individuo si raggiunge solo quando le componenti non solo sono armoniche con se stesse ma devono esserlo anche tra loro. Quando una sola di queste viene trascurata, non si sviluppa allo stesso livello delle altre due e si determina una sorta di scompenso che genera disarmonia nell'entità e quindi sofferenza fisica, psichica o spirituale. Una persona ritenuta giusta e di sani principi morali che però usa mangiare la carne prima o poi si ammalerà, sia perché non ha capito, a livello mentale, che questo alimento è incompatibile con la sua salute e sia perché la sua coscienza non è abbastanza sensibile da condividere la sofferenza degli animali, e di conseguenza, secondo la legge di causa-effetto, ne pagherà le responsabilità con la sofferenza.

Così se si vuole intervenire sulla mente dell'individuo sarà necessario considerare il livello evolutivo raggiunto dal corpo e dall'anima; se si vuole che un individuo sviluppi la sua sfera emotiva sarà necessario tener conto della dimensione fisica, psichica ed emozionale dell'individuo. Può succedere che un individuo abbia un fisico in apparente buono stato, ma la sua ottima salute non durerà a lungo se vengono trascurate le altre componenti. A volte succede che (come ad alcuni asceti e santi) a un fisico ammalato corrisponda una grande sfera spirituale, ma l'individuo è sofferente perché ha trascurato una o più delle sue componenti: il corpo, quindi non ha realizzato il benessere integrale richiesto dalla natura per essere felice, perché in realtà un uomo ritenuto santo che mangiava la carne ha, a mio avviso, le mani insanguinate.

Dimensione mentale

Duemila anni fa Giovenale affermava "*mens sana in corpore sano*"; infatti quando l'individuo gode buona salute, perché si alimenta correttamente, favorisce la basicità del suo sangue, e questo favorisce lo sviluppo del suo acume, della sua intelligenza positiva, della sua saggezza, della sua lungimiranza. Questo aspetto è confermato anche scientificamente dalla biochimica dei neurotrasmettitori, che spiega le origini alimentari dell'aggressività umana. Gli alimenti, infatti, condizionano il biochimismo cerebrale, il pensiero e quindi il comportamento delle persone. Carne e pesce fanno aumentare i livelli dell'aminoacido tirosina e l'accumulo nel cervello dei due neurotrasmettitori dopamina e adrenalina, responsabili della grinta e dell'aggressività tipica degli animali predatori.

Un eccesso proteico dovuto alla carne oppure a cibi troppo ricchi di proteine causa carenza di triptofano e serotonina. Il triptofano è presente anche nella carne, ma il triptofano che viene dalla carne o da cibi iperproteici aumenta contemporaneamente altri due aminoacidi, la leucina e la tiroxina, in misura maggiore rispetto al triptofano stesso, il quale giunge al cervello in dosi minori perché questi due impegnano i meccanismi di trasporto degli aminoacidi a discapito del triptofano, che giunge così al cervello in dosi ridotte generando aggressività e violenza nell'individuo.

Per contro i vegetali per il loro alto contenuto di amidi e fibra favoriscono la concentrazione di triptofano nel cervello consentendone la trasformazione in serotonina, che è il neurotrasmettitore tipico di uno stato di calma, di serenità, di socievolezza; inducono il ritmo di base "alfa", che caratterizza un cervello cosciente e vigile, accompagnato da un senso di benessere generale analogo allo stato di meditazione, che permette all'individuo di entrare in contatto con le realtà più profonde della sua vera natura favorendo immaginazione e creatività. Inoltre, sotto l'aspetto bio-energetico l'alimentazione carnea abbassa le frequenze energetiche dei chakra, l'energia diventa più densa e scorre più lentamente, le persone tendono a essere più aggressive e tese, perché vengono sollecitati i chakra istintuali. L'alimentazione vegana invece consente la depurazione dell'organismo, che si ripercuote sui chakra che alimentano l'aspetto mentale e spirituale: l'energia della persona diventa più armonica ed equilibrata, aumenta la vibrazione complessiva e ci si avvicina al piano delle percezioni superiori.

La dimensione fisica o corporea

Nella dimensione filosofica del biocentrismo l'uomo vive secondo le leggi della sua natura di animale pacifico e vegano. Alimentandosi in conformità alle sue esigenze fisiologiche l'essere umano vive in ottima salute e a lungo: quanto più esclude dalla sua dieta carne, pesce e derivati animali e tutti i cibi innaturali ed inquinati, tanto più migliora la sua salute e si allunga la sua vita: potrebbe addirittura vivere circa sette volte il suo periodo di sviluppo come gli altri mammiferi, e raggiungere l'età delle popolazioni vegetariane che vivono spesso fino a centotrenta anni. La realtà dell'ottima salute dei vegani del tempo recente ed in qualunque età della storia è in grado di sconfessare qualunque attacco tendente a screditare il Veganismo. Milo, filosofo-atleta pitagorico, la cui forza sovrumana lo rese famoso nel mondo classico, era vegano: un esempio concreto dei benefici di questa dieta. Tiana, suo assiduo seguace, aveva una salute eccezionale e anch'egli era vegano. E l'elenco potrebbe continuare con gli atleti vegetariani o vegani contemporanei primatisti mondiali in ogni disciplina sportiva.

Il Professor Brauccle, nei suoi resoconti sugli abitanti delle isole Marianne, scoperte nel 1620 dagli spagnoli, dice che essi erano vegani puri, si nutrivano soltanto di frutti e radici poiché non conoscevano il fuoco; ciò malgrado erano in grado di trasportare sulle spalle fino a 250 kg di peso, non soffrivano di alcuna malattia e la durata della loro vita media era nettamente superiore a quella europea. Le popolazioni che per tradizione sono vegetariane vivono notoriamente più a lungo, come gli Hunza del Kashmir, i russi del Caucaso, gli indiani del Toda e dello Yucatan la cui vita media sfiora i cento anni; per contro le popolazioni prevalentemente carnivore, come gli eschimesi, hanno una vita media di circa trent'anni, e pare anche il più basso quoziente intellettivo.

Le cause delle malattie del corpo vanno sicuramente ricercate nel modo errato di alimentarsi dell'uomo. Se nel serbatoio di un veicolo progettato per funzionare a benzina viene aggiunto anche del gasolio la sua durata sarà limitata e la sua vita piena di problemi. La letteratura medico-scientifica derivante da convegni nazionali ed internazionali, in merito alle patologie correlate all'alimentazione, da molti anni mette in risalto i fattori protettivi degli alimenti vegetali, evidenziando nel contempo la pericolosità degli alimenti carnei e dei grassi animali, quali fattori predisponenti a molte malattie, comprese quelle cardiocircolatorie e tumorali.

Ben centocinquanta studi condotti in ogni parte del mondo hanno dimostrato che frutta e ortaggi proteggono dal cancro e che carne e grassi animali sono ritenuti responsabili dell'insorgenza di forme tumorali. Lunghi e approfonditi studi condotti nell'ambito dell'OMS hanno sottolineato la correlazione tra alimentazione carnea e insorgenza di malattie neoplastiche e malattie autoimmuni. L'OMS per combattere tali malattie indica come migliore prevenzione l'alimentazione a base di cibi integrali, verdure ed alimenti di origine vegetale. Analizzando poi altre patologie, come osteoporosi, malattie renali, malattia diverticolare, calcolosi della colecisti, artrite reumatoide e demenza, risulta che i mangiatori di carne hanno un rischio doppio o triplo di ammalarsi rispetto ai vegetariani.

Che la carne sia responsabile di moltissime patologie comprese quelle cancerose è oramai affermato da noti scienziati, medici e ricercatori in tutto il mondo, che inequivocabilmente hanno messo in relazione le malattie più terribili degli ultimi tempi con l'alimentazione carnea, che solo negli Stati Uniti ha causato più morti di tutte le guerre del secolo scorso. Dati statistici affermano che sono in aumento i tumori che colpiscono anche i bambini. Per contro sappiamo che l'alimentazione vegetariana previene moltissime malattie, specialmente: stipsi, diabete, reumatismi, disturbi epatici, coliti, gotta, malattie cardiache e tumorali, e può addirittura prevenire il 97% delle occlusioni coronariche.

Dimensione emozionale

È la coscienza degli individui a fare la storia, la quale coscienza si esprime a seconda dello stato evolutivo del singolo ed è influenzata dalla sua condizione fisica e spirituale. Se nel corso dei millenni l'individuo non ha sviluppato la sua sfera emotiva è perché ha limitato questo sentimento solo ai suoi simili e spesso neppure a questi. Ma se un padre di numerosi figli insegna a rispettare solo ed esclusivamente il primogenito e nel contempo autorizza, anzi spinge, gli altri membri della famiglia ad usare tra loro ogni sorta di sopruso e di violenza, non si può pretendere che questi siano poi sensibili, rispettosi e gentili nei confronti del primogenito. E se poi a un soldato viene insegnato a rispettare solo ed esclusivamente il generale, come potrà quel soldato essere incline al rispetto anche dei suoi parigrado?

L'inclinazione alla violenza dell'uomo non ha solo radici biochimiche ma, come si vuole dimostrare, anche morali, in quanto ogni azione coinvolge la sfera emotiva dell'individuo. Ma come può essere successo che l'uomo, dell'ordine dei primati, della famiglia degli ominidi, del genere homo, della specie sapiens sapiens, senza gli attributi anatomico-fisiologici tipici degli animali predatori (zanne, becco, artigli ed eccitazione alla vista del sangue), quindi un animale per sua natura fondamentalmente pacifico come i suoi cugini gorilla, scimpanzè o bonobo, come è possibile che si sia poi trasformato al di là del più feroce dei predatori, divenendo la creatura più agguerrita e crudele, capace di macchiarsi di crimini orrendi, di stragi, di genocidi anche verso i componenti della sua stessa razza, e un disgustoso mangiatore di cadaveri?

A mio avviso i nostri progenitori fruttariani, nell'ultima glaciazione Wurm III dell'era quaternaria nel periodo chiamato pleistocene, circa un milione di anni fa, quando le foreste si trasformarono in savane, furono costretti a vivere di sciacallaggio, cioè mangiare i resti lasciati dagli animali predatori, ma col tempo impararono a cacciare e quindi a uccidere direttamente gli animali e a mangiare i loro corpi sanguinolenti e palpitanti appena uccisi. Si abituarono alla vista del sangue e della morte violenta, e la sfera "emotiva" che con l'evoluzione si stava sviluppando nella coscienza della specie andò scemando, fino a restare circoscritta solo nei confronti di individui della propria stessa razza, e rallentò, se non precluse il suo stesso sviluppo. L'ominide aveva imparato a uccidere e l'azione inizialmente sporadica si ripeté ogni qualvolta vi fu la necessità di difendere il proprio pasto, la propria pozza d'acqua, il proprio giaciglio, la propria compagna. Il danno nella sua coscienza era stato irrimediabilmente compiuto, ma con l'uso della violenza a pagarne le conseguenze furono anche quelli della sua stessa razza, nei confronti dei quali era ormai capace di mettere in atto le stesse azioni distruttrici: l'uccisone di altri animali aveva decretato la morte della sensibilità umana.

Quando l'essere umano in maturità e coscienza rifiuterà la violenza, l'aggressione e il predominio come espressione vitale, quando avrà la consapevolezza che ciò che determinò le sue azioni violente non è più giustificabile dalla spinta alla sopravvivenza (dal momento che oggi l'uomo può benissimo assicurare il suo sostentamento attraverso alimenti che non richiedono l'uccisione e lo spargimento di sangue), allora tornerà alla sua antica natura di animale mite e pacifico. Anche perché la violenza sugli animali, come affermava il poeta Orazio, è il tirocinio per ogni crudeltà nei confronti dell'uomo.

Ma come attuare questo processo di sensibilizzazione della coscienza umana al fine di porre le basi per un mondo di pace e di giustizia tra gli esseri umani e tra questi e il resto della creazione? Semplicemente attraverso la valorizzazione ed il rispetto di tutto ciò che è diverso dall'uomo. Se le nuove generazioni saranno educate ad apprezzare la bellezza del "piccolo", ad amare, a rispettare la sacralità della vita in tutte le sue espressioni, se saranno in grado di meravigliarsi della bellezza di un fiore, di un semplice filo d'erba, se saranno educate a sviluppare la capacità di condividere le necessità vitali degli altri esseri viventi, le difficoltà esistenziali di ogni creatura, di capire che tutto ciò che esiste ama la vita e non vuole, come noi stessi, soffrire o morire, e che la nostra stessa esistenza dipende dalla simbiosi armonica tra tutte le cose; se le nuove generazioni sapranno amare le cose minute, il particolare valorizzandolo per il suo intrinseco valore, inevitabilmente si svilupperà nell'uomo una coscienza sensibile e compassionevole in grado di condividere le esigenze del prossimo, di amare e rispettare anche gli esseri umani, e finalmente saremo in grado di superare questo millenario ed infausto periodo storico di violenze e di lutti. Diversamente il processo inverso non solo non è in grado di produrre i risultati sperati ma diventa la causa principale della disumanizzazione della coscienza umana, come la storia conferma.

L'umanità per migliorare la sua condizione non ha bisogno tanto di scienziati, letterati, politici, economisti, matematici, medici quanto di uomini che siano principalmente buoni, giusti e sensibili alle necessità dell'altro, capaci di cooperare fraternamente e di condividere le necessità vitali del prossimo. Perché se un uomo non è un ottimo professionista può non essere un elemento negativo, ma se è fondamentalmente cattivo è sicuramente una sventura.

Non vi è delitto infatti o ingiustizia che non sia collegabile alla coscienza degli uomini; non v'è raggiro, inganno, interesse di parte, sete di potere, sfruttamento che non sia correlato alla sfera morale degli individui, come non v'è contrasto che non potrebbe essere risolto se l'uomo fosse più ricco di sentimenti. I crimini commessi dall'uomo, incominciando da Caino, che hanno reso questo mondo un luogo di dolore, i problemi che affliggono da sempre l'umanità e che impediscono di realizzare l'armonia sociale, non sarebbero stati commessi se l'uomo fosse stato semplicemente più buono e più giusto.

Se tutti i tiranni avessero avuto un cuore più giusto e sensibile come avrebbero potuto macchiarsi dei loro crimini? La stessa schiavitù umana sarebbe stata bandita. Se i soldati di tutti gli eserciti avessero un cuore buono ed una coscienza sensibile alla sofferenza dell'altro, se sapessero immedesimarsi sino a condividere il dolore che causano, come potrebbero uccidere il loro fratello? Il male supremo della guerra sarebbe eliminato. Se coloro che detengono il potere politico ed economico a livello mondiale avessero un cuore buono ed una coscienza sensibile all'altrui condizione come potrebbero sopportare l'idea che qualcuno stia soffrendo la fame, la miseria, le malattie? Coloro che violentano, stuprano, calunniano, fanno del male, come potrebbero nuocere al prossimo se il loro cuore e la loro coscienza fosse in grado di condividere la sofferenza del prossimo? Come potrebbero causare violenza fisica, psicologica o morale? Il ladro come potrebbe rubare ciò che non gli appartiene se avesse una coscienza in grado di condividere il dolore della sua vittima? Ogni delitto contro gli animali come potrebbe essere commesso se colui che lo commette avesse un animo sensibile?

Se una persona pensa sia una cosa giusta, naturale, lecita mangiare la carne, allora io la invito a visitare un mattatoio e portarci anche i suoi bambini in modo che sappiano a chi apparteneva quel pezzo di cadavere che hanno nel piatto. Pochi mangerebbero la carne se dovessero uccidere con le proprie mani l'animale di cui mangiano il corpo. L'incoerenza e l'ipocrisia umana sono ciò che maggiormente precludono l'evoluzione integrale dell'uomo. Come può l'umanità liberarsi delle ingiustizie, dalla violenza e dalla guerra se giornalmente ognuno che mangia la carne si rende responsabile di ingiustizia, di violenza e di sopraffazione?

Se un uomo è indifferente alla sorte crudele cui condanna migliaia di animali innocenti per il piacere del suo palato, come può essere un uomo giusto e adatto a preparare la pace? Invece un uomo sensibile, capace di percepire il dolore degli altri come potrebbe essere un macellaio, un vivisettore, un cacciatore, un pellicciaio, un assassino, un ladro, uno stupratore? Come potrebbe un uomo essere ingiusto, disonesto, approfittatore se fosse educato al rispetto di ogni creatura? È la sensibilità del cuore il vero segreto della giustizia e della pace.

Chi è indifferente alla sofferenza degli animali come può essere sensibile alla sofferenza degli uomini? Chi non sa dare valore alla vita dell'animale come può dar valore alla vita degli uomini? Chi non sa apprezzare e valorizzare la perfezione e la bellezza di un organismo vivente come può dar valore a ciò che lo circonda? Chi è indifferente al pianto di un animale come potrebbe essere sensibile al dolore degli uomini? Chi non sente la disperazione di un animale braccato, imprigionato, torturato come può comprendere l'angoscia del suo simile?

Eppure gli uomini riescono a farlo perché separano l'animale dall'uomo. Dicono: "*Che c'entra, l'animale è una cosa e un'altra è l'essere umano*". Ed è questo ciò che giustifica ogni crimine nei confronti degli animali. Il principe fattosi prete Max von Sachsen affermava: "*Finché gli uomini continueranno a uccidere gli animali essi non cesseranno nemmeno di uccidersi tra di loro: il mondo animale si vendica dell'umanità forzandola nelle guerre a divenire carnefice di se stessa*", e sullo stesso concetto diceva Anna Kingsford: "*Finché gli uomini si ciberanno come le tigri essi manterranno la natura della tigre*", mentre Artur Shopenhauer asseriva: "*La pietà verso ogni essere vivente è la prima valida garanzia per il buon comportamento dell'uomo*".

Ogni opera degna di lode, ogni altruismo e ogni collaborazione nasce dalla capacità dell'individuo di far sua e condividere la condizione dell'altro. Non vi è virtù che non nasca dalla sensibilità umana, come non vi è giustificazione che non sarebbe vanificata di fronte al rifiuto di nuocere.

Dunque la soluzione di ogni problema sociale non sta nel sistema ma nell'uomo che lo fa e lo gestisce: qualunque sistema sarebbe ottimale se a gestirlo fossero uomini giusti e sensibili, per contro nessun sistema è in grado di garantire pace e benessere se a gestirlo sono uomini disonesti, ingiusti e insensibili. Certo la sensibilità umana che porta alla pace, alla concordia, all'armonia vanificherebbe l'esistenza di tutte quelle strutture preposte alla difesa armata; per questo vi è, da sempre, opposizione da parte dei centri di potere conniventi con tali organismi che hanno interesse a perpetuare questo stato di cose. Più l'individuo è povero, debole e ignorante e più è facilmente ricattabile e manovrabile. La salute umana non rende, mentre la malattia dà sostentamento a un numero sconfinato di persone: eserciti, polizie, tribunali, carcerieri, medici, infermieri, ricercatori e via dicendo.

Finché l'uomo sarà cattivo e ammalato avrà bisogno dei dottori del corpo e dell'anima. Bisogna rendere l'uomo capace di autodeterminare la propria esistenza, bisogna far capire che le guerre iniziano nei mattatoi e che solo la cultura delle cause dei problemi e del senso critico, unita alla forza della gentilezza di un cuore aperto alla condivisione universale, può dare all'uomo gli strumenti per realizzare un mondo migliore.

Lasciandosi coinvolgere emotivamente l'uomo amplia i suoi livelli di coscienza e sviluppa la sua parte migliore. Il mezzo più potente viene dall'osservazione e dalla valorizzazione non tanto del "grande" o dell'insieme, quanto del diverso, del piccolo, del semplice, mediante l'immedesimazione e la condivisione nello sforzo di ognuno di esistere, nella gioia e nel dolore del fiore, della formica, della gazzella, dell'elefante. Perché se l'uomo sa valorizzare, rispettare e amare il piccolo come potrebbe non amare e rispettare anche il suo simile?

Se l'individuo si esprime in modo antitetico rispetto alle norme del buon comportamento, se si macchia di reati o crimini, la colpa non è da attribuire soltanto al soggetto, a causa del suo libero arbitrio, o a fattori genetici, ma anche agli organi di formazione dello Stato, il quale *ha il preciso dovere*, al pari dei genitori, di educare i componenti della sua famiglia a quelle regole civili e morali che pretende poi siano messe in atto dai cittadini. Altrimenti lo Stato, come lo stesso capo famiglia, non ha il diritto di chiedere comportamenti armonici e positivi. Se un genitore si preoccupa solo degli alimenti e trascura di educare i suoi figli alle regole di un corretto vivere civile, questi cresceranno inevitabilmente senza regole morali.

Lo Stato non può pretendere dai suoi cittadini valori morali che egli non ha trasmesso; non può chiamare l'individuo a rispondere di ciò che non possiede a causa di carenze genetiche o inadempienze da parte di chi aveva il dovere di infondergli certi valori. Un padre di famiglia assente o irresponsabile non può chiedere ai suoi figli comportamenti corretti se egli non si è preoccupato di insegnare loro questi valori.

La dimensione spirituale del biocentrismo

Diceva il filosofo Simon Weil: *"La compassione è un miracolo più grande del camminare sulle acque"*. L'importanza dell'astinenza della carne considerata come condizione imprescindibile per raggiungere le alte vette della spiritualità è stata da sempre raccomandata dai grandi iniziati, mistici e santi di ogni tempo e paese. Questa regola di vita ha radici antichissime, parte dagli antichi Veda e arriva fino a noi attraverso il pensiero di Leonardo da Vinci, Gandhi, Capitini e altri ancora. Tale concetto viene ereditato e messo in atto dall'Induismo, da Krishna, dalla Tradizione Indiana, dai Brahmani, dal Buddismo, dallo Zoroastrismo, dal Taoismo, dallo Jainismo, anche da alcune frange dell'Ebraismo, e successivamente anche dai santi Sufi dell'Islamismo; dagli antichi Egizi, dall'Orfismo, dai Misteri Eleusini, dagli Oracoli Caldei, dai Pitagorici, dagli Stoici, dai Neoplatonici, da Ermete Trismegisto, dai Padri della Chiesa Cattolica d'Oriente e d'Occidente, e quindi dai primi cristiani, da molte sette spirituali e comunità religiose al tempo di Gesù, da molti se non tutti gli Ordini monastici; lo stesso concetto è evidente nei Vangeli apocrifi, in particolare nel Vangelo Esseno della pace, nel Vangelo dei Dodici Apostoli, e soprattutto nelle Pergamene del Mar Morto rinvenute nel 1947 a Qumran, una località dove visse la comunità degli Esseni, ed infine nel pensiero dei più grandi pensatori, filosofi e uomini di scienza come Platone, Aristotele, Socrate, Euripide, Ippocrate, Seneca, Cicerone, Orazio, Ovidio, Marco Aurelio, Virgilio, Darwin, Einstein, Goethe, Nietzsche, Schopenhauer, Schweitzer, Spinoza e via dicendo.

Abbiamo tutte le carte in regola per essere la rivoluzione esistenziale, morale e spirituale capace di dare un contributo determinante a questa umanità sofferente.

I TRE PRINCIPALI OSTACOLI AL PROGRESSO CIVILE, MORALE E SPIRITUALE DELL'UOMO

In che modo si manifesta il male nel mondo e nella vita di una persona? Sicuramente attraverso l'ingiustizia, la violenza, le malattie, la fame, l'ignoranza, la guerra. Quale ne è la causa? Sicuramente è l'egoismo, la sete di potere e di denaro, la mancanza di sensibilità umana, l'indifferenza verso chi soffre, l'incapacità di immedesimarsi nel dolore della vittima. E che cos'è che impedisce all'essere umano di sviluppare una coscienza giusta, sensibile, fraterna e solidale, una mentalità libera dal desiderio di prevaricare sugli altri? Sicuramente la mancanza di educazione della massa ai valori fondamentali della vita, al rispetto della diversità, al rifiuto della violenza, al senso critico costruttivo. E che cos'è che genera questa cultura che inclina l'essere umano alla violenza, all'indifferenza verso la sofferenza dell'altro, alla mancanza di compassione? Sicuramente è la visione antropocentrica che da millenni inclina l'essere umano a considerare sacrificabile ogni forma di vita non umana e lo inclina al disprezzo delle diversità formali e sostanziali componenti la vita, abituandolo a convivere con la logica della supremazia del forte sul più debole.

Se l'essere umano viene abituato, legittimato, a sfruttare, sottomettere, violentare, uccidere gli animali ed ogni forma di vita, sperare poi che non abbia la propensione alla violenza e all'ingiustizia anche verso i suoi simili è pura illusione. Da quando per estreme necessità di sopravvivenza la specie umana si nutrì della carne degli animali abbattuti l'uomo è diventato il più insensibile e spietato dei predatori; continuare a mangiare la carne significa perdurare nello stato di primordiale perversione che si esprime anche nei confronti degli esseri umani.

È l'abitudine a massacrare e a mangiare animali ciò che causa i più gravi problemi al genere umano, ciò che impedisce non solo lo sviluppo della vitale valorizzazione delle diversità ma della sensibilità umana, del senso di giustizia e di quell'intelligenza positiva, imprescindibili per la realizzazione di un mondo finalmente libero dall'abuso, dalla violenza, dalla malattia, dalla miseria, dall'ignoranza, dal dolore.

Se si educasse la popolazione al sacro rispetto della vita di ogni essere vivente, ad apprezzare la diversità biologica nel suo intrinseco valore, a percepire l'anelito all'esistenza di ogni creatura non umana, come potrebbe l'uomo non amare e rispettare il suo simile?

Ma tre sono le cause che precludono l'evoluzione morale, la vera cultura e la vera democrazia:

1) i mezzi di informazione al servizio del potere economico;
2) l'antropocentrismo religioso e non solo;
3) la medicina convenzionale. Questi generano simultaneamente ignoranza, malattia e ingiustizia, incentivano, avallando, e promuovono lo sfruttamento degli animali e il consumo di carne, privando la popolazione umana del bene supremo della salute, del pensiero libero e della sensibilità del cuore.

I mezzi di informazione al servizio delle grandi *lobby* agroalimentari-zootecniche, petrolifere e chimico-farmaceutiche, in grado di condizionare i prezzi del mercato agricolo e di ridurre alla fame intere popolazioni, manipolano la cultura rendendo indispensabile ciò che nel corso dei millenni è sempre stato superfluo, spingendo la gente a utilizzare prodotti propagandati come utili, necessari e benèfici mentre vanno solo a loro vantaggio.

I mezzi di informazione, che dovrebbero essere al servizio del progresso sociale, morale e spirituale della popolazione, danno al popolo (dopo averlo condizionato) quello che il popolo chiede, non quello di cui ha realmente bisogno, favorendo in questo modo la società dell'apparenza, dell'esteriorità, dell'immagine, del cattivo gusto, della volgarità. Se il popolo, abbindolato, chiede violenza, sesso, lusso sfrenato, essi danno violenza, sesso, lusso sfrenato e questo porta a modelli negativi, alla competizione, all'arrivismo, alla mancanza di senso critico, all'ignoranza piedestallo di tutte le tirannie.

Gran parte dei prodotti sponsorizzati dai *media* generano malattie con tutto ciò che ne consegue: sofferenza, dispendio di energie economiche ed umane, interruzione della vita professionale, emarginazione fisica e così via. Una malattia cambia il destino di un uomo. Quando una persona è ammalata tutto si annulla, ogni cosa perde di valore e tutte le sue energie e le sue sostanze vengono assorbite nel tentativo di recuperare la salute. Anche se una persona è socialmente arrivata, anche se ricca, anche se possiede tutte le qualità e le virtù dell'universo, se non ha la salute è una persona debole, inerme e bisognosa di aiuto. I prodotti carnei sponsorizzati dai *media* (adatti agli animali carnivori) oltre a malattie generano aggressività e violenza.

Chi se non i mezzi d'informazione di massa, legittimati dallo Stato, dovrebbero favorire lo sviluppo della conoscenza e responsabilizzare l'uomo delle sue scelte?

La religione antropocentrica, che pone al centro della creazione l'uomo con la facoltà di disporre a suo piacimento della natura e della vita di ogni essere non umano, abitua l'uomo a convivere con la legge della supremazia del forte sul più debole, allo sfruttamento di chi si ritiene non conforme a determinati paradigmi di intelligenza, bellezza, stato sociale secondo il concetto aristotelico (ereditato appieno dalle religioni di derivazione ebraica e dalla cultura occidentale, e non solo), secondo il quale i deboli sono destinati a servire i forti, gli schiavi fatti per i padroni, le donne per gli uomini.

Il disprezzo verso le diversità formali componenti il sistema biologico inclina l'uomo allo specismo, che a sua volta sfocia nel razzismo, nel predominio e quindi nella violenza. Inoltre l'accettazione passiva dei dogmi sanciti dalle dottrine religiose preclude l'indagine analitica conoscitiva e la mancanza di senso critico e impone quindi l'ignoranza. La carenza di sensibilità umana (madre di tutte le sventure), generata dalla violenza perpetrata nei confronti di ogni forma di vita (diffusa in ogni latitudine), preclude al genere umano quei valori di compassione e condivisione imprescindibili per una società umana più giusta e civilmente più evoluta. Se ciò che predispone l'uomo alla violenza, ai delitti e alla mancanza di giustizia è l'incapacità di immedesimarsi nella vittima e di condividerne il dolore, nulla come la strisciante mentalità antropocentrica abitua l'essere umano a una condizione di violenza e predominio, ostacolando il suo vero progresso integrale.

Che cosa se non la religione dovrebbe favorire lo sviluppo della pietà e della sensibilità umana verso l'altrui sofferenza?

La medicina convenzionale, che interviene sui sintomi senza rimuovere le cause della malattia, implicitamente autorizza il malato a persistere nei suoi cattivi stili di vita, nei suoi errori alimentari, assoggettandolo alla cure mediche, all'intervento farmacologico che spesso si traduce in danno per la salute (naturalmente non dobbiamo disconoscere il grande contributo dalla medicina in tutti i casi di urgenza). È un meccanismo che asseconda le aspettative del popolo inerte e bisognoso di avere buone notizie sulla sua cattiva condotta, di un popolo che esige dal medico la pillola che gli consenta di non rinunciare alle sue abitudini malsane e indotte, tendendo a sottovalutare o a trascurare del tutto l'importanza dell'alimentazione nella vita dell'individuo, mentre questa è in grado di condizionare non solo la salute del corpo ma anche della mente e della coscienza. La mancanza di autodeterminazione e di senso critico, che non responsabilizza l'individuo sugli effetti delle sue scelte, favorisce l'assoggettamento e il dominio dei forti sui deboli.

Una medicina i cui meccanismi d'indagine sono prioritariamente concentrati sui sintomi genera bisogno condizionato e preclude all'individuo la capacità di essere artefice e responsabile delle proprie azioni, della propria salute e del proprio destino.

La ricerca farmacologica viene indirizzata a dare risposta alle spinte consumistiche più che a reali esigenze sanitarie basate sulla prevenzione delle malattie. Un cattivo stile di vita e una innaturale alimentazione, responsabile di nove decessi su dieci nel mondo occidentale, sono forieri di dolore, morte prematura, ignoranza, dipendenza dagli altri.

Chi se non il medico dovrebbe insegnare alla gente le regole del buon vivere per conservare o recuperare la salute?

Tutto è interconnesso

"Non si può cogliere un fiore senza turbare le stelle"

Non vi è pensiero o azione che non abbia i suoi effetti universali. Nel tutto armonico ogni cosa interagisce a formare l'immenso mosaico della Vita.

Dalla disponibilità a valorizzare, amare e rispettare ogni creatura germogliano quei valori morali e spirituali che ci consentiranno di realizzare un mondo migliore.

Noi che ci appelliamo alla legge della Vita e dell'Amore universale crediamo che lo spirito di condivisione e di carità debbano crescere nel tempo fino a includere tutti gli esseri viventi; crediamo che Gesù si è sacrificato non solo per il bene degli uomini ma per l'intera Creazione; crediamo che limitare la compassione ai nostri simili significa mutilare le capacità espressive della coscienza morale dell'individuo.

Il vero amore non è mai circoscritto a un solo componente della famiglia: esso si manifesta in tutta la sua ampiezza e bellezza senza distinzione di ceto, di razza, di specie.

Ama veramente colui che sa far sue non solo le sofferenze degli uomini ma di ogni creatura; colui che sa estendere il comando "Ama il prossimo tuo" a ogni cosa che ha vita; colui che sa sacrificarsi per il bene anche della più umile delle creature; colui che soccorre l'uomo sofferente come l'animale ferito senza aspettarsi lodi o ricompense.

Ama veramente colui che sa far sua la responsabilità del destino collettivo, come se fosse l'unico uomo al mondo; colui che sa trattare con gentilezza e amore l'essere più umile della Terra come se da questo dipendesse la sua vita. Perché questo è il modo di amare di Dio.

Come il mangiar carne impedisce l'evoluzione dell'uomo

Nutrirsi è condizione imprescindibile per qualunque essere vivente: senza mangiare si muore. L'aria e l'acqua sono uguali per tutti i viventi, mentre gli alimenti solidi sono utilizzati a seconda della specie. Gli animali carnivori mangiano carne e sono dunque strutturati per uccidere, per usare violenza, e il loro alimento serve a dare loro anche l'aggressività necessaria per esercitare l'attività che consente loro di vivere. L'animale predatore vive di imboscate ed in piccoli branchi, mentre l'erbivoro vive in grandi branchi, si nutre di vegetali e non è strutturato per uccidere e mangiare altri animali: corna e zoccoli sono armi di difesa. L'essere umano è privo di qualsiasi arma naturale, quindi non è strutturato per esercitare violenza: usare violenza è per l'essere umano un fatto contro la sua natura, come mangiare la carne degli animali uccisi è contro la sua natura. Se l'animale carnivoro usasse mangiare l'erba anziché la carne ne morrebbe; lo stesso accadrebbe se l'animale erbivoro si nutrisse di carne. Gli animali cosiddetti onnivori mangiano anche la carne, ma in modo saltuario, non continuativo come fa il tipico essere umano di oggi, che nutrendosi in modo sistematico di carne va contro la legge della sua natura e ne subisce le conseguenze.

L'uomo è vittima di tre grandi mali: la malattia, la violenza, l'ignoranza

Alla malattia sono collegati: sofferenza fisica, psichica, emozionale, dolore, morte anche prematura, dispendio di risorse individuali, familiari, sociali, economiche, affettive, professionali, e via elencando. La malattia debilita l'uomo, lo esclude temporaneamente o definitivamente dal consorzio dei suoi simili e gli ostacola o preclude ogni progetto di vita, ogni possibilità di realizzazione.

Che cosa causa la malattia? Qualunque causa fisica, mentale o emozionale in antitesi con le leggi naturali del nostro organismo preleva energia vitale e predispone alla malattia. Una qualunque specie che vive e si nutre in modo difforme dalla sua natura è condannata inevitabilmente alla malattia, ma tra le molte sue cause l'alimentazione è sicuramente la più determinante. L'alimento carneo, comprendente il pesce, e anche tutti i derivati dagli animali, come tutti i cibi industrializzati, trattati, devitalizzati, oltre a non dare all'organismo i nutrienti necessari per conservarlo in salute, lo inquinano di tossine, spingono il sangue verso l'acidità, abbassano le difese immunitarie, immettono radicali liberi, stress ossidativo e via elencando; la conseguenza di tutto questo è la malattia, che si manifesta in tutte le sue forme con la sofferenza e la morte precoce.

La violenza fisica, verbale, psicologica, morale e così via, figlia dell'egoismo e della mancata sensibilità verso la vittima, si manifesta con l'incapacità di condividere e rispettare le esigenze vitali dell'altro, con il predominio, lo sfruttamento, la guerra, l'ingiustizia, l'imposizione, la prevaricazione, il furto, la rapina e così via.

La carne (compresa quella di pesce, come anche i derivati animali, e gli alimenti raffinati che sottraggono vitamine del gruppo B necessarie al buon funzionamento delle cellule cerebrali) uccide il pensiero positivo e la sensibilità della coscienza umana, perché alimento adatto agli animali predatori, ai quali non è consentito nutrire sentimenti di pietà verso la vittima in quanto diversamente si estinguerebbero. La carne dà agli animali l'aggressività necessaria per esercitare la violenza, per uccidere: negli esseri umani produce la medesima spinta. Gli alimenti carnei essendo ricchi di fenilalanina e di tirosina stimolano due neurotrasmettitori, la dopamina e la norepinefrina, che provocano il comportamento aggressivo e violento e la propensione alla lotta, come confermano ricercatori della Majo Foundation For Medical Education and Research nel Minnesota; per contro i vegetali, essendo ricchi di amido e fibra, influenzano la concentrazione di triptofano nel cervello, aumentandone la disponibilità a essere trasformato in serotonina, che ingenera nel comportamento umano tendenza alla serenità, alla socialità, al gioco.

È logico quanto inevitabile che l'alimentazione carnea favorisca lo sviluppo di un pensiero predatorio e quindi di una cultura sociale improntata a percepire l'altro come antagonista, come preda. La violenza è generata da pensieri predatori e dall'insensibilità della coscienza umana, nell'indifferenza per la sofferenza altrui e nella mancanza di compassione verso la vittima. Condizione che è venuta a svilupparsi dal momento in cui i nostri progenitori da raccoglitori-frugivori si trasformarono per necessità di sopravvivenza in cacciatori-raccoglitori. Si abituarono alla violenza, alla morte, alla vista del sangue e spensero in se stessi il sentimento di compassione e di pietà anche nei confronti dei loro simili.

I ricercatori dell'università di Oxford dopo una lunga indagine su studenti hanno evidenziato il rapporto esistente tra pH del sangue che nutre il cervello e acume intellettivo. Tale acume aumenta proporzionalmente alla basicità del sangue che arriva al cervello. La fisiologia cerebrale ne resta influenzata e al diminuire di tale basicità il comportamento risulta inoltre caratterizzato da intolleranza, tendenza alla litigiosità, all'odio, alla separazione.

L'ignoranza, la non conoscenza della realtà dei fatti e degli effetti dannosi di una causa, espone l'individuo al pericolo, alla sottomissione, al bisogno dell'altro, alla perdita di dignità, alla povertà, alla fame. Quanto più un popolo è ignorante tanto più è facilmente manovrabile; la massa e l'individuo in balia di menti egemoni diventano armi micidiali di distruzione. L'ignoranza, madre di tutte le sventure umane, tende a reprimere la compassione.

La cattiva alimentazione in genere, e in modo particolare la carne, influenza i pensieri, il cervello e non permette un'evoluzione culturale pacifica, armonica e positiva invece di una protesa verso l'interesse egoistico. Gli uomini di potere, a differenza del popolo, hanno sempre consumato grandi quantità di carnumi e imposto il loro pensiero bellicoso alle masse, e le masse a loro volta hanno cercato di imitare le classi aristocratiche ereditando le tendenze meno edificanti. Per contro i grandi saggi, gli uomini più illuminati della Terra che si nutrivano in modo vegetariano, coltivavano pensieri improntati alla pace, alla mitezza, alla tolleranza, alla socievolezza.

Una mentalità unicamente interessata alla sopravvivenza e alla difesa della propria vita non può che generare una cultura e una coscienza diffidente e predatoria. L'identica situazione si verificherebbe in ogni comunità primitiva nella quale il diverso venisse percepito come nemico da combattere, sfruttare o utilizzare a proprio vantaggio. In sostanza, l'uso del mangiar carne produce una cultura superficiale, materialista, contingente, priva di senso critico costruttivo e di vera indagine conoscitiva, incapace di percepire l'essenza delle cose, che è la vera causa dei problemi.

In particolare

Gli studi della più recente ricerca biomedica effettuati dal Dottor Giuseppe Jerace dicono che il nostro comportamento sarebbe significativamente influenzato dal tipo e dalla qualità della nutrizione, e che una dieta vegetariana favorirebbe forme comportamentali più armonicamente socializzanti, come risultato di un migliore equilibrio degli aminoacidi e delle vitamine apportate dal regime vegetariano.

Uno studio pubblicato sulla rivista "La clinica dietologica" ha messo in evidenza la relazione esistente tra adrenalina e noradrenalina (sostanze predisponenti l'aggressività) e un'alimentazione ricca di proteine. La carne, i formaggi e i legumi ricchi di fenilalanina e tirosina, aminoacidi precursori di due principi ormonali, sono tra i maggiori imputati. Anche un eccesso di zuccheri e di colesterolo nel sangue sono stati ritenuti predisponenti alla lite e alla violenza.

Nel giugno del 2010 ricercatori dell'Unità di Neuroimaging Quantitativo (Istituto di Neurologia Sperimentale – INSPE – Direttore Professor Giancarlo Comi) del San Raffaele di Milano, in collaborazione con la Divisione di Neuroradiologia dello stesso Istituto e le Università di Ginevra e Maastricht, hanno scoperto che i vegetariani provano una diversa empatia verso la sofferenza umana ed animale rispetto agli individui onnivori. Lo studio, pubblicato sulla prestigiosa rivista scientifica internazionale "PLoS One", condotto e coordinato dal Dottor Massimo Filippi e dalla Dottoressa Mara Rocca, ha dimostrato che l'attività encefalica degli individui che per ragioni etiche hanno deciso di escludere dalla loro dieta (in parte o completamente) l'utilizzo di derivati animali coinvolge differenti circuiti neurali davanti a scene di sofferenza umana o animale rispetto a quanto accade in chi non ha compiuto tale scelta.

Dice il Dottor Franklin: "*Il carattere delle gente non dipende tanto dal clima o dal suolo, quanto dall'alimentazione. Tutti gli sconvolgimenti umani, le lotte, le guerre, gli odi, le vendette, le depravazioni, gli egoismi, le psicopatie, gli iniqui verdetti giudiziari, persino i contrasti di idee nelle famiglie tra coniugi, fratelli, amici, nemici nella vita politica, civile, hanno un riferimento diretto o indiretto in un errato regime di vita che ha per base l'alimentazione*".

Biocentrismo, cultura dell'Amore Universale

Se ogni civiltà si attua in virtù del superamento delle discriminazioni e delle antinomie, nessuna filosofia, come quella animalista, porta a compimento il progresso integrale dell'uomo finora precluso dalla concezione specista e dalla visione antropocentrica della vita.

La civiltà umana tende inevitabilmente verso l'etica universale della filosofia biocentrica: è nell'ordine naturale delle cose il loro essere protese al superamento della lunga fase storica della violenza tra gli esseri umani e tra questi e il resto del creato.

La filosofia biocentrica, in virtù della sua visione olistica, va oltre ogni dottrina e ogni principio morale che limiti il suo interesse e la sua sfera d'azione alla sola specie umana. Nessuna dottrina, come quella biocentrica, valorizza le differenze formali e sostanziali del macrocosmo componente la Vita e concretizza il sentimento del Padre Creatore verso ogni essere vivente, ponendo le basi per la realizzazione del Regno di Dio e l'attuazione della pacifica convivenza tra tutti i viventi. Il sentimento di amore universale della coscienza biocentrica è sicuramente quello più vicino al modo di amare di Dio.

II sentiero della giustizia di Zoroastro, la via della compassione del Buddha, la nonviolenza totale del Giainismo, la fratellanza universale dei Veda, la ricerca della purificazione del Tao attraverso l'alimentazione incruenta trovano perfetta attuazione nella visione sincretista del biocentrismo.

Il sentimento di condivisione della cultura biocentrica, nella valorizzazione della sacralità della vita in tutte le sue multiformi espressioni, trova il suo perfetto compimento negli individui della specie umana, come la sola forza in grado di liberare l'essere umano dall'egoismo, dall'indifferenza e dall'insensibilità verso le altrui necessità vitali. Inoltre, la conseguente alimentazione incruenta del biocentrismo restituirà all'uomo la sua salute mentale e fisica, sconfiggendo le molte malattie, anche tumorali, dovute all'innaturale e dannosa alimentazione carnea.

La concezione antropocentrica, in gran parte responsabile della disumanizzazione della coscienza umana col suo tendenziale disprezzo verso tutto ciò che non è un essere umano, è inevitabilmente condannata dall'evoluzione antropologica e biologica a cedere alla cultura della Vita del Biocentrismo.

Tutto ciò che è parziale, settoriale, limitante, che non tiene conto dell'interdipendenza universale delle cose e che non estrinseca in modo sferico il principio del "non uccidere", sarà, in un futuro, considerato anacronistico, involutivo, retrogrado, come ciò che si oppone alla vita e all'evoluzione integrale dell'uomo.

In un futuro speriamo non troppo lontano l'ingiustizia, la violenza e il crimine non saranno più o meno gravi a seconda della specie a cui appartenga la vittima. Gli animali, le piante non avranno più valore in rapporto all'utile umano, ma ogni cosa sarà considerata fine a se stessa, per il suo intrinseco valore.

Tutto ciò che vive ed è in grado di soffrire sarà considerato soggetto di diritto, non per imposizione della legge, ma perché la coscienza collettiva avrà incarnato il principio, comune a tutte le grandi dottrine, del "*Non fare ad altri ciò che non vorresti ti fosse fatto*".

Il vero amore è amore per la Vita Universale

Non è vero amore quando si ama soltanto la nostra famiglia, i nostri amici, chi ci è vicino; non è vero amore quando si ama solo una parte del tutto e si è indifferenti alla condizione di chi è fisicamente lontano o diverso. Il vero amore valica i confini del gruppo di appartenenza, di nazionalità, di etnia, di cultura, di religione, di specie, e si espande sfericamente sino a inglobare nel suo amore gli animali nostri compagni di viaggio che Dio ha affidato all'uomo perché li custodisse. Infatti non può una mano accarezzare e l'altra colpire.

Ama veramente colui che non solo sa far sue le sofferenze degli uomini, ma che sa anche estendere il comando "Ama il prossimo tuo come te stesso" a ogni cosa che ha vita; colui che sa sacrificarsi per il bene anche dell'essere più umile senza aspettarsi lodi o ricompense.

Il vero amore è condivisione delle necessità del nostro prossimo universale e non tollera distinzioni di forma o di contenuto; non si dona a seconda della specie, del colore della pelle; non aspetta il manifestarsi della necessità, ma accoglie, conforta, soccorre; non sopporta l'inerzia, l'inettitudine, ma ama l'ultimo essere del mondo come fosse il figlio, il fratello, la madre.

Il vero amore è vera condivisione e si manifesta in tutta la sua ampiezza e bellezza verso il diverso, verso i senza voce, verso chi non può nemmeno manifestare gratitudine.

Ama veramente colui che sa far sua la responsabilità del destino collettivo; colui che sa trattare con gentilezza e amore l'essere più umile della Terra come se da questo dipendesse la sua stessa vita.

Il vero amore è cascata che infrange le dighe degli steccati ideologici, scende atterrando tutto quanto non è amore e ci spinge ad amare il vicino di casa come gli aborigeni dell'Australia, il cane abbandonato come la pianta bisognosa di acqua. Questo è il vero amore, perché credo sia il modo di amare di Dio.

Le colpe dei grandi sistemi

I sistemi di gestione sociale, le grandi istituzioni come lo Stato, la religione, i mezzi di informazione pubblica, l'apparato medico-scientifico sono le forze che maggiormente influenzano e condizionano il pensiero, la coscienza, la salute e il vivere sociale. Questi centri di influenza e di potere dovrebbero avere l'obbligo istituzionale, morale, civile e spirituale di favorire la vera cultura, la conoscenza oggettiva della realtà, il senso critico costruttivo, l'autodeterminazione, la cultura delle cause. Diversamente essi finiscono col fare gli interessi della propria classe dirigente, delle corporazioni, delle *lobby*, dei potenti a danno del bene personale e dell'evoluzione collettiva.

La colpa della *medicina convenzionale* sta nell'esaurire le sue risorse, umane e finanziarie, in un meccanismo fondamentalmente sintomatologico, mentre il suo dovere dovrebbe essere quello di favorire l'indagine delle cause che generano la malattia, di educare il cittadino e proporre soluzioni che riguardino lo stile di vita. La sua colpa sta nel trascurare totalmente l'importanza dell'alimentazione nella vita e nella salute delle persone, mentre questa risulta responsabile della maggior parte della malattie; sta nel considerare la malattia un evento naturale nella vita dell'uomo e la terapia farmacologica come il principale rimedio possibile. Sta nella sua sudditanza alle grandi industrie chimico-farmaceutiche che finanziano la ricerca e la formazione del personale medico a proprio vantaggio. Sta nell'aver dimenticato l'unità del corpo umano, l'interdipendenza degli organi, degli apparati e di aver suddiviso l'entità umana in settori mediante milleduecento diverse branche specialistiche. La sua colpa è di proporzioni enormi dal momento che gli effetti iatrogeni dei farmaci causano più malattie di quante ne guariscano. La sua colpa sta nella sua antiscientifica ricerca della sperimentazione animale che oltre a disumanizzare la medicina e sperperare ingenti risorse umane e finanziarie ostacola il vero progresso medico-scientifico.

La colpa delle *religioni*, specialmente quelle fondamentaliste, sta nella loro fossilizzazione su principi ed enunciati dettati da situazioni storicamente contingenti e nella incapacità di adattare gli insegnamenti all'evoluzione e alle nuove esigenze dello spirito umano: il seme gettato deve diventare albero e dare i suoi frutti. La sua colpa sta nel non aver mai favorito lo sviluppo del libero pensiero e l'emancipazione delle masse, la vera sensibilità del cuore protesa verso la compassione universale. Sta nella sua visione antropocentrica che pone al centro della creazione l'essere umano e non la vita, con la possibilità di disporre della natura e dell'esistenza degli altri esseri: questo inclina a convivere con la logica della supremazia del forte sul debole secondo la quale il più dotato ha più diritto di esistere a scapito del meno dotato. Sta nel proclamare la somiglianza dell'uomo a Dio e favorire l'alimentazione carnea tipica degli animali predatori.

La colpa dei mezzi di *informazione* di massa sta nell'essere al servizio delle multinazionali che condizionano la cultura, la scienza e la politica; sta nel diffondere la cultura dell'apparenza, dell'avere; sta nel dare alla popolazione ciò che desidera invece di ciò di cui ha realmente bisogno per progredire sul piano morale e spirituale: il mezzo più potente ed efficace, che dovrebbe essere al servizio della cultura e della vera democrazia, è manovrato dai centri di potere delle grandi multinazionali i quali sovvertono il pensiero, la scienza e la coscienza, l'ordine morale della vita, e rendono indispensabile alla gente ciò che è sempre stato superfluo. Questo genera tensione, paura, incertezza, diffidenza, inquietudine, angoscia, pessimismo e produce, in un meccanismo di difesa, indifferenza, chiusura in se stessi e insensibilità verso la condizione dell'altro.

La colpa dello *Stato* sta nell'aver disatteso il suo vero compito: quello della formazione della coscienza morale dei suoi cittadini, di favorire lo sviluppo dei valori fondamentali della vita (civili, morali e spirituali), di essere strumento di vera cultura, di infondere il valore delle virtù, del retto vivere, dell'onestà, della fraterna collaborazione, della responsabilità del singolo verso il destino comune, del dialogo come soluzione a ogni controversia personale e collettiva; quello di vigilare sulla qualità dei messaggi mediatici al fine di impedire che il meccanismo innescato dai centri di potere (spesso conniventi con le classi dirigenziali finanziarie e politiche) sia la causa dei principali mali che affliggono la società contemporanea: dalla qualità di quei messaggi, infatti, può dipendere l'ordine sociale, la pace, la giustizia, la salute, il benessere delle persone.

L'utopia di un mondo Vegetariano

Molte volte i giovani che vivono in famiglia sono ostacolati nella loro scelta vegetariana da genitori, parenti o anche amici, e spesso l'armonia familiare viene turbata da questa scelta, che oltre a essere considerata pericolosa per la salute della giovane persona mette in crisi la madre abituata a servire a tavola prodotti convenzionali. Quando mi parlano di tale situazione mi viene in mente la frase di Gesù: *"Non crediate che io sia venuto a portare la pace sulla Terra; non sono venuto a portare pace ma una spada. Sono venuto infatti a separare il figlio dal padre, la figlia dalla madre, la nuora dalla suocera: i nemici dell'uomo saranno quelli della sua casa."* (Matteo 10, 34).

La rivoluzione vegana non è facile da digerire per chi non è ancora informato sugli effetti che un'errata alimentazione è in grado di produrre sulla propria vita e sul contesto sociale, e non ha dunque la capacità di fare il passo decisivo. Le grandi innovazioni conoscono sempre tre fasi: la prima è la derisione, la seconda la considerazione e la terza l'accettazione.

Cambiare abitudini alimentari non è cosa facile se tale scelta non è sostenuta da una forte motivazione etica o salutistica, specialmente quando la gente è condizionata da tradizioni consolidate. Nulla, a mio avviso, impedisce il progresso mentale e morale come l'ostinato riferimento alle tradizioni. Se l'umanità si è in parte evoluta è grazie al superamento di certe concezioni che in altri periodi storici erano ritenute giuste e utili. Ma nonostante la paura suscitata a volte dal cambiamento molte cose sono mutate.

Oggi non si accetta più il concetto che la donna sia nata per servire l'uomo, il negro per servire i bianchi, i poveri per servire i ricchi, i deboli per servire i forti. La nostra è una vera e propria rivoluzione esistenziale: noi non chiediamo una povertà più dignitosa, ma la sua totale abolizione; non chiediamo guerre meno cruente, ma la loro cancellazione dalla storia futura; non chiediamo giustizia per gli uomini, ma per tutte le creature in grado di soffrire, non chiediamo gabbie più grandi per gli animali, più pulite, ma vuote; non chiediamo la regolamentazione della caccia o della pesca, ma la loro totale eliminazione; non chiediamo la riduzione del consumo della carne degli animali martoriati, ma l'abbattimento, la demolizione fino alle fondamenta dei mattatoi; noi non chiediamo la chiusura degli stabulari dei vivisettori, ma la loro irrevocabile e perenne chiusura.

Utopia era considerare al tempo dei romani la eliminazioni dei combattimenti al Colosseo; era utopia pensare di scoprire nuove terre oltre le colonne d'Ercole; era considerare l'unificazione dell'Italia al tempo dei Borboni; era pensare di approdare sulla Luna, sentire parlare e vedere in diretta l'immagine di qualcuno che si trova all'altro capo del pianeta. Ma un'utopia non si attua in un giorno: la sua attuazione è sempre il frutto sofferto e macerato di un processo evoluivo. Ogni filosofia, ogni dottrina nasce da un seme gettato che col tempo diventa albero e dà i suoi frutti. Non tutte le utopie sono destinate a diventare realtà: solo se nella loro essenza vive il seme per il bene di tutte le cose: così sarà per l'utopia vegetariana. Ma affinché le utopie diventino realtà c'è bisogno di gente tanto folle da credere realizzabile un progetto mai realizzato.

Procedere con calma senza infastidire i macellatori di animali e i guerrafondai? Non è nella nostra visione delle cose. Ma chiedere tutto e subito è una follia. Occorre procedere per gradi dando alla gente il tempo di capire, di informarsi, di sensibilizzarsi, perché è l'ignoranza la madre di tutte le sventure, è l'indifferenza verso chi soffre ciò che ha fatto di questo mondo un luogo di dolore. Molto dipende da noi, dalla nostra volontà, dalla passione e dall'amore con cui conduciamo questa luminosa missione. La nostra causa procederà inevitabilmente, è nell'ordine evolutivo delle cose, nonostante la deludente realtà che a volte anche i migliori, dopo un primo entusiastico approccio, dimenticano la causa e si eclissano per motivi che forse non sempre sono giustificabili. Questo significa non aver capito l'importanza della nostra missione che a mio avviso è più grande dei nostri interessi personali, di ogni progetto, di ogni affetto.

La nostra è opera di civiltà, è opera di giustizia da portare ovunque, in famiglia, nei gruppi, nelle scuole, nelle chiese, e che importa se il nostro messaggio genera fastidio o irritazione? Gesù diceva che non si accende una lampada per metterla sotto il moggio. Dobbiamo far capire che è meglio e più giusto smettere di mangiare gli animali, che si può godere di una salute migliore, che l'umanità può essere migliore, che tutto può essere migliore e che tutto dipende da cosa si decide di portare a tavola, perché sono sempre la nostra coscienza e la nostra intelligenza positiva a fare la storia.

I SETTE PROBLEMI PIÙ GRAVI DEL MONDO CORRELATI AL CONSUMO DI CARNE

1) I conflitti armati e la violenza umana, che spesso scaturiscono dalla carenza di risorse alimentari ed energetiche, mantengono l'umanità sotto un costante stato di tensione e di guerra. Gli allevamenti di animali, con la necessità di adibire a pascolo sempre nuove terre, sono causa di contrasti, invasioni e guerre. L'essere umano è tanto più incline al rispetto del prossimo quanto più sa nutrire rispetto e amore per ogni essere vivente; è tanto più rispettoso delle regole sociali quanto più è sviluppato nella sua coscienza il senso di solidarietà e di giustizia; è tanto più incline alla fraterna collaborazione quanto più sono profondi la sensibilità del suo animo, il suo sentimento di compassione e la sua capacità di condividere la condizione dell'altro; la violenza esercitata nei confronti dell'animale inclina l'uomo alla violenza anche verso il suo stesso simile; ogni crimine commesso dall'uomo scaturisce dalla sua intima incapacità di condividere la condizione della sua vittima; ciò che da sempre ha consentito e consente l'attuazione di una società civile e democratica risiede nella coscienza giusta e compassionevole verso i sofferenti, gli ultimi, gli indigenti, gli emarginati, gli oppressi, i diversi; la sensibilità dell'animo umano e la ricchezza dei valori morali sono la massima garanzia per il corretto e onesto comportamento dell'uomo.

Nel nostro organismo le proteine animali hanno la capacità di condizionare il nostro comportamento; c'è un legame profondo tra l'usare violenza sugli animali ed essere inclini alla violenza verso gli esseri umani; il 34% dei criminali che hanno commesso violenze sui bambini hanno sperimentato la propria violenza sugli animali; difficilmente l'uomo nuocerebbe al suo simile se fosse educato al rispetto di ogni essere vivente; la propensione a delegare ad altri ciò che ci ripugna è la causa della maggior parte dei delitti.

2) La fame nel mondo uccide 24000 persone ogni giorno perché le popolazioni dei paesi poveri sono costrette a coltivare nelle loro terre alimenti per il bestiame dei paesi ricchi; la fame nel mondo è causata dalla cattiva distribuzione delle risorse, ma soprattutto dalla mancanza di quelle risorse che vengono sottratte alle popolazioni più povere dalla costrizione, da parte delle multinazionali, a produrre monoculture per ingrassare gli animali dell'Occidente; non c'è abbastanza terra per nutrire un popolo di carnivori perché nutrire tutti con l'alimentazione carnea richiederebbe le risorse di sette pianeti come la Terra; il mondo occidentale consumando carne e derivati animali sperpera le risorse che basterebbero a sfamare tutti gli esseri umani del pianeta; i cereali necessari per produrre un solo hamburger sarebbero sufficienti a sfamare quaranta bambini per un giorno; sull'estensione di terreno necessaria per alimentare una famiglia di cacciatori possono vivere dieci famiglie di pastori, cento di contadini o mille di vegetariani; negli ultimi cinquant'anni si sono verificate nel mondo trentotto carestie, in trentatré di esse il cibo è stato sottratto a chi moriva di fame per essere dato agli animali d'allevamento dei paesi occidentali; se tutti i terreni coltivabili fossero utilizzati per produrre solo alimenti vegetali per gli esseri umani e non per animali da sfruttare e maltrattare si potrebbe sfamare una popolazione pari a dieci volte quella attuale, con la logica conseguenza che verrebbe abolita la fame nel mondo; i terreni coltivati a legumi possono nutrire una popolazione venti volte superiore rispetto a quella alimentabile destinando una stessa porzione di territorio all'allevamento di animali; ogni anno in Italia si consumano 83 kg di carne pro capite mentre il Terzo Mondo muore di fame per ingrassare le nostre bistecche; si possono nutrire dodici persone con i prodotti coltivati su un terreno necessario per nutrire una sola persona che mangia carne; ogni essere umano che mangia la carne costringe altre nove persone a digiunare; occorrono 16 kg di grano e leguminose per ottenere 1 kg di carne: se solo gli americani non mangiassero carne si potrebbero sfamare seicento milioni di persone in più; il 75% delle terre coltivabili in Occidente è usato per allevare e nutrire gli animali; il 70% dei cereali prodotti nel mondo viene utilizzato per ingrassare gli animali d'allevamento; se tutti mangiassero come gli americani solo un terzo dell'attuale popolazione mondiale potrebbe sfamarsi; il 70% del grano coltivato negli Stati Uniti è destinato agli animali d'allevamento: solo con questo si potrebbe nutrire una popolazione di un miliardo e trecento milioni di persone; ben sette persone potrebbero nutrirsi con l'equivalente di quello che mangia un americano carnivoro.

Il solo modo per vincere la fame nel mondo è quello di abbassare il livello di ricchezza e sprechi del mondo occidentale in modo che i poveri dei paesi in via di sviluppo non siano costretti ad adibire le loro terre a pascolo per i nostri animali d'allevamento; questo può accadere solo se cambia la nostra alimentazione basata sulla carne, solo se ciascuno di noi smette di essere causa del problema cambiando il proprio stile di vita, escludendo il superfluo per vivere; il Terzo Mondo può sollevarsi attraverso la politica del mercato equo e solidale puntando sull'artigianato e sull'agricoltura tradizionale con l'appoggio di intermediari no profit e volontari per la vendita.

3) Le malattie: il 70% delle malattie umane sono correlate al consumo di carne; le principali cause di morte nel mondo occidentale sono di derivazione alimentare; un terzo della popolazione degli Stati Uniti muore per malattie dovute all'alimentazione; il 68% di tutte le malattie degli Stati Uniti attribuibili al consumo di carne sono: malattie cardiache, cancro al colon, alla prostata, ai polmoni, al fegato, al seno, alle ovaie, blocchi renali, asma, diabete, ipertensione, obesità, salmonellosi, diverticolosi, ipoglicemia, osteoporosi, ictus, calcoli biliari e renali, impotenza, ulcere peptiche, insonnia; il 12% del loro prodotto interno lordo è destinato a combattere queste malattie; eliminando il consumo di prodotti animali si ottiene una riduzione del 90% degli ictus e del 97% degli infarti; le sostanze potenzialmente cancerogene trovate in prodotti a base di carne sono: cabadox, cloramfenicolo, pirofurazone, dimestrazolo e ipromidazolo; l'80% dei bovini e dei polli negli Stati Uniti sono trattati con farmaci (sulfamidici, antibiotici, ormoni, estrogeni e via dicendo).

4) L'inquinamento: l'aria del pianeta è ormai irrespirabile, la terra, le falde acquifere ed i mari sono contaminati dalle deiezioni di animali d'allevamento che producono escrementi pari a centotrenta volte quelli dell'intero genere umano; ogni giorno si scaricano nell'aria quaranta milioni di metri cubi di anidride carbonica; con oltre sessantamila diversi tipi di prodotti chimici vengono trattate le colture, e almeno ottanta di questi sono dichiaratamente cancerogeni; una persona in un anno ingerisce non meno di 3 kg di veleni chimici; a causa dell'inquinamento migliaia di laghi sono biologicamente morti ed altri stanno morendo; l'immissione nell'atmosfera di metano e ammoniaca derivanti dalle deiezioni degli animali e dagli scarichi delle concerie causano: piogge acide, riduzione della biodiversità, erosione del terreno, effetto serra, contaminazione delle acque e dei terreni; cento milioni di tonnellate è la quantità di metano prodotta in un anno dagli animali d'allevamento; il biossido di carbonio generato per produrre una bistecca è pari alla quantità prodotta da un'automobile percorrendo 40 km; dagli animali d'allevamento, dai rifiuti industriali e dai fertilizzanti derivano i nitrati che contaminano il terreno e le acque, e che nel corpo umano possono trasformarsi in nitriti, sostanze potenzialmente cancerogene; le coltivazioni a foraggio per animali sono trattate con pesticidi, diserbanti, fungicidi, insetticidi, erbicidi, fitofarmaci, e ogni anno gli animali d'allevamento consumano cinquemila tonnellate di soli antibiotici, che finiscono nelle falde acquifere e nel metabolismo di chi mangia prodotti animali; l'allevamento richiede ingenti quantità di sostanze chimiche tra fertilizzanti, diserbanti, ormoni, antibiotici: tutti prodotti dalle stesse multinazionali che detengono il monopolio dei semi usati per coltivare cereali e legumi destinati ad alimentare il bestiame.

5) Il deserto avanza al ritmo di 3500 kmq l'anno (rapporto ONU sull'ambiente 2004); la *deforestazione* è dovuta alla distruzione delle terre fertili e delle foreste abbattute a un ritmo di trentamila ettari al giorno principalmente per adibirle a pascolo, causando l'irrimediabile estinzione di migliaia di specie animali e vegetali e la distruzione della biodiversità; la desertificazione minaccia circa un miliardo di persone in cento paesi del mondo; un quarto delle terre del pianeta è a rischio di erosione; ogni anno per la cattiva gestione del territorio si formano sei milioni di ettari di nuovo deserto; il 27% del territorio in Italia va incontro a siccità e a fenomeni erosivi; la principale causa di distruzione delle foreste pluviali è il consumo di carne negli Stati Uniti e a causa di questo migliaia di specie animali si estinguono ogni anno; il 75% della foresta amazzonica è già stato distrutto a causa degli allevamenti di animali da macello; ogni hamburger equivale a sei metri quadrati di alberi abbattuti e a settantacinque chili di gas; ogni volta che si mangia un hamburger si perdono venti o trenta specie vegetali, una dozzina di specie di uccelli, mammiferi e rettili (si stanno perdendo ventisettemila specie l'anno; all'inizio dell'era industriale se ne perdeva una ogni dieci anni, oggi una ogni venti minuti); dopo tre, al massimo cinque anni, il suolo calpestato e divorato da milioni di bovini ed esposto a Sole, piogge e vento diventa sterile e i ruminanti si devono spostare distruggendo altri ettari di foresta: occorrono dai duecento ai mille anni perché quel terreno ritorni fertile; il consumo pro capite di carne richiede un uso costante di 1200 mq di terreno a persona; gli allevamenti causano l'emissione del 20% dei gas serra.

6) La carenza di acqua potabile: una persona su cinque nel mondo non dispone di acqua potabile; un terzo della popolazione in Africa muore a causa dell'acqua contaminata; le sorgenti si stanno esaurendo a causa della eccessiva domanda rispetto alla loro capacità di rigenerarsi; per produrre 1 kg di carne di manzo si consumano cinquantamila litri di acqua potabile mentre per produrre 1 kg di cereali sono sufficienti duecento litri d'acqua; l'acqua che una persona carnivora consuma in un mese è sufficiente ad un vegetariano per un anno.

7) L'esaurimento delle fonti di energia. L'industria della carne in Occidente consuma un terzo dell'intera energia disponibile, esponendo i paesi industrializzati a un probabile collasso funzionale; per produrre carne di maiale si consuma quindici volte la quantità di energia occorrente per produrre frutta e verdura; se tutti gli umani adottassero una dieta carnivora la durata delle riserve petrolifere mondiali sarebbe di tredici anni, mentre se si adottasse una dieta vegetariana per tutti la durata sarebbe di duecentosessant'anni; un solo hamburger assorbe energia quanto una lampada che illumina una stanza per cento ore; occorrono settantotto calorie di combustibile fossile per produrre una sola caloria di proteine della carne, mentre le calorie necessarie per produrre una caloria di proteina della soia sono soltanto due; i soli bovini consumano proteine vegetali quanto il fabbisogno calorico di sette miliardi di persone; il costo di un chilo di proteina di frumento è di 6,6 Dollari, mentre il costo di un chilo di proteina di carne è di 67 Dollari; occorrono 21 kg di proteine vegetali per 1 kg di proteine animali; da un acro di terra a pascolo si possono ottenere 63 kg di carne di manzo oppure, coltivandolo, 10000 kg di patate; nei soli Stati Uniti ogni anno bovini, suini e polli allevati per l'alimentazione umana consumano 145 milioni di tonnellate di cereali e soia, di queste solo ventuno tonnellate si trasformano in cibo carneo; un ettaro di terreno può produrre in un anno 2.500 kg di proteine vegetali oppure 200 kg di proteine animali; la dieta carnea fa consumare da otto a dieci volte le sostanze consumate da quella vegetariana; se non vi fossero i vegetariani il patrimonio naturale subirebbe una minaccia mortale: l'adozione su vasta scala della dieta a base di carne potrebbe essere la fine immediata del pianeta.

Il corpo, la mente, la coscienza, lo spirito

Come favorire lo sviluppo dei quattro componenti fondamentali dell'entità umana.
Il fatto che un individuo scelga di alimentarsi con un determinato prodotto indica che il suo corpo, la sua mente e la sua coscienza sono al livello evolutivo del cibo per cui si sente attratto.

Dal momento che l'entità umana risulta fondamentalmente composta dai suddetti quattro componenti, e che non vi è azione che non li coinvolga simultaneamente, si deduce che non è possibile risolvere radicalmente un problema collegato a un solo di essi senza intervenire sugli altri.

Se anche un solo organo è malato inevitabilmente ne soffre l'intero organismo. Ma se si vuole operare la guarigione di una delle parti è necessario intervenire anche sulle altre. Il benessere integrale dell'individuo si raggiunge solo quando le componenti non solo sono sviluppate allo stesso livello evolutivo ma sono anche armoniche tra loro. Quando una sola di queste viene trascurata, dunque non si sviluppa allo stesso livello delle altre, si crea una sorta di scompenso che genera disarmonia nell'entità e quindi sofferenza fisica, psichica o emozionale.

L'individuo che si interessa prevalentemente di una di queste trascurando le altre non sarà mai un individuo felice, in piena forma fisica, con pensieri di saggezza e una coscienza sensibile. Il culturista o lo sportivo in genere, che cerca nella forma fisica la sua realizzazione e trascura le altre componenti, difficilmente sarà una persona completa, realizzata e felice. Allo stesso modo lo scienziato che cura solo o prevalentemente la sua sfera intellettiva, come il poeta o l'umanista che vede nella parte emozionale l'aspetto più importante dell'esistenza, o come l'asceta che si rifugia totalmente nella dimensione spirituale trascurando il valore della scienza e l'importanza della salute.

Il perfetto equilibrio tra le parti è ciò che consente alle cose di esistere. La forza che fa tendere le cose alla loro interazione simbiotica è ciò che genera la vita nell'universo. Il bene si manifesta attraverso l'intesa delle parti. Senza armonia tra le parti nulla di costruttivo può manifestarsi nell'universo energetico e materiale. La disarmonia porta alla distruzione, al non essere, all'estinzione.

Una persona ritenuta giusta e di sani principi morali che però usa mangiare la carne prima o poi si ammalerà, sia perché non ha capito, a livello mentale, che questo alimento è incompatibile con la sua salute, e sia perché la sua coscienza non è abbastanza sensibile da condividere la sofferenza degli animali e, di conseguenza, secondo la legge di causa ed effetto, ne pagherà le conseguenze con la sofferenza. Così se si vuole intervenire sulla mente dell'individuo sarà necessario considerare il livello evolutivo raggiunto dal corpo e dalla coscienza; se si vuole che un individuo sviluppi la sua sfera emotiva sarà necessario tener conto delle sue dimensioni fisica e psichica.

Può succedere che un individuo abbia un fisico in apparenza in buono stato, ma la sua ottima salute non durerà a lungo se vengono trascurate le altre componenti. A volte succede che (come in alcuni mistici e santi) a un fisico ammalato corrisponda una grande sfera spirituale, ma l'individuo è sofferente perché ha trascurato una delle sue componenti, il corpo, e quindi non ha realizzato il benessere integrale richiesto dalla natura per essere felici, in quanto in realtà un uomo ritenuto santo che per esempio mangia la carne è, a mio avviso, una persona non realizzata integralmente, in tutte le componenti fondamentali del suo essere.

SE VUOI OTTENERE QUELLO CHE NON HAI MAI OTTENUTO DEVI FARE QUELLO CHE NON HAI MAI FATTO.
INTERVENIRE SU SE STESSI, UNIFORMARE LA PROPRIA NATURA A CIÒ CHE È GIUSTO E NON A CIÒ CHE PIACE;
SUPERARE I PROPRI LIMITI, METTERE AL PRIMO POSTO L'IDEALE DEL BENE UNIVERSALE ED IMPEGNARSI AD ESSERE OGNI GIORNO MIGLIORI:
QUESTO È CIÒ CHE FAVORISCE LA REALIZZAZIONE INTEGRALE DELL'ESSERE UMANO.

In sostanza, per ottenere la propria integrale realizzazione occorre avere come punto di riferimento la salute fisica degli igienisti, la logica dei filosofi, l'intelligenza degli scienziati, la sensibilità dei poeti e il misticismo degli asceti. Prediligendo una sola di queste esigenze si finisce col trascurare inevitabilmente le altre componenti, impedendo la vera realizzazione dell'uomo.

Come intervenire sulle quattro componenti

Il corpo. Attraverso la corretta alimentazione adatta al nostro organismo, fatta prevalentemente di frutta, verdura, germogli, cereali integrali, tuberi e semi oleaginosi, nonché uno stile di vita improntato alla sobrietà e alla buona combinazione degli alimenti, tutte le funzioni organiche del nostro organismo tornano a funzionare come la natura aveva previsto e stabilito. Questo consente di vivere in ottima salute e di allungare il periodo della vita. L'esercizio fisico, il contatto con la natura e le profonde respirazioni risultano essere attività fondamentali. Le cause delle malattie del corpo vanno sicuramente ricercate nel cattivo stile di vita e nel modo errato di alimentarsi: se nel serbatoio di un veicolo progettato per funzionare a benzina viene aggiunto anche del gasolio la sua durata sarà limitata, la sua vita più breve e piena di problemi.

La mente. Per lo sviluppo di una mente armonica e positiva è necessario allontanare pensieri fuorvianti, abituare la mente a stare dove noi vogliamo che sia senza consentirle di vagare su immagini e pensieri che non abbiamo cercato; meditare sui grandi interrogativi della vita, sviluppare il senso critico costruttivo, fare esercizi di concentrazione, chiedersi sempre il motivo delle cose, informarsi attraverso la lettura cercando di ritenere ciò che si legge, ricordare ciò che si guarda, ciò che si ascolta; non accettare passivamente le opinioni degli altri specialmente quando possono condizionare la nostra esistenza: il dubbio fa progredire più delle certezze. La volontà di conoscenza è la vera forza dell'uomo che lo rende libero e artefice del suo stesso destino.

La coscienza. Come ogni altra componente dell'entità umana la coscienza deve essere coltivata per svilupparsi. La sfera emotiva, la sensibilità del cuore, la ricchezza dei sentimenti si sviluppano attraverso l'empatia e la volontà di immedesimarsi nei bisogni degli altri, nel condividere la gioia e il dolore del prossimo. Questo è fortemente agevolato dall'osservazione attenta di ciò che ci circonda, dalla capacità di valorizzare il piccolo, il semplice il minuto. Stupirsi delle semplici cose del creato, della stupefacente realtà del Cosmo; imparare a valorizzare la meravigliosa complessità di qualunque organismo vivente: la magnificenza di un albero, la bellezza di un uccello, lo splendore di un fiore, i suoi colori, il suo profumo, il lavoro dell'ape, della formica, la maestosità del cavallo, la purezza dell'acqua, la grandiosità degli oceani, l'incanto degli occhi di un bambino, l'umiltà del filo d'erba....

Se le nuove generazioni saranno educate ad apprezzare la bellezza del "piccolo", ad amare, a rispettare la sacralità della Vita in tutte le sue espressioni, valorizzandolo per il suo intrinseco valore, se saranno in grado di condividere la condizione del prossimo e capire che tutto ciò che esiste dipende dalla simbiosi armonica tra tutte le cose, inevitabilmente si svilupperà nella loro natura una coscienza sensibile, solidale e compassionevole in grado di amare e rispettare anche gli esseri umani e così porre le basi per un mondo finalmente migliore. Lasciandosi coinvolgere emotivamente l'uomo amplia i suoi livelli di coscienza e sviluppa la sua parte migliore.

Lo Spirito. Lo sviluppo della parte spirituale dell'uomo si attua attraverso il riferimento costante verso un ideale superiore proteso verso la realizzazione integrale di se stessi attraverso l'armonia, la bellezza, il bene, la gioia, la vita. L'individuo diventa ciò che desidera profondamente. Identificandosi nell'ideale positivo e armonico l'essere umano tende a uniformarsi a tutto ciò che di positivo, armonico ed edificante vi è nelle sue migliori aspirazioni che non trovano compimento nella dimensione terrestre.

La componente spirituale dell'entità umana si identifica nella ricerca del bene e della felicità totale, del Tutto, nel desiderio di esistenza anche dopo la morte. Il tendere alla perfezione dell'ideale cui cerchiamo di uniformarci è ciò che impegna come in un patto d'amore e devozione a migliorare noi stessi. Credere in un ideale di amore e di giustizia universale, lottare gratuitamente per il bene dell'altro, questo è ciò che ci fa crescere spiritualmente.

Credere poi nell'esistenza di Dio, come entità suprema spirituale ma reale e onnipotente, artefice di tutte le cose e capace di realizzare le nostre aspirazioni, porta a sviluppare in noi la forza della fede, componente imprescindibile per il raggiungimento di qualunque obiettivo. Attraverso la preghiera l'essere umano "assorbe" in se stesso ciò che l'Entità è e rappresenta e lo rende capace di "muovere le montagne".

L'importanza dell'astinenza della carne, considerata come condizione imprescindibile per raggiungere le vette della spiritualità, è stata fin dai tempi più antichi raccomandata dai grandi iniziati, mistici e santi di ogni tempo e paese.

Le giustificazioni di chi mangia animali

Accade a volte che i vegetariani sono accusati di intolleranza verso coloro che difendono la scelta di mangiare la carne. Succede pure che a coloro che elargiscono saggezza e tolleranza (solo perché le vittime sono altri, in questo caso gli animali) basterebbe torcere un capello per vederli invocare la legge del taglione. In realtà la reazione di costoro è un patetico tentativo di giustificare se stessi quando l'accusa suscita sensi di colpa. Se fosse un nostro parente a essere ucciso e cucinato per il piacere del palato di qualcuno, certo non saremmo così indulgenti e propensi a invocare rispetto per le scelte altrui. E chissà perché ribellarsi contro lo schiavismo, la tortura o la pena di morte degli umani non è considerato estremismo ideologico. Quindi il problema si pone solo perché le vittime sono gli animali, cioè quando si ha una visione antropocentrica della vita e si ritiene che gli animali siano delle cose a disposizione dell'uomo e non esseri senzienti col nostro stesso diritto al rispetto e all'esistenza.

Quando in ballo è la vita e la sofferenza degli altri, essere vegetariani non è una scelta come un'altra: è la scelta tra vita o morte, giustizia o sopraffazione, tra amore e disprezzo, tra civiltà e barbarie. Essere vegetariani oppure mangiatori di animali non è affatto la stessa cosa. Sono due realtà che stanno agli antipodi: l'una difende la vita, l'altra il diritto al piacere del palato.

Ci sono alcuni che rifugiandosi in assurde filosofie ritengono che sia sufficiente ringraziare l'animale ucciso, essere grati per il suo essersi sacrificato, offrire a Dio quel pasto e mangiarlo con amore, per essere immuni da colpa. Naturalmente in tutto questo la vittima non ha voce in capitolo. Ma chi al posto di un condannato a morte, per soddisfare il palato di qualcuno, non augurerebbe al carnefice la stessa sorte?

Noi dobbiamo essere accorti, misurati per non urtare la suscettibilità di coloro che considerano legittima la scelta di magiare la carne perché a loro la legge lo consente?

Certo non si arriva in cima alla scala senza passare attraverso tutti i gradini che la compongono, ma nascondersi dietro un dito significa agire da ipocriti. E allora la nonviolenza, anche verbale, e la tolleranza verso la condizione altrui sono comunque il fulcro della nostra filosofia, perché ognuno si esprime a seconda del suo livello evolutivo e l'evoluzione non può certo essere imposta.

FONDAMENTALISMI: MANCATA EVOLUZIONE

Non è possibile elencare tutte le cause che portano alcuni individui, alcuni gruppi o alcune frange di popolazione a concepire l'idea della distruzione di se stessi, dell'altro, del massacro: motivi storici, economici, razziali, religiosi, mentali e così via. La storia è piena di orrori vicini e lontani e il dibattito è più che mai aperto e analizzato sotto tutti gli aspetti dai cronisti più acculturati.

Ma ciò che mi stupisce e mi sconcerta è che nessuno indica nella natura umana la vera causa del problema. Il mio discorso appare banale e semplicistico al punto da esser tentati di escluderlo a priori, ma la speranza di un mondo migliore passa inevitabilmente attraverso una nuova coscienza umana e una mentalità di pace. Alla base del rinnovamento reale risiede il cambiamento del cuore degli uomini. Valori che non si improvvisano: sono invece il risultato dell'evoluzione integrale dell'individuo. Ma l'evoluzione procede a passi lenti a causa della grandiosità dei suoi tanti traguardi concomitanti: benessere economico, libertà, giustizia, democrazia.

Per favorire questo processo il solo modo è quello di perorare la necessità di un progetto planetario di educazione delle masse alla democrazia, alla collaborazione, alla solidarietà, al rispetto dell'altro e del sacro valore della vita. Tale progetto dovrebbe essere a mio avviso l'impegno prioritario di ogni governo e di ogni nazione. Bisognerebbe sancire un accordo internazionale a educare la gente alla pace e alla fraterna collaborazione e quindi nel rifiuto a priori di qualunque atto lesivo nei confronti del prossimo, a vantaggio del dialogo.

È necessaria la volontà politica, a cominciare dai paesi considerati progrediti, per arrivare all'istituzione di un governo mondiale che miri ad attuare un progetto globale di cultura e di pace inteso a prevenire e tutelare soprattutto i più deboli. È necessario parlare di universalismo, di cultura planetaria, di sincretismo, di non violenza universale, di governo mondiale, di spiritualità globale, e la scuola deve essere lo strumento della formazione laica della coscienza morale degli individui, nei quali porre in sintonia mente e cuore, scienza e arte; che si parli di diritti umani e animali, di tutela dell'ambiente, di armonia collettiva, di crescita personale.

Tutti i componenti dei popoli, nessuno escluso, devono essere educati alla fraterna e civile convivenza, ai valori fondamentali della vita, alla valorizzazione delle differenze formali e sostanziali, alla cultura del senso critico, alla ricchezza dell'integrazione, e i popoli meno progrediti culturalmente devono essere maggiormente aiutati nella consapevolezza che l'umanità intera è una sola grande famiglia e finché un suo solo componente sarà emarginato, ferito o sofferente gli altri non dovranno vivere ignorandone le sofferenze.

Il vegetarianesimo, con la sua etica universale che estende il diritto al rispetto, alla libertà e alla vita dall'uomo a ogni creatura, risulta essere il mezzo più potente per realizzare questo progetto. Infatti, chi non mangia carne per non nuocere a un essere diverso dalla sua specie come potrebbe far del male al suo simile? Se sono la coscienza e la mente degli uomini la causa di ogni bene e di ogni male, è su queste che bisogna intervenire, attraverso la cultura e la sensibilizzazione del cuore alla condivisione delle altrui necessità vitali: l'amore, il rispetto e la valorizzazione del "piccolo" inducono inevitabilmente al rispetto anche del "grande". Coloro che massacrano la popolazione inerme con atti di terrorismo se non hanno pietà per gli esseri umani sicuramente considerano la vita degli animali meno che niente. Per contro, coloro che difendono gli animali, perché la sensibilità del loro cuore li induce a condividere la loro sofferenza, sicuramente sono anche più giusti e sensibili nei confronti degli umani e quindi sono spiritualmente e mentalmente più vicini alla nuova dimensione umana; diversamente, come diceva il principe fattosi prete **Max von Sachsen**: *"Finché gli uomini continueranno a uccidere gli animali essi non cesseranno nemmeno di uccidersi tra loro: il mondo animale si vendica dell'umanità forzandola nelle guerre a divenire carnefice di se stessa"*.

Chi mangia carne affama il Terzo Mondo

Devono sapere coloro che lottano a favore del Terzo Mondo, ma che si ritrovano in incontri programmatici e cene a base di bistecche, che essi stessi sono la causa indiretta della fame dei popoli meno abbienti: le terre delle popolazioni più povere vengono acquistate per pochi spiccioli dalle multinazionali per coltivare alimenti destinati agli animali d'allevamento: negli ultimi dieci anni duecentomila indiani si sono suicidati per la disperazione di non riuscire a pagare i debiti contratti nell'acquisto delle dosi sempre più massicce di fertilizzanti e pesticidi richieste nelle monocolture, e soprattutto per non poter disporre come prima delle terre che in stato di biodiversità consentivano il loro sostentamento.

Il 75% dei cereali consumati dagli animali d'allevamento viene da paesi in via di sviluppo: trentasei dei quaranta paesi più poveri del mondo esportano tale cibo verso gli Stati Uniti e l'Europa. Un'area grande sette volte l'Europa viene impegnata per produrre alimenti per animali. Quasi l'80% dei cereali coltivati in Europa è destinato agli animali d'allevamento. Ognuno deve essere consapevole che mangiando carne contribuisce ad affamare o a far morire qualcuno nel Terzo Mondo.

Devono sapere coloro che invitano a non sprecare l'acqua che l'industria della carne nel mondo assorbe il 70% dell'acqua potabile e che a causa della carenza di tale prezioso elemento ogni giorno muoiono trentacinquemila persone. Gli allevamenti assorbono più del 50% dell'acqua potabile disponibile; una mucca da latte beve duecento litri d'acqua al giorno, quanto cento esseri umani (si risparmia più acqua rinunciando a un chilo di carne bovina che non facendo la doccia per due anni).

Devono sapere coloro che si sperticano a proporre fonti di energia alternativa che l'industria della bistecca e del pesce assorbe un terzo dell'intera energia disponibile in Occidente e che se tutta l'umanità adottasse lo stile di vita occidentale ci sarebbe un collasso immediato di tutti i sistemi tecnologici.

Devono sapere coloro che lottano contro l'inquinamento dell'aria che ogni chilo di carne di manzo, che essi stessi magari consumano, genera trentasei chili di anidride carbonica, che equivalgono a quanta ne produce un'automobile percorrendo 70000 km; che il metano e l'ammoniaca derivanti dagli escrementi di animali e dagli scarichi delle concerie causano le piogge acide; che gli animali degli allevamenti producono centotrenta volte la quantità di escrementi dell'intero genere umano e che questo causa acidificazione dei terreni, dei mari, dei laghi, dei fiumi, inquinamento delle falde acquifere, riduzione della biodiversità, erosione del terreno ed effetto serra; che gli animali d'allevamento producono gas serra più di tutti i veicoli del mondo.

Devono sapere coloro che lottano contro la distruzione dell'ambiente che il 75% delle foreste pluviali è già stato distrutto, che il 90% del terreno disboscato della foresta amazzonica è adibito a pascolo; che ogni due secondi viene rasa al suolo una superficie di foresta grande quanto un campo di calcio; che per un solo hamburger vengono abbattuti cinque metri quadrati di foresta. Devono sapere coloro che fingono di interessarsi dei problemi socio-ambientali che in questo stato di cose o si è la soluzione o si è la causa del problema.

GLI ANIMALI HANNO IL PIENO DIRITTO A NON ESSERE IMPRIGIONATI, SFRUTTATI, VIOLENTATI E UCCISI...

Per legge di natura ogni animale nasce libero ed ha la possibilità di fuga davanti al predatore. Pertanto se l'uomo reclude gli animali e li uccide senza dare a questi alcuna possibilità di scampo va contro le leggi della natura e quindi di Dio stesso che le ha stabilite.

Solo gli animali predatori (che non hanno alternativa per vivere) hanno il diritto di uccidere un altro animale; per questo sono dotati di artigli, zanne, becco, zoccoli, corna, dei quali strumenti l'uomo è sprovvisto, mentre se l'uomo uccide un animale senza estrema necessità di sopravvivenza va contro la legge della natura e di Dio stesso, il quale ha sancito con il Quinto Comandamento l'obbligo di "Non ammazzare", estensibile dall'uomo a ogni essere in grado di soffrire.

La vita è sacra in qualunque forma fisica si manifesti, e chi disprezza il valore dell'altrui vita disprezza la diversità delle cose, che è la condizione stessa affinché la vita possa manifestarsi sulla Terra.

L'animale soffre se imprigionato, sfruttato, violentato, ucciso, e l'indifferenza verso l'altrui sofferenza rende l'uomo moralmente, civilmente e spiritualmente peggiore perché lo inclina all'indifferenza verso il dolore del prossimo, che è la causa di ogni sventura umana.

Gli animali hanno un'anima dal momento che questa si esprime nella capacità di ogni individuo di autodeterminare la propria esistenza, di prendere decisioni individuali, di compiere o no una determinata azione, di scegliere il proprio compagno e il luogo dove allevare i propri cuccioli.

Gli animali hanno intelligenza nella misura in cui è necessaria e sufficiente alla loro vita e che dipende dal loro grado di evoluzione. Senza raziocinio non vi sarebbe autodeterminazione.

Tutte le caratteristiche dell'essere umano sono presenti anche negli animali, per il fatto che, se l'uomo è al vertice di una piramide di evoluzione per capacità organizzativa, non vi può essere interruzione con le altre dimensioni naturali con cui interagisce la sua vita, e quindi il sentimento, l'intelligenza, il libero arbitrio, la capacità di percepire il dolore, la presenza dell'anima e così via sono più o meno presenti in ogni specie: ma in nessuna sono manifeste totalmente come in nessuna sono assenti del tutto. Vi sono, infatti, animali che sono dotati di intelligenza e sentimento più di molti esseri umani.

Finché l'essere umano interferirà nella vita degli animali non potrà sottrarsi all'obbligo di avere e seguire una legge che tuteli i loro diritti. Diversamente non ha alcun diritto di interferire nella loro vita.

Il rispetto per gli animali: condizione imprescindibile per un mondo migliore

Il tacito presupposto per cui la gente comune (e quella socialmente più impegnata) non si interessa del problema degli animali è che (a loro dire) ci sono problemi più importanti da risolvere: economia, posti di lavoro, salario, pensioni, giustizia, scuola e via dicendo. Si rimanda il "problema animali" a quando saranno risolti i problemi umani, cioè probabilmente a mai.

Io sono profondamente convinto che i problemi sociali non saranno risolti finché l'essere umano continuerà ad avere una coscienza e una mentalità tali da *non* considerare il "problema animali" come un problema che riguarda direttamente la società e la civiltà umana, in quanto coinvolgente le sfere mentale, morale, fisica, ambientale, economica e spirituale degli umani.

L'uomo arriverà a rispettare il suo simile, a essere giusto, onesto, altruista, solo quando saprà considerare ingiusto e crudele che miliardi di esseri innocenti, nella fattispecie gli animali (gli schiavi dell'era moderna), vengano sistematicamente sfruttati, violentati e uccisi per mero vantaggio economico e gastronomico.

L'uomo non potrà mai rispettare il "grande" se è abituato a schiacciare il "piccolo". Se una comunità di umani viene educata a massacrare tutti gli appartenenti alle comunità che ne siano esterne, a usare nei loro confronti ogni sorta di violenza e di ingiustizia, sperare poi che i suoi individui abbiano il senso del rispetto e della giustizia anche solo nei confronti di coloro che appartengono al loro stesso clan è proprio utopia.

Insensibilità cancro dell'Anima

Il non sentire le sofferenza degli altri è ciò che rende l'uomo capace di qualsiasi egoismo e di ogni delitto

Considero il principale nemico della civiltà umana l'insensibilità del cuore, l'indifferenza verso la sofferenza altrui, l'incapacità di dar valore alla vita, alle bellezze del creato. Considero questo aspetto dell'uomo non solo il vero cancro del genere umano e il vero impedimento al raggiungimento di un contesto sociale più civile e democratico, ma anche il vero ostacolo alla causa vegetariana e animalista.

Un uomo sensibile, capace di percepire il dolore degli altri, come potrebbe essere un assassino, un ladro, uno stupratore? Come potrebbe un uomo essere ingiusto, disonesto, approfittatore se fosse educato al rispetto di ogni essere vivente? È la sensibilità del cuore il vero segreto della giustizia e della pace.

Ma chi è indifferente alla sofferenza degli animali come può essere sensibile alla sofferenza degli uomini? Chi non sa dare valore alla vita dell'animale come può dar valore alla vita degli uomini? Chi non sa apprezzare e valorizzare la perfezione e la bellezza di un organismo vivente come può dar valore a ciò che lo circonda? Chi è indifferente al pianto di un animale come potrebbe essere sensibile al dolore degli uomini? Chi non sente la disperazione di un animale braccato, imprigionato, torturato come può comprendere l'angoscia del suo simile? Eppure gli uomini riescono a farlo perché separano l'animale dall'uomo. Dicono: "Che c'entra, l'animale è una cosa, un'altra è l'essere umano". Ed è questo ciò che giustifica ogni crimine nei confronti degli animali.

Il valore di un uomo non si calcola in base alla sua cultura, alla sua intelligenza o alla sua bellezza ma in base alla sensibilità del suo cuore. La coscienza dell'uomo, infatti, non è mai disgiunta da qualunque sua azione, e la storia stessa è lo specchio del livello evolutivo della coscienza collettiva.

Essere indifferenti alla sorte crudele cui sono condannati milioni di animali, essere indifferenti alla loro prigionia, all'agonia della loro mattazione, riuscire a giustificare la distruzione di una creatura fatta come noi per il piacere della gola è un fatto spregevole, che preclude la possibilità di estendere i propri confini morale al di là di se stessi.

C'è, purtroppo, ancora molta gente che ritiene giusto mangiare la carne, e anche se considera gli animali degni di rispetto ritiene giusto che gli animali siano utilizzati per essere nutrimento degli umani; ma quelle persone avrebbero il coraggio di uccidere con le proprie mani l'animale di cui mangiano il corpo?

Essere vegetariani per motivi solo salutistici è una scelta egoistica: infatti se la carne facesse bene alla loro salute quelli che ragionano così sicuramente la mangerebbero. E anche se una scelta di questo tipo porterebbe a salvare gli animali dal massacro sistematico essa non cambierebbe la coscienza degli uomini e l'umanità non progredirebbe sul piano morale e spirituale.

C'è chi non accetterebbe mai di far uccidere il proprio animale d'affezione per il piacere del palato di qualcuno, ma considera naturale che questo avvenga a danno degli altri animali.

C'è chi giustifica la logica del potere del più forte sul più debole, ma non accetterebbe mai di subire lui la sorte del più debole. E anche se a lui non importa la sofferenza degli animali vuole che agli altri importi la sua quando si reca dal medico o dal dentista.

Il non considerare la sofferenza animale come un problema, questo è il vero problema, che è indice di indifferenza verso gli effetti che le nostre scelte causano agli altri.

Noi abbiamo l'obbligo morale di informare sulla realtà che vivono gli animali a causa di chi mangia la carne al fine di responsabilizzare l'uomo davanti alle sue scelte. L'uomo deve essere cosciente che quando mangia una bistecca ha incaricato qualcuno di uccidere un animale, che ha condannato uno, cento animali a una terribile esistenza prima di subire l'agonia della macellazione ed essere fatto a pezzi e cucinato: ma io, sono sicuro, di quegli animali un giorno dovrà rispondere davanti a Dio, perché questo è l'errore dell'uomo: credere di dover dare conto solo del male commesso a danno del suo simile.

Senza pietà alcuna

Non esiste crimine più imperdonabile della sopraffazione dell'uomo sull'animale.

L'uomo ha trasformato la Terra in un luogo di terrore e di tormento per gli animali: ha disseminato stabulari, macellerie, concerie, istituti di sperimentazione; ha riempito i frigoriferi e le sue dispense di ossa e parti smembrate dei poveri animali uccisi senza pietà e senza colpa alcuna e senza che mai si levasse dal suo cuore un senso di ripulsa e di vergogna.

L'uomo è diventato un torturatore implacabile, un boia spietato di buoi, di cavalli, di maiali, di teneri agnelli, di incantevoli pennuti, di pesci bellissimi, di esseri miti e aggraziati, pacifici, inoffensivi e ha degradato se stesso allo stato di una belva assetata di sangue e affamata di cadaveri. Da essere dotato di emotività, sensibilità e senso estetico si è trasformato in un malefico cannibale rozzo e spietato. Abbiamo trasformato i miti e dolcissimi vitelli dalla struggente bellezza e innocenza, le orgogliose galline, gli spavaldi puledri, i risoluti e intelligenti porcellini, i teneri conigli, in cose da smembrare, triturare, fare a pezzi, arrostire, bollire per scaricarli nella fogna dopo averli fatti passare attraverso il nostro stomaco insaziabile e vorace. Mai al mondo gli animali sono stati trattati dall'uomo in questo modo infame e disumano.

Urla di disperazione si levano ogni istante dai milioni di scannatoi sparsi in tutto il mondo e mai le vittime sono state così inascoltate; mai la depravazione umana raggiunge i suoi massimi livelli come in un mattatoio. Esseri che non hanno che gli occhi per piangere e il cuore per soffrire spaventati a morte per le pene incomprensibili a loro inflitte. Esseri che non hanno la capacità di farsi capire nel nostro linguaggio, che non hanno avvocati, sindacati che li difendano, non c'è Amnesty International per gli animali, non ci sono angeli o santi che vengano in loro aiuto: l'animale è solo nel suo sconfinato universo di dolore.

L'animale che ci guarda, con la trepida speranza di essere lasciato in pace, non sospetta che nella mente dell'uomo alberghino piani così diabolici. E i veleni della carne ostruiscono non solo le arterie del nostro corpo, ma anche i canali della saggezza, della sensibilità, della spontanea compassione verso le vittime del suo stupido, insensato e spietato egoismo.

Ogni giorno, trecentosessantacinque giorni all'anno, trecento milioni di animali trovano la morte a causa dell'uomo: un coro planetario di urla disumane, imploranti, strazianti si levano inascoltate verso questo mostro sanguinario che tutto sa sacrificare per non rinunciare al piacere del palato. La carne urla e le peggiori malattie dell'uomo sono l'effetto della tremenda nemesi karmica che attira su di se l'uomo condannandosi a un destino di dolore. Lo schifo e il ribrezzo che derivano da tali sue colpe superano di gran lunga ogni suo positivo proposito e ogni possibile perdono.

Per millenni abbiamo costretto gli animali a lavorare per noi come schiavi ed essi, nella loro sacrale ed inoffensiva docilità, hanno obbedito pazienti e rassegnati alla tirannide umana sopportando fatiche immani, fame, tormenti, il castigo del bastone della frusta; li abbiamo coinvolti nelle nostre innumerevoli sanguinarie guerre fratricide; li abbiamo tenuti in prigione, in posti orribili per tutta la loro breve e infausta esistenza; abbiamo immobilizzato i giocosi vitelli impedendo loro l'innato e irrefrenabile desiderio di correre e di giocare; li abbiamo castrati, mutilati, tosati, li abbiamo alimentati con cibi schifosi, li abbiamo privati dell'erba, della luce del Sole; abbiamo annullato la loro dignità; li abbiamo imbottiti di farmaci per impedire che muoiano prima di giungere al patibolo; abbiamo tolto alle madri i loro piccoli mentre i loro occhi si riempivano di lacrime; li abbiamo caricati a forza sui camion blindati e li abbiamo portati nell'inferno dei mattatoi dove l'odore del sangue e la vista dei loro compagni di sventura uncinati, sventrati, fatti a pezzi, smembrati, spellati, spesso ancora vivi, li ha fatti schiantare dal terrore.

E ora abbiamo il coraggio di addentare quella maledetta, disgustosa, puzzolente, putrescente parte di cadavere che nessun condimento potrà mai rendere digeribile alla nostra coscienza. E abbiamo anche il coraggio di dare ai nostri bambini questo pasto mortifero. Siano fatte visitare ai bambini le stalle e poi i mattatoi; sia loro spiegato che le bistecche, il prosciutto o la coscia di pollo non crescono sui prati come le margherite. Il crimine della peggiore condizione umana è quello di dare ai bambini da mangiare gli animali che amano.

E non c'è opera meritoria dell'uomo che possa neutralizzare gli effetti di questa immane, folle, insensata, sistematica, criminale carneficina di esseri indifesi, innocenti, miti, generosi, buoni, belli, pazienti. Questo non trova alcun perdono sotto nessun cielo dell'universo. Ma chi mangia cadaveri si cadaverizza. È una regola implacabile.

In un costante e dissennato suicidio collettivo ci si ciba di animali morti, di cadaverina, di masse virali, di tessuti in decomposizione. Mangiamo i loro reni, il loro fegato, il loro cuore, il loro cervello, i loro intestini, le loro gambe, la loro lingua, la loro coda, i loro testicoli. Ogni piatto di carne porta con se un messaggio di morte: è un crimine contro la vita e contro l'integrità del nostro organismo di animali fruttariani. Ma anche gli animali hanno un Dio e prima o poi la loro sofferenza ricade sui massacratori e sui mandanti, cioè i mangiatori di carne e su coloro che ne fomentano l'utilizzo.

Ma ciò che mi sconvolge, che mi fa impazzire, che devasta il mio equilibrio e valica ogni mia possibile giustificazione è che tutto questo avviene con l'avallo, la giustificazione e la benedizione di Santa Romana Chiesa, delle altre religioni di ceppo ebraico e di ogni educatore religioso che ne fa parte. E provo vergogna e orrore a essere della stessa specie di coloro giustificano questo stato di cose. L'uomo non ha ancora i titoli per essere considerato tale.

Per quale assurdo motivo è lecito trattare in modi opposti delitti analoghi

Tutto è in tutte le cose: come in recipienti di diverse grandezze il principio vitale è in tutti gli esseri viventi: il recipiente più capiente può contenere un quantitativo maggiore ma la sostanza è la stessa, per tutti.

Non vi è caratteristica umana che non sia presente anche negli animali, peculiarità che non sia riscontrabile in tutti gli esseri senzienti; se alcune attitudini risultano limitate o carenti è perché sarebbero inutili a quella particolare specie proiettata verso la sua realizzazione e al suo specifico progresso evolutivo.

Gran parte delle peculiarità umane sono comuni anche agli animali e come gli umani, gli animali nutrono sentimenti, ragionano, sono curiosi, soffrono, hanno paura, sanno organizzarsi, sono gelosi, accusano sensi di colpa, sanno come curarsi e così via. Come gli esseri umani gli animali si corteggiano, si riproducono, accudiscono la prole.... Come gli esseri umani gli animali soffrono, accusano tristezza, sconforto, angoscia...

Le attitudini che comunemente vengono intese come prerogative umane, per le quali l'uomo assurdamente si ritiene superiore, sono riscontrabili, in diversi gradi e differenti livelli evolutivi, in tutti gli animali. L'essere umano è dotato di cervello, cuore, polmoni, fegato, stomaco, intestini, sistema sanguigno, linfatico, nervoso, ghiandolare, ormonale, enzimatico, immunologico... possiede occhi per vedere, orecchie per udire, naso per fiutare, bocca per respirare e mangiare... Anche gli animali sono dotati di cervello, cuore, polmoni, fegato, stomaco, intestini, sistema sanguigno, linfatico, nervoso, ghiandolare, linfatico, ormonale, enzimatico, immunologico... possiedono occhi per vedere, orecchie per udire, naso per fiutare, bocca per respirare e mangiare...

Se le caratteristiche possedute dall'essere umano sono comuni anche agli animali, per quale assurdo motivo non possono godere degli stessi diritti? Per quale assurda ragione si considera lecito trattare in modo differente situazioni analoghe? Se un'azione delittuosa causa dolore, sofferenza, disperazione per quale motivo è ritenuta grave quando a patire è l'essere umano mentre perde ogni importanza se lo stesso dolore, la stessa sofferenza, la stessa disperazione sono causate all'animale?

Se usufruissero di certi diritti solo gli appartenenti alla comunità di quella parte dell'umanità che si ritiene capace di stabilire i diritti e i doveri, i bambini, i cerebrolesi e i comatosi ne sarebbero esclusi. Inoltre questo è lo stesso principio che genera barriere ideologiche, culturali, etniche, razziali: lo specismo è l'humus su cui germoglia ogni razzismo. La presunta superiorità umana, per la quale l'uomo si sente autorizzato a sottomettere e utilizzare a suo vantaggio le altre specie, è solo frutto della presunzione umana che produce effetti devastanti sul contesto sociale e sul suo stesso processo evolutivo, morale e spirituale.

Se un crimine perpetrato su un essere umano è giustamente condannato dalla legge, per quale assurdo motivo la stessa azione diviene lecita quando la vittima è un animale? Per quale assurdo motivo è lecito sparare per mero divertimento a un animale, mutilarlo, accecarlo, ucciderlo mentre la stessa azione è giustamente considerata un crimine se attuata su un essere umano? Se non è meno grave per un uccello essere mutilato di un'ala, perché mutilare delittuosamente un essere umano è un reato penale punibile con vari anni di prigione, mentre mutilare un uccello non ha alcun valore? Se non è lecito torturare, schiavizzare, violentare, privare ingiustamente dalla libertà un essere umano, per quale assurdo motivo tutto questo è lecito farlo agli animali? Se è immorale considerare sacrificabile il debole al forte, prendere ciò che non ci appartiene, se tutto questo è considerato un delitto nei confronti degli esseri umani, per quale assurdo motivo è lecito applicarlo agli animali? Se è crudele rapire un bambino a una donna e, nella peggiore delle ipotesi, ucciderlo, per quale assurdo motivo è lecito strappare un cucciolo di vitello a una mucca e farlo macellare? Perché il dolore e i sentimenti degli animali sono senza importanza, senza significato, senza valore? Chi ha stabilito che l'uomo ha il diritto di disporre del dolore e della vita degli altri?

Che cosa rende l'uomo soggetto di diritto e di tutela nei confronti di un'ingiustizia che causerebbe dolore e privazione personale? Se ciò che giustifica l'azione penale è il danno arrecato all'altro, la violazione dell'integrità fisica, psichica o emotiva, il legislatore, e non solo, dovrebbe pronunciarsi sui motivi per cui si ritiene che gli animali non possano godere dei medesimi diritti umani.

Qualcuno crede ancora che sia la presenza dell'anima a dare all'uomo presunte prerogative naturali; in questo caso l'anima è ciò che autorizza l'essere umano ad essere crudele, anche se nessuno è in grado di dimostrare l'esistenza dell'anima nell'uomo come la sua non esistenza nell'animale. Noi riteniamo che l'anima sia qualcosa di cui tutti gli esseri sono dotati, oppure nessuno, dal momento che se fosse solo l'uomo ad esserne in possesso l'anima manifesterebbe le sue intrinseche qualità in modo netto, ma non vi è nulla che sia presente nell'uomo che non sia comune anche agli animali.

Violenza tra gli uomini, frutto della violenza sul creato

Un recente studio condotto dalla Northeastern University e dalla Massachusetts Society for the Prevention of Cruelty to Animals conferma la forte correlazione esistente tra violenza contro gli animali e violenza contro gli umani. È stato osservato per vent'anni un gruppo di 153 persone abitualmente violente con gli animali; queste sono risultate cinque volte più tendenti a commettere crimini contro le persone, quattro volte più inclini a reati contro la proprietà e tre volte più propense verso reati connessi con l'uso di stupefacenti rispetto a un gruppo di confronto composto da 153 persone non violente con gli animali. Anche secondo il filosofo inglese Henry Salt, la violenza sull'uomo e quella sugli animali hanno una valenza comune.

C'è una correlazione profonda tra la capacità di usare violenza agli animali e l'inclinazione ad essere violenti nei confronti degli uomini. Questo è dimostrato da molti studi effettuati in ogni parte del mondo, dai quali risulta che il 30-40% di coloro che si sono macchiati di atti di violenza nei confronti degli esseri umani fin da bambini si erano abbandonati ad atti crudeli nei confronti degli animali. E come potrebbe essere altrimenti? L'insensibilità acquisita nell'esercitare violenza su esseri senzienti, che piangono e disperati urlano di dolore, non può che rendere insensibile l'uomo verso il suo simile: l'indifferenza verso il dolore altrui è il vero cancro del genere umano. Non solo. Nella violenza verso gli animali si annida il disprezzo delle differenze formali e sostanziali componenti la vita, e questo abitua all'idea della supremazia del forte sul debole, con i risultati tristemente noti. Quando l'essere umano saprà valorizzare, amare e rispettare il "piccolo", solo allora sarà in grado di amare e rispettare anche il suo simile.

Nei paesi più poveri, dove il consumo di carne è limitato, si riscontra un tasso di criminalità nettamente inferiore rispetto ai paesi benestanti, a riprova che l'alimentazione incide sul comportamento dell'-

uomo, come degli altri animali. Osservando la natura si può notare che gli animali più miti, pacifici e socievoli (come il gorilla, il bue, il cavallo, l'elefante, la pecora e via elencando) sono vegetariani, mentre gli animali più aggressivi e solitari sono carnivori.

Sotto l'aspetto scientifico è dimostrato che la carne agisce sul sistema nervoso come un eccitante, una specie di droga che genera dipendenza e, specialmente nel bambino, irrequietezza e aggressività. Questo è dovuto anche al fatto che l'ingestione di carne provoca una caduta del tasso di calcio.

I cibi ad alto contenuto proteico di provenienza animale apportano notevoli quantità di tiroxina, dopamina e noradrenalina e carenza di triptofano e serotonina, con conseguente disposizione alla competizione, alla lotta, a comportamenti aggressivi, autoritari e violenti. Questo è dovuto al fatto che la demolizione delle proteine animali determina la liberazione di alcuni aminoacidi neurotrasmettitori che generano, appunto, aggressività. La dopamina e l'adrenalina sono, infatti, i neurotrasmettitori preposti all'aggressività degli animali carnivori.

Invece gli alimenti contenenti triptofano (legumi, nocciole, mandorle, patate, spinaci, cavoli, zucchine, pomodori) producono nel cervello il neurotrasmettitore serotonina che, attivando le encefaline, induce alla socievolezza, al comportamento pacifico, alla calma e alla distensione neuromuscolare. Questo favorisce l'azione delle onde encefalografiche di base "alfa" tipiche di un cervello vigile e cosciente, che predispone l'individuo, oltre che alla creatività e all'intuizione, a un rilassamento nervoso simile alla condizione che si manifesta durante la meditazione e la preghiera.

C'è una profonda correlazione tra il delegare qualcuno a squartare animali nei mattatoi e uccidere uomini in guerra, tra l'indifferenza verso le condizioni degli animali e l'insensibilità verso le condizioni dei propri simili. Se l'uomo viene educato a non dar valore alla Vita che lo circonda, difficilmente sarà in grado di dare il giusto valore alla vita umana. Se un uomo è capace di spaccare a randellate la testa di un cucciolo di foca e poi spellarlo ancora vivo sotto gli occhi terrorizzati della madre, difficilmente saprà essere un uomo sensibile verso gli esseri umani. Se un uomo è capace di disintegrare a fucilate un uccellino, sparare a un coniglio, a un fagiano, a un capriolo, difficilmente sarà capace di condividere la condizione dell'altro. Se un uomo è capace di infliggere ogni sofferenza con gli esperimenti da laboratorio a un cane, un gatto, una scimmia, un topo, una cavia, difficilmente saprà essere un uomo capace di prodigarsi per il bene del prossimo. Se un uomo è capace di sparare nel cranio di un vitello, di un cavallo, di un maiale un proiettile captivo e poi squartarlo e ridurlo a pezzetti, difficilmente saprà essere un uomo capace di nutrire compassione verso la vita e il dolore del prossimo. Se un uomo è capace di catturare i pesci del mare, arpionarli con la fiocina, uncinarli con l'amo e lasciarli agonizzare fuori dal loro ambiente, difficilmente saprà essere un uomo giusto verso gli esseri umani. Se un uomo è capace di mangiare le parti smembrate del corpo di un animale al quale è stata appositamente tolta la vita per il piacere del suo stomaco, difficilmente saprà essere un uomo che ama la verità e la giustizia. Finché un animale sarà recluso, sfruttato, torturato, ucciso, nessun uomo sarà libero e capace di realizzare il vero bene per se stesso e per la comunità di cui fa parte. È l'indifferenza verso il dolore altrui che ha fatto del mondo un luogo di dolore.

Di seguito vengono riportati solo alcuni dei moltissimi filosofi, uomini di cultura e di scienza di ogni tempo e paese che hanno evidenziato la profonda relazione esistente tra violenza sugli animali e crudeltà verso gli uomini.

Erasmo da Rotterdam: *A forza di sterminare animali s'era capito che anche sopprimere l'uomo non richiedeva un grande sforzo.*

Max von Sachsen: *Finché gli uomini continueranno a uccidere gli animali essi non cesseranno neppure di uccidersi tra di loro. Il mondo degli animali si vendica dell'umanità forzandola nelle guerre a divenire carnefice di se stessa.*

Albert Einstein: *Credo che il vegetarismo possa incidere in modo favorevole sul destino dell'umanità.*

Immanuel Kant: *L'uomo deve mostrare bontà di cuore verso gli animali. Chi usa essere crudele verso di essi è altrettanto insensibile verso gli umani. È possibile giudicare il cuore di un uomo dal modo in cui tratta gli animali.*

Anna Kingsford: *Finché gli uomini si ciberanno come le tigri in essi permarrà la natura della tigre.*

Edgar Kupfer Koberwitz: *Penso che gli uomini saranno uccisi e torturati fino a quando gli animali saranno uccisi e torturati, e che fino ad allora ci saranno le guerre, perché l'addestramento all'uccidere ha bisogno che tecnicamente e moralmente esso venga fatto sui più piccoli.*

Charles Webster Leadbeater: *Ogni animale sgozzato irradia sentimenti di orrore e di odio saturando la nostra atmosfera: dannose vibrazioni si ripercuotono specialmente sui bambini. Sensazioni di terrore fluttuano nell'aria e moltissimi bambini ne sono presi dalla paura senza causa apparente. Non comprendono che l'agitazione proviene dall'atmosfera in cui vivono, satura di sentimenti ostili provenienti dalle creature immolate. Non v'è dubbio che il progresso dell'umanità porterà all'abolizione dell'alimentazione carnea perché immorale, antieconomica, fonte di malattie e di aggressività. Prima l'umanità accetterà queste lapalissiane ragioni e prima supererà il circolo vizioso della crisi concatenata che ne deriva come una nèmesi karmica della macellazione di miliardi di animali in tutto il mondo.*

Friederich Nietzsche: *È stato staccandosi dalla natura che l'uomo è divenuto il più crudele degli animali.*

Orazio: *La violenza sugli animali è il tirocinio per ogni crudeltà nei confronti degli uomini.*

Pitagora: *Fintantoché l'uomo continuerà a distruggere tutte le forme di vita che egli considera inferiori, non saprà mai cos'è la salute e non troverà mai la vera felicità.*

Plutarco: *L'uomo mangia a sazietà cibi macchiati dalle stragi di animali rendendosi molto più feroce delle fiere più selvagge. Ciò che si fa agli animali presto lo si fa anche agli uomini.*

Porfirio: *Nel periodo in cui nacque l'ingiustizia verso gli animali furono introdotte la guerra e la bramosia del potere.*

George Bernard Shaw: *Invochiamo da Dio la pace sopra ecatombi di animali massacrati, e come conseguenza logica la crudeltà genera la guerra.*

Arthur Schopenhauer: *La pietà per ogni essere vivente è la più valida garanzia per il buon comportamento dell'uomo.*

Lev Tolstoj: *Il vegetarismo non è soltanto una lotta contro la barbarie, ma il primo gradino di un progresso spirituale. Nel costante suicidio morale è il male supremo della caccia.*

Marguerite Yourcenar: *Ci sarebbero meno bambini martiri se ci fossero meno animali torturati; meno vagoni blindati che trasportano alla morte le vittime di qualsiasi dittatura se non avessimo fatto l'abitudine ai furgoni dove agonizzano senza acqua e senza cibo gli animali diretti al macello.*

La cultura degli ipocriti

Nulla come l'uso del mangiar carne evidenzia l'ipocrisia umana

Il venerdì che precede la Pasqua molti cristiani cattolici (per condividere i patimenti di Colui che fu tradito, torturato e ucciso nel modo più crudele e disumano) usano fare "penitenza" sostituendo la consueta pietanza a base di carne con del pesce. Così, con la benedizione di Santa Romana Chiesa, quella che doveva essere un'astinenza dai piaceri della vita diventa il cambiamento con un pasto ancora più saporito e costoso.

Il nostro rapporto con gli animali e il nostro modo di alimentarci dimostra quanto, a volte, ognuno di noi sia profondamente ingiusto e incoerente con se stesso, con la sua coscienza e con il prossimo. Ciò che impedisce maggiormente a ognuno di noi di superare i propri limiti e le proprie debolezze è la mancanza della volontà di rinunciare ai piaceri in genere, e in modo particolare ai piaceri della gola, anche quando siamo consapevoli che questi vanno a discapito di noi stessi e della vita di altri.

Se nella mentalità comune è considerato normale, giusto e lecito mangiare animali, perché il "cannibale" nella stragrande maggioranza dei casi non ha il coraggio di uccidere lui stesso l'animale? Perché non ha il coraggio di vedere ciò che succede nell'inferno dei mattatoi? Perché non associa la bistecca all'angoscia e al dolore che causa la sua scelta? Perché non ha il coraggio di far assistere i propri bambini all'uccisione degli animali che amano? Se lo considerano un fatto riprovevole, raccapricciante (da nascondere perché crudele, perché può turbare, scuotere, terrorizzare), perché lo consente rendendosene complice? Può forse essere giusto e necessario ciò che è crudele e contro i sentimenti umani? Si tiene nascosta la realtà perché i bambini senz'altro si rifiuterebbero di mangiare la carne, mentre i genitori sono convinti che specialmente i ragazzi hanno bisogno di cibarsi di quelle povere membra, mentre la realtà statistico-scientifica dimostra il contrario. Ma molti genitori di questo non saranno mai sufficientemente convinti, dal momento che la Televisione di Stato, con i sui accoliti nutrizionisti e la sua politica da massaia, sciorina costantemente, in modo subdolo e martellante, il concetto che la carne è necessaria.

Conosco persone che alla vista diretta di un animale che soffre o all'immagine di un animale ferito si ritraggono inorridite, disperate, si strapperebbero i capelli, mentre pronunciano la tipica e ipocrita frase "Non farmi vedere! Non farmi vedere!", e poi a tavola divorano, tranquillamente, lo stesso animale che hanno visto torturare. Se è moralmente lecito, naturale, giusto, perché non organizzare gite turistiche per visitare i mattatoi, come succede per le aziende agricole per la conoscenza diretta della frutta e degli ortaggi? Se è lecito e giusto mangiare la carne degli animali perché la maggioranza delle persone rifiuta di vedere come vengono uccisi? E se non è né lecito né giusto perché si rendono responsabili di una pratica ritenuta moralmente illecita, ingiusta e crudele?

E da questa ipocrisia dominante e strisciante non si salva la maggioranza delle persone più in vista. Proviamo a chiedere ai massimi esponenti del sistema sociale che sono soliti mangiare carne. Proviamo idealmente a chiedere loro se sono consapevoli che quel prodotto è il frutto di un'ingiustizia che ha causato dolore e morte a esseri che volevano vivere e non essere uccisi, e che per il piacere del loro palato sono stati privati per sempre della vita. L'ipotetica risposta metterebbe in contraddizione il loro presunto impegno a favore della giustizia e della dignità umana. Ma anche coloro che pubblicamente sono impegnati per i diritti umani o esercitano la giustizia, sono consapevoli della loro incoerenza? Chi è più colpevole: il mandante o l'esecutore di un delitto? In realtà chi mangia la carne ha ucciso indirettamente l'animale che sta mangiando.

Ma c'è un'altra politica: quella del "secchio sotto il buco del tetto". Sembra che l'intento di chi gestisce la cosa pubblica non sia quello di eliminare le cause dei problemi ma quello di gestire in modo redditizio gli effetti prodotti dal meccanismo che li produce. L'imperativo è:

attuare qualsiasi soluzione consentita purché non si tocchino le abitudini della gente, e l'implicito ragionamento è il seguente: C'è la malattia? Creiamo più medicinali. C'è la violenza? Moltiplichiamo i punti di controllo. C'è l'inquinamento? Distribuiamo maschere antismog. C'è la piaga dell'aborto? Legalizziamolo. I giovani si drogano? Vendiamo la droga ai supermercati. C'è la guerra? Diamo un fucile a tutti. Ci sono i ladri? Ampliamo le carceri. I giovani par mancanza di ideali scoppiano di tensione? Costruiamo più stadi in modo che possano sfogarsi. E, come dice, ironicamente, il mio amico Valdo Vaccaro: "*Per certa gente è molto meglio lasciare le cose come stanno, raddoppiare i consumi di carne, raddoppiare le stalle, raddoppiare i fast-food, raddoppiare i chirurghi, raddoppiare i trapianti... raddoppiare le onoranze funebri*".

Noi siamo complici del sistema quando accettiamo la pillola dal medico senza chiederci il motivo del nostro male che ci imporrebbe di cambiare stile di vita. Siamo complici del sistema quando mangiando una bistecca contribuiamo ad affamare il Terzo Mondo, a bruciare le foreste, a inquinare la natura, a incrementare la violenza verso gli indifesi.

MANGIO LA CARNE PERCHÉ MI PIACE

"Mangio la carne perché mi piace". Non è forse l'identico motivo che muove il ladro, il criminale o lo stupratore quando cerca il suo piacere incurante della sofferenza che causa il suo gesto? Il piacere (o il vantaggio) che una persona cerca per se stessa a danno di un altra non è forse il movente di ogni delitto? Se bastasse il piacere a giustificare una nostra azione tutto sarebbe lecito, nel caos.

Questa società materialista e superficiale ti consente di procurarti piaceri che causano sofferenza ad altri esseri viventi, ma se fossi tu dalla parte degli oppressi sicuramente ti ribelleresti a questa crudele ingiustizia, a questa consuetudine che tu giustifichi perché le tue vittime non possono ribellarsi, e tu non sopporti l'idea che la stessa legge possa essere applicata su di te. L'animale predatore che cercherebbe di uccidere te lo considereresti una bestia feroce da eliminare, anche se egli è strutturato a comportarsi in tal modo a differenza di te che mangi la carne solo perché ti piace.

Tu che ricorri al medico per ogni piccola ferita e ogni minimo dolore, confronta il sangue degli animali che hai mangiato, che è stato versato e fatto defluire nelle fogne, confronta gli anni di crudele prigionia, la privazione della luce del Sole, dell'erba dei prati. Confronta il tuo piacere con i coltelli, le asce, le seghe che hanno ridotto in piccoli pezzi un animale forte e mite che come te amava la vita e aveva terrore della morte. Confronta il tuo piacere con le viscere strappate e ammassate come cenci repellenti, guarda quel cuore strappato, quel fegato quei reni, quel cervello, quelle zampe segate, quegli occhi divelti.

Tu che mangi la carne perché ti piace, confronta il tuo piacere con la sofferenza dell'animale che è stato ucciso, confronta il suo terrore, la sua angoscia, con le vite che sono state stroncate a causa tua: una folla sterminata di animali hanno cessato per sempre di esistere per soddisfare il piacere della tua gola.

Confronta tutto questo e se potrai ancora giustificare il tuo piacere allora tu sei una persona senza coscienza, senza umanità. Una persona indifferente alla sofferenza altrui, che vive secondo la legge del più forte, finché i più deboli sono gli altri. Ma se toccasse a te la stessa sorte non volgeresti il tuo grido disperato verso lo stesso Dio che inutilmente invocano gli animali per essere salvati da un egoismo simile al tuo?

ANCHE LA PIANTA SOFFRE

Coloro che mangiano la carne, in un estremo tentativo di giustificare la loro propensione a consumare tale prodotto, usano spesso ribadire il concetto che anche la pianta soffre e quindi noi vegani per essere coerenti con i nostri principi non dovremmo nutrirci nemmeno delle piante. Ed è vero che anche la pianta, come tutti gli esseri viventi che hanno vita propria vuole vivere e non morire e che il dolore è lo strumento offerto dalla natura per conservare se stessi ed evitare di lasciarsi uccidere senza reagire.

Fin dal 1956 è stato sperimentalmente provato che le piante hanno sensazioni, memoria, paura, dolore e perfino moti di simpatia o avversione. Attraverso elettrodi, in particolare di un galvanometro, Franklin Lother registrò le alterazioni energetiche di molte piante quando stanno per essere violentate. Lother sorteggiò tra sei volontari quello che avrebbe dovuto danneggiare una pianta in presenza di un'altra pianta. Ognuna delle persone scelte fu poi fatta avvicinare a turno alle due piante. Quando si avvicinò il malfattore gli elettrodi tracciarono alterazioni anomale, come se la pianta fosse impazzita, e si constatò che anche l'altra pianta ne risentiva. Non solo. La pianta emise vibrazioni di terrore nel momento stesso in cui il suo sperimentatore pensò di bruciarle una foglia. L'identica reazione fu registrata in un altro esperimento quando nell'acqua bollente di una pentola furono immersi dei gamberetti, e questo sembra dimostri il collegamento telepatico tra pianta ed animali. In modo particolare la mimosa pudica si ritrae visibilmente se toccata, ma se l'operazione si ripete senza danno è come se riconoscesse l'azione e allora la sua forma resta inalterata.

Sembra che vi sia un linguaggio interspecista nei santuari della natura, una legge di solidarietà tra il mondo vegetale e animale. La cronaca riporta il caso del salice che lancia il suo grido di aiuto ai gatti del circondario che impediscono al padrone di tagliarlo. Del gatto di quattro anni in collegamento telepatico con il filodendro: quando il gatto dormiva la padrona andò in silenzio in cucina e tagliò i bordi di una foglia. Il gatto arrivò come una catapulta e trovando la porta chiusa miagolava come impazzito scagliandosi a testa bassa contro la porta. Un altro episodio ricorda una donna che quando si dimenticava di innaffiare le piante il suo gatto la conduceva vicino alla brocca dell'acqua. Spesso quella padrona trovava la scodellina dell'acqua rovesciata vicino alla pianta più bisognosa.

Un bosco, una foresta o un prato a noi sembrano luoghi dove regni il silenzio solo perché non siamo in grado di percepire il continuo linguaggio delle piante. Esse comunicano tra loro avvisandosi a vicenda dei pericoli provenienti dall'uomo o da altri animali predatori. E la neurobiologia vegetale oggi è in grado di registrare non solo il grido di dolore, chimico, di una pianta violentata, ma mediante sintetizzatori anche di tradurlo in un linguaggio acustico.

Però non si può porre sulla stessa bilancia la vita del cavolfiore con quella della mucca: sarebbe come considerare uno schiaffo alla stessa stregua di una fucilata. Credo ci sia una differenza tra la sofferenza di una lattuga che viene recisa e quella di un cavallo che viene ucciso: il cavallo, la mucca e il maiale hanno meccanismi fisici, chimici, neurologici e ricettori del dolore molto più sviluppati che nella pianta. A parte la vistosa potatura che non causa quasi mai la morte della pianta, vi sono piante d'alto fusto, come l'eucalipto o il pioppo, che anche se grandemente mutilate, anche se tagliate totalmente all'altezza del tronco, non muoiono, anzi riemergono più rigogliose di prima. Ma se a un animale viene recisa una zampa o a un essere umano un braccio essi sicuramente soccombono.

Ma nella inesorabile legge della vita, del dolore e della morte gli esseri umani hanno il privilegio di essere le sole creature a poter rinunciare alla violenza anche nei confronti delle piante. Questa è la filosofia dei fruttariani, che dimostrano concretamente che si può vivere anche senza recidere le piante, che è poi il punto di arrivo di ogni vegetariano e vegano ed il ritorno alla vera e compatibile alimentazione dell'uomo sia sotto l'aspetto etico che salutistico.

Giovani senza ideali

Per millenni gli esseri umani hanno avuto come ideale la libertà e il benessere economico: condizione sociale prerogativa delle ristrette classi del potere. Le ultime generazioni occidentali, dopo rivoluzioni e battaglie sanguinarie, hanno realizzato questo grande obiettivo: attualmente il benessere economico di una famiglia di ceto medio è superiore a quella degli aristocratici di un tempo e la libera espressione in democrazia è quasi assoluta. Ma le ultime generazioni non hanno avuto, come le generazioni precedenti, un ideale per cui lottare, sperare, soffrire, e sono piombate nel vuoto dell'esistenza perché l'essere umano, per sua intrinseca natura, non può vivere senza un ideale in cui proiettarsi, un ideale che dia un senso all'esistenza, che lo coinvolga in un progetto positivo, costruttivo per se stesso e per la società in cui vive, pena la tristezza, il vuoto, la disperazione.

Ma quest'ultima generazione, di cui molti a torto o a ragione si lamentano, è il frutto della precedente che non ha saputo infondere quel bagaglio di valori, quel rispetto delle regole che consentono un giusto, corretto e appagante modo di esistere e soprattutto non ha saputo infondere il senso del sacrificio e della rinuncia cui essa è stata soggetta. L'errore fondamentale, a mio avviso, nasce dal fatto che i genitori di adesso, a loro volta figli di periodi oscuri e di miseria, spesso repressi nella innata esigenza di libertà personale a causa di una durissima disciplina patriarcale, hanno voluto dare ai loro figli tutto ciò che essi non hanno avuto, cioè libertà di espressione e soddisfazioni materiali. La modernità ha dato poi il colpo di grazia alla famiglia, dal momento che i due genitori, per mantenere uno stato sociale confacente alle esigenze economiche, non hanno il tempo (e spesso la capacità) per seguire ed educare i loro figli, i quali restano alla mercé di se stessi, di educatori esterni o dei mezzi di comunicazione televisivi, non sempre edificanti. Ma se è già difficile per un bambino sviluppare una personalità armonica e positiva con la presenza e il buon esempio dei due genitori, se uno dei due (o tutti e due) viene a mancare, sperare che il giovane abbia saggezza e sani principi morali è una mera illusione.

I genitori non sono più in grado di dare ai figli la giusta educazione e questi crescono senza regole e senza remore, già vecchi a tredici anni, spesso arroganti e volgari, ubriachi di vizi, di alcol, fumo, droga, di sesso praticato alla più giovane età (e come potrebbe essere diversamente? può forse un terreno incolto dare ottimi frutti?); il risultato è che i figli non rispettano più i genitori perché questi non sanno assolvere al loro ruolo, non si comportano come tali, ma come amici alla pari, e i figli trattano i loro genitori come amici e reagiscono nei loro confronti con termini anche offensivi e a volte con violenze o minacce, come nei confronti dei loro compagni di squadra. E dal momento che i figli sono stati messi al mondo per volere dei genitori rivendicano il diritto di essere assecondati nelle loro esigenze.

Così succede che i genitori, per quieto vivere o perché impauriti dalle reazioni dei figli, non sanno imporsi alle loro spesso sconsiderate richieste, non capiscono che la giusta educazione è fatta di regole spesso anche severe che devono essere rispettate, che la giusta punizione può essere più formativa della facile concessione, che ogni cosa deve essere conquistata con l'impegno e il sacrificio, che occorre dare il giusto valore alle cose e avere la giusta gratitudine per quello che si possiede.

Insomma i genitori non sanno più essere tali perché non hanno tempo da dedicare alla famiglia e per seguire i figli nel loro sviluppo e questo li rende deboli e incapaci di assolvere al loro ruolo di educatori. La donna, nel suo sacrosanto diritto di acquisire la parità dei diritti civili, ha finito col trascurare, anche sé in parte, il suo determinante ruolo di madre-educatrice, lasciandosi assorbire dalle possibilità di posizioni sociali sempre più accattivanti a scapito delle esigenze interiori che impone la sua stessa natura. E come conseguenza inevitabile si assiste a fatti di cronaca mai verificatisi prima come in questo periodo: i figli arrivano a uccidere i propri genitori e i genitori spesso arrivano a uccidere i propri figli. E la classe politica, spesso ipocrita e corrotta e a sua volta senza ideali superiori, e non solo essa (ma i governanti non sono che una fetta del popolo: quanti al loro posto non si comporterebbero allo stesso modo, se non peggio?) contribuisce con il cattivo esempio a influenzare negativamente la condotta dei giovani.

Trascurare le esigenze dell'anima significa lasciare morire la parte migliore di noi stessi; questo genera un grave scompenso nella nostra natura: la dimensione materiale soddisfa solo una delle componenti fondamentali dell'entità umana. Quando si trascurano le esigenze del nostro spirito si cade nell'instabilità, nell'inquietudine, nell'insoddisfazione, nella sofferenza, nella disperazione, nel vuoto dell'esistenza. Il resto è storia di un mondo, forse, alla deriva.

EXTRATERRESTRI E ANIMALI

PARTI DI DOCUMENTI INERENTI TEMATICHE ANIMALISTE AVUTI TRAMITE COMUNICAZIONI ULTRAFANICHE DI ENTITÀ SPIRITUALI CHE COMUNICANO DAL COSMO

"L'uomo non ha ancora capito l'importanza di collegarsi al mondo animale. È importante per l'uomo non escludere dalla sua vita terrena una qualsiasi forma vivente. Tutti gli esseri, qualsiasi essi siano, partecipano all'evoluzione, sono l'evoluzione e come tale occupano una manifestazione dell'Essenza Divina. Le grandi famiglie degli Animali e delle Piante, gli Spiriti di natura e tutta l'umanità, sono un'unica cosa, perché fratelli nell'essenza. Tutte le creature sono bellissime nella forma e nel loro divenire. Tutte le creature evolvono e tutte posseggono in sé la forza della realizzazione. Tutte le creature conducono alla Meta e tutte le creature sono il Mio Spirito, nessuna creatura esclusa. Quindi se voi amate queste creature amate una parte di Me. Senza gli animali e senza le piante sareste viandanti ciechi nella notte scura. L'essenza di materia che li costituisce è la vostra essenza: voi siete parte di loro e loro sono parte di voi, per sempre.

La caccia alle balene è null'altro che assassinio. Rappresenta l'atto finale di negligenza per tutto ciò che eravate stati inviati a fare su questo mondo. Questo sport conferma il più assoluto disprezzo per tutto ciò che costituisce l'essenza di una specie consapevole di essere una razza custode. Noi non possiamo permettere che questo abominio continui.

Tutte le persone che amano gli animali sono persone evolute e questa loro evoluzione e questa loro sensibilità le rendono pronte a un messaggio cosmico di aiuto alla Terra. Ma è importante far capire che non possiamo aiutare gli animali se non aiutiamo l'uomo nella sua evoluzione. Per aiutare gli animali è importante aiutare il Tutto, perché nel Tutto ci sono loro, ci siete voi e ci sono gli altri.

Spesso gli animalisti non riescono ad amare il Tutto e ne amano solo qualche parte, riversando sentimenti positivi non su tutta la porzione energetica, e questo impedisce ancor più l'evoluzione dell'uomo, e in questo modo rimarrebbe sempre bassa la possibilità di miglioramento tra il mondo animale e quegli esseri che si servono degli animali perché non li considerano esseri evolutivi come loro. È importante far capire loro che possono battersi senza produrre altra negatività che nuoccia alla Terra e a loro stessi. *Il vostro vero compito è salvare gli animali attraverso l'evoluzione dell'uomo,* non arrabbiandovi, imprecando e tirando fuori situazioni che vanno a inquinare la Terra. La vostra sopravvivenza dipende da questa comprensione, dall'ammissione dell'interdipendenza *paritetica* di tutti i regni, nessuno dei quali (neppure il regno umano) può evolversi lasciando indietro anche solo un'infima parte della creazione.

Il mondo animale è in relazione costante con voi, con il Cielo e con la Terra. Attenzione uomo della Terra! Attenzione alla tua presunzione nel metterti in una concettualità che ritiene possa rendere più forte il pensare di dominare quello che esiste. Tutto quanto viene fatto nei confronti di questo mondo vi ritorna in vibrazione.

La sperimentazione animale deve essere considerata come un atto di pura barbarie: è l'espressione della bestialità insoddisfatta di alcuni esseri che, tuttavia, si definiscono umani. Esistono ben altri mezzi di studio perché la ricerca possa progredire. La ricerca per creare razze transgeniche è frutto della peggiore incoscienza. Generando razze transgeniche si mescolano sconsideratamente manifestazioni nate di ordine vibratorio diverso. Anche qui, come per il vegetarianesimo, bisogna cambiare il modo di pensare e smettere di far dell'uomo il signore incontrastato della creazione. La specie umana, specialmente negli ultimi decenni, si è costruita un karma pesante nei confronti degli animali. Moltissimi animali sono da parecchio tempo più umani di tanti uomini e donne. Anche gli animali hanno un karma.

La creazione è un Tutto, un solo essere, e noi non potremo elevarci dimenticando i nostri fratelli minori. La Divinità è in loro quanto in noi. Non vi è alcuna forma di vita che sia nociva: tutte hanno una loro funzione.

Cosa pensare del vegetarianesimo? Si tratta di una fase logica, necessaria e inevitabile nello sviluppo della coscienza. Il vegetarianesimo è un segno di rispetto verso gli esseri che, a giusto titolo, possiamo considerare non soltanto come fratelli più giovani ma anche come creature intelligenti che sanno cosa significa soffrire. Anche il vegetale è una manifestazione di vita rispettabile quanto quella animale, anche se più lontana dalla nostra. Cosa proveremmo noi, se creature dotate di una forma di vita più elaborata della nostra, lasciandoci ben poche possibilità di dialogare con loro, trovassero normale e appetitoso includerci nel loro menù? Nei milioni di anni a venire l'uomo sarà chiamato a oltrepassare anche il vegetarianesimo per nutrirsi di prana. Verrà il tempo in cui il fatto di mangiare un animale sembrerà ripugnante e primitivo quanto il fatto di mangiare un essere umano e poi il fatto di consumare un vegetale sarà anch'esso percepito come un fatto di crudeltà.

Riferite ai vostri simili che l'amore animale è vero e nobile quanto l'amore umano; forse, addirittura, a volte più autentico perché più assoluto, perché è dono perfetto, senza malizia, senza calcolo: non ha mai nulla a che vedere con i vostri 'ti amo se mi ami anche tu'."

PROGETTO VEGETARIANO/ANIMALISTA PER COMBATTERE LA FAME NEL TERZO MONDO

Una delle accuse più frequenti che ci viene rivolta, sia da parte del mondo cattolico sia da coloro che non condividono il nostro impegno a favore degli animali, è quella di interessarci di animali mentre dovremmo preoccuparci dei bambini, dei poveri, degli ammalati, dei drogati... Naturalmente è solo il pretesto di chi magari non si interessa né degli uni né degli altri, chi non considera gli animali degni di protezione e rispetto e sente in pericolo la sua bistecca.

Ritengo che debba essere messa in atto un'iniziativa intesa a confutare questa falsa convinzione, in modo da essere inattaccabili anche sul piano operativo e dimostrare che noi, a differenza di loro, in virtù dell'etica universale che contraddistingue la nostra filosofia, ci interessiamo *anche* di animali, oltre che di esseri umani.

Per rendere giustizia al nostro disconosciuto impegno sociale e dare al Movimento quelle evidenti credenziali di portatori di una morale più vasta anche sul piano del volontariato a favore degli umani, propongo l'adesione a un progetto, da parte di ogni associazione vegetariana e animalista, che destini, su richiesta del singolo associato, una parte delle quote associative o dei liberi contributi versati (per esempio il cinque per mille) a una specifica iniziativa contro la fame nel mondo o a favore delle popolazioni più indigenti. A mio avviso la quota dovrebbe aggirarsi tra il cinque e il dieci per mille, ma sarebbe necessario stabilire in modo univoco tale quota, in modo che sia risaputo che il Movimento destina una proprio concreto contributo a favore del Terzo Mondo.

Ogni associazione avrebbe l'impegno di indicare ogni anno il progetto da lei sostenuto, assicurandosi che i fondi arrivino a destinazione senza intermediari, dando a ogni fine anno conto del risultato ottenuto. A tal fine sarebbe messo in essere un registro ufficiale delle associazioni aderenti, dando all'iniziativa la massima risonanza mediatica. Abbiamo già amici che operano in India e in Africa, impegnati a diffondere l'utilità e il vantaggio dell'alimentazione vegetariana quale rimedio per combattere la povertà e la fame in quei Paesi, che potrebbero indicarci specifiche necessità.

Questa iniziativa potrebbe invogliare coloro che ora ci criticano, anche del settore religioso, a fare delle donazioni a favore delle associazioni impegnate in questi progetti, ma soprattutto darebbe a noi, vegetariani e animalisti, la forza della coerenza assoluta, la possibilità di essere inattaccabili sul piano dell'etica e di rispondere a pieno titolo alla visione universalista che ci contraddistingue e che ci spinge a interessarci dei bisogni di ogni essere vivente.

Sottrarre anche poche risorse alle già magre casse del Movimento può essere doloroso ma i benefici che ne verrebbero sarebbero sicuramente maggiori.

Guerra, un male inevitabile

Dire no a un male serve a poco se non si combattono le cause che lo generano. La guerra, come la malattia, non è la causa ma l'effetto di un male profondo e diffuso: è la sommatoria della disarmonia che ognuno alimenta con il suo disinteresse e il suo personale egoismo.

Si dice che la guerra germoglia sul terreno dell'ingiustizia, della disperazione, della miseria, ed è vero, ma non è solo questo. I popoli del benessere non hanno eliminato dalla loro realtà sociale la violenza e il crimine.

Se per assurdo ogni essere umano avesse domani di che vivere da nababbo un giorno dopo l'umanità sarebbe nella medesima situazione di sempre, perché è la coscienza degli uomini che è malata e se non si interviene sulla sfera morale dei cittadini attraverso programmi di formazione, gli uomini resteranno profondamente insaziabili e sempre capaci di commettere delitti. Un animale affamato uccide la sua preda per nutrirsi, perché da questo dipende la sua vita, ma una volta saziato non ha più motivo di essere aggressivo. Non è così, purtroppo, per gli esseri umani, a meno che non siano educati fin dall'infanzia al rifiuto incondizionato della violenza.

A parte sporadici pazzi criminali e venditori di armi, nessuno vuole la guerra. Il 99% dell'umanità non vuole la guerra. Nessun individuo saggio ed equilibrato può volere questo male, il peggiore in assoluto. Eppure la Terra è disseminata di guerre perché nel corso della storia non c'è mai stata la vera volontà politica di educare la gente alla fratellanza universale, all'aiuto reciproco, alla condivisione, al dialogo. Infatti non conviene ai potenti che sia abolita la legge del più forte.

È vero che quando un feroce dittatore non vuole sentire la voce della ragione è necessario impedirgli di nuocere per cercare di scongiurare mali peggiori, ma la soluzione non deve mai, in alcun modo, coinvolgere gli innocenti. È altrettanto vero che anche in una ipotetica dimensione paradisiaca ci saranno sempre schegge impazzite, ma se le popolazioni fossero educate ai principi del diritto e della vera democrazia la scelta dei capi cadrebbe su individui capaci di operare per l'esclusivo bene del loro popolo, non per le loro capacità strategiche, economiche o politiche.

L'aspetto più pericoloso sta nel meccanismo innescato del benessere economico al quale le popolazioni abbienti non intendono rinunciare, anche a costo di improvvisarsi predatori a danno dei più deboli.

La sola speranza per il genere umano di abolire la violenza, le ingiustizie e la guerra è quella di educare le popolazioni ai valori fondamentali della vita. Finché ogni Stato non s'impegnerà a curare la formazione morale dei suoi cittadini, per dare specialmente alle nuove generazioni una mentalità di pace, di giustizia, di condivisione, di valorizzazione delle differenze culturali, di rispetto, di onestà, non sarà possibile realizzare un mondo senza guerre.

È un demagogo oppure un illuso chi crede che la guerra possa essere abolita senza prima cambiare la coscienza degli uomini.

La cultura della pace non si improvvisa. Non basta dire "pace, giustizia" se non si rende l'animo umano capace di incarnare questi principi. La pace è il risultato finale di un processo educativo ed evolutivo della sfera morale, civile e spirituale di più di un popolo, al quale si può pervenire solo attraverso programmi scolastici di insegnamento attuati con lo stesso impegno, anzi maggiore, con cui vengono insegnate le altre discipline scolastiche. Dal cuore umano nasce infatti ogni bene ed ogni male. L'amore dorme nella coscienza di ognuno in attesa di essere legge di vita.

E oggi, dopo duemila anni di cristianesimo, ancora grava sul genere umano l'onta di non essere riuscito ad abolire il male più antico e terribile della storia, la guerra, come strumento di risoluzione delle controversie umane. L'uccisione legalizzata di un uomo è un fallimento per l'intera civiltà umana. Purtroppo qualcuno crede che non si possa aspirare a un mondo senza guerre dove la tortura è il suo consequenziale complemento; dove gli uomini perdono i freni inibitori e l'odore del sangue fa scatenare in essi l'istinto del massacro, della devastazione, dello stupro, del sadismo, dell'umiliazione dei vinti. Come può essere consentito in guerra ciò che in tempi di pace viene condannato dalla legge e dalla coscienza morale? Chi è capace di uccidere in guerra come può, tornando a casa, essere un buon padre di famiglia, un buon cittadino? Ma la guerra ci sarà finché ci sarà gente disposta ad uccidere.

La guerra è la macchia più nera che pesa, senza possibilità di appello, sulla coscienza dell'intero genere umano come una tremenda nemesi karmica i cui frutti sono: morte, dolore, pianto, disperazione, miseria, fame, involuzione, annientamento di ogni sogno, distruzione di ogni speranza: è la fine di tutto ciò che con sacrificio e fatica si è costruito.

La guerra è la peggiore espressione del genere umano (il quale in questo dimostra di essere tra tutte le specie la più irrazionale e crudele), perché abitua l'uomo a convivere con la tremenda legge del "fine che giustifica i mezzi" e obbliga uomini, fondamentalmente onesti, giusti e buoni a trasformarsi in feroci assassini, a compiere l'atto più ingiusto e disumano che un uomo possa compiere verso un suo simile, costretto, suo malgrado, a uccidere per non essere ucciso. Il dolore di una madre alla quale viene ucciso il figlio, di una sposa alla quale viene assassinato il compagno, è inimmaginabile, come spaventose sono le conseguenze che ricadono sempre sui più deboli e che nessuna causa può mai giustificare.

Come deve essere abolito il concetto di patria/nazione (da sempre motivo di lutti e sventure) per essere sostituito con il concetto di Patria Universale, senza per questo rinunciare alla propria cultura, alle proprie tradizioni, così deve essere abolito il concetto di guerra dalla mente e soprattutto dalla coscienza degli individui, come possibilità di risoluzione dei contrasti tra i popoli, ma contestualmente ogni popolo deve essere educato alla pace, alla concordia, alla fraterna collaborazione, alla valorizzazione delle differenze culturali, politiche, sociali, religiose.

Occorre un nuovo sistema politico mondiale che rifiuti a priori ogni condivisione di sforzi nei conflitti armati e sia in grado di sancire un accordo imperituro tra le nazioni a non ricorrere in nessun caso all'uso delle armi. Un nuovo ordine internazionale in grado di istituire un esercito mondiale, composto da volontari, con il compito di prevenire e di spegnere ogni focolaio interno e internazionale che possa trasformarsi in un conflitto armato tra le parti, del quale ogni popolo deve contribuire, secondo le sue possibilità, al mantenimento.

Per giungere a questo occorre pervenire all'istituzione di un Governo Mondiale che abbia il controllo delle forze armate e la capacità di unificare le stesse.

L'egemonia mondiale di una sola potenza auspicata da Bertrand Russel può essere la soluzione del "meno peggio" ma ha come contropartita lo spettro che questa ceda alla tentazione di imporre il suo potere su tutti, a meno che non si trovi il modo di neutralizzare questo pericolo.

Ma anche in questo caso la possibilità di una nuova guerra non sarà eliminata se contestualmente non ci sarà una forte volontà politica, da parte di ogni nazione, di educare, attraverso la scuola, le nuove generazioni all'idea che la pace è possibile, sempre e dovunque mediante la scienza della convivenza sociale e del processo integrativo delle culture.

L'Articolo Undici della Costituzione Italiana recita: "*L'Italia ripudia la guerra come strumento di offesa alla libertà degli altri popoli*".

Il biocentrismo della filosofia greca

Le argomentazioni del cristiano Origene nel Terzo Secolo erano improntate a confutare le argomentazioni del platonico Celso, autore di un'opera intitolata "Ricerca intorno agli esseri viventi", il cui intento era quello di dimostrare che l'universo non era stato creato in funzione dell'uomo più di quanto non lo fosse in funzione di qualunque altra specie. Celso evidenziava l'intelligenza degli animali, come nel caso delle api o delle formiche che provano compassione delle loro compagne ferite e le soccorrono. Diceva che gli uccelli sono più vicini degli uomini alla divinità e che insegnano all'uomo l'arte divinatoria. *"Perché dovremmo credere che l'universo sia fatto per noi più di quanto sia fatto per l'aquila, il delfino o l'elefante?"* Per Celso la divinità è assolutamente imparziale nella sua cura dell'universo: lo regge e lo governa e non subordina una specie a un'altra, né è mossa verso l'uomo da affetti particolari, né si adira con l'uomo più di quanto non si adiri con qualunque altra creatura.

C'è da dire che prima che Aristotele suddividesse in regni gli esseri viventi non vi era alcuna demarcazione tra le specie, e che, anche se egli assegna al forte il diritto naturale di dominare il debole, neppure lui attribuisce all'uomo particolare importanza.

Il primo menzionato in Occidente per aver parlato di astensione dalla carne fu Pitagora, però le sue motivazioni erano principalmente di ordine religioso, diverse dalla posizione di Porfirio che parla di astensione generalizzata basata sulla somiglianza dell'uomo con gli animali. Porfirio si oppone alla tradizione più antica di Diogene e di Aristosseno, i quali parlano di astensione solo da alcuni tipi di animali come bovini e montoni. Aulio Gellio dice che, secondo un documento perduto di Aristotele, Pitagora non disdegnava cibarsi di porcellini e agnellini, e non si asteneva dalla carne in generale ma solo dal cuore e dall'utero degli animali, ritenuti fonti del sangue e della vita. In ogni caso la rinuncia alla carne nel pitagorismo è fondata sul concetto della metempsicosi. Le piante e gli animali sono da Pitagora accomunati sotto un'unica categoria di viventi, e il confine tra essi è estremamente oscillante. Empedocle attribuisce anche alle piante intelligenza e sentimento e Platone considera la pianta come un animale rovesciato con la testa nella terra.

Però è Aristotele che dà una catalogazione delle facoltà psichiche degli animali: la sensazione, la memoria e la capacità di discernimento che li rendono simili a noi, anche se stabilisce il confine tra i due regni e quindi l'inizio di una nuova fase di rapporto tra essere umano e mondo animale e tra questo e il mondo vegetale, che ancora condiziona la cultura cristiana occidentale. Aristotele fu il principale responsabile dell'ordine dell'universo gerarchico finalistico secondo cui l'animale non ragionevole è oggettivamente inferiore rispetto all'essere umano pensante. E affinché la dottrina di Aristotele potesse diventare base di una teologia le mancava la componente del provvidenziale. L'ordine gerarchico di Aristotele culmina in un intelletto divino, e non attribuisce dunque neppure all'uomo una condizione di massimo privilegio.

Ma i primi a svincolarsi da una posizione antropocentrica furono Teofrasto discepolo di Aristotele e Senocrate discepolo di Socrate. Teofrasto si opponeva al sacrificio degli animali e diceva: *"I sacrifici cruenti basati sull'uccisione degli animali sono buoni per i cattivi demoni, non per gli déi che aborrono il sangue"*.

Plutarco (I-II sec.), della corrente neoplatonica, trattava prevalentemente dell'intelligenza degli animali e della loro somiglianza con gli umani in relazione alle passioni; scrisse un'opera sull'astensione del cibo a base di carne, il "De esu carnium". Porfirio (III-IV sec.) scrisse il "De abstinentia". Anche Senocrate estendeva il precetto del non uccidere a tutti i viventi, mentre Ermarco, come Cicerone, riteneva che non vi potevano essere doveri e regole di reciproca convivenza se non era possibile stabilire patti circa il non dare o ricevere danno. La Stoa predicava la simpatia universale tra tutte le parti dell'universo basata sulla consapevolezza che il soffio vitale (neuma) regge il cosmo e permea di se anche le parti più "vili".

L'antropocentrismo influì pesantemente sull'ebreo ellenizzato Filone Alessandrino, il quale vedeva nell'umano la creatura privilegiata che Dio aveva dotato di anima razionale. Per Platone una sola anima passava attraverso una moltitudine di esseri, di forme corporee e vite.

In realtà la cultura cristiana prende da quella greca i motivi del suo antropocentrismo. D'altra parte la grecità fu la prima e l'unica a teorizzare coerentemente e razionalmente la nostra parentela psichica con gli altri esseri senzienti e quindi la nascita del pensiero in difesa degli animali.

Sincretismo, speranza di un mondo migliore

Non esiste una sola persona al mondo che sia identica ad un'altra, che abbia gli stessi pensieri, lo stesso modo di sentire, gli stessi sogni, le stesse speranze, l'identico modo di concepire i problemi e le soluzioni. Se ne deduce che nelle relazioni affettive umane ci sarà sempre qualcosa che non condividiamo perfettamente anche con la persona più giusta, saggia ed equilibrata. Ma se nei rapporti interpersonali si evidenziano solo gli aspetti discordanti il rapporto è spesso destinato a naufragare. Il differente modo di sentire e di vedere le cose è la nostra vera ricchezza, ciò che ci consente di progredire, di ampliare il nostro piccolo mondo personale, ciò che permette alla stessa vita di manifestarsi nell'universo. Il principio di armonica convivenza tra le parti trova la sua peculiare base nella coppia, nella quale i due elementi, differenti per estrazione sociale, culturale, religiosa, stabiliscono un rapporto di intesa e di collaborazione in virtù della volontà di accettare l'altro nei suoi differenti modi di essere come ciò che completa e arricchisce la reciproca natura. Ma affinché la coppia, e quindi la famiglia, sia un elemento armonico e positivo è necessario che il singolo componente sia a sua volta dotato di principi di lealtà, rispetto, condivisione, amore.

Nulla potrebbe esistere nell'universo se vi fossero soltanto atomi di elio o di carbonio. Nulla potrebbe manifestarsi se non nell'interazione armonica delle differenti sostanze che compongono la materia. La fusione armonica tra due elementi totalmente differenti in natura, l'idrogeno e l'ossigeno, unendosi danno vita all'acqua senza la quale la vita non sarebbe possibile sulla Terra. Allo stesso modo se vi fossero soltanto rocce calcaree, o se la terra producesse solo alberi di mele, solo betulle o solo pomodori. Nessuna specie avrebbe potuto svilupparsi senza la simbiosi armonica con tutte le altre con le quali interagisce. Nessun progresso culturale, scientifico, spirituale potrebbe avvenire se non si attingesse alle differenti culture che popolano la Terra. Se tutti avessero le mie stesse idee come potrei superare il mio piccolo universo? Il mio pensiero è una sintesi di una sommatoria del pensiero degli altri, di tutti coloro che hanno contribuito alla mia formazione; la mia coscienza è la sintesi della sommatoria di tutte le esperienze morali, emozionali e spirituali che hanno contribuito alla mia formazione.

Credere che i grandi sistemi politici possano uniformare le loro ideologie è una follia, come l'idea che una di queste sia destinata a prevalere sulle altre; credere che un giorno tutta l'umanità sia destinata a diventare cristiana, induista, buddista o musulmana, o tutta di sinistra, di destra o di centro, sarebbe come dire che il pensiero umano sia destinato per legge naturale a standardizzarsi, a massificarsi. L'idea del qualcosa di meglio nella quale la massa tende a esprimersi ha i suoi aspetti altamente positivi in quanto spinge l'individuo verso la sua realizzazione integrale, ma quando sussistono divergenze assolutistiche ha anche i suoi aspetti negativi, in quanto essa massa entra inevitabilmente in antitesi con ciò che non è ancora matura per condividere e incarnare ed è posizione ancora storicamente e culturalmente da raggiungere.

Qualunque dottrina che presume essere destinata a prevalere sulle altre ha in sé il germe della discordia, della violenza e della sopraffazione. Nell'ambito della inevitabile globalizzazione probabilmente spariranno i confini, le frontiere, i passaporti, e perfino le monete nazionali. Ma probabilmente non ci sarà mai un'idea univoca sulle grandi dottrine, sui grandi principi culturali. L'intelligenza umana e la maturità della coscienza porteranno inevitabilmente ad accettare la realtà che ogni individuo è un universo unico nel suo genere, ma ciò che serve all'uomo non è il trionfo di una verità su un'altra ma l'armonica convivenza, la simbiosi delle stesse. Valorizzare e sintonizzare le diversità: questo è il compito più alto e nobile con cui l'uomo moderno è chiamato a confrontarsi. L'idea di Dio (come principio di bene, di realizzazione e progresso integrale) deve essere punto di convergenza della parte più nobile e costruttiva del pensiero e dello spirito umano.

Il sincretismo, componente fondamentale del pensiero universalista, può essere visto come un'orchestra il cui scopo è dar vita ad un concerto sinfonico: se ognuno dei componenti suona un diverso brano musicale ci sarà solo frastuono, rumori tra loro discordanti, mentre è necessario non solo che lo strumento di ognuno sia accordato ma che ogni musicista sia disposto a sintonizzarsi con il resto dei componenti dell'orchestra facendo riferimento al maestro, nella fattispecie a un codice che armonizzi il gruppo, al fine di realizzare una sinfonia. Il sincretismo si può vedere anche come l'assemblaggio di un mosaico, nel quale le tessere posizionate al punto giusto danno vita all'immagine d'insieme; se diversamente le tessere vengono disposte a caso, oppure se alcune vengono a mancare, l'opera resta incompleta. Così per tutti i popoli della Terra e per ogni individuo. Non solo ognuno deve avere la consapevolezza di essere parte insostituibile del Tutto, ma anche avere la volontà di trovare l'armonia in se stesso e la volontà di far riferimento a un Codice Universale che sintonizzi ogni elemento con il suo prossimo e tutta la creazione.

Quindi, allo stesso modo dell'armonica convivenza tra due o più elementi, il Sincretismo è la sintonia degli aspetti più costruttivi ed eticamente più evoluti di ogni regola sociale, di ogni dottrina a carattere morale, spirituale, filosofico: è il mettere insieme ciò che unisce, tralasciando ciò che è stato (per esperienza storica) ed è motivo di separazione e di contrasto: è quel principio inteso a mettere in consonanza realtà diverse tra loro per cultura, credo religioso, estrazione sociale, politica, purché ci sia la volontà di tendere a un obiettivo comune, condiviso: quello che consente all'essere umano il bene individuale e collettivo, il progresso morale, mentale, spirituale, culturale, scientifico. Il fine non può essere quello di un'umanità che identifica i suoi principi solo in una delle grandi religioni o in una delle migliaia di piccoli movimenti religiosi, spirituali o filantropici: una tale umanità sarebbe come un'orchestra che suoni, "all'unisono", sempre una stessa nota alla volta.

Come in una squadra di tecnici in cui ognuno mette a disposizione il meglio della sua esperienza professionale per la realizzazione di un progetto comune, nello stesso modo gli aspetti più evoluti dello scibile umano, (giuridico, politico, medico, scientifico, tecnologico, religioso, filosofico e così via) non solo devono interagire armonicamente, ma anche costituire un riferimento comune delle conoscenze (come in una banca dati), dei codici morali e dei precetti delle grandi dottrine che possono rendere l'uomo più buono, più giusto, più solidale, più fraterno, in un nuovo sistema universale valido per tutto il genere umano.

Ma come mettere insieme i principi delle diverse dottrine? Può il cristianesimo entrare in simbiosi con l'induismo, l'islamismo, il buddismo o l'ebraismo? Come conciliare dogmi e precetti antitetici e che nella storia sono stati e sono motivo di contrasti e di guerre? Quando nell'uomo sussiste la buona volontà ogni ostacolo può essere superato. Una commissione super partes di studiosi, teologi, filosofi ed esperti delle varie materie dovrebbe estrapolare la parte più significativa dei testi: ciò che non altera il contenuto, che può essere messo in sintonia con gli altri testi e che nella sostanza porta al bene di tutti.

Il problema è che ognuno può avere una sua visione del bene e della realizzazione dell'uomo: ciò che io ritengo bene per me e per il pianeta può non coincidere con le convinzioni di un altro. Ma io ritengo che il Bene sia, per definizione, ciò che tutela la vita, la libertà, il rispetto delle esigenze vitali, e consente l'evoluzione integrale di ogni essere vivente, mentre Male sia tutto ciò che si oppone alla vita e ai suoi valori fondamentali. Questo a mio avviso dovrebbe essere il punto di convergenza al quale i rispettivi componenti del genere umano dovrebbero far riferimento nell'attuazione della visione sincretista delle cose.

Rifiutare il valore della diversità significa rifiutare il valore della vita. Il mio essere fisico, mentale, emozionale e spirituale è fatto dall'interazione armonica degli elementi cosmici che dall'esterno entrano e si uniscono a costruire la mia entità corporea. Io sono fatto delle cose che mangio, portate chissà da quale regione del pianeta, le quali hanno assimilato l'aria venuta da altri continenti, la luce che viene dagli spazi siderali, succhiato l'acqua dalla terra e i minerali che entrano a far parte del mio corpo. In me (come in ogni essere vivente) sussistono tutti gli elementi dell'universo. Tutto è in me e io sono nel Tutto. Se io fossi solo al mondo non avrei la possibilità di evolvere, di arricchirmi dell'esperienza degli altri, di venire a conoscenza di fatti lontani dal luogo in cui vivo.

Il principio di valorizzazione delle diversità, il valore della complementarietà, come assioma nel sincretismo, non va, ovviamente, esteso anche al criminale, al ladro o all'assassino, ma solo a tutto ciò che, positivo per sua essenza e natura, integrandosi con il resto dei componenti, contribuisce al bene collettivo.

Nella comparazione valutativa tra gli effetti positivi, benefici e costruttivi e quelli negativi, dannosi e lesivi è necessario bandire ogni regola, principio, codice, o prodotto della scienza o della tecnologia come del pensiero umano, che si è rivelato nocivo per l'evoluzione dell'uomo, degli animali e dell'ambiente.

Perché il sincretismo? Se gli uomini raggiungessero un livello di evoluzione morale, mentale e spirituale tale da vivere in benessere e armonia con se stessi e con il prossimo e le nazioni interagissero armonicamente tra loro, nascerebbe spontanea l'esigenza di dar vita ad una sola e grande famiglia e quindi di avere codici comuni. E se l'umanità diventasse una sola famiglia che senso avrebbe avere regole diverse? Non solo. Non è possibile far parte di una stessa famiglia, pensare di relazionarsi in amore e accordo, in empatia e condivisione, se ognuno, seguendo regole diverse, si comporta in modo differente e spesso antitetico.

La sola possibilità di vera pace sulla Terra è l'accettazione amichevole dell'altro nella ricchezza della sua diversità. La sintonia delle diversità è la meta del genere umano proteso verso il progresso civile, morale e spirituale ma è soprattutto la meta di ogni individuo, di ogni grande e piccola associazione filantropica, specialmente se accomunate dagli stessi ideali, dagli stessi obiettivi. Diversamente si ristagna nella propria relativa impotenza, nel proprio piccolo recinto, nella propria parziale visione delle cose.

Questa rivoluzione ha bisogno di operatori, di gente disposta a lavorare per la sua realizzazione, per accelerarne i ritmi naturali. Ognuno che sente la necessità della instaurazione di un mondo migliore dovrebbe far sua questa grande missione, sentire la responsabilità del proprio destino e quello dell'intero genere umano. Nessuna rivoluzione si attua se non attraverso il rinnovamento personale, nella volontà di essere un elemento positivo, armonico al servizio della vita, dell'amore universale.

PIACERI GASTRONOMICI, OSTACOLI DIFFICILI DA SUPERARE

Molti mali della società contemporanea si potrebbero evitare se ogni essere umano avesse la volontà di contribuire a realizzare un mondo migliore piuttosto che concorrere con le sue scelte egoistiche a generare questa realtà che tutti vorremmo cambiare. Nella stragrande maggioranza dei casi la forza del "piacere" ha il sopravvento sulle più utili e salutari aspirazioni umane. Rinunciare al "piacere" a vantaggio della propria salute e della propria coscienza resta ancora per troppi solo un buon proposito.

Non serve prendersela coi macellai, o coi pescivendoli (anche se sono colpevoli di prestarsi ad una cultura di sangue e di dolore): essi ammazzano gli animali e li vendono perché il popolo chiede la carne, il pesce, il pollame, i prosciutti, le mortadelle, i formaggi, il latte, le uova, le pellicce e ogni prodotto di derivazione animale. È la richiesta a generare la produzione dei prodotti che vengono venduti. D'altra parte il boia esegue materialmente la condanna e la sua colpa è relativa, ma se nessuno si prestasse a tale tremenda pratica non vi sarebbero esecuzioni capitali né di umani né di animali.

È la massa che deve essere educata ad una cultura di vita, di giusta alimentazione, di consapevolezza, di rispetto di se stessi e del pianeta. Il piacere del palato è uno dei maggiori ostacoli da superare: convincere la gente a rinunciare ad alcuni piaceri della tavola a vantaggio della propria salute, della propria coscienza e della vita degli animali è un'impresa quasi disperata.

Non vi è sventura che non sia attribuibile all'incapacità dell'uomo di resistere all'appagamento di un particolare piacere. L'umanità si può dire sia vittima di tre grandi poteri che condizionano la vita sociale: Soldi, Sesso e Sapori, le tre S che gli impediscono di evolvere, di aprirsi alla vera dimensione della vita, di conoscere la verità e con essa il benessere integrale. Condividere il fascino del potere senza scendere a compromessi con la propria coscienza; vivere l'attrazione sessuale senza essere sue prede e succubi dei propri istinti; alimentarsi senza fare del cibo lo scopo della propria esistenza: queste sono le condizioni per una nuova umanità fatta da individui parsimoniosi, moderati, equilibrati, saggi, in grado di essere artefici del proprio destino. La vera libertà non è essere liberi di soddisfare i propri piaceri ma la capacità di non farsi condizionare da essi; non è avere la possibilità di esprimere le proprie pulsioni ma la capacità di incanalarle per il superamento dei propri limiti. L'uomo non troverà la felicità, né potrà realizzare veramente se stesso, fino a quando non sarà libero da condizionamenti istintuali, fisici, mentali, emozionali. Mente, corpo e spirito sono inseparabili. Chi non è in grado di dominare il piacere non è uno spirito libero. L'incapacità di dominare il piacere gastronomico, il desiderio del fumo di sigaretta, dell'alcol o della droga impedisce all'individuo di vivere in modo giusto e conforme alle leggi naturali.

La tensione e il disagio della rinuncia immotivata ad un piacere possono essere neutralizzati in due modi: mediante il soddisfacimento dello stesso (ma è come cercare di spegnere la sete bevendo acqua salata, perché il desiderio ritorna), oppure dominando il desiderio mediante giuste motivazioni: questo aumenta notevolmente la forza di volontà dell'individuo e lo rende libero e capace di amministrare la propria vita.

Il nostro sforzo maggiore sarà quello di proporre le motivazioni giuste affinché la gente riesca a rinunciare al "piacere" sostituendolo con altri piaceri più vantaggiosi e valori più edificanti. Non sarà la paura della malattia a far rinunciare ai piaceri del palato, se mai essa potrà far ridurre ma non abolire del tutto l'uso di prodotti animali. Nella maggioranza dei casi la gente è consapevole che i prodotti carnei e tutti i cibi trattati sono dannosi per la salute, come quelli nervini, alcolici e voluttuari in genere, ma preferisce affrontare il probabile (per noi certo) stato di malattia, e anche rinunciare a qualche anno di vita, piuttosto che rinunciare al piacere del palato.

La gente sa che troppi caffè fanno male, come fanno male il fumo di sigaretta, lo zucchero raffinato, i prodotti inscatolati, trattati, conservati, le patatine fritte e così via, ma preferisce correre il rischio degli effetti che essi produrranno piuttosto che rinunciare al piacere di consumarli. Inoltre, anche se un determinato prodotto costituisce un pericolo, ognuno pensa di essere quell'eccezione che non conferma la regola e di riuscire a vivere a lungo (e magari anche in salute) nonostante il suo cattivo stile di vita e le sue trasgressioni alimentari.

Per convincere la gente a rinunciare a quei piaceri che la rendono debole e malata sembra non ci sia ragionamento che valga. Quali motivazioni apportare affinché i giovani smettano di intossicarsi, di acidificarsi, di ossidarsi, di devitaminizzarsi, di demineralizzarsi, di drogarsi, di alcolizzarsi, di nicotinizzarsi, di caffeinizzarsi...?

Se si entra in un qualsiasi ristorante ci si accorge di quanta gente è intenta a divorare animali preparati nei modi più svariati e raccapriccianti. Se si frequenta un supermercato ci si rende conto di quanta gente si assiepa nei banchi del macellaio, del pescivendolo o dei latticini. Se poi si guarda ai grandi mercati delle popolazioni cinesi, asiatiche, ai mercati della grandi città come Il Cairo, Calcutta, Città del Capo, dei paesi più poveri dove gli animali sono considerati meno di cose, ci si rende conto che convincere la gente a rinunciare alla carne o al pesce è un'impresa quasi disperata. Limitare o ridurre il consumo di alimenti animali e voluttuari sarebbe già un primo passo verso un più giusto e salutare modo di vivere.

A mio avviso tre sono i principali motivi per cui una persona può rinunciare a consumare cibi animali:

1) la salute dichiaratamente compromessa;
2) la disponibilità di un sostituto vicariante di quel particolare piacere;
3) le motivazioni etiche, di giustizia, di condivisione in adesione al principio "Non fare ad altri ciò che non vorresti per te stesso."

La prima è una scelta egoistica: "*Non mangio la carne perché mi fa male: se facesse bene la mangerei*", quindi inaccettabile sotto il profilo etico. La seconda denuncia la debolezza dell'individuo che non perde il proprio equilibrio psichico a condizione che non sia privato di quel piacere; la terza è quella adottata dai vegetariani /animalisti, che sono tali per amore, cioè da coloro che non mangerebbero prodotti carnei per nessun motivo al mondo. In realtà è lo spirito di condivisione fraterna, di consapevolezza e responsabilità che si oppone alla leggerezza, all'indifferenza, al concetto "*Chi se ne frega se l'ani-*

male soffre e muore; chi se ne frega se la carne fa male". In che modo noi ci distinguiamo dai "viziosi" e dai farabutti? Con la nostra volontà di *non* seguire l'istinto naturale che dice: *"Mangia, divertiti, godi, non pensare alla vittima, né agli effetti che tale scelta comporta"*; con la nostra capacità di seguire ciò che è giusto e non ciò che ci piace.

La domanda che dobbiamo porci è: quali sono stati i motivi che hanno indotto noi ad aderire a questa filosofia di vita? Che cosa ci ha spinto a lottare per l'affermazione dei nostri principi? Nella risposta emergeranno termini come, amore, giustizia, compassione, senso critico, dignità, rispetto per la vita, valorizzazione del diverso, evoluzione, civiltà, progresso... ma uno li comprende tutti: CONDIVISIONE. Questo è ciò che dobbiamo far maturare nella gente se vogliamo rendere l'uomo capace di rinunciare a un piacere dannoso per se stesso e per gli altri.

Incoerenza degli animalisti

Pochi hanno la consapevolezza della portata etico-sociale della rivoluzione vegetariano-animalista. L'estensione del sentimento di amore e compassione dall'uomo a ogni essere vivente supera in ampiezza e profondità ogni dottrina che limita tale concetto alla sola specie umana. Che la nostra etica animalista sia superiore all'etica antropocentrica della cultura cattolica i preti lo hanno capito da tempo, e per questo hanno cercato di ostacolare il suo sviluppo, ignorando le nostre mille istanze di apertura al rispetto per gli animali, nella paura di perdere il monopolio dell'etica.

Dal mondo laico e non religioso infatti è sbocciata la nuova etica che esige la nonviolenza universale. Ma essere coerenti con essa sembra sia privilegio di pochi. Pochi infatti sanno interpretare ed incarnare coerentemente gli ideali che animano la nostra causa, che richiede testimonianza di un modo nuovo di essere e di vivere le relazioni interumane. Nel nostro movimento non possono trovare spazio l'incoerenza, le aggressioni verbali, le intolleranze ideologiche. Il nostro essere pacifisti deve necessariamente riflettersi in ogni particolare espressione della nostra vita di relazione col nostro simile. Chi difende gli animali dalla violenza dell'uomo ma si manifesta aggressivo, volgare o intollerante nei confronti dei suoi simili non ha compreso il senso della nostra causa. Colui che sente giustamente il dovere di non mangiare la carne per non nuocere all'animale ma non sente la necessità di dover proteggere allo stesso modo anche le vittime umane dell'ingiustizia e dalla violenza degli uomini non è un vero animalista. Essere animalisti, nel vero significato del termine, significa amare ANCHE gli animali, ma non solo gli animali.

E SE GLI ANIMALI FACESSERO A NOI QUELLO CHE NOI FACCIAMO A LORO?

Da millenni noi esseri umani sfruttiamo sistematicamente gli animali, tormentandoli in ogni modo, coinvolgendoli in tutte le nostre losche situazioni belliche, uccidendoli nei mattatoi, nei boschi, nei mari, costringendoli a lavorare per noi come schiavi, e oggi sperimentando su di loro ogni tecnica chirurgica, ogni medicinale, ogni veleno, ogni cosmetico, ogni prodotto chimico, rubando loro non solo la libertà, il loro manto, il loro latte, le loro uova, il loro miele, ma anche il loro unico bene, la vita.

E se per ipotesi gli animali facessero a noi quello che noi facciamo a loro?

Se fin della nostra nascita gli animali avessero il potere di privare noi e i nostri bambini della libertà e della luce del Sole e ci allevassero in gabbie e in capannoni lager per tutta la nostra vita per poi ucciderci nel modo più crudele sezionando ogni parte del nostro corpo e mangiassero i nostri arti, il nostro cuore, il nostro fegato, il nostro cervello, i nostri polmoni, i nostri intestini, la nostra lingua e scaricassero il nostro sangue nelle fogne come succede nei mattatoi? Se le donne venissero ingravidate con mezzi rudimentali e meccanici, come succede per le mucche, per farle partorire continuamente e dopo il parto gli animali, ghiotti del latte delle nostre donne, sottraessero i bambini alle loro madri, li rinchiudessero in gabbie alimentandoli con pastoni innaturali e dopo pochi mesi li uccidessero per mangiare le loro tenere carni e le donne disperate e rese folli dal dolore quando non più in grado di procreare e produrre latte venissero soppresse per diventare anch'esse loro pasto? E immaginiamo che quegli animali siano talmente stupidi e avidi della nostra carne da trascurare degli effetti devastanti da essa procurati alla loro salute!

Immaginiamo che usino torturarci per mero divertimento; oppure che usino sperimentare su centinaia di milioni di esseri umani ogni loro strumento, ogni loro veleno, ci aprano il torace per studiare su di noi le loro malattie e prelevino i nostri organi interni per trapiantarli nei loro corpi!

E immaginiamo ancora che il loro divertimento preferito sia quello di entrare nel nostro ambiente, nelle nostre case, a uccidere noi e i nostri piccoli, (come succede con la caccia); immaginiamo che usino mettersi addosso la nostra pelle, ritenuta pregiata a seconda del colore, bianca, nera, rossa, gialla, ci allevino in condizioni disumane e ci spellino spesso ancora vivi lasciando poi i nostri corpi a marcire!

Immaginiamo pure, come accade nella pesca, che gli animali abbiano la possibilità di catturare un gran numero di umani e che li facciano morire boccheggianti, agonizzanti senza aria o devastati dai loro artigli, come si fa con gli ami e con gli arpioni!

E immaginiamo ancora che siano gli animali ad aver reso questo pianeta invivibile, che siano loro la causa della distruzione delle foreste, dell'inquinamento dell'aria, della terra, dei mari, dei fiumi, dei laghi, e che abbiano portato questo pianeta sull'orlo della catastrofe ecologica!

E immaginiamo che tale progenie abbia da sempre usato massacrare i suoi stessi simili in assurde battaglie fratricide.

Ora, se davvero gli animali fossero questo, se fossero capaci di una così spietata freddezza, cieca e sorda al nostro dolore e alle nostre suppliche, non saremmo forse concordi nel ritenerli dei mostri sanguinari e la cosa più perniciosa del pianeta? Non spereremmo che il cielo provvedesse a farli sparire per sempre dalla faccia della Terra?

La condizione per un mondo migliore

La condizione necessaria affinché l'essere umano possa realizzare pace, giustizia, benessere e felicità in questo mondo è che abbia una coscienza umana più giusta, più sensibile e solidale, che smetta di sfruttare, violentare e uccidere le creature più deboli e indifese, gli animali; di considerarli oggetti senza valore al suo servizio, cose da allevare, da spellare, da cucinare, mangiare. Questo atteggiamento inclina l'individuo all'insensibilità verso le esigenze vitali del prossimo e lo predispone alla maggior parte delle malattie.

Questa è la condizione. Quando l'intelligenza dell'uomo e la sua coscienza gli consentiranno di dare il giusto valore alla Vita e alle diversità formali in cui si manifesta, quando egli accetterà la realtà che ogni essere vivente ha il suo stesso diritto all'esistenza, alla libertà e al rispetto, allora avrà quella maturità intellettuale, morale, civile e spirituale che gli consentirà di realizzare un mondo migliore.

Questa è la condizione. Diversamente l'umanità è destinata a subire gli effetti della sua ingiustizia, della sua indifferenza verso il dolore delle sue vittime che giornalmente sacrifica alla sua ingordigia e al suo egoismo: risultati inevitabili che si manifestano con l'ingiustizia interpersonale e sociale; attraverso la violenza praticata ogni giorno, attraverso le guerre che partono dai mattatoi, dagli istituti di tortura e sperimentazione, dalla caccia, dalla pesca (vera e propria guerra contro esseri inermi), attraverso la miseria generata dall'immane sperpero di risorse necessarie a produrre il cibo carneo, attraverso le malattie generate dal consumo di alimenti carichi di morte, inadatti e incompatibili con l'organismo umano, che lo avvelenano e lo predispongono a ogni sorta di malattie, attraverso il degrado morale e spirituale causato dal disprezzo della vita in senso lato.

Infatti, come potrebbe realizzare la pace e la giustizia se quotidianamente causa ingiustizia e violenza uccidendo (o delegando qualcuno a uccidere) miliardi di animali che urlano inascoltati e inutilmente implorano di essere risparmiati?

Come potrebbe realizzare il benessere e la felicità personale se quotidianamente si nutre di alimenti cadaverici intrisi di terrore e di prodotti chimici letali per il proprio organismo?

Come potrebbe realizzare la civile convivenza tra gli individui della propria specie se viene educata alla legge del più forte a danno del più debole, a sfruttare, sottomettere, schiavizzare e uccidere tutto ciò che non è un essere umano? Non è forse l'indifferenza verso il dolore altrui il vero cancro del genere umano?

Come potrebbe essere compassionevole, sviluppare in sé la pietà, il senso della condivisione, se la cultura antropocentrica abitua gli umani, li costringe a reprimere questi sentimenti, la parte più nobile, più edificante, più evoluta della loro natura?

Le esperienze che ti cambiano la vita

Gran parte di coloro che decidono di rinunciare drasticamente all'alimentazione carnea sono rimasti influenzati dall'esperienza diretta dell'uccisione di un animale. Chi ha avuto la ventura di assistere all'uccisione di un maiale ricorda con raccapriccio le urla laceranti, e quasi umane, della povera vittima, il suo terrore, il suo vano cercare intorno l'aiuto di coloro che considerava amici e che ora sono i boia; ricorda i rantoli, le convulsioni, i fiotti di sangue, gli occhi sgranati e infine la vita che lentamente lo abbandona inerte alle asce, ai coltelli dei carnefici.

Chi ha avuto la ventura di trovarsi in quel luogo maledetto chiamato mattatoio durante l'esecuzione capitale di un cavallo, di un vitello o di una pecora resta per sempre traumatizzato da quell'esperienza infernale e trova le motivazioni per astenersi dal consumo di carne, e spesso anche la volontà di dissociarsi da una realtà nei confronti della quale accusa salutari sensi di colpa. Ricorda l'impotenza annientatrice dell'animale in balia dell'essere più crudele della Terra, il suo pietoso e inutile tentativo di fuggire, il panico negli occhi della preda braccata, l'angoscia di trovarsi in un ambiente tangibilmente ostile e pregno di esalazioni mortali, l'odore terrorizzante del sangue nella percezione imminente della morte. Vedere un piccolo, meschino, rozzo garzone avere il potere, l'arroganza, la capacità di abbattere un possente, splendido, bellissimo cavallo, grida vendetta al cospetto della Vita.

Come può un uomo conservare la sua serenità, dormire, sapendo che un essere simile a lui sia morto a causa sua? Come può considerare giusto e legittimo privare per sempre della vita una creatura senziente, impedirle per sempre di esistere, di far parte della famiglia dei viventi? Come può affondare il coltello, la sega nelle carni vive e palpitanti, spaccare le ossa, strappare le viscere, il cuore, i polmoni, ridurre a pezzetti una creatura più degna dell'uomo di esistere e considerare simili ripugnanti membra di cadavere alimento per l'essere umano? Un uomo che genera sofferenza e morte come può tornando a casa la sera essere in pace con la sua coscienza e capace di una carezza, di un atto di gentilezza, di bontà nei confronti dei suoi cari?

L'uccisione di un agnello, un coniglio o una gallina, vittime di esecuzioni improvvisate e sommarie negli ambienti rurali dei contadini, animali considerati quasi come membri della famiglia umana che li ha allevati, richiede una durezza di cuore primordiale. Assistere ai lamenti disperati, ai fremiti, alle convulsioni del povero animale, è un'esperienza traumatizzante per qualunque essere umano dotato di coscienza.

Queste terribili esperienze che cambiano la vita dovrebbero essere esperienza comune a tutti coloro che ritengono giusto e lecito mangiare la carne, a tutti coloro che trovando il pezzo di animale incellofanato nei supermercati non sanno (perché non vogliono) collegare quella misera parte anatomica ad una creatura fatta come noi che voleva vivere e che è stata uccisa per l'infame, degradante piacere della gola.

La cultura consumistica contemporanea, propinata dalle *lobby* agroalimentari e zootecniche attraverso i mezzi d'informazione di massa, ha attuato la più rovinosa e devastante dissociazione tra la bistecca e l'animale: molti bambini sono convinti che i polli crescano sugli alberi. Le scolaresche dovrebbero essere condotte a visitare i mattatoi invece di visitare gli zoo: sarebbe più istruttivo e responsabilizzante far sapere (in rispetto della verità) a chi apparteneva quel pezzo di carne che serenamente consumeranno per cena. Ognuno che ritiene "normale" nutrirsi di animali (dal Papa al Presidente della Repubblica, dal Ministro della pubblica istruzione a quello della salute, dal Capo della Magistratura al portiere dello stabile) dovrebbe avere la coerenza morale delle sue scelte: far visita ad un mattatoio prima di addentare una bistecca.

"*Verrà il tempo in cui l'uccisione di un animale sarà considerata alla stessa stregua dell'uccisione di un uomo.*" (**Leonardo da Vinci**).

"*In nome di tutto ciò che è sacro nelle vostre speranze per il genere umano, io scongiuro quelli che amano la felicità e la verità di fare ragionevole esperimento del sistema vegetariano.*" (**Percy Bysshe Shelley**).

"*Finché gli uomini continueranno a uccidere gli animali essi non cesseranno nemmeno di uccidersi tra loro: il mondo animale si ven-*

dica dell'umanità forzandola nelle guerre a divenire carnefice di se stessa." (**Max von Sachsen**).

"Nel mondo invisibile ogni uomo è accompagnato dalle anime di tutti gli animali di cui ha mangiato la carne; quelle anime reclamano un risarcimento... Le guerre tra gli uomini in realtà sono il risultato di tutto il massacro di animali che gli uomini compiono... La legge di giustizia è implacabile: gli uomini devono pagare versando tanto sangue quanto ne hanno fatto versare agli animali." (**Mikhael Aivanhov**).

"Gli uomini continueranno ad ammazzarsi tra loro fintantoché massacreranno gli animali. Colui che semina morte e dolore non può raccogliere gioia e amore. Fintantoché l'uomo continuerà a distruggere tutte le forme di vita che egli considera inferiori, non saprà mai cos'è la salute e non troverà mai la vera felicità. Come potrete pretendere giustizia quando voi stessi sacrificate per crudele ghiottoneria o avidità degli esseri legati a noi da fraterna alleanza?" (**Pitagora**).

"Ogni animale sgozzato irradia sentimenti di orrore e di odio saturando la nostra atmosfera: dannose vibrazioni si ripercuotono specialmente sui bambini. Sensazioni di terrore fluttuano nell'aria e moltissimi bambini ne sono presi dalla paura senza causa apparente. Non comprendono che l'agitazione proviene dall'atmosfera satura di sentimento ostile proveniente dalle creature immolate." (**Charles Webster Leadbeater**).

"Uccidere gli animali per nutrirsi del loro sangue e delle loro carni è una delle più deplorevoli e vergognose infermità della condizione umana. Questo nutrimento contiene in sé i principi irritanti e putridi che agitano il sangue e abbreviano la vita dell'uomo. Verrà il tempo in cui gli uomini aborriranno il consumo di carne come ora noi aborriamo il cannibalismo." (**Alphonse Lamartine**).

"O mangiatore di carne, tu non sei un essere umano. Non accompagnatevi con un mangiatore di carne, perché anche la sua sola compagnia è dannosa per la devozione al Signore. Credimi, amico, coloro che mangiano carne e pesce e bevono bevande inebrianti, saranno tutti estirpati come le erbacce sono estirpate da un fertile campo e gettati dentro un'oscura valle di morte. Tutta la carne è una che sia di uccello, di cervo o di vacca e coloro che la mangiano andranno direttamente all'inferno con gli occhi aperti." (**Kabir**, poeta Sufi).

"*L'uomo non troverà pace finché non estenderà la sua compassione a tutte le creature viventi.*" (**Albert Schweitzer**).

"*Sono fortemente convinto che cessare di nutrirsi di animali rappresenta un momento imprescindibile nella graduale evoluzione della razza umana.*" (**Henry David Thoreau**).

"*Prima che un'empia genia si cibasse di giovenchi ammazzati, l'aureo Saturno reggeva questa vita sul mondo. Né si era udita la tromba di guerra, né il risuonare delle spade.*" (**Virgilio**).

"*La vera bontà dell'uomo si può manifestare in tutta la sua purezza e libertà solo nei confronti di chi non rappresenta alcuna forza. Il vero esame morale dell'umanità, l'esame fondamentale, è il suo rapporto con coloro che sono alla sua mercé: gli animali. E qui sta il fondamentale fallimento dell'uomo, tanto fondamentale che da esso derivano tutti gli altri.*" (**Kundera**).

"*Le loro grida non dovrebbero suscitare un'irragionevole compassione più del metallo incandescente sotto i colpi del martello.*" (**Pio XII**).

SIAMO TUTTI FIGLI DELL'EGOISMO?

OVVERO, PROCREARE PER SE STESSI, NON PER IL BENE DEL NASCITURO, NON È FORSE L'AZIONE PIÙ EGOISTICA DELLA VITA?

Una delle principali motivazioni di smarrimento da parte dei giovani contemporanei è la mancanza di ideali, che, di qualsiasi tipo, avevano invece ispirato l'esistenza delle generazioni che ci hanno preceduto. Negli ultimi anni è in atto un'azione irresponsabile quanto criminosa da parte dei mezzi di informazione (cinema, televisione, giornali), che induce l'individuo a liberarsi da ogni tabù sessuale e a dare libero sfogo ai piaceri del sesso. Le vittime sono principalmente i più giovani, che si sentono autorizzati a iniziare tali pratiche fin dalla pubertà. Gli effetti sono preoccupanti se si pensa a tutti gli stupri, la violenza sessuale di cui giornalmente sono piene le cronache, le schiave del sesso, le separazioni e soprattutto gli aborti causati dalla leggerezza con cui viene favorita l'attività sessuale: 140000 ogni anno solo il Italia, 50 milioni nel mondo: proviamo a immaginare questa lunga catena di esserini l'uno accanto all'altro e avremo un'idea degli effetti di questa cultura sessuofila e autodistruttiva. Gli scopi reconditi, ma non troppo, sono quelli di dare alle masse delle valvole di sfogo che possano in qualche modo assopire le menti e le coscienze degli individui, che potrebbero prorompere in esigenze esistenziali più impegnative che la cultura dominante non è in grado di assecondare.

Naturalmente non si tiene conto che in questo modo l'esigenza del soddisfacimento sessuale diviene sempre più insopprimibile al punto che un individuo ne diviene succube, privandosi in questo modo della cosa più preziosa dell'universo, la sola cosa che veramente gli appartiene: la libertà di disporre di se stesso, di essere padrone dei propri istinti, del proprio corpo, della propria mente, della propria coscienza.

Ma l'aspetto più drammatico del problema non è tanto lo svilimento del sesso, ridotto ormai a mero sfogo carnale, alla stregua di un bisogno fisiologico, alla più banale, materiale, squallida routine, ma la carenza di consapevolezza che l'atto sessuale è il mezzo attraverso cui viene chiamato al mondo un nuovo essere. Particolarmente duro era il giudizio di Pitagora verso l'irresponsabile attitudine delle masse a procreare casualmente o per semplici impulsi erotici. Riteneva che l'attività sessuale non finalizzata alla procreazione rendesse più deboli nel corpo e nello spirito. Quando gli fu chiesto se era lecito indulgere nel sesso rispose "*Ogni volta che vuoi diventare più debole*". Anche Platone sosteneva che la perdita o il sovraconsumo del liquido seminale esauriva la vitalità del sistema nervoso; e dello stesso parere erano Epicureo, Democrito e i filosofi indù.

Anche se il sesso non è mai senza effetti collaterali, lungi da una cultura sessuofobica che copre con vergogna il corpo umano e considera, ipocritamente, criminoso qualunque atto sessuale al di fuori della coppia ufficiale, occorre però anche chiedersi: quali vantaggi hanno avuto le popolazioni occidentali con la liberalizzazione estrema del sesso? Sono stati più i vantaggi o i problemi che ha creato? E non si ripeta il ritornello che il fare l'amore è un'esigenza come il mangiare, il bere o il dormire, perché senza mangiare, senza bere o senza dormire si muore mentre senza fare sesso si può vivere altrettanto bene, e forse anche meglio.

Considero il mettere al mondo un bambino per il solo piacere sessuale l'azione più irresponsabile ed egoistica che l'essere umano possa compiere. L'attrazione fisica e il piacere che ne deriva è la "trappola" predisposta dalla natura per stimolare i viventi a perpetuare la vita. A differenza degli animali, la cui procreazione è governata da leggi naturali intese a mantenere l'equilibrio delle specie e quindi tutta la creazione, la specie umana è quasi la sola che, salvo casi eccezionali, utilizza l'atto sessuale al solo scopo di procurarsi piacere.

Come può un individuo decidere, per un suo egoistico vantaggio, di chiamare al mondo un nuovo essere umano, una nuova persona che esisterà per sempre nell'universo spirituale e che nella sua esistenza terrena avrà certamente la sua porzione di felicità ma anche la sua porzione di lotte, sacrifici, sofferenza e infine la morte?

È giusto decidere di avere un figlio per se stessi, per i propri vantaggi, per la soddisfazione di avere una progenie a nostra immagine, un figlio che possa ereditare ciò che abbiamo accumulato o che possa perpetuare la nostra stirpe? Non dovrebbe forse avvenire per volontà di donare al figlio la gioia dell'esistenza, i beni della vita e in questo modo dare al mondo un essere positivo, in armonia con il prossimo, al servizio del bene collettivo, un elemento che sia una benedizione per tutti? Da genitori incapaci di governare i propri impulsi erotici e da un'azione irresponsabile o egoistica può nascere un individuo (e quindi una società) saggio, forte, equilibrato e sensibile?

Certo io non sono per l'estinzione del genere umano, ma per un'umanità profondamente responsabile e consapevole dell'atto sessuale e del valore inestimabile della vita. Nel gioco imprevedibile della vita il bambino occidentale ha moltissime probabilità di nascere sano, essere fortunato e vivere felice, ma ha anche la probabilità di essere sfortunato, di nascere con una menomazione, di incorrere, da grande, nel consumo di droga, di subire un incidente, di essere infelice. La vita per molti è un paradiso ma per alcuni è un inferno. Quanti genitori si chiedono se il futuro bambino sarebbe consenziente a venire al mondo? Se potessero chiedergli il consenso a nascere forse lui accetterebbe a condizione che i genitori si amino di vero amore, che nella sua famiglia ci sia armonia, gentilezza, garbo, gioia; contrariamente, nel dubbio di un'esistenza infelice, se dovessero mancare a priori queste condizioni, probabilmente nessun essere accetterebbe di nascere. Sulla lapide di un cimitero c'era scritto: "Qui giace un uomo che non ha chiesto né di nascere né di morire".

Quando si decide di avere un figlio si è invasi da mille progetti: si pensa alla gioia che il bambino darà ai genitori, che riempirà la loro vita spesso incompleta per carenza di ideali. Spesso si progetta la nascita di un secondo figlio per dare un fratellino al primogenito. Insomma a tutto si pensa eccetto che al bambino che dall'universo sarà chiamato a esistere. È forse proprio l'incognita del futuro che spinge all'esistenza gli esseri umani? È necessaria una buona dose di irresponsabilità e di egoismo per mettere al mondo dei figli? Non credo.

Certo con la logica della paura di condannare un individuo a un'esistenza infelice l'umanità si ridurrebbe drasticamente. Ma se l'umanità tenesse conto di questo, se desse all'atto sessuale e alla procreazione il giusto valore, se desse maggiore importanza alla vita, all'amore, al nascituro, farebbe un salto di qualità inimmaginabile: la vita sarebbe finalmente il frutto dell'amore e non dell'egoismo. Se i genitori fossero veramente consapevoli della stupefacente possibilità di generare una nuova vita, del grandioso compito di poter, attraverso la procreazione, dare al mondo un nuovo elemento armonico, positivo, luminoso, capace di contribuire al bene collettivo, certamente darebbero al sesso la giusta importanza. Non si tratta di soffrire nella rinuncia di uno dei piaceri più forti della vita (questa è una scelta possibile solo a pochi "eletti" e, come diceva San Paolo, "*è meglio sposarsi che bruciare*"), ma di essere noi a decidere, e non i nostri organi sessuali, quando fare l'amore con la persona giusta. Si tratta di restituire all'atto sessuale la sua sacralità: solo in questo modo, a mio avviso, potrà nascere una nuova umanità fatta di esseri forti, liberi e capaci di autodeterminare il proprio destino.

A proposito di sesso

Può apparire strano non essere d'accordo sulla libera espressione sessuale in un periodo storico in cui finalmente ci siamo liberati da antichi tabù imposti da falsi moralismi. In fondo che male c'è se due persone che si vogliono bene se si concedono l'una all'altra procurandosi piacere? Il problema nasce quando il sesso diventa un'esigenza fisica e psicologica tale da condizionare la stessa esistenza di un individuo al punto da renderlo capace di tutto pur di soddisfarne il desiderio: la cronaca giornaliera è piena di delitti correlati ad abusi sessuali. Credo che non vi sia forza più potente e coinvolgente nell'universo al punto che una persona sessualmente normale a tutto potrebbe rinunciare ma non al sesso, salvo che per voti religiosi o per finalità spirituali.

È dunque estremamente facile seguire l'istinto e abbandonarsi ai piaceri del sesso; difficile invece è avere la capacità di non essere succubi dei propri istinti. Credo che lo scopo dell'esistenza di ogni essere umano sia arrivare a essere libero da ogni condizionamento, fisico, istintuale e mentale. Chi non ha la capacità di imporre al proprio istinto la propria volontà non è una persona libera, ma schiava di se stessa, dei propri impulsi. Essere padroni della propria volontà e del proprio corpo: questo è ciò che rende l'uomo capace di determinare la propria esistenza e, soprattutto, di percepire le vere affinità elettive di chi diventerà compagno della nostra vita.

Nell'approccio sentimentale, specialmente tra i giovani, se predomina l'attrazione sessuale difficilmente si riesce a verificare le fondamentali analogie che dovrebbero essere la base di una relazione d'amore e di una stabile ed armonica convivenza. Della mancanza di armonia familiare i figli pagheranno le conseguenze con le inevitabili ripercussioni anche sulla società. Se nella scelta del compagno l'attrazione fisica e sessuale è preponderante rispetto alle affinità culturali e morali, la felicità tra i due sarà sicuramente aleatoria: l'infatuazione, la passione, il desiderio passa prima o poi e resta la vera natura dell'altro, che non siamo riusciti a conoscere perché abbagliati dal desiderio sessuale. Il sesso annebbia, ottunde, fa vedere le cose diversamente da quali realmente sono: non spiana i contrasti, solo li rimanda.

Un rapporto sessuale, a mio avviso, è qualcosa di troppo importante per essere sprecato in un puro piacere istintuale e con una persona di passaggio; non dovrebbe mai essere solo sfogo sessuale ma il coronamento di un atto d'amore condiviso. Tra l'altro nella libera espressione sessuale si trascura il valore del seme: sprecare il seme a solo fine del piacere, a mio avviso, è come disprezzare la stupefacente potenziale possibilità del nostro organismo di dar vita ad altri esseri umani.

In genere si trascurano gli effetti del sesso libero che sono la nascita di bambini indesiderati o l'aborto, che considero un delitto verso chi non ha chiesto di esistere e che non ha la capacità di difendersi. Il sesso, come un'arma a doppio taglio, è sempre stato motivo di contrasti violenti e anche guerre, senza dimenticare stupri, i cui effetti devastanti spesso rovinano intere esistenze, turismo sessuale su minori, prostituzione minorile e via elencando. La maggior parte delle persone considera, ipocritamente, la prostituzione come un'attività da disprezzare e giustamente disprezzata, ma cade in contraddizione quando in qualunque forma se ne serve.

Per evitare i molti aspetti negativi che può produrre la continenza si ritiene necessario abolire ogni freno inibitore e ogni tabù, allo stesso modo della droga: si crede di arginare il problema legalizzando la sua libera protrazione, non intervenendo sull'uomo in modo che non abbia l'esigenza di drogarsi. Ritenendo che le stesse lotte che si verificano in natura tra gli animali che cercano di accoppiarsi si verificherebbero tra gli esseri umani se questi non potessero trovare canali alternativi e che probabilmente se l'uomo non potesse soddisfare il suo istinto sessuale sarebbe disposto a tutto, anche alle cose peggiori.

Si dice che il sesso è una componente fondamentale della nostra vita, come il bere, il mangiare il dormire, un istinto naturale al quale non si trova ragione plausibile per dover rinunciare. Bere, mangiare o dormire sono necessità vitali: astenersi da queste significherebbe morire, mentre astenendosi dal sesso non solo non si mette in pericolo la vita dell'individuo ma si può vivere bene, anzi meglio perché si è liberi di scegliere, senza condizionamenti. Abituare il proprio organismo a fare sesso è come bere acqua salata: più se ne beve più si ha sete. È un circolo vizioso che costringe a soddisfare l'esigenza ad ogni costo, spesso perdendo di dignità. Ogni desiderio represso, inappagato, genera sofferenza, tensione, nervosismo. Il desiderio soddisfatto spegne l'arsura ma la sete ritorna in un ciclo persistente.

Che senso ha fare esperienza sessuale prima del matrimonio come se l'amore fisico richiedesse una particolare preparazione? Quando c'è l'amore ogni eventuale difficoltà si supera, salvo disfunzioni organiche. La gioia e i benefici che si hanno dalla consapevolezza di essere liberi da condizionamenti istintuali è di gran lunga superiore all'effimero piacere dell'amplesso fine a se stesso. Ricordo ai credenti che, stando ai testi biblici, la verginità di una fanciulla fu la condizione essenziale affinché s'incarnasse sulla Terra il Figlio di Dio.

Nessuno, credo, vorrebbe essere tradito dal proprio compagno o compagna, eppure la maggior parte delle persone sposate o fidanzate tradisce il legame di coppia. In questo caso si fa ad altri ciò che non vorremmo per noi stessi. È l'atto sessuale ciò che rovina ogni possibile buona relazione: nessuno di noi condannerebbe un amore platonico.

Il vero amore è quello di chi sarebbe disposto a rinunciare al rapporto sessuale pur di non perdere la persona che ama. Questo io credo sia il metro di verifica: se io fossi brutto e deforme mi ameresti ugualmente? Provate a escludere la componente sessuale dalla persona che credete di amare e la vedrete quale realmente è, con i suoi difetti e il suo intrinseco valore morale, mentale e spirituale. È facile dire che la si ama *anche* per la sua componente fisica, quando in realtà il suo corpo è, nella sostanza, una condizione imprescindibile al nostro legame. Che male c'è in questo? Nulla, se si è sempre padroni del proprio corpo, della propria mente e della propria coscienza; tutto se l'istinto ci porta dove non vorremmo andare e ci impedisce di essere liberi e capaci di essere artefici della nostra vita, delle nostre scelte.

O siamo come gli altri animali con il diritto naturale ad avere molti partner e di accoppiarci come, quando e con chi ci piace, oppure siamo destinati a dominare, governare gli istinti in modo da non essere succubi dei nostri impulsi. La natura va assecondata in ciò che ci aiuta ad evolverci, non in ciò che ci vincola agli istinti disarmonici di un passato ancestrale.

Maestri e guide spirituali

Forse mai come negli ultimi decenni è cresciuto il desiderio di valori interiori. Molta gente segue scuole di pensiero convinta della necessità di un maestro o di una guida per trovare la sua giusta dimensione esistenziale e spirituale. L'intento è lodevole, anche se a mio avviso può celare dei pericoli. Infatti spesso i maestri si sono rivelati dei raggiratori e la gente semplice ha pagato dure conseguenze. Se il maestro non dice chiaramente che egli è solo un mezzo e non un fine, facendo concentrare l'attenzione su se stesso, dà un messaggio ingannevole. Gesù a tal proposito dice: "*Chi parla di se stesso cerca la propria gloria, ma chi cerca la gloria di colui che lo ha mandato è veritiero e in lui non c'è ingiustizia*" (Giovanni 7, 18). E come può essere maestro colui che ha la presunzione di esserlo?

E, anche se è vero che chi sta più in alto ha il dovere di tendere le mani a chi si trova più in basso, il meccanismo che instaura l'intermediario tra l'uomo e Dio genera dipendenza: coloro che non potessero permettersi un maestro sarebbero condannati all'ignoranza e Dio sarebbe un privilegio per pochi. Chi ha letto *Così parlò Zarathustra* di Friedrich Nietzsche sa che egli fuggiva da coloro che lo seguivano considerandolo un maestro, mettendoli in guardia sul pericolo che correvano.

È vero che in natura esiste il capobranco che protegge e guida il gruppo il quale gli deve però sottomissione ed obbedienza. Il capobranco non viene scelto dai componenti del gruppo ma s'impone per la sua forza. E anche se diventa motivo di imitazione da parte del singolo componente per diventare a sua volta capobranco, questo solo gli animali possono permetterselo perché sono immuni da egoismo e manie di grandezza. E anche se è vero che per poter apprendere una qualunque arte è necessario seguire un "maestro" che prima di noi ha esplorato e assimilato quel campo, il maestro a sua volta ha avuto un maestro e così via e alla fine il maestro dei maestri non è l'uomo ma Dio.

Dunque il valore del maestro sta nella sua volontà e capacità di essere solo mezzo di trasmissione di un messaggio che viene dall'alto, che però è sempre filtrato attraverso la mente e la coscienza di un uomo del quale non sappiamo mai fino a che punto il messaggio è puro e incondizionato. Ognuno ha dentro di sé una scintilla divina in grado di indicargli meglio di qualunque maestro la strada migliore per la sua particolarissima necessità evolutiva, ecco dunque che ogni essere vivente può rivolgersi direttamente a Dio, basta che lo voglia. Ma concentrando l'attenzione sul maestro si mette in secondo piano Dio stesso.

I maestri sono stati inventati dall'uomo e la loro invenzione è stata la strategia più subdola ed efficace usata dalla casta sacerdotale per instaurare il potere della chiesa e della religione in generale. Gesù stesso, consapevole di tale pericolo avvisa: "*Guardatevi dai falsi profeti che spesso sono lupi travestiti da pecore. Dai loro frutti li riconoscerete*" (Matteo 7, 15). Infatti troppe volte l'essere umano è stato raggirato, manovrato da menti egemoni, da falsi maestri, da impostori e pseudo-illuminati: anche se a volte erano in buona fede. E gli effetti sono stati devastanti. E meglio sarebbe stato per l'uomo non avere maestri che avere cattivi maestri. Ma convincere la gente comune che in se stessa si cela ogni possibile forza salvifica vuol dire sottrarre potere a coloro che credono di essere chiamati a gestire la vita degli uomini.

Ogni essere ha insita nella sua coscienza la legge della vita e dell'evoluzione. Il nostro compito credo debba essere fare in modo che l'essere umano, per mezzo della sua buona volontà, apra i canali dello Spirito per permettere a Dio di esprimersi e di guidarlo.

E anche se è vero che molti grandi filosofi hanno avuto le loro scuole, queste però non sempre sono servite a dare all'uomo il vero scopo della vita, perché la visione di qualunque filosofo è parziale e soggettiva, mentre la verità di cui ha bisogno l'uomo deve essere universale ed oggettiva e la si trova solo in Dio.

Qui non si tratta di sostenere la regola dell'anarchia spirituale o di voler abolire gli insegnanti, ma di dare all'uomo la consapevolezza del suo essere scintilla di Dio per far emergere la sua grandezza interiore. Questo lo si può raggiungere ascoltando la voce del proprio cuore e della propria coscienza. E, anche se è utile (non indispensabile) che qualcuno ci sostenga durante il percorso, quello di cui abbiamo bisogno è avere la consapevolezza che l'uomo ha bisogno di Dio più che di maestri che parlano di Dio.

La vera rinascita spirituale della nuova cultura universalista vuole che l'essere umano sia finalmente libero e capace di autodeterminare la propria esistenza. Quindi ritengo che più che di maestri bisogna parlare di "istruttori", di "compagni" spirituali, e a tal proposito Gesù dice ancora: *"Ma voi non fatevi chiamare Rabbì perché uno solo è il vostro maestro, il Cristo, e voi siete tutti fratelli"* (Matteo 23, 8).

Mass-media: morte del libero arbitrio

La stragrande maggioranza delle persone è convinta che i mezzi di informazione (la televisione, la carta stampata...) siano al servizio del popolo e che i messaggi pubblicitari o gli enunciati degli "esperti" di turno siano a beneficio della gente. Nulla di più sbagliato, di più fuorviante, di più ingannevole. Non c'è sondaggio che risponda a verità: in realtà tutto o quasi tutto ciò che viene dai mezzi mediatici ha alle spalle un titolare che paga per vendere il suo prodotto. Ogni ricerca ha alle spalle qualcuno che la finanzia e che vuole avere fiducia nella bontà del suo prodotto, e se i risultati sono al 70% negativi e al 30% positivi essi mostreranno una proporzione praticamente invertita.

Molti programmi televisivi sono capziosamente manovrati, edulcorati, fatti di realtà inesistenti, di falsi miti, governati, voluti, gestiti, studiati a tavolino dai grandi centri di potere economico (chimico-farmaceutico, petrolifero, zootecnico, agroalimentare, politico...), dalle industrie mosse da pure motivazioni speculative. Questi gruppi famelici (dell'America, dell'Europa, della Russia, della Cina...) si servono di ogni mezzo possibile, di ogni mediocre ricercatore disposto a vendersi e a sostenere le loro posizioni, con lo scopo di dare alla popolazione ingenua non un prodotto utile, benefico, a vantaggio della salute, del benessere, della vera conoscenza, ma semplicemente un prodotto redditizio, che consenta un sempre più grosso guadagno, con ogni mezzo a disposizione. E a pagarne le dure conseguenze sono sempre gli sprovveduti, i più deboli, i poveri, gli animali. La categoria delle massaie è quella maggiormente bombardata da prodotti di ogni genere e da alimenti (vere e proprie bestemmie nutrizionali) fatti di proteine ignobili, grassi saturi, zuccheri semplici, prodotti di sintesi, integratori inorganici: attentati alla salute, alla natura, alla mente e alla coscienza.

L'aspetto più preoccupante è che i *media* (con la loro infernale macchina pubblicitaria che investe somme stratosferiche e che trabocca di pubblicità diseducativa) hanno la capacità di influenzare e manovrare non solo la sfera politica e la televisione di Stato ma anche la cultura in senso lato, di rendere manovrabile le menti degli individui e soprattutto di generare una coscienza umana sempre più superficiale, materialista, edonista, insensibile. Il perverso meccanismo è semplice: ti finanzio il programma ma ti mando il mio esperto in materia di... Così in apparenza è la scienza che parla, nella sostanza è il farabutto di turno venduto, pagato per indirizzare le scelte verso quel prodotto che fa solo gli interessi del mandante a scapito della verità e del bene della popolazione.

Così gran parte della scienza medica ufficiale, del settore della ricerca e della sperimentazione è improntata a cercare le soluzioni richieste dai finanziatori per consentire alla gente di continuare a vivere come le pare, con tutti i vizi e le dissolutezze alimentari, dandole poi la soluzione in pillole. E anche se noi vegetariani scoppiamo di salute, i carnibali-pseudoscienza-dipendenti non attribuiscono mai al loro stile di vita e alla loro innaturale alimentazione le molte malattie da cui sono generalmente flagellati, ma al fato, al caso, alla genetica, alla familiarità. E non c'è ragionamento che tenga, non c'è modo di scuotere le convinzioni consolidate della massa ipnotizzata, radicate perché suffragate dai medici, poco o niente informati sulla scienza alimentare o prezzolati dalla grandi industrie chimico-farmaceutiche, con la tacita, costante benedizione di Santa Romana Chiesa.

Non bastano i dati scritti e ribaditi più volte in ogni lingua e in ogni tempo dai veri e grandi medici, scienziati indipendenti e maestri spirituali. Non bastano i dati scientifici degli Istituti di ricerca più seri ed accreditati del mondo. Non basta il parere netto e lapidario di tanti onesti cancerologi e cardiologi e nemmeno quello dei grandi santi e filosofi. Trovare qualcuno disposto a mettere in discussione il proprio stile di vita, desideroso di capire e di evolversi è la cosa più difficile dell'universo. "*È più facile trovare qualcuno disposto a farsi operare che qualcuno disponibile a rinunciare al suo caffè*".

Se nel passato il senso critico della gente era fagocitato principalmente dal potere politico e religioso, oggi si sono aggiunti quello delle *lobby* multinazionali e quello mediatico. Ma la musica non cambia. La gente comune, come in ogni epoca, crede di essere libera di ragionare con la propria testa. Mi chiedo: il popolo ebraico era dotato di senso critico quando gridando "Crocifiggilo!" si rendeva responsabile del più ingiusto e crudele omicidio della storia? Quando nelle piazze di tutta Europa si bruciavano gli eretici, le streghe e i vari Giordano Bruno la gente ragionava con la propria testa? E i soldati di ogni epoca ed esercito quando si rendevano (e si rendono) complici dei più infamanti delitti contro i propri fratelli e contro la popolazione inerme erano (e sono) dotati di ragione e coscienza propria? L'uomo si macchierebbe ugualmente di tanti crimini se non si facesse manovrare la mente e la coscienza dai grandi centri di potere, dei vari demagoghi e falsi condottieri?

Il campo della nutrizione è quello più a rischio in tema di condizionamenti e di autentici imbrogli. Sia perché gli uomini sono tanti, sia perché mangiano almeno tre volte al giorno, per cui, cibandosi pure male, si ammalano spesso e ricorrono a sostanze innaturali, tipo farmaci e integratori. Ed è qui che si innesta inesorabilmente l'impero del male, l'impero del soldo a tutti i costi, che coinvolge rozzi allevatori di bestiame, industrie di lavorazione e trasformazione della carne, ristoratori e cuochi non all'altezza del loro compito, industrie conciarie, fabbricanti di cibi e bevande malsane, e via discorrendo.

Ecco dunque dove scatta la molla della disinformazione, la perversa spirale del martellamento ideologico tramite i *mass-media* televisivi che entrano nelle case armati di tutto punto. Dieci menzogne nella mano destra e cinque insabbiamenti in quella sinistra, e una irresistibile voglia di imbrogliare la gente portandola a consumare più carne e più proteine, mentre i ricercatori seri rimarcano che *il 35% dei tumori è causato dall'alimentazione a base di proteine della carne e del latte mentre solo il 5% deriva dai fattori ambientali*. La televisione di Stato che pubblicizza tali mortali prodotti, che attraverso i suoi canali convince le mamme che la carne è un alimento ottimale per la crescita dei loro bambini, non commette forse un crimine contro la salute e la vita dei cittadini?

Come neutralizzare gli effetti nefasti provocati quotidianamente a ritmo micidiale dai *media* che sono riusciti a convincere la popolazione di fidarsi ciecamente dei loro messaggi? Come neutralizzare le dichiarazioni false e tendenziose dei nutrizionisti spudorati e prezzolati che parlano ancora di proteine nobili, di aminoacidi essenziali, di ferro eme, di vitamina B12, di Omega 3, di calcio dei latticini, che hanno convinto il 90% della popolazione che il pesce bisogna mangiarlo almeno tre volte a settimana, alternato alla carne, al formaggio o alle uova? Come liberare le masse da questa grande farsa culturale delle abissali bugie televisive? Si riuscirà mai a far rinsavire la gente, a restituirle la sua dignità, la sua libertà di pensiero, la sua autodeterminazione, la sua salute, la sua vita?

Interrompere questo diabolico meccanismo sembra impossibile se non attraverso una presa di coscienza individuale, una illuminazione dal profondo che restituisca all'individuo il suo più sano e costruttivo senso critico. Le grandi rivoluzioni non nascono mai dal vertice e noi non abbiamo alternative se non quella di unire le nostre poche forze e di sentirci responsabili anche del destino collettivo. La nostra è una battaglia disperata e disperante, perché basata non sull'interesse o sul guadagno ma sulla conquista della libertà vera dell'essere, della vera cultura, della saggezza, del buon senso, della logica. La nostra "televisione" deve essere il passa-parola, il nostro computer, i nostri libri, le nostre dispense, la fotocopia di un documento utile, la lettera di protesta, sempre animati dalla speranza che prima o poi la maggioranza si accorga del tranello di cui è preda da millenni (e oggi più che mai) e riesca a tornare libera, indipendente, capace di gestire la propria mente, la propria coscienza.

Anche se le forze in campo sono ìmpari ognuno di noi deve far sua questa battaglia, deve sentirsi non più mattone dell'edificio ma pilastro portante, diventare polo di divulgazione della nuova cultura universalista, deve essere non più collaboratore ma leader del nostro lavoro, non più soldato ma generale, e creare intorno a se un esercito disposto a operare al servizio della verità e della vita. Io ne sono certo, vinceremo la nostra battaglia, è solo questione di tempo, sia perché alle nostre spalle e nel nostro cuore ci sono le anime e il pensiero dei grandi maestri di ogni tempo e paese, e sia perché l'evoluzione di tutti gli esseri è una realtà inarrestabile che i più infernali meccanismi del potere possono solo ritardare, ma mai annullare del tutto. Sta a noi accelerare i tempi della sua attuazione.

Non è vero

Nessuna malattia può essere debellata senza considerare l'individuo nella sua interezza e senza neutralizzare le cause che l'anno generata, che sempre risiedono nella condotta e nel modo di alimentarsi dell'individuo. Nessun vero benessere è possibile se l'individuo non cura simultaneamente le quattro componenti fondamentali dell'entità umana: fisica, mentale, emozionale e spirituale.

Non è vero che **ci sono problemi più importanti che interessarsi di animali**: coloro che si interessano della condizione degli animali sono impegnati, con la stessa passione, in difesa dei diritti umani, cosa che raramente succede per chi considera senza importanza il problema "animali". La cosa più vitale per il popolo è la sua evoluzione morale, civile e spirituale: questo processo è inconciliabile con lo sfruttamento e il massacro di miliardi di animali innocenti e questo si ripercuote inevitabilmente sul comportamento umano e sulla possibilità di una società migliore.

Non è vero che **l'essere umano è superiore agli animali**: la vera superiorità si manifesta solo nella compassione e nella condivisione delle esigenze vitali dei più deboli.

Non è vero che **gli animali non hanno un'anima:** nessuno è in grado di verificare la presenza o no dell'anima. Se Dio avesse dato questa prerogativa solo agli esseri umano sarebbe un Dio ingiusto, dalla parte dei forti, dei predatori e non degli ultimi, dei deboli come affermava Gesù. L'anima è un'essenza comune a tutti i viventi, o a nessuno. Non è vero che il loro dolore o la loro vita hanno meno valore della nostra: ogni specie, anello della catena biologica, ha la medesima importanza nella manifestazione della vita sul pianeta.

Non è vero che **gli animali sono fatti per l'uomo**, come non è vero che i neri sono fatti per i bianchi, le donne per gli uomini, gli schiavi per i padroni. Ogni specie vive per se stessa in armonia con il creato, con il fine di procedere nella via della propria evoluzione.

Non è vero che **l'uomo è un animale onnivoro**: se così fosse sarebbe strutturato anatomicamente come gli animali che in natura mangiano anche la carne: avrebbe succhi gastrici adeguati, sarebbe dotato dell'enzima uricasi, avrebbe uno stomaco non saccoluto e un intestino della lunghezza adatta a smaltire rapidamente l'elemento carneo; avrebbe insensibilità alla vista del sangue e capacità anatomiche a squartare e divorare il corpo palpitante della preda. Gli animali onnivori, come orsi, maiali e formiche, possono essere ritenuti tali in quanto hanno caratteristiche che noi non abbiamo.

Non è vero che **l'uomo ha sempre mangiato la carne**: per milioni di anni i nostri antenati sono vissuti da fruttariani nella foresta, e quando per necessità di sopravvivenza furono costretti a includere nella loro dieta anche la carne, nella misura del 20% circa, ci fu un calo a picco della vita media e lo sviluppo di molte malattie umane. Negli ultimi millenni la carne è stata appannaggio solo delle classi abbienti (che venivano colpite da gotta e cancro) mentre la popolazione consumava tale prodotto solo in circostanze festive o rituali.

Non è vero che per stare in buona salute **occorre mangiare di tutto**: se così fosse dovremmo consumare carne, pesce, affettati, fritti, cibi industriali, burro, bere bibite zuccherate, gasate, e ancora e ancora: praticamente continuare a consumare alimenti riconosciuti come la causa delle peggiori patologie: l'essere umano deve nutrirsi di ciò che è compatibile con la sua natura di essere fruttariano, con cibi biologici, freschi e preferibilmente crudi. È proprio l'abitudine a mangiare di tutto la causa delle cattiva salute degli umani.

Non è vero che **i bambini hanno bisogno della carne, del pesce o dei latticini**. I bambini non hanno necessità di alimentarsi in modo diverso dagli adulti: nel mondo vegetale si trovano tutti i nutrienti compatibili con la nostra specie e adatti al loro ottimo sviluppo. Abituare i bambini al consumo di carne significa inquinare il loro organismo e predisporli alle malattie, all'indifferenza verso la vita e il dolore degli animali, oltre che verso i loro stessi simili.

Non è vero che la **carne ha bisogno di essere sostituita**: la carne, come la droga, il fumo di sigaretta o un qualunque veleno, non va sostituita, ma eliminata. Inoltre la carne è un alimento altamente scompensato sotto il profilo nutrizionale: manca di carboidrati, di fibra, di glucidi, vitamina C, enzimi, è sostanza acidificante, causa putrefazione, fermentazione, aumento di radicali liberi e altro ancora.

Non è vero che per stare bene in salute **è necessario mangiare carne, pesce o derivati animali**: se così fosse coloro che non mangiano queste sostanze dovrebbero accusare carenze nutrizionali; invece i vegetariani godono di una salute eccellente, migliore degli onnivori. La carne non contiene alcun nutriente che non sia presente nel mondo vegetale.

Non è vero che le **proteine della carne sono superiori a quelle vegetali** perché contengono tutti gli aminoacidi essenziali: l'accoppiata di due o più diversi alimenti vegetali produce proteine di qualità migliori, più assimilabili e più digeribili, senza i danni conclamati della carne. Se in un alimento un particolare aminoacido è in quantità minore che nella carne, è sufficiente mangiare una quantità di quell'alimento corrispondentemente maggiore della quantità che si sarebbe mangiata di carne. È dai vegetali che gli animali erbivori traggono gli aminoacidi essenziali per costruire le loro possenti masse muscolari.

Non è vero che solo la **carne dà energia e rende più forti**: la carne ha effetti dopanti; l'illusione di energia è data dalla reazione dell'organismo nel tentativo di difendersi da una sostanza nociva, che crea dipendenza come la droga, il caffè o gli zuccheri raffinati. Gli animali più forti e resistenti alle fatiche, oltre i più prolifici e i più miti, sono erbivori, come il bisonte, il rinoceronte, l'elefante, il toro, il cavallo e così via.

Non è vero che per assicurarsi il **calcio** è necessario mangiare derivati del latte; è vero il contrario: la combinazione dell'alto contenuto di calcio dei derivati del latte insieme alle loro proteine animali aumenta la calciuria riducendo la fissazione del calcio nel tessuto osseo. Non è importante quanto calcio contiene un alimento ma quanto dall'organismo ne viene assimilato. Solo il 30% del calcio dei latticini è assimilabile, perché esso è legato alla caseina, base di una delle più potenti colle usate per il legno delle navi. Il latte e i suoi derivati sono altamente acidificanti, abbassano il pH del sangue e costringono l'organismo a sottrarre calcio alle ossa causando osteoporosi.

Non è vero che la dieta vegetariana causa **carenza di ferro**: nel mondo 500 milioni di persone soffrono di carenze di ferro indipendentemente dalla dieta ed è molto più facile trovare una persona anemica tra gli onnivori che tra i vegetariani. Ciò che consente l'assimilazione di questo minerale è la presenza di vitamina C, rame e cobalto, presenti in abbondanza nei vegetali. La causa della carenza di ferro è da ricercare non tanto nel quantitativo ingerito quanto nella disfunzione del metabolismo, nell'uso di alimenti voluttuari, acidificanti, in problemi digestivi, farmaci, integratori, troppa presenza di calcio, emorroidi, polipi intestinali, carenze delle vitamine C, E, e P, eccessi di B12 (antitetica al ferro e alla vitamina C). Il nostro organismo richiede il **ferro non eme** dei vegetali, poco assimilabile, nei tempi e nella quantità adatta. Eccessi di ferro si depositano nel cuore, fegato e pancreas procurando danni seri alla nostra salute.

Non è vero che i vegani soffrono di **carenza di vitamina B12**: un organismo sano (come quello appunto dei vegani) ha riserve per moltissimi anni in virtù del fattore intrinseco in grado di fabbricare le percentuali infinitesimali di cui ha bisogno. Nella peggiore delle ipotesi è molto meglio ingerire settimanalmente un integratore che rischiare le molte patologie correlate al consumo di proteine e grassi animali. Una persona su un milione corre il rischio di avere carenza di B12, mentre una persona su due muore di infarto o di ictus, una su sei di tumore alla prostata e una su sette di tumore al seno. Meglio correre il rischio di carenza di B12 (arginabile con semplici integratori) che avere la quasi certezza di sviluppare le patologie correlate al consumo di carne.

Non è vero che occorre mangiare il **pesce** per assicurarsi i necessari grassi polinsaturi **Omega 3**: solo alcuni tipi di pesce contengono modeste quantità di Omega 3 e solo se i pesci sono selvatici o se sono da acquicoltura nutriti con pesci che mangiano alghe. Solo gli Omega 3 dei vegetali sono privi degli effetti collaterali del pesce. I grassi monoinsaturi del pesce sottoposti a cottura diventano saturi, perdono l'enzima lipase, necessario per l'assimilazione e la digestione dei grassi. Inoltre il pesce contiene grassi saturi in quantità maggiore della stessa carne e molto colesterolo. I benefici del consumo di pesce non sono dimostrati o al limite sono trascurabili, mentre i disastri ambientali e umani causati dal suo consumo sono ben documentabili.

Non è vero che **il cibo cotto sia più digeribile**: come potrebbe essere più digeribile se la cottura distrugge gran parte degli enzimi digestivi, vitamine, e sali minerali? Anche se i suoi amidi risultano più digeribili, il cibo cotto resta comunque un cibo povero di nutrienti essenziali che vengono sottratti all'organismo.

Non è vero che mangiare la carne **è una scelta come un'altra**: nello scegliere tra un piatto a base di carne ed uno a base vegetale c'è la stessa differenza che c'è tra la morte e la vita di esseri senzienti, oltre al contributo alla distruzione delle foreste, all'inquinamento del pianeta, alla fame nel mondo, allo sperpero di risorse umane ed energetiche ed altro e altro ancora.

Non è vero che sia un **sacrificio rinunciare alla carne**: la dieta vegetariana è molto più ricca, varia, gustosa, colorata, profumata, salutare ed economica della dieta onnivora. Inoltre, la consapevolezza di non nuocere a creature senzienti compensa grandemente la rinuncia ad un cruento piacere gastronomico.

Non è vero che se non uccidessimo **gli animali si moltiplicherebbero a dismisura**: la natura non ha bisogno della violenza degli umani per conservare il suo universale ed eterno equilibrio. Invece è proprio allevandoli che si aumenta a dismisura la loro quantità.

Non è vero che senza sfruttare gli animali **non ci sarebbe progresso per l'uomo**: il progresso tecnologico o scientifico separato dall'etica, dal rispetto del diverso e dalla tutela dei più deboli rende l'uomo incapace di dar vita alla vera civiltà, ad un progresso morale, civile e spirituale e a una scienza al vero servizio della vita.

Non è vero che **Gesù mangiava il pesce o l'agnello**: chi mangia un animale ha anche il coraggio di uccidere l'animale e in questo caso Gesù avrebbe dimostrato meno compassione di qualunque essere umano, avrebbe accettato di procurare a se stesso un piacere rendendosi responsabile del dolore e della morte di un animale innocente. In uno dei vangeli apocrifi Gesù dice: "*Chi uccide un animale uccide suo fratello e nel suo corpo la carne degli animali uccisi diventerà la sua stessa tomba. Chi si nutre della carne degli animali uccisi mangia un corpo di morte. Io vi chiederò conto di ogni animale ucciso come di ogni uomo*".

Non è vero che per essere vegetariani **occorre farsi seguire da un nutrizionista**: nessuna generazione che ci ha preceduto ha avuto bisogno di nutrizionisti che gli indicassero cosa mangiare: ogni animale riconosce per istinto il cibo adatto alla sua dieta e gli animali liberi e allo stato naturale non si ammalano quasi mai a differenza dell'uomo che è flagellato da 20000 diverse malattie. L'essere umano deve nutrirsi di ciò che offre la natura nel periodo dell'anno nel quale si sta nutrendo, considerando che non è tanto importante ciò che si mangi quanto ciò che si esclude dalla propria dieta.

Ma l'essere umano prima di rispettare gli animali non dovrebbe imparare a rispettare i propri simili? La considerazione sarebbe giusta se, nello stesso tempo, la famiglia degli umani non disprezzasse, schiavizzasse e sterminasse sistematicamente i componenti delle altre famiglie solo perché sono fisicamente diversi. Questo è ciò che predispone l'uomo a ogni delitto anche verso i componenti della sua stessa specie e con cui egli preclude a se stesso la realizzazione di un mondo migliore.

Senza mutamento non c'è evoluzione

Se vuoi ottenere quello che non hai mai ottenuto devi fare quello che non hai mai fatto

Se la vita ha uno scopo è sicuramente quello di cercare di essere ogni giorno migliori, di superare le proprie limitazioni, le proprie paure, i propri egoismi, le ristrettezze del proprio campo percettivo, le proprie chiusure mentali, morali, spirituali; insomma cercare di essere oggi diversi e migliori di come eravamo ieri: più maturi e più responsabili della propria crescita personale e del destino collettivo.

Ogni conquista, ogni successo, ogni traguardo raggiunto è frutto di un mutamento di situazione, un calarsi in una realtà nuova, diversa, il salire di un gradino lungo la via della propria realizzazione. Ma ogni mutazione, ogni conquista è sacrificio, è sofferenza, è rinuncia a qualcosa di vecchio per acquisire qualcosa di nuovo. Senza difficoltà, senza rinuncia, senza sofferenza, senza variazione non c'è miglioramento di situazione né rinnovamento del proprio stato. Il sacrificio del trasloco per il trasferimento in una casa più adatta alle nostre esigenze è il prezzo che si paga. L'impegno per superare un esame è la fatica necessaria a raggiungere una meta. Per avere una visuale più ampia è necessario salire su un punto più alto. Se uno sportivo vuole avere un fisico armonico ed essere in salute gli è necessario il sacrificio della ginnastica.

Un vecchio aforisma diceva: quando sei malato e non guarisci o è sbagliato il medico o è sbagliata la medicina. Non è possibile risolvere una situazione negativa, che si protrae nel tempo, senza cambiare strategia operativa. Il cambiamento può essere graduale o repentino, a seconda della volontà del soggetto di uniformarsi ai principi dell'etica e delle leggi naturali. E questo dipende dal bisogno e dalla volontà di rinnovamento e dal livello evolutivo di ognuno, dal suo sviluppo mentale, dalla fertilità del suo campo coscienziale. In genere la rinuncia avviene solo quando l'individuo sa che avrà in cambio qualcos'altro di più adatto, di più giusto, di più vantaggioso a livello fisico, mentale, emozionale o spirituale. Ma chi non è disposto a compiere il necessario sacrificio non è pronto all'innovazione.

Dunque anche il proprio benessere psico-fisico-spirituale richiede un cambiamento del proprio modo di essere, del proprio stile di vita, del proprio modo di comportarsi e relazionarsi con gli altri, del proprio mondo affettivo: un mutare la propria visione nei riguardi della vita. Lo stato di benessere personale si raggiunge solo attraverso la volontà di abbandonare vecchi stili di vita. Non si può bere e fischiare nello stesso tempo: o l'uno o l'altro. Non si può continuare a consumare cibi innaturali e inadatti alla nostra natura e sperare di stare in buona salute. Non si può essere cinici, insensibili, indifferenti alle condizioni degli altri e sperare di vivere in un mondo di gente virtuosa e magari avere la serenità d'animo, la pace e l'equilibrio interiore. Non si può distruggere le foreste e pensare che questo non abbia ripercussioni sulla nostra vita. Non si può contribuire con le nostre scelte quotidiane a rovinare questa società e nello stesso tempo sperare in un mondo migliore. L'ho già detto: in questo contesto sociale o sei il problema o sei la soluzione del problema. Tu da che parte stai?

NON SI VINCONO LE BATTAGLIE COI SOLI BUONI PROPOSITI

Ogni giorno vengono commessi delitti che fanno vergognare di appartenere alla specie umana. C'è la vergogna della prostituzione infantile che vede coinvolti 8 milioni e mezzo di bambini; quella dei bambini soldato, (almeno 2 milioni); dei bambini rapiti o venduti per l'espianto di organi, c'è la morte per fame che miete 20000 vittime al giorno, ci sono la guerra, il terrorismo, la criminalità organizzata, la tortura, la pena di morte, poi c'è l'inferno della vivisezione con 300 milioni di animali sacrificati ogni anno, c'è la mattazione con i suoi 20 miliardi di animali di grossa mole allevati in condizioni terribili e massacrati, ci sono gli OGM; e poi ci sono i delitti contro la natura, dall'inizio del 1900 a oggi sono state abbattute foreste quanto l'intera Europa, cioè metà delle foreste del mondo, metà dei fiumi è in crisi e rischia di sparire, oltre la metà delle specie di uccelli è in via di estinzione, i grandi pesci del Nord Atlantico in cinquant'anni sono diminuiti del 70%, trecentomila delfini e 1400 balene vengono uccisi ogni anno, il 99% delle balenottere azzurre del pacifico è stato sterminato, e la lista potrebbe continuare. E noi? In questo preoccupante scenario collettivo stiamo lavorando per la risoluzione del problema o siamo spettatori passivi, o peggio responsabili?

L'impegno dei pochi non basa a neutralizzare l'indolenza della maggior parte di coloro che sperano in un mondo migliore ma aspettano che siano gli altri a realizzarlo. Le battaglie non si vincono con i soli buoni propositi.

Ognuno si chieda se a questo nostro ideale di giustizia e amore stia dando quanto è necessario oppure elargisce i ritagli del suo tempo superfluo. I più sono tiepidi, incoerenti, vivono di quietismo, nell'accettazione passiva degli eventi.

Chi realmente sente la tragicità della situazione che è andata sviluppandosi ma intravede nella nostra opera uno dei mezzi più efficaci per la sua risoluzione non può esimersi dall'agire: non può partecipare alla battaglia quando ha tempo e voglia. Mentre siamo travolti dalla nostra tempesta individuale a causa delle mille cose di ogni giorno, che spesso ci inventiamo, mentre ci perdiamo in avvilenti elucubrazioni teoriche, c'è chi soffre e muore per mancanza di aiuto. Intanto noi non abbiamo tempo. Abbiamo i nostri impegni quotidiani, quelli familiari, quelli lavorativi: allo svago non possiamo rinunciare uno *hobby* bisogna pur coltivarlo, e avanti così.

Quanto del nostro tempo dedichiamo alla nostra causa? Non riusciamo a essere un fronte unico, una forza sociale in grado di "imporre" la cultura della vita, della vera civiltà, anche se siamo in tanti a cercare l'evoluzione integrale dell'uomo e la salvezza del pianeta. Si sta combattendo una guerra tra la vita e la distruzione morale e fisica del pianeta, tra l'evoluzione e l'oscurantismo esistenziale, ma coloro che combattono sono in pochi e disorganizzati perché la maggioranza non sente, non fa suo il dramma delle vittime (sia uomini che animali), non condivide il dolore di coloro cui vengono negati i diritti fondamentali all'esistenza. Il resto si limita a sperare.

Manca la consapevolezza che ogni singola azione è un seme che a breve o a lunga scadenza darà i frutti della nuova umanità e salverà dal dolore e dalla morte poche o molte vittime innocenti: ogni persona che diventa vegetariana salva la vita a migliaia di animali, oltre a diffondere la cultura dell'amore universale e porre le basi della nuova civiltà umana.

Nella nostra società c'è un esercito immenso di persone (specialmente nella fascia dei pensionati) che non sa come impiegare il suo tempo per non morire d'inedia, mentre innumerevoli iniziative avrebbero un disperato bisogno di operatori per portare avanti i loro giusti programmi di giustizia sociale. Mentre la maggior parte delle persone per atavica abitudine si lamenta di tutto e di tutti e aspetta che siano "gli altri" a porre rimedio, mentre il problema fondamentale resta, da sempre, all'interno di ognuno di noi, nella nostra coscienza che deve sentirsi viva *con l'azione*. Se vuoi un mondo migliore devi dare il tuo contributo, altrimenti non hai diritto di lamentarti delle ingiustizie, della corruzione, della disarmonia; se non operi per la soluzione del problema probabilmente sei parte della causa che lo genera.

La storia si ripete. Tutte le tirannie si instaurano sulle masse indolenti perché i pochi che si impegnano in prima persona non bastano a neutralizzare gli effetti negativi dei meccanismi economici, politici o religiosi sostenuti dai grandi centri di potere.

Il mondo può cambiare ma dipende anche dall'agire di ognuno che si impegni a vivere in prima persona la nuova dimensione spirituale confacente alle aspettative che la nuova realtà richiede. Non si può vincere la guerra esterna se prima non si vince la battaglia dentro se stessi. Ma se anche impegnassimo tutte le nostre energie in difesa degli animali e della natura e dimenticassimo il dramma degli umani, e anche se ci interessassimo degli uni e degli altri ma trascurassimo il nostro personale progresso morale, civile e spirituale, non solo non saremmo in grado di dare un valido contributo alla nostra causa, ma dimostreremmo di non aver capito che la vera e improcrastinabile rivoluzione è quella da attuare su noi stessi superando i nostri limiti, le nostre paure, i nostri egoismi, il nostro quietismo, diventando esempio di saggezza, di equilibrio, di altruismo, di buon senso.

Come nasce la struttura piramidale del potere

Se si osservano gli animali nel loro ambiente naturale ci si accorge che la figura del capo è presente in quasi tutti i branchi di animali superiori.

Il capo si impone al branco per mezzo della sua potenza fisica o (nel caso degli umani) perché in grado di proporsi come guida, in virtù di una maggiore esperienza o saggezza connaturata o acquisita che si rivela determinante in alcune decisioni a favore del gruppo.

Nasce così il primo schema di potere che si può schematizzare in una massa di base con una sola protuberanza al centro, il capo. L'esistenza del capo, anche se comporta l'obbligo di sottostare a delle regole, in genere viene accettata un po' per timore e un po' perché garantisce protezione e capacità di organizzazione contro eventuali nemici.

Ma un capo, anche se è al vertice del sistema, non è mai solo. Il timore suscitato dal capobranco si estende ai componenti della sua famiglia che tutti devono rispettare e che nello schema piramidale si collocano subito dopo il capo. Dove c'è una base ed un vertice ci saranno inevitabilmente fasce intermedie che riempiranno la piramide (o il cono). E in realtà lo schema piramidale vero e proprio nasce quando alla figura del capo si associano alcuni individui, per simpatia o in cerca di protezione e vantaggio, che diverranno i consiglieri, persone di fiducia (potere legislativo), che andranno a collocarsi nella fascia sottostante a quella della famiglia del capo.

A causa della necessità di gestire masse sempre più vaste nasce l'esigenza del potere esecutivo, cioè di individui preposti all'attuazione pratica dei programmi del capo, che vanno a collocarsi nella fascia dopo il potere legislativo, ma sempre al di sopra della massa.

Tutte le caste che si sviluppano spontaneamente vanno a collocarsi poi per importanza e potere nei propri corrispondenti strati della piramide a seconda della loro vicinanza al potere rappresentato dal capo.

Accanto alla figura del capo, che esercita il suo potere in tutte le problematiche di natura pratica ed esistenziale, va delineandosi la figura del sacerdote (destinata a contendere al capo il suo dominio), il quale, sfruttando l'innata tendenza dell'essere umano a credere nell'esistenza di entità soprannaturali, si autoimpone come messaggero della volontà divina. L'innata paura dell'imponderabile conferisce alla casta sacerdotale sempre più potere al punto da renderla una vera e propria struttura piramidale parallela al potere temporale e capace di contendere al capo il suo dominio.

Si sviluppa spontaneamente, spesso di comune accordo e spesso in modo antagonista, la suddivisione del potere esercitato sulle masse: il primo nella gestione delle cose terrene, il secondo in quelle ultraterrene.

In qualunque dittatura o democrazia, qualunque gruppo tribale o animale in cui si siano imposte delle regole da rispettare, viene sempre ed automaticamente a impiantarsi lo schema piramidale: non si è mai saputo di alcuna comunità organizzata ed evoluta, umana e non, priva di un capo, dal momento che è meglio per tutti che sia uno solo a decidere (nel caso umano su suggerimento dei suoi collaboratori) in quale direzione far spostare la "mandria", altrimenti ognuno va dalla sua parte ed il gruppo si dissolve: divisi si è deboli e facili prede del nemico.

Lo schema piramidale con il capo al vertice del sistema è quindi quello più spontaneo in natura e si ripete inevitabilmente ogni qualvolta un gruppo cerca di organizzarsi per un fine comune, in vista del quale cerca di utilizzare le capacità dei sui singoli componenti.

Ma il capo non è infallibile, lui e i suoi collaboratori possono rivelarsi disonesti, più inclini a curare i propri interessi che le aspettative della collettività. Questa è la causa di infinite sventure nelle quali a pagare le conseguenze sono sempre i più deboli.

Ma, se il potere che viene dallo schema piramidale non è in grado o non vuole debellare il "male" (quello che in un certo senso giustifica l'esistenza stessa del capo), la soluzione del problema non sta nell'eliminare lo schema piramidale, ma nel fare in modo che il capo sia scelto dalla collettività, o dal gruppo, non solo per le sue qualità di stratega ma soprattutto per i suoi alti valori morali, per la sua saggezza, per la sua condotta irreprensibile, per la sua coscienza giusta, leale e compassionevole.

Il problema della cattiva gestione del potere non è dato dallo schema a piramide in cui esso viene strutturato ma dall'uomo che lo incarna. Non è il meccanismo che rende l'uomo giusto o malvagio, ma è l'uomo che rende giusto o dannoso qualunque meccanismo. La soluzione di ogni problema non sta al di fuori dell'uomo ma nell'uomo. I meccanismi che nascono dall'uomo sono imperfetti come l'uomo: per questo la storia è costellata di crimini, lutti e rovine: meccanismi imperfetti gestiti da uomini imperfetti. È nell'uomo che bisogna intervenire se veramente si spera in una società migliore, altrimenti ogni pur lodevole iniziativa è solo inutile perdita di tempo: è come irrobustire la carrozzeria di un'automobile per cercare di arginare la dannosità del guidatore ubriaco che guida in un centro abitato, mentre la soluzione sta nel fare in modo che nessuno debba guidare in stato di ubriachezza.

In qualunque organizzazione, industria o fabbrica il lavoro è suddiviso in settori per ognuno dei quali è necessario ci sia un coordinatore che, per il fatto di avere maggiore responsabilità, ha inevitabilmente anche più potere decisionale. Ma è altresì necessaria la presenza del coordinatore dei coordinatori che a sua volta, per avere maggiore responsabilità in merito ai risultati dell'opera complessiva avrà inevitabilmente più potere.

In realtà l'idea di una società anarchica, a struttura orizzontale, senza picchi e senza capi, è un'utopia che rimanda ad un futuro lontanissimo in cui ogni individuo non avrà più bisogno di alcuna regola da rispettare e di alcun obbligo per poter compiere diligentemente ed in piena onestà il suo compito nel seno di una comunità, sarà cioè un individuo che abbia raggiunto il suo perfetto equilibrio mentale ed un elevato senso civico e morale, che sia cioè irreprensibile sotto qualunque aspetto: onesto, giusto, positivo, capace di anteporre sempre il bene collettivo agli interessi personali. Una visione sociale che ricorda le prime comunità cristiane; ma anche in quel caso mi pare che ogni apostolo o discepolo avesse la responsabilità di un gruppo. In ogni caso, gente di tal fattezza non si improvvisa, né nasce per germinazione spontanea dalla struttura di un sistema. È necessario invece che sia educata, formata fin dall'infanzia, al senso della giustizia, del dovere, della condivisione, dell'onestà, della bontà, della responsabilità, della collaborazione, alla sensibilità dell'animo e soprattutto al senso critico dei fatti e dei personaggi della storia.

In un meccanismo senza capi e senza responsabili, diciamo senza guida come per esempio un gregge di pecore senza cani e senza pastori, ognuno pensa solo a se stesso, a fare quello che senta come desiderabile e non a ciò che è necessario per il bene del gruppo, e questo è ciò che preclude e non ciò che favorisce l'evoluzione di un individuo e di un popolo. La soluzione non sta nel meccanismo strutturato dall'uomo ma nell'uomo che struttura il meccanismo. Non è per mezzo di un meccanismo che si può debellare il male che è nell'uomo. Infatti in qualunque epoca e latitudine, sotto qualunque sistema politico l'essere umano si è comportato sempre nello stesso modo: si è macchiato degli stessi delitti e si è distinto per qualche sporadico merito. Le sole isole felici sono state alcune comunità religiose che hanno fatto dell'armonia e della collaborazione lo scopo della loro esistenza. Ma anche in queste comunità la struttura organizzativa è sempre quella piramidale. E se le cose funzionavano era solo in virtù del fatto che la coscienza degli uomini era diversa.

Solo da un uomo nuovo e migliore può nascere una società nuova e migliore, capace di realizzare un mondo più giusto, in qualunque struttura, meccanismo o sistema.

"Ma pensate ai bambini!"

"Ma pensate ai bambini!". Questo è ciò che dicono alcune persone quando noi vegetariani-animalisti cerchiamo di sensibilizzare la gente nei confronti dell'universo di animali tormentati in vario modo dagli esseri umani, che è come dire *"Non mi interesso di animali perché ritengo prioritario interessarmi dei problemi degli umani"*. Come se il primo interesse escludesse automaticamente il secondo. Ma in genere coloro che sostengono questa tesi sono proprio coloro che non danno il loro contributo né a favore degli animali né degli esseri umani. Come se noi non ci interessassimo anche dei problemi della nostra specie; come se noi dissipassimo le nostre risorse umane solo a beneficio degli animali; come se non fosse possibile (quanto auspicabile) interessarsi degli uni e degli altri.

Anzi proprio in questo la nostra filosofia di vita dimostra il suo valore sociale, la sua grandezza morale. Noi ci interessiamo di animali perché consapevoli che solo da una nuova coscienza umana aperta a tutelare il più debole possono nascere quella sensibilità e quel senso di giustizia capaci di aprirsi alla tutela dei bambini e quindi degli umani. La causa della violenza e dell'ingiustizia perpetrata nei confronti degli animali è la medesima che genera violenza, miseria, malattie e fame nel mondo.

Forse che i più grandi personaggi della storia che hanno chiesto amore e rispetto per gli animali, come San Francesco, Schweitzer, Leonardo, Pitagora, Capitini, Schopenhauer, Gandhi, Einstein, hanno in qualche modo trascurato di interessarsi degli umani?

La nostra dedizione infastidisce forse per la recondita paura di dividere anche con gli animali quella dignità da millenni loro negata e assurdamente ritenuta prerogativa degli umani? Ma che cosa fa ritenere più importanti i problemi umani rispetto ai problemi degli animali? La nostra etica ci impone di muoverci in aiuto non in base alla specie di appartenenza, ma alla gravità dell'ingiustizia subita e del dolore della vittima. Ognuno aderisce a una causa a seconda della sua visione delle cose e della sensibilità della sua coscienza. Diversamente non avrebbero motivo di esistere tutti gli organismi di volontariato che *non* operano a diretta difesa degli umani. La logica delle priorità relegherebbe il problema animale a dopo la soluzione di tutti i problemi umani, cioè mai.

Ci interessiamo di animali:
- perché sono le vittime dirette della malvagità umana, anche da parte di coloro che sono impegnati a favore degli umani, del diritto, della giustizia e della pace;
- perché non si tratta di difendere una sparuta minoranza di esseri senzienti ma miliardi di creature da millenni brutalizzate in vario modo da una minima parte della creazione più agguerrita e crudele;
- perché non si tratta di lottare per ottenere una riduzione delle ore lavorative o di avere un aumento di salario, ma per fermare il massacro sistematico di proporzioni apocalittiche nei confronti del 99,9% della creazione (1600 anime AL SECONDO);
- perché c'è già un esercito sconfinato di persone che si interessa a tutto campo a favore degli umani;
- perché gli animali non hanno voce per gridare al mondo il loro dolore, l'ingiustizia che subiscono;
- perché gli esseri umani possono in qualche modo comprendere il motivo della loro sofferenza, ma l'animale non sa giustificare le cause del suo dolore e della sua condanna alla tortura o alla morte;
- perché se l'essere umano qualche volta è innocente l'animale lo è sempre;
- perché l'animale è la parte più pura e incontaminata della Creazione;
- perché significa difendere una razza schiava e senza diritti, senza sindacati, senza avvocati e santi in paradiso in balia di una razza tirannica e crudele.

GLI ANIMALI NON HANNO CHE NOI,
PER QUESTO CI INTERESSIAMO DI ANIMALI

IL TERRORISMO IDEOLOGICO DEI VEGETARIANI

In questa umanità si grida allo scandalo perché vengono denunciati i delitti; non perché vengono commessi. Quando noi vegetariani esprimiamo la nostra vibrante ribellione per l'ingiustizia sistematicamente perpetrata nei confronti degli animali, i perbenisti, i moralisti della domenica ci accusano di violenza verbale, di terrorismo ideologico, di urtare la sensibilità di coloro che non la pensano come noi. E, come spesso accade, parla bene di fame chi ha lo stomaco pieno, come parla bene di sofferenza quando le vittime non sono le sue.

Essere non violenti non significa non reagire alla violenza, essere concilianti o edulcorati nel denunciare il delitto. La nostra causa in difesa dei più deboli ci chiama a rendere la gente consapevole degli effetti che le scelte alimentari producono agli animali e non solo. La nostra reazione all'ingiustizia causata ad un animale non è diversa dalla reazione per un delitto commesso a danno di un essere umano. La vera violenza è tacere di fronte all'ingiustizia perché, come diceva Martin Luther King, *"Non ho paura delle urla dei violenti ma del silenzio degli onesti"*. Lo stesso Gesù nei vangeli apocrifi non è forse durissimo nei confronti dei cacciatori, quando li ammonisce che saranno ripagati con la stessa ferocia? *"Maledetti siano i cacciatori perché saranno a loro volta cacciati"*.

Perché un uomo che uccidesse un bambino, lo facesse a pezzi, lo arrostisse e poi lo mangiasse verrebbe, a buon motivo, considerato un mostro sanguinario, mentre un uomo che uccide, fa a pezzi un agnello, lo arrostisce e lo mangia viene considerato un buongustaio? Qual è il principio e qual è la differenza che fa considerare in modo diverso casi analoghi?

Come definire i pescatori che catturano gli squali per tagliare le loro pinne e gettarli ancora vivi nel mare? Non è forse un crimine analogo all'eventuale taglio delle gambe e delle braccia di un uomo per poi scaraventarlo da un camion sulla strada? La nostra esecrazione è uguale sia che un delitto venga commesso su un essere umano sia su un animale. Chi stabilisce che uccidere un uomo è un crimine mentre uccidere un animale è un'azione legittima? Coloro che ci accusano distinguono tra violenza verso gli animali e violenza verso gli umani, mentre per noi le vittime sono tutte uguali davanti a una stessa offesa.

L'uomo non può migliorare se stesso e la sua condizione morale se non è consapevole degli effetti che producono le sue scelte. E gli effetti prodotti sono tremendi. Nell'esprimere cose tremende non è possibile usare gentilezza, garbo: si usa forse edulcorare gli orrori dei nazisti per non urtare la sensibilità dei responsabili? Chi ha la coscienza pulita non ha paura della parole. La verità è sempre preferibile e la verità nel nostro caso è cruda e terribile. Senza poter entrare in contrasto con l'interlocutore non potremmo dire le cose come sono. Che termini usare per parlare dell'inferno dei mattatoi o dei laboratori di sperimentazione? La nostra è una constatazione veritiera, un dato di fatto che è anche accusa, la stessa accusa che muoveremmo al tuo carnefice se fossi tu la vittima di turno.

Ben sappiamo che un albero non cresce in un giorno; ben sappiamo che se la condanna trattiene una volta su dieci la consapevolezza sprona nove volte su dieci; ben sappiamo che togliere la carne ai ghiottoni sarebbe come togliere gli schiavi ai nobili di un tempo. Dunque la nostra è la voce che diamo a una disperazione repressa, e affinché un poco di evidenza arrivi a essere percepita il nostro esprimerci deve essere forte ed esauriente.

Fai la spesa etica: non renderti complice dell'uccisione degli animali

Lo sai...

- Che senza mangiare animali si vive meglio, come conferma l'ottima salute dei vegani?
- Che le peggiori patologie umane sono correlate al consumo di carne, pesce, formaggi, latte e uova? (cardiopatie, tumori, cancri, ictus, diabete, arteriosclerosi, ipertensione, allergie...)
- Che le proteine, l'Omega 3, la vitamina B12, il calcio sono più utili e più assimilabili se assunti dai prodotti vegetali?
- Che il latte ed i formaggi sono la causa dell'osteoporosi?
- Che il Ferro non eme dei vegetali difende il cuore, il fegato e il pancreas?
- Che la carne è intrisa di angoscia e di dolore, dei veleni degli animali disperati, ammalati, trattati con massicce dosi di farmaci, che entrano nel metabolismo di chi la mangia?
- Che niente come l'alimentazione carnea contribuisce ad ammalare il genere umano, a renderlo più insensibile alla sofferenza altrui, ad affamare il Terzo Mondo, a distruggere le foreste, a inquinare l'ambiente, a generare crisi economica, a sperperare le risorse del pianeta?
- Sai in che modo disumano vengono allevati e uccisi gli animali che mangi?
- Sai che ogni qual volta acquisti della carne o del pesce stai delegando qualcuno a uccidere per te quell'animale? Avresti il coraggio di farlo con le tue mani?
- Perché causi ad altri ciò che non vorresti per te stesso?
- Perché infliggi sofferenza e morte mentre a te cerchi di evitarla?
- Avere una coscienza in grado di giustificare l'esistenza dei mattatoi è ciò che rende l'uomo capace di qualsiasi delitto.

- La vita di ogni essere vivente è sacra, come la tua: rispettala.
- Astieniti dal mangiare la carne di qualsiasi animale.
- Ci sono tante cose buone da mangiare senza versare sangue innocente, di creature che come te e me amano la vita, soffrono e hanno terrore della morte.

Gli animali? Ci sono problemi più importanti

(ovvero)
Perché politici, preti e imprenditori snobbano
i problemi dell'Animalismo

Perché i personaggi che frequentano i salotti impegnati della televisione, nei quali si parla di politica, economia, giustizia sociale e via elencando, non parlano mai dei diritti degli animali? Ma figuriamoci! Ti pare che, con tanti problemi che ci sono, uomini della levatura di Prodi, Berlusconi, del Cardinale Ruini o dei ministri dell'istruzione, della sanità, della giustizia o delle finanze possano preoccuparsi degli animali? Figuriamoci se l'aristocrazia, la nobiltà, i signorotti di qualche secolo fa avevano tempo per considerare la sofferenza e la privazione di dignità degli schiavi, dei negri, degli zingari e anche degli ebrei, dei quali veniva negata non solo la capacità di avere sentimenti ma anche quella di soffrire; avevano ben altro a cui pensare!

Il problema è che i problemi degli animali non derivano da cause naturali: i loro problemi sono coloro che, mangiandoseli a tavola, legittimando la vivisezione, la caccia, l'uso delle pellicce e via elencando, causano agli animali sofferenza e morte. I problemi degli animali esistono perché l'essere umano è fondamentalmente ingiusto e insensibile verso la sofferenza dell'altro, e ciò che rende l'uomo ingiusto e insensibile è la sua visione parziale della vita secondo la concezione antropocentrica, che abitua l'uomo a disprezzare tutto ciò che non è umano. *"Finché vi saranno i mattatoi vi saranno anche i campi di battaglia"*, così affermava Georg Hermann.

C'è forse qualcosa di più importante per qualunque essere vivente del fuggire il dolore e tutelare la propria vita? C'è forse un problema etico più drammatico di quello di essere governati da coloro che danno il proprio tacito consenso al massacro giornaliero di milioni di esseri innocenti? Certo l'interesse del boia non coincide con quello della vittima.

Tutti i problemi dell'universo nascono dall'incapacità dell'individuo di condividere le esigenze vitali dell'altro: l'indifferenza verso il dolore altrui è il vero cancro del genere umano. Quando la coscienza umana sarà più giusta e sensibile tutti i problemi umani svaniranno. La fame nel mondo è causa dell'egoismo umano; la guerra è la diretta conseguenza dell'ingiustizia e della carenza di valori morali e spirituali dell'individuo; il disordine sociale ha le stesse radici. Rimandare il rispetto per gli animali a quando saranno risolti i problemi umani significa dire mai; significa negare il problema, che scaturisce proprio dalla separazione dei problemi, mentre tutto è interconnesso, come sono interconnesse le membra di uno stesso organismo. Ma questo sembra che i personaggi di cui trattasi non riescono a capirlo.

Ciò che occorre far capire è che finché l'uomo tratterà i suoi problemi in modo separato dal suo contesto naturale non sarà possibile risanare l'organismo malato: è come cercare di salvare un uomo ammalato di cancro curandogli i calli delle mani. Occorre combattere l'ingiustizia, non quella perpetrata sull'uomo, ma l'ingiustizia in quanto tale, in senso lato; occorre lottare contro la violenza, non la violenza sull'uomo, ma la violenza come principio; occorre che l'uomo impari a difendere la vita, non la vita dell'uomo, ma la vita in qualunque forma si manifesta; occorre che l'uomo impari ad amare non solo l'uomo, ma ogni essere vivente; solo in questo modo l'essere umano avrà la capacità mentale, morale, civile e spirituale di costruire una società migliore, e potrà capire che nulla è separabile dal resto, che è impossibile che un componente della famiglia trovi pace e giustizia se viene abituato a schiavizzare, torturare, sfruttare e uccidere tutti gli altri componenti con cui divide la sua esistenza.

Negare la determinante correlazione esistente tra il rispetto per gli animali, la natura e i problemi più gravi e scottanti del genere umano significa essere in malafede o profondamente disinformati. Nessun problema può mai essere risolto positivamente e definitivamente se non si tiene conto delle cause che lo generano.

Vademecum dei Vegetariani

(ovvero)
Come difendersi in televisione dagli attacchi degli Onnivori

Quando i vegetariani sono invitati in qualche trasmissione televisiva nella quale si parli di alimentazione, spesso l'invito è una specie di trappola per mettere in risalto la "stranezza" di chi ha scelto di rinunciare alla carne mentre, a parere di chi li invita, *non* dovremmo privarci dei piaceri della tavola tantoché, come dicono i nutrizionisti di turno, "la carne è necessaria".

Certo non è facile parlare davanti a una telecamera, specialmente se si è uno contro tutti. Ma è anche vero che sono le sole occasioni che abbiamo per far arrivare la nostra voce a milioni di persone. Occorre perciò avere le idee molto chiare e sapere che tutto si svolgerà in poche e succinte battute; occorre dunque parlare a frecciate, dire tutto in pochi secondi senza illuderci che ci lasceranno il tempo per dettagliare le nostre argomentazioni.

In quelle occasioni dobbiamo avere la consapevolezza che stiamo combattendo la giusta battaglia: quella della civiltà, del progresso e della giustizia; che in quella circostanza rappresentiamo l'unica possibilità di salvezza per molti animali; che se anche convinceremo una sola persona ad essere vegetariana migliaia di animali saranno risparmiati.

Se chiedono *perché siamo diventati vegetariani* dite semplicemente perché è meglio, perché riteniamo *ingiusto* uccidere un animale che come noi soffre e vuole vivere, perché abbiamo ogni ben di Dio per sfamarci senza versare sangue innocente, perché noi seguiamo il principio del "non fare ad altri ciò che non vorremmo per noi stessi", perché è più salutare per il corpo, la mente e la coscienza, perché è il mezzo più semplice, diretto e immediato di rendere migliore questo mondo.

Se non si è abbastanza preparati ad affrontare problematiche inerenti la salute basta menzionare l'ottima salute dei vegetariani, e far notare che noi stessi da quando seguiamo questa filosofia di vita abbiamo recuperato la salute, la calma interiore e soprattutto non ci sentiamo più in colpa per l'uccisione degli animali che prima mangiavamo.

È importante citare i grandi Istituti di ricerca a livello mondiale come l'American Dietetics Association (la più grande organizzazione di nutrizionisti americani e canadesi) o il Dipartimento dell'Agricoltura USA, i quali hanno più volte ribadito che la dieta vegetariana o vegana consente una salute ottimale in tutte le fasi della vita.

Che l'organismo umano, per generare le catene proteiche, non ha bisogno degli aminoacidi essenziali di origine animale; l'uomo non possiede l'enzima uricasi preposto alla digestione della carne, né i succhi gastrici degli animali carnivori, né gli intestini adatti alla digestione di tale alimento.

Che l'unico e solo problema che possono avere i vegani è l'eventuale carenza di vitamina B12, alla quale sopperiamo benissimo con dei semplici integratori, senza esporre il nostro organismo alle conclamate dannosità della carne.

Che noi, a differenza dei metodi della medicina tradizionale, abbiamo una visione olistica dell'entità umana: crediamo che il benessere dell'individuo si possa ottenere solo se la scienza considera l'essere umano nelle sue componenti fondamentali, corpo, mente, coscienza e spirito.

È altresì importante citare i grandi personaggi della storia che sono stati vegetariani: Buddha, Pitagora, Plutarco, Platone, Porfirio, Socrate, Seneca, Diogene, Ippocrate, Leonardo da Vinci, Schopenhauer, Spinoza, Voltaire, Tolstoj, Gandhi e così via, oltre ai grandi sportivi e i molti personaggi contemporanei in ogni settore della cultura, dell'arte, della scienza che sono vegetariani e che hanno salute da vendere, come Veronesi, Margherita Hack, Paul McCartney, Brad Pitt, Richard Gere, e in realtà intere moltitudini.

Se dicono che *l'uomo ha sempre mangiato la carne,* dite che anche la guerra è stata sempre fatta dall'uomo ma non per questo dobbiamo continuare a ucciderci a vicenda e che arriva il momento in cui l'uomo si accorge dei suoi errori e se li lascia alle spalle.

Se dicono che *bisogna mangiare il pesce perché contiene l'Omega 3*, dite che tale acido grasso essenziale noi lo prendiamo dalla verdura a foglia verde, dalla frutta fresca e secca, senza avvelenarci con le contaminazioni degli scarichi industriali, metilmercurio, piombo e via dicendo, oltre ai prodotti chimici di sintesi somministrati ai pesci negli allevamenti di acquicoltura.

Se dicono che *occorre mangiare di tutto* dite che è proprio l'abitudine a mangiare di tutto la causa di tutti i problemi di salute; dite che nessun animale mangia di tutto e che ogni specie mangia ciò che è confacente al suo metabolismo e che l'uomo è strutturato anatomicamente per nutrirsi di vegetali, frutta e semi oleaginosi, come le scimmie antropoidi nostre strette parenti.

Se dicono che occorre *bere il latte e mangiare i prodotti da esso derivati* per garantirci il calcio necessario dite che le statistiche ufficiali affermano che le popolazioni sono tanto più colpite da osteoporosi quanto più consumano latte e suoi derivati e che è molto difficile, se non impossibile, trovare vegani soggetti ad osteoporosi.

Se dicono che *occorre mangiare la carne a causa del ferro* dite che questo minerale viene fissato dal nostro organismo principalmente in virtù della presenza di vitamina C, rame e cobalto: sostanze abbondanti nella frutta fresca e secca e nella verdura di cui si nutrono i vegani; dite che il "ferro non eme" non è un difetto ma una qualità eccellente perché consente l'assimilazione dell'elemento ferro senza traumi, nei modi e nei tempi più adatti all'organismo.

Se dicono che *anche i vegetali sono inquinati* dite che l'alta percentuale di acqua e fibra in essi contenuti riduce moltissimo il danno rispetto alla carne che ha una concentrazione di inquinanti almeno dieci volte superiore rispetto ai vegetali.

Se dicono che *ci sono problemi più importanti* del preoccuparsi degli animali, dite che il problema più pressante per l'uomo è quello del progresso spirituale, dell'acquisizione di una coscienza più giusta e sensibile, e che finché l'uomo sarà indifferente alla sorte di miliardi di animali innocenti non può avere la coscienza in grado di realizzare un mondo migliore.

Ma occorre anche evidenziare le *correlazioni esistenti tra l'alimentazione carnea e i problemi più gravi del mondo*, quali: le *malattie* umane in spaventoso aumento (il 35% dei cancri sono attribuibili all'alimentazione carnea); la *violenza* generata dalla carne perché alimento adatto agli animali predatori; la *fame* nel mondo dovuto alle monocolture imposte dalle multinazionali ai contadini dei paesi poveri; la *deforestazione* per adibire a pascoli i terreni; *l'inquinamento* generale dovuto in gran parte all'industria della carne; lo sperpero delle *risorse* energetiche... e via elencando, e ricordando che anche mangiare pesce significa in sostanza mangiare carne, con conseguenze ormai ancora più spaventose negli ambienti marini.

Se dicono che la *vita media è aumentata*, dite che l'immenso apparato medico-scientifico (che assorbe fiumi di denaro e risorse umane), nonché il benessere, l'igiene e la poca fatica, sono ciò che ha contribuito ad allungare di pochi anni la vita delle persone, ma non la qualità della vita: l'ultimo periodo dell'esistenza umana è quasi sempre un vero calvario tra analisi, terapie e visite a cliniche ed ospedali.

Se dicono che *è la legge della natura,* dite che è la legge delle belve, non delle persone civili e spiritualmente evolute, e che tale legge viene condivisa fino a quando le vittime sono gli altri.

Se dicono che *gli animali non hanno un'anima* dite che nessuno è in grado di provare o negare questa affermazione e che l'anima o è qualcosa che hanno tutti i viventi o non ce l'ha nessuno, perché non c'è nulla in un uomo che non sia presente, a differenti livelli, anche nell'animale.

Se dicono che *gli animali sono fatti per l'uomo* dite che questo è lo stesso concetto per cui si credeva che gli schiavi fossero fatti per i padroni e che lo specismo è la base di ogni razzismo.

Se dicono che *l'uomo è onnivoro* dite che se fosse tale avrebbe gli attributi adatti a mangiare la carne e che da quando l'uomo mangia di tutto si sono sviluppate nel genere umano la maggior parte delle malattie.

Se qualcuno afferma che *anche Gesù mangiava il pesce o l'agnello*, dite semplicemente che erano altri tempi, tempi di fame, di crocifissioni, di olocausti e che oggi certamente Gesù sarebbe vegano, altrimenti dimostrerebbe minore sensibilità e compassione di qualunque animalista.

E se, nonostante tutto, dovessero mettervi "alle corde", dite: "Mentre noi difendiamo la vita voi difendete il vostro diritto a uccidere gli animali; mentre noi chiediamo amore e rispetto per tutti gli esseri viventi voi limitate questo sentimento ai soli esseri umani; mentre voi giustificate la legge del più forte, la legge della giungla, noi difendiamo i deboli, gli innocenti, la diversità, senza la quale nulla potrebbe esistere nell'universo".

I VEGETARIANI NON SONO UN POPOLO SPARPAGLIATO

A differenza di alcuni pessimisti che lamentano la frammentarietà e l'incapacità del nostro movimento di unirsi in un'unica associazione al fine di essere una forza rappresentativa anche a livello politico, ritengo che il popolo vegetariano e animalista sia in ottima salute e che il moltiplicarsi delle iniziative e i traguardi raggiunti in fatto di diritti animali e consapevolezza alimentare (come la grande partecipazione alle conferenze vegetariane che l'"AVA", Associazione Vegetariana Animalista, tiene settimanalmente nella sua sede di Roma) siano una realtà inconfutabile; una realtà che dimostra, senza ombra di dubbio, che la nostra famiglia è in crescita esponenziale. Ritengo inoltre che sia utopistico (almeno in questo momento storico) riunire in una sola associazione il variegato mondo degli animalisti come quello dei vegetariani.

A mio avviso non è importante essere un unico organismo, quanto l'identificarsi in uno stesso movimento a seconda delle prospettive in cui ognuno maggiormente si identifichi: importante è dare il proprio personale contributo nella causa comune. La sommatoria delle azioni di ogni associazione vegetariana o animalista, o del singolo individuo, rappresenta il movimento vegetariano animalista, che nonostante i denigratori, i pessimisti e i disfattisti prosegue il suo percorso di informazione e sensibilizzazione in modo sempre più incisivo e massiccio.

Le difficoltà ad unirsi in un unico organismo nascono anche dai molti aspetti nei quali si estrinseca la cultura del nostro movimento: la lotta contro la mattazione, la vivisezione, la caccia, l'uso delle pellicce, la pesca, i circhi equestri, gli ippodromi, le corride, gli zoo e via dicendo. La motivazione di fondo che muove l'animalista è l'amore per gli animali e la loro protezione dalla violenza umana. In questa panoramica ogni animalista si colloca nel settore che considera preminente, anche se limitare il proprio interesse a uno solo (o solo alcuni) di questi aspetti tra loro inseparabili spesso ci espone a critiche per mancanza di coerenza. Infatti siamo noi (che non siamo le vittime) a stabilire ciò che è preminente in questa lotta, e non gli animali.

C'è chi sceglie di essere vegetariano per motivi etici: questo credo sia il solo aspetto che consente di essere coerentemente vegetariani. C'è chi sceglie di essere vegetariano per motivi salutistici (anche se noi consideriamo tale scelta velata da un sottile egoismo). C'è poi chi è vegetariano per motivi antropologici in quanto l'anatomia comparata ed altre discipline provano che è innaturale per l'uomo (strutturato anatomicamente per nutrirsi in modo fruttariano) mangiare il corpo degli animali. C'è chi è vegetariano per motivi ecologici perché non vuole rendersi complice del devastante impatto ambientale causato dagli allevamenti intensivi.

C'è chi è vegetariano per motivi spirituali, dal momento che la carne induce pesanti vibrazioni di violenza e preclude l'evoluzione dello spirito umano; chi per non essere responsabile della fame nel mondo, dal momento che per produrre la carne vengono sottratte le terre ai contadini dei paesi indigenti e utilizzate nella coltivazioni delle monoculture; c'è chi è vegetariano per motivi economici, perché l'alimentazione carnea risulta assai più costosa; chi per motivi di inquinamento: l'industria della carne inquina il pianeta più di ogni altra attività umana; chi per motivi di risparmio energetico nella considerazione che un terzo dell'energia prodotta in Occidente viene assorbita dall'industria della carne…

In questo arcipelago culturale estremamente variegato ognuno ha una sua visione del problema e, a seconda della propria sensibilità e della propria intelligenza, si colloca e dà il suo personale contributo: ma il vero vegetariano-animalista è chi (anche se opera in uno specifico settore) incarna simultaneamente e coerentemente tutti gli aspetti del Movimento. E se all'interno di qualunque movimento è fisiologica la componente estremista, grave errore sarebbe giustificare la chiusura e l'astio di alcuni verso chi limita la sua percezione e il suo operato ad uno solo degli aspetti.

Io sono certo, arriverà il tempo in cui il Movimento Vegetariano Animalista avrà un suo Ministero in cui saranno riuniti tutti i settori della cultura che rappresenta. Ma in attesa di tale auspicabile evento ognuno è chiamato a dare il suo contributo per accelerarne i tempi, attraverso la propria personale e coerente opera di informazione e sensibilizzazione.

Animalismo, uscire dalla logica pietista

Anche se salvare un solo animale è condizione sufficiente a portare avanti a oltranza la causa animalista, ciò che occorre è che questa non sia concepita come un movimento fine a se stesso, la cui sfera d'azione possa apparire circoscritta a salvare gli animali dalla violenza umana e proteggerli con leggi più opportune: è tempo di avere piena consapevolezza che questo nuovo, grande e rivoluzionario movimento culturale coinvolge e scuote l'individuo e la società non solo sotto l'aspetto morale e salutistico, ma anche spirituale, civile, sociale, economico, ambientale, energetico...

La nostra causa non deve essere percepita solo come un movimento di gente mossa a compassione per la sofferenza degli animali, ma principalmente come lo strumento più efficace per rendere migliore questo mondo, come ciò che può liberare l'essere umano dalla violenza, dalla malattia, dal dolore. Ai dirigenti dei sistemi economici, politici, religiosi e sociali in genere dobbiamo far capire che non sarà possibile un mondo diverso dall'attuale finché l'umanità avrà una coscienza in grado di giustificare il sistematico massacro giornaliero di milioni di animali innocenti, e che chiunque considera legittima l'esistenza dei mattatoi, degli stabulari della vivisezione o qualunque altra attività che schiavizza e opprime esseri indifesi, inermi, innocenti non solo non è adatto a servire il popolo ma si rende responsabile dei problemi più gravi che attanagliano il genere umano, i quali derivano dalla nefasta concezione antropocentrica che inclina l'essere umano a convivere con la logica predatoria della supremazia del forte sul debole.

Soprattutto nei dibattiti occorre evidenziare la diretta correlazione esistente fra violenza sugli animali e violenza fra gli umani, fra consumo di carne e patologie umane, fra allevamenti intensivi e distruzione delle foreste, fra industria zootecnica e inquinamento, fra il mangiar carne e lo sperpero di risorse naturali ed energetiche. Dobbiamo denunciare la cultura sintomatologica, far capire che parlare di animali non significa solo chiedere rispetto e diritti per gli animali, ma mettere a nudo la coscienza umana, responsabilizzare l'individuo dell'impatto che hanno le sue scelte quotidiane sulla condizione personale e sul destino collettivo.

Noi abbiamo una grande missione da compiere, quella di rendere migliore questo mondo attraverso l'apertura del cuore dell'uomo verso la vera giustizia e verso la compassione universale. La nostra missione è portare nelle famiglie la responsabilità della giusta educazione dei giovani e della sana alimentazione dei figli, di *anteporre* a ogni interesse l'amore per la vita e il rispetto per ogni essere vivente; di *anteporre* alla logica del profitto il bene comune, di *anteporre* il biocentrismo alla logica dello sfruttamento e della dominazione della natura.

Non possiamo permetterci divisioni interne al Movimento, esasperati personalismi, intolleranze. Le energie devono sommarsi in obiettivi comuni invece di annullarsi a vicenda in sterili rivalità. Dobbiamo essere consapevoli che siamo la punta più evoluta dell'intelligenza positiva e della sensibilità umana. Per questo abbiamo il dovere di essere di esempio in ogni circostanza e testimoniare il nostro ideale per il bene di tutti.

Abbiamo il dovere di far capire che ogni violenza e ogni ingiustizia umana nascono dalla indifferenza verso il dolore della vittima, dalla non considerazione degli effetti prodotti dalle nostre scelte quotidiane, dalle nostre abitudini. Se la sensibilità umana, il senso di giustizia e la condivisione empatica sono ciò che può rendere migliore la società umana, l'attitudine al rispetto verso i più deboli e indifesi è condizione imprescindibile per rendere questo mondo più giusto, più fraterno e solidale.

L'indifferenza verso il dolore e la morte di tante creature innocenti causati dalla nostre scelte quotidiane, il non considerare un problema la sofferenza animale fomentano la depravazione morale, la dissolutezza, l'ingiustizia, la durezza di cuore.

Vivere senza carne si può, si deve, per il nostro bene e quello del pianeta

Criminalizzare i mangiatori di carne?

"Io sono vegetariano ma non criminalizzo chi mangia la carne". Così dicono alcuni che, a mio avviso, non sono mossi tanto da estrema comprensione verso l'altro quanto dal tentativo di giustificare se stessi. Vi sono vegetariani tiepidi e vegetariani che ardono di passione. Alcuni che dimostrano eccessiva sensibilità verso il predatore, non verso la preda, asseriscono che ognuno deve essere libero di decidere senza essere colpevolizzato. Nella sostanza è il senso di colpa ciò che maggiormente dà fastidio a coloro che non sopportano di essere accusati e soprattutto di mettere in pericolo le proprie abitudini gastronomiche.

Succede che alcuni, pur sentendosi difensori degli animali, mentre sono pronti a criminalizzare un uomo che uccide un altro uomo, non sono abbastanza animalisti da mettere alla stessa stregua una vittima animale e rientrano nei meccanismi della cultura antropocentrica secondo cui l'uomo è un "essere umano", mentre l'animale resta un animale, cioè un essere inferiore, e se l'uomo decide di uccidere o schiavizzare un animale deve essere libero di farlo, senza che qualcuno si prenda la briga e l'ardire di criminalizzare le sue scelte.

Noi certo non vogliamo scatenare guerre nei confronti di coloro che ancora sono lontani dall'etica e dalla giustizia universale, ma nello stesso tempo abbiamo il dovere morale, civile e spirituale di denunciare, sensibilizzare e scuotere la mentalità e la coscienza di coloro che restano ancorati a una visione arcaica della civiltà umana.

Il nostro intento non è l'offesa ma l'invito alla responsabilità, alla consapevolezza di quanto è ingiusto, crudele, dannoso, indegno per un essere civile ed evoluto, moralmente degradante uccidere e divorare il corpo di un animale. Noi vogliamo risvegliare la coscienza umana, far emergere la sua parte migliore; vogliamo che ognuno abbia il coraggio di guardare gli effetti della sua indifferenza e del suo insensato egoismo.

Noi amiamo la Vita, di un amore struggente ed inestinguibile, percepiamo il dolore e il dramma di ogni vittima innocente e ognuno di noi, veri difensori degli animali, muore 1000 volte al giorno al pensiero della lama che inesorabile spegne per sempre l'anelante desiderio di esistere di un vitello, un agnello, un coniglio... Per questo non è nella nostra natura essere tiepidi, assolvere coloro che considerano gli animali oggetti a uso e consumo dell'uomo: sarebbe come chiedere agli antischiavisti di non colpevolizzare coloro che fustigavano e uccidevano gli schiavi, o alle vittime dei campi di sterminio di non colpevolizzare i loro carnefici.

Noi siamo la voce di coloro che non possono difendersi: chiederci di non gridare il nostro disappunto è come chiedere a una madre di non urlare mentre suo figlio viene colpito. Noi non differenziamo gioie e dolori, vite e morti, crimini e delitti; non adottiamo due pesi e due misure (questa è la nostra forza e la nostra grandezza morale): per noi un'azione criminosa resta tale chiunque sia la vittima. Non giudichiamo; sarà la Vita a farlo per noi, ma la nostra coscienza ci impone di affermare che uccidere un animale è fratricidio.

È IL CUORE CHE SCEGLIE CIÒ CHE SI MANGIA

Ogni scelta, ogni azione nasce prima nella mente, da un pensiero astratto, mai disunito dalla parte emotiva della persona. Non è possibile separare le componenti fondamentali dell'entità umana che interagiscono simultaneamente, come non è possibile che uno dei componenti sia assente del tutto. Tra la mente, la sfera emozionale e la dimensione spirituale ci può essere una differenza di livello, di grado, di intensità, e quando prevale la parte razionale su quella emozionale e spirituale la persona si può manifestare insensibile verso la sofferenza degli altri e spesso crudele. Anche il senso critico può essere limitato, offuscato dalla propria egoistica visione delle cose, ma mai assente del tutto. Da questo si può dedurre che il modo di alimentarsi di un individuo, la scelta del cibo che mangia, rispecchia fedelmente la sua evoluzione integrale.

Mangiare frutta oppure carne non è la stessa cosa, sono sostanze diverse che producono effetti differenti: l'una è il dono benefico e pacifico della natura che produce benessere, pace e vita, è cibo benedetto, ricco di energia cosmica, dei raggi caldi e benefici del Sole; l'altra è cibo intriso di sofferenza, il risultato di una violenza che produce dolore e morte.

Di fronte alla possibile scelta tra frutta o carne la mente fa percepire la differenza di sostanza tra i due alimenti, ma è il cuore che fa scegliere all'individuo l'alimento che soddisfa il suo egoistico piacere. La carenza di senso critico da parte del popolo e l'incapacità di valutare gli effetti (a breve e a lunga periodo) delle proprie scelte sono state da sempre causa di grandi sventure, ciò che ha favorito l'insorgere delle più feroci tirannie. Quando il macellaio stacca un arto a un povero animale o il cuoco sviscera un pesce o la massaia seziona un pollo, la scarsa sensibilità e l'incapacità di condividere il dolore della vittima li rende incapaci di considerare la differenza sostanziale tra un animale e un sacco di patate.

Ma l'insensibilità viene da lontano: dipende dal proprio stadio evolutivo, da fattori genetici, dalla cattiva educazione, dalla banalizzazione dei crimini attraverso i "mass-media", gli spettacoli cinematografici e i "videogiochi" violenti, dalle droghe, dallo svilimento del sesso, dalla mancanza di ideali positivi, dal vuoto dell'esistenza e dalle antimusicalità "Hard rock", "Heavy Metal", "Techno", che danneggiano il sistema nervoso e anche il senso morale dell'individuo. A tal proposito interessanti sono stati gli esperimenti di Findhorn e di Masaru Emoto, dai quali è stato dimostrato che tali produzioni acustiche facevano addirittura morire le piante.

Io non credo nella santità di tanti uomini canonizzati dalla Chiesa che non hanno avuto né l'intelligenza di capire che il comando "non ammazzare" non era riferito solo all'essere umano, né la sensibilità di estendere il sentimento dell'amore anche agli animali. Dio non può contraddire se stesso: o è un Dio di misericordia oppure è indifferente alla sorte delle sue stesse creature. Ma ritengo che Dio possa rendere santo chi dimostri una tendenza a diventarlo e che molti animali, per gli stessi meriti dell'uomo, possano essere santificati.

La decisione di essere vegetariani si sviluppa sempre su un "terreno" già fertile: ad alcuni basta una sola e prima nozione di etica animalista per aderire totalmente all'ideale della nonviolenza universale; c'è chi invece ha bisogno di maturare a lungo tale decisione e chi, purtroppo, infischiandosene del dolore e della vita degli altri esseri viventi (e anche del danno che la carne produce) continua tutta la vita ad alimentarsi in modo sbagliato, con alimenti scavafossa (come dice il Dottor Valdo Vaccaro). Le cose che maggiormente impediscono all'individuo di aderire alla nostra filosofia sono la difficoltà e il rifiuto di rinunciare a certi "piaceri" della gola: scopo fondamentale di esistenza per gran parte di coloro che non guardano oltre il loro ristretto ed egoistico campo visivo.

Le motivazioni di chi sceglie un prodotto alimentare invece di un altro possono essere molteplici: c'è chi diventa vegetariano per motivi etici, chi salutistici, chi ecologici, chi economici. L'aspetto salutistico richiede conoscenza del problema, a meno che non si resti su posizioni generali. Chi sceglie di essere vegetariano per motivi salutistici (una ristretta cerchia di individui) lo fa perché già vittima di gravi malattie o per paura di incorrere nelle molte patologie dichiaratamente correlate al consumo di prodotti di derivazione animale. Mentre la stragrande maggioranza dei giovani, che si cura poco della salute, è più incline a considerare l'aspetto etico del problema: ritiene la malattia un fatto che riguarda principalmente gli adulti e gli anziani.

Se non si è vegetariani per amore e per motivazioni etiche, raramente si riesce a essere coerenti e per lunghi periodi con tale scelta di vita. L'aspetto etico è il nostro fiore all'occhiello, la nostra forza, il cardine del movimento universalista, l'aspetto più evoluto del pensiero dei grandi uomini di spiritualità che fin dall'antichità hanno gettato le basi per questa grande rivoluzione d'amore universale: la chiave per aprire ogni cuore, ciò che renderà vincente la nostra battaglia in difesa dei più deboli, ciò che consentirà all'uomo di realizzare se stesso e un mondo migliore.

“Mangio la carne perché mi piace”

Non è forse la stessa motivazione che muove il ladro, il criminale, lo stupratore, il cacciatore o coloro che indossano pelli di animali, dato che il vantaggio procurato a ognuno di essi viola i diritti fondamentali dell'individuo e disprezza il dolore della vittima? Se qualcuno ti portasse via la cosa a te più cara e si giustificasse dicendo “perché mi piace”, certamente avresti di che recriminare. Se bastasse il “piacere” a giustificare le nostre azioni tutto sarebbe lecito e il mondo diverrebbe un inferno. L'animale predatore, costretto a uccidere per procurarsi il cibo, è considerato una bestia feroce, ma l'uomo, che mangia la carne perché gli piace, rendendosi responsabile della sofferenza e della morte di un essere innocente, è considerato persona civile. Questa è la grande incoerenza umana.

Rifletti sul sangue versato e fatto defluire nelle fogne, considera gli anni di orribile prigionia nella privazione della luce del Sole, dell'erba, dei prati a cui la natura li aveva destinati. Confronta il tuo piacere con i coltelli, le asce, le seghe, che riducono in piccoli pezzi un animale forte e mite, che voleva vivere, aveva sentimenti e, come te, paura di morire. Confronta il tuo piacere con le viscere strappate e ammassate come cenci repellenti, con le zampe segate e gli occhi divelti degli animali uccisi perché… “ti piace la carne”. Considera cha una folla di esseri animati ha cessato per sempre di esistere per soddisfare le tue voglie.

Ma se dovessi uccidere con le tue mani un animale, se tu stesso vedessi gli orrori della macellazione, l'inferno di quei luoghi di tortura; se vedessi gli animali terrorizzati come bambini davanti ai loro carnefici, se sentissi i lamenti, forse cambieresti opinione. Qualcuno ha detto “Se i mattatoi avessero le pareti di vetro tutti sarebbero vegetariani”. Chi mangia la carne vive secondo la legge del più forte, finché i più deboli sono gli altri. Ma se la stessa sorte crudele toccasse a te, allora volgeresti il tuo grido disperato verso lo stesso Dio che inutilmente invocano gli animali, per essere salvati dall'egoismo dell'uomo.

La società umana, (piccola parte della grande e inseparabile famiglia dei viventi) inutilmente continuerà a cercare la vera pace e il vero progresso finché continuerà a sterminare la gran parte dei componenti della sua stessa famiglia. Questa insensata propensione impedisce al genere umano di sviluppare in se stesso quelle imprescindibili qualità morali, spirituali e civili necessarie per renderlo capace di realizzare un mondo migliore.

Senza parlare di coloro che credono di essere vegetariani ma continuano a consumare pesce, (che a mio avviso è ancora più grave che consumare carne di animali terricoli), non è raro, purtroppo, trovare persone vegetariane, che affermano di non riuscire a eliminare il formaggio dalla loro dieta perché, dicono, "... mi piace". Probabilmente costoro hanno rinunciato alla carne, o al pesce, solo perché a loro non piace consumare questi prodotti; diversamente avrebbero continuato a consumarne. Bella filosofia di vita, e poi hanno anche l'ardire di definirsi vegetariani!

Sbagliano coloro che pensano che consumando formaggi, latticini e latte "non fanno male a nessuno". La produzione di latte e derivati richiede l'esistenza degli allevamenti lager in cui la mucca vive incatenata per tutta la sua breve esistenza costringendola, tramite farmaci, a produrre cinque volte il quantitativo di latte che produrrebbe allo stato naturale (fino a far loro scoppiare le mammelle e a causare dolorosissime mastiti) e a consumare mangimi incompatibili con la sua natura di erbivora.

Come ogni femmina appartenente alla classe dei mammiferi, per produrre questo alimento deve partorire: questo avviene meccanicamente, ed in modo continuo, e il vitellino che nasce viene separato dalla madre dopo pochi giorni di vita e il latte che era destinato al vitello viene sottratto e utilizzato dagli umani. Se il vitellino che nasce è femmina le viene concesso di vivere e di subire la stessa sorte della madre, cioè produrre latte fino allo sfinimento che avviene a quattro o cinque anni di vita, mentre dovrebbe vivere almeno trent'anni; se è maschio il vitellino, rinchiuso dopo pochi giorni in crudeli gabbie metalliche senza la possibilità di muoversi, di giocare come tutti i cuccioli del mondo, di scaldarsi ai raggi del Sole, di gustare la verde erba dei prati, di succhiare il latte ed avere il contatto con la madre, a poche mesi di vita viene inviato alla macellazione, il che equivale a uccidere un bambino di un anno non ancora svezzato, quando le sue carni sono ancora tenere per le bocche fameliche degli umani.

Il calvario degli animali da macello

Per capire tutto l'orrore e la disgustosità del mortifero prodotto che è la carne, è necessario partire dall'inferno degli allevamenti intensivi, nei quali animali, nati per essere liberi e godere dei benèfici raggi solari e brucare l'erba verde dei prati, sono stipati fin dalla nascita in gabbie metalliche senza possibilità di movimento, immersi nei loro stessi escrementi, privati di qualunque diritto naturale, come quello di giocare da cuccioli, di avere il contatto con la madre, di accoppiarsi, di correre.

Quando hanno raggiunto il peso desiderato per la loro macellazione subiscono la pena dei crudeli trasporti in fetidi carri piombati dove pecore, buoi, maiali, immobili in soffocanti vagoni, dentro i quali sono stipati all'inverosimile, spesso senz'acqua né cibo, spesso ammassati gli uni sugli altri, provenienti dalla Francia, dalla Germania, dalla Cecoslovacchia o della Bulgaria, iniziano a compiere un lunghissimo ed infernale viaggio che li porta agli scali ferroviari di Trieste, del Brennero e di Bardonecchia.

Quelli che arrivano vivi alle nostre frontiere sono in uno stato pietoso, urlanti, tremanti e tramortiti dalle esalazioni, con le zampe spezzate, strangolati dalle corte cavezze, coi musi schiacciati contro le anguste prese d'aria, soffocati sotto il peso dei compagni morti o agonizzanti, ridotti a miseri scheletri viventi, disidratati dal caldo rovente delle lamiere sofferto per giorni, o al freddo sotto tempeste di neve, per settimane.

Dopo lunghissime soste alla dogana, mentre i trasportatori si rifocillano ogni due ore lungo il tragitto, i vagoni piombati della morte restano sotto il Sole dove gli animali impazziscono di sete e di dolore per ripartire poi per i mattatoi, per raggiungere i quali da Trieste a Palermo impiegano altri giorni di ininterrotto calvario.

Gli animali che arrivano in vita a destinazione vengono brutalmente scaricati come pietre gli uni sugli altri, alla rinfusa, facendoli scivolare dagli autocarri reclinabili nei vari interrati degli infernali mattatoi, trascinati a forza, a colpi di mazze ferrate, colpiti sugli occhi, sui testicoli e sulle parti più sensibili per farli scuotere più in fretta da una paralisi di terrore e costrizione fisica.

Al mattatoio li attendono rozzi garzoni, senz'anima, privi di qualunque umanità, e vengono spinti in un corridoio a imbuto, dove l'odore del sangue che associano al predatore li terrorizza, e a uno dopo l'altro viene piantato nella fronte un proiettile captivo che fa stramazzare l'animale, ma dopo il quale nella maggior parte dei casi esso è ancora agonizzante quando viene uncinato per una zampa e appeso a testa in giù, dopo di che con seghe metalliche e coltellacci il boia incomincia a sezionarlo spesso ancora in vita. Viene aperta la pancia dell'animale e tutte le interiora fuoriescono cadendo a terra in un lago di fetore e di sangue. Il sezionamento degli arti continua finché sui nastri trasportatori le misere parti anatomiche si confondono sino a diventare massa informe da confezionare e vendere incellofanata nei supermercati, dove le gentili signore, o signori, acquisteranno convinti dai medici e dai nutrizionisti televisivi che quella sostanza maledetta, intrisa di terrore e di veleni, sia necessaria per la salute umana.

La colpa di tale infamia non è certo del rozzo garzone che materialmente esegue la condanna (anche se civiltà imporrebbe un trattamento umano dei condannati oppure l'optare per qualunque altro mestiere all'infuori del boia), quanto di coloro che si riempiono la bocca di termini come amore, giustizia, pace, libertà e pur di non rinunciare al piacere della gola sono disposti a sacrificare insieme alla vita di tante nobili e miti creature anche la parte migliore della propria anima.

Polli e galline, splendide e sventurate creature

Circa venti miliardi tra galline e polli vengono uccisi ogni anno nel mondo: sei miliardi sono allevati e uccisi solo in Europa, seicento milioni finiscono sulle tavole degli italiani, mentre quaranta milioni di galline sono destinate a produrre, solo in Italia, ben dodici miliardi di uova all'anno.

Allo stato naturale una *gallina* vive fino a sette anni e, nella fase fertile della sua vita, dovrebbe deporre cinque o sei uova all'anno, che vengono in buona parte fecondate e producono pulcini. *Dovrebbe*, in quanto chi è in grado di trovare una gallina allo stato naturale? Occorrendo invece le uova agli esseri umani, nella stragrande maggioranza dei casi la gallina non viene mai fecondata e non importa come ne produce effettivamente di più.

In un allevamento intensivo la gallina in genere viene uccisa dopo un anno o al massimo quattordici mesi di vita, dopo cioè che ha terminato il suo primo periodo ottimale di produzione delle uova (ottimale per l'allevatore), che dura dai quattro ai sei mesi e inizia all'incirca all'età di cinque mesi. Dopo questo primo ciclo la gallina smette di produrre uova per circa sei mesi, e per questo risulterebbe improduttivo per gli allevatori nutrirla per altri sei mesi nell'attesa che ricominci a deporre uova, e quindi viene inviata alla macellazione. Nel secondo ciclo di deposizione le galline farebbero meno uova ma più grandi, ma questo non viene ritenuto economicamente redditizio. Anche perché le galline di cui stiamo parlando, abituate a vivere in una piccola gabbia, sono fisicamente debilitate ed hanno spesso un fegato degenerato dall'alimentazione forzata, quindi non sarebbero ancora idonee per un altro ciclo di produzione affidabile come il precedente.

Negli allevamenti intensivi (un obiettivo dei quali è la crescita più rapida possibile dell'animale nello spazio più esiguo possibile) le galline vivono in condizioni terribili: ciascuna ha a disposizione uno spazio grande quanto una scatola di scarpe o, se sono allevate a terra nei capannoni, ce ne sono stipate anche diciotto in ogni metro quadro.

Nei capannoni ad allevamento intensivo (alcuni contengono anche 50000 esemplari) la luce viene tenuta accesa quasi ventiquattro ore al giorno, per cui non godono quasi mai del buio e del riposo. L'illuminazione costante stimola l'apparato endocrino, con conseguente aumento della deposizione di uova. Questo tipo di allevamento consente di produrre una grande quantità di uova e di portare i costi di produzione al minimo invalicabile.

La gallina, se allevata in gabbia e alimentata con mangimi fortificati, in cinque mesi depone in media centoventi uova; se allevata a terra con granaglie biologiche depone solo trentasei uova, ma più pesanti. La qualità dell'uovo è tanto più alta quanto migliore è la condizione della vita della gallina e quanto migliore e naturale è la sua alimentazione. Da ciò consegue che le uova deposte da galline ruspanti e alimentate con prodotti naturali sono biologicamente migliori, e questo si deduce anche dal colore del guscio, che non deve essere pallido, e del tuorlo, che deve essere di un rosso arancione.

L'affollamento degli allevamenti intensivi genera aggressività tra i *polli*; per arginare il problema di cannibalismo viene loro mozzato il becco bruciandolo oppure strappandone la punta (benché questa pratica sia vietata dal regolamento 1804 del 1999), pratica estremamente dolorosa che impedirà per tutta la vita all'animale di beccare normalmente. In passato si usava anche accecare i polli per evitare che la disperazione provocata dalla mancanza di spazio li spingesse ad aggredirsi a vicenda. Gli allevamenti in batteria saranno aboliti in Europa dall'1 Gennaio 2012. Nei capannoni intensivi i polli restano accovacciati a terra a contatto coi loro escrementi; questo genera infezioni e sofferenze agli animali, che devono essere trattati con farmaci e antibiotici per scongiurare il diffondersi di malattie infettive: farmaci somministrati come tali o mischiati nei mangimi fin dagli stadi embrionali dell'uovo.

L'elevata densità e un'esasperata selezione genetica, tesa ad accelerare la crescita e a sviluppare maggiormente il petto e le cosce (parti che più interessano al consumatore), provocano all'animale gravi patologie. Le ossa non riescono a crescere alla stessa velocità dei muscoli, e a due settimane di vita il pollo fa fatica a muoversi; a trenta giorni si verificano frequenti rotture alle zampe. Molti di questi animali (in conseguenza del fatto che un pollo d'allevamento cresce quattro volte più velocemente di una gallina ovaiola) muoiono di morte improvvisa dovuta ad un collasso cardiaco, che ogni anno uccide milioni di polli. Per mezzo dei miracoli dell'ingegneria genetica si prevede che alcuni polli potranno essere prodotti in soli trentatré giorni, con maggiori vantaggi per gli allevatori.

Sono inoltre diffuse dermatiti, infezioni ed asciti. La cura di queste malattie richiede l'uso di antibiotici; altri antibiotici ancora sono utilizzati per gonfiare i muscoli di acqua e ottenere così carni più tenere, nelle quali possono dunque rimanere residui degli uni e degli altri costituendo un serio pericolo per chi le mangerà.

Anche le uova da cui nasceranno le galline vengono trattate con antibiotici, ancora prima di essere messe nell'incubatrice, per diminuire il rischio di infezioni. Certe molecole farmacologiche vengono utilizzate per scopi specifici, come nel caso dei coloranti, che vengono somministrati alle galline per far apparire il tuorlo più arancione e di un colore più vivo. Tutte le vaccinazioni e tutti gli interventi terapeutici sono preprogrammati fin dall'immissione degli animali nei capannoni, ma spesso i programmi devono essere modificati e intensificati perché i germi patogeni sviluppano ceppi resistenti ai farmaci, specialmente agli antibiotici.

In un articolo del Corriere della Sera del 12 Maggio 2002 si afferma che le autorità sanitarie di Bruxelles hanno deciso di mettere al bando, dall'1 Gennaio 2006, gli antibiotici aggiunti ai mangimi animali per incrementarne la crescita. Questi farmaci, pur utilizzando principi attivi diversi da quelli utilizzati per l'essere umano, determinano comunque in generale mutamenti nell'ambiente microscopico, incrementando il numero dei batteri resistenti alle cure delle patologie umane. Negli ultimi vent'anni l'Unione Europea ha vietato oltre venti antibiotici utilizzati negli allevamenti e, secondo uno studio della Federazione Europea per la Salute Animale in Europa, negli ultimi cinque anni l'uso di antibiotici si è ridotto da 1.600 a 780 tonnellate all'anno.

Le galline devono essere periodicamente sottoposte alla somministrazione di farmaci, altrimenti, con l'apparato immunitario indebolito dal logoramento cui sono sottoposte, e sopraffatte dalle più diverse patologie, morirebbero in poco tempo. I tempi di sospensione dei farmaci, anche se rispettati dall'allevatore, risultano spesso insufficienti a far eliminare completamente dal corpo dell'animale le molecole farmacologiche ed i loro metaboliti. Questo è un fatto di particolare gravità: l'assunzione continua di farmaci ad azione antibiotica, ad esempio, pian piano fa sì che si selezionino nuovi ceppi di batteri patogeni resistenti, che per essere distrutti hanno bisogno di farmaci sempre più nuovi e potenti, che funzionano solo per pochi anni prima di diventare anch'essi inefficaci.

Comunque vengano allevati i polli o le galline, per essere uccisi vengono appesi per le zampe a ganci metallici attaccati a nastri trasportatori; quindi vengono storditi con l'elettricità, poi vengono fatti passare attraverso un apparecchio che taglia loro la gola consentendone la fuoriuscita del sangue, e immersi poi in acqua calda, dove trovano fine alla loro agonia. I corpi appena morti vengono fatti passare attraverso apparecchi che strappano le penne; un altro apparecchio ancora stacca la testa e poi le zampe, che insieme agli intestini diventeranno mangime per i maiali. I resti di questi poveri esseri saranno acquistati, arrostiti, cucinati in vari modi e divorati con gusto da quegli esseri umani che considerano gli animali cibo per il loro stomaco.

L'UNIVERSALE SOLITUDINE DEGLI ANIMALI

Dolorose mi tornano alla mente le immagini di chi in questo istante, in ogni parte del mondo, è vittima della fame, della miseria, delle malattie, della guerra, della violenza e di tutti gli orrori e gli egoismi causati dall'uomo. Mi tornano alla mente le immagini di chi soffre per mancanza di cibo, di medicine, di una casa, di un lavoro, di coloro che muoiono di indigenza, ma anche di coloro che muoiono per troppo benessere. Ma l'egoismo non miete solo vittime umane. Vi è un numero incalcolabile di esseri indifesi quanto innocenti, gli animali, che in questo istante vengono uccisi anche da parte di coloro che teoricamente si oppongono alle brutture del mondo.

Dolorose mi tornano nella mente le immagini degli animali che in questo istante soffrono a causa dell'uomo. È notte, è buio, è freddo e io vedo con la mente le nobili mucche, i miti vitelli, i possenti cavalli, i teneri agnellini ammassati in angusti e pestilenziali stabulari con gli occhi dolci e senza malizia, che domani saranno macellati, uccisi, fatti a pezzi, arrostiti, confezionati e venduti ai supermercati perché tra pochi giorni è Natale. E io non posso fare nulla per impedirlo. Io ho la mia comoda casa, il salotto, la televisione, il telefono, il frigorifero pieno di ogni cosa buona. Posso prendere l'automobile e spostarmi nei luoghi più diversi, incontrare altre persone, posso andare al cinema, seguire un concerto, guardare semplicemente le vetrine. E loro sono sempre lì, in silenzio, al buio, al freddo tra i loro escrementi e l'aria fetida delle stalle senza che la loro semplicità consenta loro di capire il perché della loro triste condizione.

Due anni è la vita media di una mucca d'allevamento. Io in due anni quante cose ho vissuto. Ho fatto il bagno nello splendido mare della Puglia, ho visitato molte città importanti, mi sono arrampicato fin su le montagne dello Stelvio. Ho visto i verdi e trasparenti specchi lacustri. E loro sono sempre lì, immobili, con la loro grande e tenera testa pelosa legata alla mangiatoia, muti, doloranti, spaventati. La sola variante della loro misera e brevissima esistenza è che domani saranno caricati sui carri per essere consegnati ai carnefici. E io non posso fare nulla per impedirlo. E me ne vado per le strade ricche di gente, di colori, d'allegria. Tra pochi giorni è Natale, è tempo di regali, è tempo di essere felici, eppure qualcosa mi si schianta in petto senza che niente e nessuno possa lenire la mia angoscia, la mia disperazione.

Immagini impietose mi tornano nella mente: volatili che agonizzano nei boschi con le ali spezzate o il ventre squarciato da una fucilata, e forse quell'uccello aveva dei pulcini che anch'essi moriranno lentamente, molto lentamente, perché il crudele cacciatore doveva riempire il suo vuoto esistenziale uccidendo qualcosa, qualcuno. E ora l'uccello è lì che geme senza speranza, senza perché. Vedo animali agonizzanti sui banchi dei vivisettori, alcuni vivi con il ventre aperto o il cranio trapanato. E io sono qui, a cena con gli amici a festeggiare il prossimo Natale, e bisogna essere allegri mentre l'animale è sempre lì nella sua schiacciante solitudine, nel suo strazio incomprensibile, senza possibilità di essere aiutato, senza che nulla e nessuno possa lenire la sua agonia.

Rivedo i teneri e morbidi agnellini stipati, ignari come bambini, belanti, impauriti che domani saranno scannati perché qualcuno vorrà mangiare le loro gambe, qualcun altro si delizierà il palato mangiando il loro fegato, qualcun altro mangerà il loro cervello, qualcun altro il loro cuore, e le loro ossa saranno gettate in enormi inceneritori e di queste lanuginose e tenere creature non resterà più nulla, nemmeno il ricordo. Appena affacciate alla vita non hanno avuto nemmeno il tempo di accorgersi di esistere.

Vedo i possenti e spavaldi cavalli quando la "bestia" umana spara in mezzo alla loro fronte un proiettile captivo, e il cavallo stramazza, annullato come un sacco vuoto.

Ma adesso sono a cena con amici vegetariani, bisogna festeggiare, essere allegri. Sulla tavola non ci sono animali ammazzati. Prima di iniziare chiedo un minuto di raccoglimento; senza chiedere il motivo gli amici accettano ed in silenzio chiedo perdono agli animali, perdono per la mia impotenza: ma questo non cambia il loro crudele destino. Ed è Natale.

Uccelli in gabbia e pesci negli acquari

Finché un animale sarà recluso nessun uomo sarà libero

L'usanza di tenere uccelli in gabbia addolora chi ha un animo sensibile. Splendide creature, affamate di sole e di cielo, nate per essere libere, tristemente recluse in strettissimi spazi per allietare con il loro canto e la loro bellezza esseri umani privi di coscienza. L'uccello, dalle ali a ventaglio e dal piumaggio smagliante, ama spazi illimitati, cerca i suoi simili; ma l'uomo, l'uomo lo strappa al suo mondo e lo reclude, per tutta la sua brevissima esistenza, in minuscole gabbie dove i giorni, i mesi, gli anni, tutti disperatamente uguali, scandiscono il tempo fino all'ultimo suo istante di vita, fino alla sua liberazione, fino alla morte. E sogna l'uccello alberi verdi e campi d'erba in fiore che non vedrà mai; sogna la fresca acqua della terra; sogna il caldo sole negli occhi, la pioggia tamburellante sui rami, il suono delle fronde che vibrano al giocare del vento, e canta l'uccello la sua struggente nenia senza poter sfuggire al suo destino, alla sua incomprensibile condanna.

E che dire del pesce nel vaso o nell'acquario? Piccolo essere dalle squame lucenti escluso per sempre dalle distese blu dei suoi oceani. Gira il pesce, gira su se stesso, cento, mille volte al giorno, nella sua abissale solitudine, e mentre le sue lacrime (chissà) si dissolvono nell'acqua, di lui ridono gli umani e il bambino dice "mamma, guarda che bello, che bei colori, che bella coda". Che dire di tutti gli animali ai ferri negli stabulari? Dei lager degli allevamenti intensivi? Dei cuccioli di vitello incatenati, veri e propri bambini ai quali viene impedito qualunque movimento, qualunque contatto con la propria madre: creature che conoscono solo sofferenza fino alla liberazione del coltello: identica sorte dei loro sventurati cugini maiali. E che dire del cane alla catena? Dio li crea liberi e l'uomo li imprigiona. Abbiamo trasformato questa terra in un'immensa camera di tortura per animali.

Dov'è il cuore della specie umana? La durezza e l'indifferenza verso il dolore dell'altro rendono l'uomo il più tirannico dei predatori. C'è qualcosa di più crudele, di più ingiusto, di più disumano della privazione della libertà di una creatura innocente, nata per essere libera? C'è qualcosa di più egoistico che cercare il proprio piacere nell'altrui sofferenza? L'insensibilità umana, l'oggettivazione del diverso, non portarono forse l'uomo a concepire l'idea dello schiavismo? Non è questo ciò che legittimò lo sfruttamento del più debole a vantaggio del forte? Ciò che lo inclinò alla negazione del valore supremo della Vita?

Perché imprigioni ingiustamente mentre non vorresti essere imprigionato? Perché causi sofferenza se tu stesso cerchi di fuggirla? Chi ruba l'altrui libertà imprigiona la propria coscienza, tarpa le ali alla propria anima. Libera quell'uccellino che hai nella gabbia, quel pesce che hai nell'acquario..., spezza le sue e le tue catene e finalmente anche tu sarai un uomo libero.

Gli animalisti non portano scarpe di pelle

Spesso noi animalisti crediamo di essere a posto con la nostra coscienza quando non consumiamo prodotti animali e lottiamo per la loro liberazione, ma a volte non ci rendiamo conto che indossando scarpe di pelle o cuoio camminiamo sopra il cadavere di qualche animale.

È la forza dell'abitudine, e soprattutto il venire a mancare di un po' di senso critico. Ma non possiamo essere incoerenti con la nostra filosofia e prestare il fianco a quelli che aspettano un nostro errore per giustificare se stessi, ogni abuso e ogni sfruttamento. In fondo non è poi così difficile abolire dalla propria vita e dal proprio guardaroba resti di animali. Attualmente non mancano le alternative con le quali sostituire la pelle in scarpe, portafogli, cinture e oggetti vari. Oggi sono in commercio prodotti alternativi fatti di lorica, di ecopelle, di iuta, di cotone, di poliuretano. Attivarsi affinché i negozi possano avere questi prodotti è compito nostro. Consiglio a chi voglia contribuire in tal senso di entrare in un qualunque negozio di scarpe o anche di pellicce e chiedere semplicemente se siano disponibili prodotti «cruelty free», alternativi alla pelle o alle pellicce, anche se non si ha intenzione di acquistare alcunché. In questo modo tra i rivenditori si diffonde la sensazione della richiesta e, siccome è la domanda a generare la produzione, può essere un mezzo molto efficace.

Altro problema spesso trascurato ma non ignorabile per una coscienza animalista (qualcuno ci accuserà di estremismo) è l'uso della lana nei nostri capi di abbigliamento, e di coperte, piumini e trapunte con piume d'oca.

Per quanto riguarda la lana sono in pochi ad associare questo prodotto allo sfruttamento spesso brutale della pecora. Gran parte della lana oggi in commercio è ottenuta da pecore Merinos selezionate negli anni affinché abbiano una particolare epidermide rugosa che corrisponde a un manto maggiormente ricco di lana, che spesso raggiunge la metà del peso dell'animale. Nei mesi estivi tale condizione causa una più intensa sudorazione e una loro maggiore disposizione a essere attaccate da parassiti e a subire infestazioni. Per arginare questo problema gli allevatori non si fanno scrupoli e senza anestesia asportano lembi di carne dalla zona circostante l'ano lasciando una ferita dolorosa e sanguinante.

Le pecore allevate per produrre lana, oltre a soffrire terribilmente il caldo nei mesi estivi, dopo la tosatura, senza il loro manto naturale protettivo, subiscono i micidiali rigori del freddo. Solo in Australia ogni anno ne muoiono circa un milione. È come se costringessero noi umani a portare cappotto e sciarpa in pieno agosto e ci spogliassero nudi nel periodo invernale.

Utilizzare coperte di lana non solo non è coerente con la nostra coscienza animalista ma non sempre è consigliabile neppure sotto il profilo igienico. Infatti specialmente la lana Merinos risulta essere terreno fertile per una elevata concentrazione di acari, dannosi specialmente per le persone allergiche. Anche le coperte sintetiche hanno controindicazioni, in particolare quelle in poliestere, che possono causare asma e difficoltà di respirazione. La lana se non è certificata «bio» può avere serie controindicazioni a causa dei pesanti trattamenti che subisce con sostanze chimiche e di sintesi.

Alternativa alla lana e ai piumoni sono la canapa, il kapok e le coperte in cotone biologico.

Il kapok è una fibra vegetale tenera, liscia e morbida, le cui fibre non si infeltriscono e non si raggrumano come avviene con la lana e il cotone; è particolarmente igienico ed è in grado di tenere lontani acari e tarme.

La pratica più diffusa per l'ottenimento delle piume d'oca con le quali imbottire piumoni, cuscini, coperte e altro ancora (praticata specialmente in Cina ma anche in buona parte dei paesi europei) consiste nella spiumatura di animali vivi. Le oche vengono appese per il collo con le zampe legate, o semplicemente immobilizzate tra le gambe dell'operatore, mentre vengono loro strappate via tutte le piume del corpo, strappandone spesso anche brandelli di pelle. La reazione delle oche causa ulteriori ferite all'epidermide totalmente priva di difese. Questo comincia quando le oche hanno appena otto settimane di vita e viene ripetuto ogni otto settimane, prima che vengano uccise.

Per chi proprio non volesse rinunciare alle piume potrebbero essere almeno un'alternativa piumoni, cuscini e trapunte ottenuti con le piume di oche non spiumate da vive (praticamente allevando gli animali a scopo alimentare e spiumandoli, una volta sola, almeno dopo averli uccisi). Ma esistono anche alternative di canapa e kapok, o i piumini in cotone biologico, privo di pesticidi e diserbanti. E utilizzare i resti di un povero animale allevato e ucciso a vantaggio della nostra specie, tirannica e padrona, è inconciliabile con la nostra coscienza.

Cibo spazzatura per animali domestici

(ovvero) Come avvelenare giornalmente i nostri animali con la "benedizione" dei veterinari

La dieta ideale per ogni essere vivente è sicuramente quella stabilita dalla natura a seconda della sua specie di appartenenza, della sua conformazione fisica, del suo apparato digerente, di quello dentale, enzimatico, immunologico, istintuale e via elencando. Nutrirsi in modo difforme dalla propria specie significa incorrere inevitabilmente in malattie di vario genere, sia per noi esseri umani che per qualunque altro animale. La nostra dieta ideale è indubbiamente quella fruttariana, o vegana tendenzialmente crudista; mentre la dieta ideale per un animale carnivoro, cioè per un cane o un gatto domestico, è quella di cui essi si nutrirebbero spontaneamente allo stato naturale: non certo quella fatta di un miscuglio di prodotti secchi tipo croccantini composti di derivati di carni trattati e denaturati, estratti di proteine, cereali, sottoprodotti di origine vegetale, oli, grassi, lieviti, coloranti, conservanti e molti altri additivi chimici, che una volta giunti nell'intestino di un cane o di un gatto vengono assorbiti nella circolazione sanguigna e influiscono sui vari apparati.

I mammiferi sono raggruppati in tre categorie: carnivori, erbivori e frugivori. Non esiste una quarta categoria di animali onnivori: se la natura l'avesse prevista l'avrebbe fornita degli strumenti necessari a metabolizzare correttamente tutto ciò che quella specie sarebbe fatta per mangiare. Se un animale carnivoro si nutrisse come un erbivoro si ammalerebbe fino a morire; altrettanto succederebbe se un erbivoro si nutrisse allo stesso modo dei carnivori (vedi mucca pazza).

È risaputo che il cane, animale carnivoro, non digerisce gli amidi perché non ha l'enzima amilasi, che il gatto ha bisogno di integrare l'aminoacido taurina, mentre noi esseri umani non abbiamo l'enzima uricasi per neutralizzare gli acidi urici della carne. La carenza dell'aminoacido taurina nel gatto può determinare problemi anche seri, né il ricorso a integratori può sempre scongiurare tali pericoli: come nella dieta umana gli integratori, contributi non provenienti dalle armoniche e bilanciate composizioni naturali, non portano gli stessi benefici dei prodotti naturali, anzi molto spesso risultano dannosi.

Gli animali carnivori, nella fattispecie cani e gatti, non dispongono degli enzimi digestivi adatti per qualità e quantità a metabolizzare alimenti vegetali, sia cotti che crudi. In particolare quando i cereali vengono cotti, amidi, proteine e grassi si denaturano e diventano per loro tossici.

Il cibo innaturale compromette la salute dei nostri animali. I residui del cibo in scatola si attaccano ai denti e alimentano i batteri della placca dentale, come conseguenza si hanno gengive infiammate, alito cattivo e veleni batterici che indeboliscono le difese immunitarie del loro organismo. Il cibo spazzatura a base di cereali, generalmente mal digerito, sosta nell'intestino dove produce tossine. Alcuni veleni attraversano la parete intestinale finendo nella circolazione sanguigna. A questo punto l'animale manifesta segni di malattia. I cuccioli di frequente manifestano diarrea e problemi cutanei.

Per i veterinari la cura solitamente prevede medicinali a forte impatto che contribuiscono a intossicare ulteriormente l'organismo dell'animale, causando patologie genetiche, infettive, parassitarie, fratture alle zampe, malattie epatiche, cutanee, dentali, intestinali, cardiopatie, cattivo alito orale, cancro e altre patologie connesse con l'età. Gli animali logorati da tali patologie hanno maggiori probabilità di morte prematura. Malattie che scompaiono modificando il regime alimentare e pulendo denti e gengive agli animali. Il cattivo stato di salute e le conseguenti sofferenze riguardano la stragrande maggioranza degli animali domestici a livello mondiale.

Le indagini svolte su animali domestici sofferenti da immunodeficienza acquisita dimostrano che hanno riacquistato la loro funzione e uno stato di salute ottimale quando sono state loro somministrate delle ossa crude e polpose, che fungono da alimento e da medicina. Alcune ricerche condotte dalla stessa "Nestlé" hanno rilevato che la durata media di vita dei gatti alimentati esclusivamente con cibo industriale non raggiunge i dodici anni, a causa della morte per insufficienza renale o cancro. Mentre la società "Mars" ha riferito che l'80% degli animali soffre di malattie gengivali.

Ma la maggior parte dei veterinari raccomanda come miglior alimento per i nostri animali i cibi industriali che si trovano in vendita per loro; sostengono che la carne cruda porta rischi a causa dei batteri e della carenza di calcio, e soprattutto che le ossa sono un pericolo per la rottura dei denti. Ma io ritengo che gli alimenti nutritivi adatti agli animali carnivori devono essere crudi e facilmente digeribili, dovrebbero essere grezzi, compatti e adatti ad essere masticati a lungo. In sostanza dovrebbero poter mangiare come natura ha previsto per loro, cioè: pollame, conigli, pesce e, in forma intera o al limite polpose, ossa crude. In ogni caso è opportuno prendere l'iniziativa di dare sempre ai nostri animali del materiale da masticare a lungo, oltre alle necessarie sostanze nutritive.

I nostri animali vengono giornalmente avvelenati dai cibi spazzatura senza che i politici, gli avvocati, gli stessi veterinari o i «media» prendano posizione in merito ad un così grosso problema, troppo pavidi per avanzare critiche contro un sistema criticare il quale potrebbe essere poco conveniente.

A livello mondiale gli importi del fatturato di prodotti per animali domestici sono inferiori solo a quello dei prodotti petroliferi. Le conseguenze economiche si misurano in miliardi di Euro, ma oltre a questi vi sono immensi costi ambientali, oltre le risorse assorbite dai canili municipali. Inoltre è da considerare che i cani alimentati con cibi spazzatura sono più irascibili, più imprevedibili e più difficili da addestrare.

Il problema dell'alimentazione dei nostri animali è complesso e non di facile soluzione, specialmente se si pensa ai tanti canili. Compito ingrato ed eticamente impossibile sarebbe per gli animalisti dover somministrare della carne ai loro compagni animali. La cosa migliore a mio avviso sarebbe quella di reperire (purtroppo) resti di carne consumata da qualche conoscente ancora onnivoro, oppure chiedere gli avanzi di carne ai supermercati o ai ristoranti. In questo caso sarebbe una sorta di estenuante ricerca di cibo. E quando un giorno tutta l'umanità sarà vegetariana si potrebbero utilizzare gli animali morti di morte naturale. Ma questo appartiene a un futuro ingrato quanto lontano.

Certo il pasto secco ormai alimento base di cani, gatti o di qualunque altro animale carnivoro domestico risolve non pochi problemi, allo stesso modo del cibo industriale per gli umani che vivono nelle grandi metropoli, per la difficoltà oggettiva di attingere direttamente agli alimenti naturali; ma se un cibo in scatola composto da alimenti cotti, trattati, con aggiunta di coloranti, conservanti, lieviti, aromatizzanti, è nocivo per gli esseri umani, tanto più lo è per i nostri animali. L'alimento cotto è sempre inappropriato sia per noi esseri umani che per i nostri animali, i quali prima o poi sviluppano patologie di vario genere, dal momento che ogni specie è strutturata per alimentarsi con cibi adatti alla sua natura.

Insomma, dobbiamo porre più attenzione all'alimentazione dei nostri animali domestici, perché se si ammalano dipende in gran parte da cosa diamo loro da mangiare; diversamente non si spiega perché gli stessi animali allo stato naturale non sviluppano mai le suddette patologie. Non che (a mio avviso) si debba rinunciare del tutto ai prodotti secchi tipo croccantini (questo renderebbe impossibile la vita a molti di noi) perché scarsi o privi dei nutrienti necessari, ma considero un grave errore considerarli ottimali per la loro dieta.

QUALI ANIMALI HANNO DIRITTO AL RISPETTO?

Anche gli animalisti più impegnati a volte di fronte agli attacchi insidiosi di mosche o zanzare non sanno resistere alla tentazione di sopprimere questi ignari animali giustificandosi con la difesa della propria incolumità. C'è chi ha terrore dei ragni, chi dei topi, chi delle salamandre, chi dei serpenti, chi degli scorpioni, alcuni hanno terrore anche dei cani e perfino dei gatti. Così succede che alcuni animalisti, di fronte alla paura di un eventuale pericolo, cadano in contraddizione con la loro etica in difesa del mondo animale.

Infatti, se c'è chi ritiene giusto sopprimere un animale quando questo costituisca pericolo (salvo naturalmente per difesa della propria vita), la stessa giustificazione potrebbe estendersi, a seconda delle fobie personali, a qualunque specie animale: ai cinghiali quando invadono i campi dei contadini, agli uccelli che si nutrono di quel che trovano nelle campagne, ai lupi, agli orsi e così via: chi per un modo chi per un altro troverebbe la giusta motivazione per improvvisarsi giustiziere dal momento che ognuno di noi ha più o meno paura di qualche animale.

Nessun animalista si sentirebbe giustificato ad ammazzare una rana o un pipistrello se dovessero invadere per errore la sua dimora: giustamente lo considererebbe un fatto inconciliabile con la nostra causa, ma d'altra parte pochi si sentirebbero in dovere di rispettare la vita di un moscone, di una vespa o di uno scarabeo.

Si reagisce con clamori di piazza quando viene uccisa una balena, mentre si subisce passivamente la strage quotidiana di tonni, sardine, seppie, salmoni e via elencando. Eppure la vita di una balena vale quanto quella di un qualunque altro animale, anche se di più piccole dimensioni.

Non è la dimensione fisica dell'animale, né la sua bellezza a sancire il diritto al rispetto, altrimenti l'elefante avrebbe più diritto di un cervo, o viceversa. Né il valore intrinseco di un animale dipende dal numero dei componenti la sua specie, altrimenti anche il valore della vita umana sarebbe inversamente proporzionale all'aumentare dei suoi componenti. Ma allora dovremmo rispettare anche i batteri? Non esageriamo, anche se sarebbe auspicabile una sensibilità umana capace di rispettare anche tali microscopici esseri dai quali dipende la nostra stessa vita. La nostra morale ci impone di fare meno male possibile agli altri esseri viventi con cui condividiamo la stessa casa: abbiamo il dovere di evitare di uccidere e di far del male volutamente, ma non abbiamo colpa di ciò che non possiamo evitare.

Naturalmente il nostro è un parlare da cittadini, da abitanti metropolitani. Basta fare una passeggiata in campagna per rendersi involontariamente responsabili dell'uccisione di molti piccoli animali, diversamente occorrerebbe fare come i monaci jainisti che muniti di scopa spazzano il terreno per evitare di calpestare i piccoli abitanti della terra. I contadini nell'arare il campo o in qualunque altra attività campestre non si sottraggono all'uccisione di migliaia o milioni di piccoli insetti e formiche, per non parlare dei trattamenti chimici dei terreni e delle piante, vera e propria ecatombe di esseri minuti. Ma anche se qualunque coltura, anche la meno invasiva, causa inevitabilmente la soppressione di insetti, molto dipende dal modo in cui ci si pone nei confronti di situazioni inevitabili.

Nessuno ha il merito o il demerito di essere nato uomo, topo o uccello. Se fossimo nati zanzara certamente non vorremmo essere schiacciati contro una parete. Non ci vuole molto per essere coerenti: basta prendere le precauzioni necessarie per evitare di dover attivare iniziative deprecabili. Se in casa troviamo delle formiche, dei ragni o degli scarafaggi forse è sufficiente prenderli con una paletta e portarli in un terreno vicino. Se le zanzare non ci fanno dormire è sufficiente fare in modo che non entrino nel nostro campo d'azione per non dover ricorrere a rimedi estremi che ci causerebbero sensi di colpa, ma soprattutto perché spegnerebbero il loro percorso evolutivo.

Ogni animale, di qualunque specie, merita rispetto e protezione non perché bello, intelligente o utile alla specie umana, ma perché parte della famiglia dei viventi. Se giustificassimo l'uccisione di alcuni animali perché dannosi, fastidiosi, o perché incutono timore, ben pochi si salverebbero e tutto sarebbe giustificabile. Non è forse lo stesso concetto per cui alcuni ritengono che non tutti gli esseri umani abbiano gli stessi diritti? E se questo concetto dovesse estendersi agli esseri umani dovremmo accettare di buon grado l'idea che un ladro, o chiunque più forte di noi, ci rapini, ci violenti, ci uccida. In questi caso la Terra sarebbe un inferno.

Nel Pianeta Terra c'è posto per tutti. Ogni cosa vive per un preciso scopo, quello di proseguire il proprio cammino evolutivo, e tutte le cose sono interconnesse: nell'equilibrio dell'insieme ogni specie ha la sua importante funzione. E quando un animale entra accidentalmente nella nostra sfera d'azione forse non è l'animale ad aver invaso il nostro spazio vitale: può darsi che siamo noi nel posto sbagliato. Gli animali di cui spesso gli umani hanno un'ingiustificata paura vivevano sulla Terra da molto prima della comparsa dell'uomo. Per l'animale non esistono proprietà privata, barriere geografiche, campi recintati, e se la zanzara ci punge seguendo il suo istinto non per questo deve essere uccisa. La zanzara non sa che non deve pungerci: non ha alternative, noi sì: possiamo proteggerci. Un po' di sacrifico vale bene una vita. Impariamo a trattare ogni animale come se fosse l'ultimo rimasto della sua specie e allora avremo una vera coscienza animalista e impareremo a rispettare maggiormente il miracolo della Vita.

Aldo Capitini

Punto di riferimento del movimento Vegetariano e Nonviolento

Aldo Capitini, nato a Perugia nel 1899 e morto nella stessa città nel 1968, fu pedagogista, saggista, docente universitario di pedagogia alle università di Cagliari e Perugia. Infaticabile promotore di iniziative per la nonviolenza e la pace, istituisce Centri di Orientamento Sociale e Religioso, lavora per l'obiezione di coscienza, per la riforma politica e religiosa basata sui principi di Gandhi, per l'educazione popolare, per lo sviluppo della scuola pubblica; ha lottato contro il fanatismo e i preconcetti e fu perseguitato a causa della sua posizione antifascista. I Centri di Orientamento Sociale furono organizzati da Capitini nella Perugia appena liberata il 17 Luglio 1944 con lo scopo di arricchire la democrazia dal basso e di portare nella gente l'interesse per la gestione della cosa pubblica. Nel 1952 Capitini dà vita alla prima società vegetariana in Italia.

Numerosi furono i suoi scritti a carattere religioso e pedagogico, quali: *Elementi di un'esperienza religiosa* (1937) e *Religione aperta* (1955). Recentemente sono stati ripubblicati il saggio *Le tecniche della nonviolenza*, gli scritti sul Liberalsocialismo, *Nonviolenza dopo la tempesta* e la recentissima antologia degli scritti (a cura di Mario Martini) *Le ragioni della nonviolenza.*

Di Capitini si può dire sia stato il più grande pensatore ed operatore della nonviolenza in Italia. Fu sempre coerente con i suoi principi e stili di vita: caratteristiche che fanno di lui un pensatore di grande umanità, che ha pagato duramente e personalmente il suo coraggio nel difendere le proprie idee; un filosofo con un'eccezionale attenzione alla realtà socio-politica del suo tempo e del tempo a venire e un lucido lettore del contesto storico-sociale.

Il suo pensiero, in opposizione al sistema totalitario del regime fascista, non si circoscrive nell'idealismo, né nell'esistenzialismo, al quale pure si riferisce sotto alcuni punti di vista, considerandolo insufficiente, e al quale finisce, pessimisticamente, per aderire. Capitini concepisce l'uomo come soggetto reale e Dio come immanente all'umano, con la certezza che anche il male sia un fatto strumentale alla realizzazione del bene, attuabile attraverso una riforma religiosa, attraverso una religione aperta, libera e liberata dai vincoli asfissianti del dogma da una parte, e della gerarchia ecclesiastica dall'altra, a favore di una trascendenza rivoluzionariamente orizzontale.

Un filo lega la religione alla politica: la religione intesa come sentimento ed esperienza di crescita personale, mentre la politica è vista come vita sociale e come insieme di relazioni interpersonali di cui si nutre una comunità, che allarga i propri orizzonti a tutti, persino ai morti, che cooperano con i vivi alla comune costruzione dei valori fondamentali della vita e alla trasformazione della realtà ingiusta e violenta.

L'intento è riscoprire il senso autentico della religione come terreno di comunione tra individui a partire dalla personale esperienza di ciascuno, in modo da riconsegnare la politica ad ogni persona chiamata a partecipare responsabilmente a una realtà che tutti include.

Il filosofo perugino fa dei limiti umani una risorsa per l'uomo a disposizione di tutti coloro che spronano alla cooperazione per attuare insieme la completezza di se stessi in una armonica e collettiva convivenza. All'aspetto religioso inteso in senso tradizionale contrappone il suo senso universale dell'esistere come atto di collaborazione, in cui ognuno trova la realizzazione di se stesso in sintonia con il contesto naturale, per cui la cosa pubblica è il terreno in cui incontrarsi per dialogare con spirito critico, con informazione libera, con possibilità di comunicare contenuti, opinioni, esperienze, vissuti. In questo tendere verso "l'altro" risiede l'aspetto più proficuo di tutta l'opera capitiniana. La nonviolenza diventa strategia e insieme scelta di vita per la quale l'individuo, mettendo da parte pericolosi pregiudizi, mediocri abitudini mentali e di atteggiamento, va verso "l'altro" valorizzando la diversità e l'autonomia di vita e di pensiero.

Per Capitini la religiosità non ha bisogno di una legge per manifestarsi, di un credo o di un culto particolare, e il suo pensiero è in una posizione di equidistanza tra il laico e il religioso, dalla quale vede nella religione l'impegno nonviolento mentre auspica il rinnovamento e la purificazione della religiosità da elementi dogmatici e chiusi.

Capitini denuncia e condanna ogni forma di violenza, da quella brutalmente fisica a quella psicologica, da quella sugli uomini a quella sugli animali giustificata dall'antropocentrismo cattolico, all'inganno della disinformazione che rende tutti inconsapevoli e nello stesso tempo responsabili, convinto che ogni innovazione debba sempre ripartire dal basso.

Vi è nel pensiero di Capitini la netta opposizione a giustificare il mondo quale è e come fa comodo che rimanga. La famosa Marcia Della Pace è stata da lui concepita come "Marcia per la pace e la fratellanza tra i popoli" per promuovere un maturo, adulto dialogo interreligioso e interculturale che potesse superare le divisioni, i fanatismi, le chiusure della peggiore ideologia religiosa e/o politica e (pseudo) culturale.

Capitini denuncia il potere oligarchico, cioè l'enorme potere in mano ai pochi che governano i popoli, per passare ad una società di tutti, cioè l'omnicrazia. In sostanza: la salvezza degli uomini e delle donne, che sta nella presa di coscienza nel presente, non può essere rimandata o, peggio, consegnata alla rassegnazione o all'attesa passiva, che equivale alla rinuncia al cambiamento. In quest'ottica l'elemento educativo è imprescindibile per istaurare il legame profondo tra gli uomini, i gruppi sociali, i popoli nel mondo, fino a superare gli steccati dell'individuo, della razza, della nazione… L'eredità del suo pensiero oggi approda nella globalizzazione, che deve trasformarsi da rete di contatti a rete di relazioni: un'apertura verso l'incontro di Occidente e Oriente in nome di una civiltà nuova, non più individualistica né totalitaria ma aperta al rispetto del sacro valore della vita, del diritto e della libertà di ogni essere vivente.

Stralci di alcuni suoi scritti.

"Tanto dilagheranno violenza e materialismo, che ne verrà stanchezza e disgusto; e dalle gocce di sangue che colano dai ceppi della decapitazione salirà l'ansia appassionata di sottrarre l'anima ad ogni

collaborazione con quell'errore, e di instaurare subito, a cominciare dal proprio animo (che è il primo progresso), un nuovo modo di sentire la vita: il sentimento che il mondo ci è estraneo se ci si deve stare senza amore, senza un'apertura infinita dell'uno verso l'altro, senza una unione di sopra a tante differenze e tanto soffrire. Questo è il varco attuale della storia".

"Accade nelle altre civiltà che il mezzo si è tanto ingrandito da far perdere il fine, e l'operosità, l'arricchirsi, la vita amministrativa-politica-economica-giuridica-sociale prevale sugli altri valori, ben più essenziali alla salvezza o alla trasformazione dell'uomo".

"Il Dio per me sarà il Dio della liberazione di tutti, e lo ritroverò, prima della realtà liberata, in seno all'Uno-Tutti, compresenza di tutti gli esseri vivi e spezzati o scacciati come gatti sporchi ai valori, ai valori più puri, come questa alta musica che sto ora ascoltando, la quale è più che di Beethoven, e crogiuolo e, alle linee della musica, unità di tutti: lo troverò lì, nell'intimo, sofferente alla realtà-società-umanità così come sono, e liberante con mitezza in trepidissima".

"Giova sapere che, quando penetrerà in noi un più vero concetto della natura dell'animale e dei suoi rapporti con noi, esso aprirà anche al nostro occhio spirituale un regno dello spirito più vasto che il regno umano; allora gli uomini riconosceranno che vi è fra tutte le creature un rapporto e un'obbligazione vicendevole ed estenderanno, senza sforzo, a tutti gli esseri viventi quei sensi di carità e di giustizia che ora considerano come dovuti soltanto agli uomini" .

"Sono convinto che gli uomini arriveranno finalmente a non uccidersi tra di loro quando arriveranno a non uccidere più gli animali".

Il senso poco civico di certi "proprietari" di animali

Dopo spiagge e alberghi, la rivoluzione "pet-friendly" si estende ai 320000 esercizi pubblici in Italia. D'ora in poi chiunque potrà entrare in un locale senza dover più lasciare fuori l'amico cane che ci ha accompagnato. Questa è una grande conquista animalista e sociale.

Ma mentre da una parte va affermandosi, a gran fatica, la coscienza animalista, dall'altra non si ravvisa allo stesso modo lo sviluppo del "senso civico animalista" da parte di alcune persone che hanno la compagnia di un cane. I giornali quasi quotidianamente riportano lamentale da parte di cittadini che assistono a, o sono vittime di, episodi inqualificabili, quando i cani di quelle persone sporcano i marciapiedi con gli escrementi, o quando li fanno orinare su automobili, motociclette, biciclette o ciclomotori rispettosamente parcheggiati. Atteggiamenti a dir poco irresponsabili e degni di commiserazione, perché a causa di tali atteggiamenti dei "padroni" degli animali la gente comune viene indotta al disprezzo degli animali in genere e a denigrare la causa animalista.

Spesso i cani sono lasciati liberi dove invece dovrebbero essere tenuti al guinzaglio; spesso il guinzaglio è troppo lungo e dunque tale da impaurire o infastidire i passanti; spesso sono lasciati in casa o in balcone troppo a lungo così che i pover animali abbaiano infastidendo i vicini, e spesso succede che alle rimostranze della gente alcuni invece di riconoscere il proprio errore reagiscono in modo sgarbato mettendo in cattiva luce il Movimento Animalista e generando risentimento nei confronti degli animali. Il sentimento di avversione verso i cani e i loro tutori denigra la causa animalista e rende difficoltosa la conquista di leggi a tutela degli animali.

Noi animalisti siamo gente sotto osservazione; dobbiamo comportarci sempre da persone responsabili e civili e non permettere mai che il nostro cane sia causa di malcontento, critica o lamentele. Dobbiamo essere d'esempio dimostrando un'etica più ampia di quella comune. Non possiamo essere sgarbati con i nostri simili, considerare solo le nostre necessità e infischiarcene delle necessità altrui, di chi magari ha paura degli animali o non li ama ancora.

Chi è sgarbato o violento verso gli umani non può essere benigno verso gli animali, e viceversa. Il comportamento educato dei nostri compagni animali non è diverso dal comportamento educato dei nostri figli: questi riflettono sempre la nostra capacità di educatori o il nostro fallimento. Un cane che dà fastidio è sempre il fallimento della nostra capacità di educarlo. E se la gente riprende il "responsabile" è necessario riconoscere l'errore e quindi non essere arroganti, non assumere un atteggiamento di chi non si cura delle rimostranze. La mancanza di vigilanza e di controllo del comportamento del nostro cane può portare a conseguenze a volte drammatiche, come riportato spesso dalla cronaca.

Chiediamo a tutti coloro che hanno la compagnia di un cane di aiutarci a diffondere una cultura animalista più attenta e responsabile. Il nostro cane non deve dare fastidio o causare intralcio specialmente alle persone anziane. Dobbiamo evitare che i nostri cani litighino o si aggrediscano tra loro per strada. Se date da mangiare al cane o al gatto randagio abbiate l'accortezza di pulire. Nei luoghi pubblici tenete il cane vicino a voi, perché un cane è come un bambino, facilmente attratto da tutto ciò che considera nuovo, o antagonista. Evitate che scorazzi in luoghi pubblici, che annusi le persone, che faccia la pipì sulle vetture parcheggiate o comunque dove non dovrebbe, che non sporchi o lasci peli o bave in ascensore o nei luoghi condominiali. I nostri cani devono fare la pipì dove è consentito, non dappertutto, cioè non sulle ruote dei veicoli, sui vasi o sulle fioriere lungo la strada, sulle colonnine delle fontanelle, e via elencando. Riconoscere i propri errori è sempre sinonimo di saggezza: sicuramente ai compagni di cani indisciplinati non piacerebbe che i cani di altri facessero i loro bisogni sullo zerbino o sulla porta della propria casa. Se veramente amate i vostri animali non consentite che facciano ciò che non permettereste mai ai vostri figli.

Infine, consiglio a coloro che sentono un particolare amore per il loro compagno animale di evitare esagerate e plateali manifestazioni pubbliche di affetto o di moine, perché questo suscita nella gente un'impressione di "stranezza antropologica": è come vedere una zebra sciogliersi in tenerezze verso una pecora e nel contempo essere indifferente, se non ostile, verso i componenti della sua specie.

Chi sono questi Vegani-Animalisti?

C'è chi crede che essere vegani o animalisti sia un'attitudine di gente che non ha altro a cui pensare; gente impegnata in problematiche senza importanza, secondarie; gente che non sta con i piedi per terra, preoccupata più della condizione degli animali che delle necessità umane.

Non è facile avere una visione esatta ed esauriente della grande rivoluzione vegana-animalista: nessuna filosofia come questa implica gli aspetti etico, spirituale, antropologico, ecologico, economico e salutistico dell'essere umano: nella sua essenza profonda e nella sua attuazione pratica tale filosofia di vita supera di gran lunga ogni principio esistenziale, ogni dottrina morale, ogni etica e ogni interesse avente campo di pertinenza limitato alla sola specie umana: è l'espressione della nuova coscienza umana, matura, responsabile, giusta e sensibile, protesa verso l'evoluzione integrale dell'uomo; è estensione del sentimento dell'amore e del rispetto dell'altro in senso lato; è la filosofia di vita che supera le barriere antropocentriche e si espande sfericamente a tutti gli esseri viventi, i cui effetti contribuiscono in modo determinante a rendere l'uomo migliore e favorire lo sviluppo dei suoi valori morali in armonia con i suoi simili e il creato tutto.

Non esiste rivoluzione esistenziale che superi in ampiezza e profondità i valori della rivoluzione culturale vegana-animalista: la sola che interviene sulle cause dei problemi, la sola che considera l'individuo nella sua interezza psico-fisica-morale-spirituale, la sola che interviene non sui meccanismi ma sull'uomo che li produce e li gestisce, la sola che ha una visione sincretista della cultura umana e che considera tutte le cose come tessere di un solo grande mosaico aventi ognuna il suo intrinseco e individuale valore.

Attraverso uno stile di vita conforme alle sue esigenze fisico-chimico-biologico-energetiche e per mezzo dell'alimentazione giusta e adatta alla sua natura di fruttariano, l'essere umano ritrova il suo benessere fisico dal quale dipende il suo giusto equilibrio mentale, il quale a sua volta influenza la sua componente emozionale, dalla quale dipendono la sua sfera spirituale e il suo contesto naturale. Il rifiuto della violenza in senso lato inclina l'essere umano alla tolleranza, alla fraterna collaborazione, alla bontà del cuore, alla valorizzazione delle differenze formali che compongono la Vita: realtà imprescindibili per la realizzazione di un mondo migliore, non riconducibili ad alcun'altra filosofia.

La dimensione vegana-animalista è, nella sua essenza, l'anello mancante per il genere umano, ciò che gli consente di superare la lunga fase cruenta della storia e porre le basi per la realizzazione di una società in cui tutti gli esseri umani rifiuteranno per principio la violenza, il sopruso, lo sfruttamento, la sottomissione. Essere vegani-animalisti significa incarnare la nuova coscienza umana universalista, protesa verso l'amore universale.

SE SI DOVESSE PAGARE IL VERO PREZZO DELLA CARNE, DEL PESCE O DEL FORMAGGIO...

... QUESTI PRODOTTI SAREBBERO PIÙ CARI DELLA DROGA

Oggi la carne, il pesce ed i prodotti caseari vengono consumati oltre misura da ogni frangia della popolazione perché hanno un costo bassissimo, accessibile a tutti. Il loro vero costo, che non paghiamo al supermercato, lo paghiamo in tasse, e lo paga anche chi sceglie di essere vegetariano. Questo accade perché gli allevatori e i pescatori ricevono dallo Stato e dall'Unione Europea pingui finanziamenti diretti e indiretti: nel 2007 il totale dei sussidi dell'Unione Europea all'industria zootecnica è stato di 3,5 miliardi di euro, cioè 7000 miliardi delle vecchie Lire. Una parte di questi sussidi va a sostenere la coltivazione di mangimi per animali, un'altra va per l'esportazione dei prodotti fuori dall'Unione Europea, un'altra per comprare e conservare il surplus della produzione affinché al produttore sia garantito il guadagno, un'altra per sostegno alle operazioni di marketing affinché aumentino le richieste. Altri sostegni finanziari arrivano in occasioni di epidemie o altri problemi di ordine sanitario, come BSE, influenza aviaria, febbre suina e via elencando, in seguito alle quali gli allevatori vengono profumatamente risarciti invece di essere multati, essendo loro in gran parte responsabili di queste malattie causate dal modo intensivo in cui allevano gli animali.

Gli aiuti dell'Unione Europea alle esportazioni di prodotti animali verso i paesi del Terzo Mondo hanno effetti devastanti sulle loro economie. Il costo di tali prodotti risulta per loro molto basso grazie proprio a quei sussidi, determinando una concorrenza insostenibile per i prodotti locali e facendo dunque ulteriormente impoverire i piccoli produttori. Se la carne avesse il suo vero prezzo, che renderebbe in confronto di gran lunga più economici i vegetali, si incentiverebbe il consumo di prodotti salutari con enormi benefici per la salute, e non solo.

Un gruppo internazionale di centoventicinque scienziati del mare ha chiesto all'Organizzazione Mondiale del Commercio di eliminare i sussidi che molti paesi versano ai pescatori. Diversamente, avvisano, molto presto i danni apportati agli oceani saranno irreversibili.

Tutto questo incide non solo sull'economia, ma anche sulla salute delle persone, e sull'ambiente, con la deforestazione, l'erosione dei terreni, la perdita di biodiversità, il consumo enorme di acqua e di energia, l'inquinamento del terreno, dell'aria, dell'acqua, i cambiamenti climatici, e sulla fame delle popolazioni povere, sulla diffusione delle loro malattie. Chi sceglie di consumare prodotti animali dovrebbe pagarne il costo reale, che è stratosferico ma non viene mai conteggiato. Infatti occorrerebbe tenere conto del fatto che per produrre un solo chilo di carne di manzo occorre sacrificare quanto segue:

- 50000 litri di acqua potabile;
- 9 litri di petrolio;
- 15 kg di cereali;
- 12 mq di foresta.

A questi bisogna aggiungere le spese sanitarie per curare le malattie dovute al consumo di prodotti animali, le sofferenze e le morti per fame delle popolazioni in via di sviluppo, l'estinzione, irrevocabile, dalla faccia della Terra per tutti i millenni che verranno di un'infinità di specie di vegetali e animali.

Per concludere, basti pensare che per produrre un solo hamburger si perdono 6 metri quadrati di foresta, una ventina di specie vegetali, una dozzina di specie di uccelli, mammiferi e rettili, e che i cereali necessari a produrre un solo hamburger basterebbero a sfamare quaranta bambini per un giorno, e che un terzo di tutte le risorse energetiche dell'Occidente sono assorbite dall'industria della carne.

In ognuno di noi c'è una parte del tutto e tutti siamo una cosa sola

Considera che noi siamo le cose che abbiamo mangiato; abbiamo mangiato i frutti di innumerevoli piante cresciute nei luoghi più distanti del pianeta: in essi era il succo della terra, l'acqua, l'aria, i raggi del Sole. Nella terra vi erano i resti di miliardi di organismi dai quali la pianta ha tratto nutrimento; nell'acqua che hanno assorbito vi erano le frange delle sorgenti, dei fiumi, dei laghi, delle nevi; l'aria che hanno respirato è la stessa che viene dal deserto, dalle savane, dalle foreste, e i raggi del Sole che hanno catturato venivano dal cosmo dove fluttuano correnti energetiche.

Considera che ogni frutto che abbiamo mangiato è stato ed è la sintesi perfetta delle energie vitali di innumerevoli esseri che nel tempo hanno preceduto la pianta che lo ha prodotto. Considera questo: considera che tu sei fatto dei mille e mille esseri che ti hanno precorso nel tempo e che il tuo corpo ha assimilato; considera che tu rivivrai negli esseri che verranno dopo di te perché tu sei un tutt'uno con le cose e che senza di esse tu non avresti potuto esistere.

Considera questo e ti accorgerai che non c'è separazione alcuna tra te e me, tra noi e tutti gli esseri dell'universo, che noi tutti siamo membra dello stesso organismo, tessere dello stesso mosaico, note della medesima sinfonia. Considera che non vi è pensiero o azione che non abbia i suoi effetti universali, che ogni singola cosa interagisce con tutto l'universo e che tu e io siamo ricchi in virtù della presenza di tutti gli altri esseri viventi e che se violentiamo o uccidiamo qualcuno o qualcosa stiamo violentando o uccidendo ciò che ci arricchisce e ci consente di esistere.

VEGAN, LA SOLUZIONE DEI PROBLEMI

Il modo più semplice ed efficace per liberarsi dalla gran parte delle **malattie** che negli ultimi decenni, specialmente in Occidente, stanno flagellando il genere umano, è quello di **essere vegan**. L'alimentazione carnea (che ha già causato nel mondo più morti di tutte le guerre combattute tra il 1900 e il 2000) è responsabile di infarti, ictus, ipertensione diabete, cancro... Il 90% dei decessi nel Mondo Occidentale è dovuto al cattivo stile di vita e a una errata alimentazione.

Un'umanità vegan è un'umanità finalmente libera dalle malattie.

Il modo più semplice ed efficace per liberare l'umanità dal sopruso, dall'ingiustizia sociale, dalla **violenza**, dalla guerra è quello di **essere vegan**: come potrebbe un uomo che rifiuta di nuocere a un animale (un essere diverso dalla sua specie) causare violenza al suo simile? La biochimica dei neurotrasmettitori è in grado si spiegare scientificamente le radici alimentari della violenza umana. Le proteine animali condizionano il comportamento dell'uomo: mentre causano carenza di triptofano e serotonina fanno aumentare i livelli dell'aminoacido tirosina e l'accumulo nel cervello di dopamina e adrenalina, (i due neurotrasmettitori responsabili dell'aggressività degli animali predatori). La violenza esercitata nei confronti degli animali inclina l'uomo alla violenza anche verso i suoi stessi simili.

Un'umanità vegan è un'umanità libera dalla violenza e dalla guerra.

Il modo più semplice ed efficace per liberare il pianeta **dall'inquinamento** è quello di **essere vegan**: la carne ed i prodotti derivanti dagli animali sono la maggiore causa di inquinamento, il settore zootecnico inquina più di tutte le attività umane. Gli animali degli allevamenti producono 130 volte più escrementi dell'intero genere umano e causano inquinamento dell'aria, della terra, dei mari, dei fiumi, dei laghi. Ogni mucca che viene sfruttata produce ogni anno gas quanto un'automobile percorrendo 60000 chilometri.

Un'umanità vegan è un'umanità libera dall'inquinamento.

Il modo più semplice ed efficace per liberare il Terzo Mondo dalla miseria, dalle malattie e dalla **fame** è quello di **essere vegan**: la produzione di carne richiede l'utilizzo di terreni per la produzione di mangimi che le grandi multinazionali sottraggono principalmente alle popolazioni del Terzo Mondo privandole della biodiversità dei terreni che consente il loro sostentamento. Il 75% dei cereali consumati dagli animali d'allevamento viene dai paesi in via di sviluppo. Un'area quanto sette volte l'Europa viene impegnata per produrre mangimi per animali. Ogni anno nel mondo muoiono per fame e malattie causate da denutrizione 50 milioni di persone, quante le vittime della seconda guerra mondiale.

Un'umanità vegan è un'umanità senza fame.

Il modo più semplice ed efficace per scongiurare che **l'acqua** diventi un bene sempre più raro è quello di **essere vegan**: l'industria della carne nel mondo assorbe il 70% dell'acqua potabile; per la carenza di acqua ogni giorno muoiono 35000 persone. Una mucca da latte beve ogni giorno acqua quanto 100 esseri umani; occorrono 7000 litri di acqua potabile per produrre una sola bistecca di manzo; si risparmia più acqua rinunciando a un chilo di carne bovina di quanta se ne consuma facendo la doccia ogni tre giorni per due anni. Dunque l'acqua che una persona onnivora consuma in un mese è sufficiente a un vegano per due anni.

Un'umanità vegan è un'umanità nella quale c'è acqua per tutti.

Il modo più semplice ed efficace per ridurre il pericolo dell'esaurimento delle fonti di **energia** è quello di **essere vegan**. L'industria della bistecca assorbe un terzo dell'intera energia disponibile in Occidente, se tutta l'umanità adottasse lo stile di vita onnivoro ci sarebbe un collasso immediato di tutti i sistemi tecnologici. Per produrre carne di maiale si consuma 15 volte più energia di quanta ne occorre per produrre frutta e verdura. Un solo hamburger assorbe energia quanto una lampada che illumina una stanza per 100 ore.

Un'umanità vegan è un'umanità capace di far fronte alle esigenze di energia.

Il modo più semplice ed efficace per salvare le **foreste** dalla loro distruzione è quello di **essere vegan**: le foreste pluviali vengono in gran parte abbattute per essere adibite a pascolo o per produrre mangimi per la produzione di carne e latte: ogni due secondi viene rasa al suolo una superficie di foresta grande quanto un campo di calcio; per un solo hamburger vengono sacrificati 5 metri quadrati di foresta.

Un'umanità vegan è un'umanità nella quale le foreste tornano ad essere un bene comune.

Il modo più semplice ed efficace per arginare la crisi **economica** è quello di **essere vegan**: il 75% della spesa sanitaria in Europa e in Italia viene assorbita dalle cure per neutralizzare gli effetti della cattiva alimentazione. Negli Stati Uniti i soldi spesi ogni anno per curare solo le patologie e i danni estetici causati da eccessivi consumi di calorie e proteine animali basterebbero per eliminare la fame nel mondo. Una mucca consuma derrate alimentari quanto dodici esseri umani. E fornire cibo vegetale, prescindendo da quanto si faccia oggi pagare al consumatore finale, costa comunque incomparabilmente meno.

Un'umanità vegan è un'umanità capace di nutrire tutti i suoi individui.

Seconda parte

L'animalismo Vegan

La grande storia dell'Animalismo

Nessuna filosofia annovera più illustri rappresentanti

Il pensiero animalista, come espressione di alta sensibilità dell'animo umano, nel quale i valori del diritto al rispetto, alla libertà e alla vita vengono estesi dall'uomo agli animali, nasce nel seno dell'antica cultura vedica, ove si narra di Re Santi che si preoccupavano della protezione dei bovini al fine di assicurare alla popolazione ogni benedizione dalle forze della Natura. In questo contesto proverbiale era l'amore di **Krishna** per le mucche, il quale affermava: "*La carne degli animali è come la carne dei nostri figli*". Sempre in India più tardi furono costruiti dai buddisti, intorno al 250 avanti Cristo, i primi ospedali destinati agli animali ammalati o feriti. Mentre **Zoroastro**, fin dal 500 avanti Cristo circa, sosteneva: "*La migliore delle opere buone è, nei confronti del Cielo, adorare il Signore e, nei confronti della Terra, non maltrattare gli animali... Chi rinuncia a cibarsi delle carni martoriate avrà lo Spirito Santo e la verità*".

Il rispetto dovuto agli animali è evidente anche nella dottrina taoista e poi specialmente nel Jainismo, originato da **Mahavira** nel 600 avanti Cristo circa, tanto che accanto ai templi jainisti si trovano spesso rifugi per animali anziani o feriti e non di rado i jaina acquistano animali dal macello per dare loro salvezza e ricovero. L'amore e il rispetto dovuto agli animali è visto come precetto nell'Orfismo, nella dottrina di **Ermete Trismegisto**, nella cultura degli Oracoli Caldei, in quella dei misteri Eleusini, in quella degli antichi egizi, nelle leggi di **Manou**, il codice legislativo antico più evoluto, vigente dal Nono al Quinto Secolo avanti Cristo, in cui si prescriveva: "*Chi consente l'uccisione di un essere vivente, chi colpisce, chi ammazza, chi compra e chi vende, chi cucina e chi serve, chi mangia, sono tutti uccisori*".

Dunque si può dire che il Movimento Animalista vero e proprio nasce in India cinquemila anni fa quando il divino **Govinda** esclude le offerte di animali dalle cose a lui gradite. Sempre in India nel 322 avanti Cristo viene pubblicato il primo libro di scienze politiche ed economiche in cui sono riportate le leggi che tutelano gli animali, prevedendo severe punizioni per le crudeltà commesse nei loro riguardi. Più tardi in Occidente la filosofia animalista inizia con **Prisco di Tesero**, che seguì l'esempio del grande **Pitagora**: "*Mai sacrificare animali agli Dei o ferire animali, ma promuovere in tutti i livelli una cultura di rispetto e protezione nei loro riguardi*", ed è successivamente ereditata da **Porfirio** e dall'altrettanto grande **Plutarco**, "*Ciò che si fa agli animali presto lo si fa anche agli uomini*", il quale influenzò il pensiero del poeta **Shelley** dando vita al vegetarismo e alla protezione degli animali nell'Ottocento in Inghilterra. Inoltre **Democrito** esalta l'ingegnosità degli animali: i ragni tessitori, i castori costruttori di dighe, e via elencando. Secondo **Stratone** gli animali posseggono facoltà intellettive affini alle nostre. **Teofrasto** condannava la tradizione religiosa dei sacrifici di animali; diceva: "*I sacrifici cruenti basati sull'uccisione degli animali sono buoni per i cattivi demoni, non per gli dei che aborriscono il sangue*". **Senocrate** affermava che l'ingiustizia è sempre ingiustizia su qualunque essere vivente venga perpetrata: "*Il comando 'non uccidere' deve essere esteso dall'uomo a ogni essere vivente*". **Empedocle**: "*È una grande vergogna spargere il sangue e divorare le belle membra di animali ai quali è stata violentemente tolta la vita*". **Seneca**: "*C'è un profondo legame tra uccidere animali e massacrare uomini in guerra*". **Porfirio**: "*Nel periodo in cui nacque l'ingiustizia verso gli animali furono introdotte la guerra e la bramosia del potere*".

Nei testi biblici importante è il pensiero di **Ezechiele**. "*In quanto a voi, animali della terra, che avete sofferto a causa dell'uomo, verrà il giorno in cui preparerò una grande festa, un grande banchetto in cielo e voi gioirete alla presenza di Dio*".

Nota è la compassione di **Maometto** verso gli animali. In una tradizione Sufi, Allah disse a Maometto: "*Se proprio dovete uccidere, al posto di 40 polli uccidete una capra, al posto di 40 capre uccidete 10 mucche, al posto di 40 mucche uccidete 10 cammelli. Una buona azione fatta a un animale è tanto meritoria quanto una buona azione* *fatta ad un essere umano, mentre un atto di crudeltà a un animale è tanto cattivo quanto un atto di crudeltà su un essere umano*".

La relazione tra violenza contro animali e violenza contro esseri umani venne più tardi evidenziata da **Leonardo da Vinci** il quale asseriva "*Verrà il tempo in cui l'uccisione di un animale sarà considerata alla stessa stregua dell'uccisione di un uomo*"; da **Edgard Kupfer**, da **Bober Witz**, e in tempi più recenti da **Gandhi**, **Capitini**, **Marguerite Yourcenar**, il cui pensiero dominante era: "*Gli uomini saranno torturati e uccisi fino a quando gli animali saranno torturati e uccisi*". **Andrew Linzey** (protestante) principale teologo al mondo a sostegno dei diritti animali, combatte contro l'antropocentrismo giudaico, cristiano e greco: "*Tutta la creazione esiste per il suo Creatore*". Si può dire che oggi il maggiore studioso al mondo di diritti animali sia **Richard Ryder**.

Tolstoj: "*Fino a quando ci saranno i macelli ci saranno anche i campi di battaglia. La grandezza di una nazione e il suo progresso morale si possono giudicare dal modo in cui essa tratta gli animali*".

Albert Schweitzer: "*La vita di ogni creatura ha la sua sacralità. Tutto ciò che è presente negli uomini lo si trova anche negli animali*".

Immanuel Kant: "*Chi è crudele verso gli animali è altrettanto insensibile verso gli uomini*".

Arthur Schopenhauer: "*Chi è crudele nei confronti degli animali come può essere una buona persona? Chi non ha posseduto un cane non può sapere cosa significhi essere amati*".

Max von Sachsen: "*Finché gli uomini continueranno a uccidere gli animali essi non cesseranno nemmeno di uccidersi tra di loro: il mondo animale si vendica dell'umanità forzandola nelle guerre a divenire carnefice di se stessa*".

Albert Einstein: "*Nulla gioverà alla salute e alla sopravvivenza della vita sulla Terra come l'adozione di una dieta vegetariana*".

Giuseppe Garibaldi: "*Proteggere gli animali contro la crudeltà degli uomini, dar loro da mangiare se hanno fame, da bere se hanno sete, correre in loro aiuto se estenuati dalle fatiche, questa è la più bella virtù del forte verso il debole*".

Jeremy Bentham, filosofo, giurista ed economista inglese: "*Possa venire il tempo in cui agli animali saranno restituiti quei diritti che non avrebbero potuto essere strappati loro se non dai tiranni*".

Emile Zola, scrittore francese: "*Il compito più alto di un uomo è sottrarre gli animali alla crudeltà*".

Nessuno dei grandi animalisti considera il problema fine a se stesso, ma come parte di un problema più vasto che implica e mette sotto accusa la giustizia, la coscienza e la società umana.

A mio avviso l'animalismo avrà la forza del vero rinnovamento culturale e sociale nel momento in cui uscirà dal suo ambito ideologico e si proporrà come movimento morale, civile e spirituale capace di superare arcani schematismi mentali e morali limitati alla sola specie umana. Finché l'animalismo sarà un movimento fine a se stesso non avrà la forza propulsiva necessaria al rinnovamento della coscienza umana. La sua forza sta nella sua etica che si estrinseca in modo sferico su tutta la famiglia dei viventi; per questo richiede, al soggetto animalista, la consapevolezza della sua missione innovatrice e quindi un bagaglio di saggezza e di responsabilità più ampi e profondi della tradizionale visione esistenziale circoscritta al solo essere umano.

Diversamente l'animalismo potrà imporsi come forza sociale e culturale solo quando la coscienza e la sensibilità della gente (attraverso il naturale processo evolutivo) avrà raggiunto quel senso di giustizia e di civiltà che la porterà a inserire nei suoi codici civili e morali gli stessi diritti degli uomini. Il nostro compito è dimostrare che difendere gli animali torna a beneficio dell'intera umanità: sfruttare e trucidare animali impedisce al genere umano di evolversi moralmente e realizzare una società migliore dell'attuale.

Chi ha a cuore la causa animalista deve convincersi che è chiamato a dare testimonianza di una nuova dimensione umana e che è necessario essere irreprensibili nei rapporti interpersonali. Questo richiede una continua analisi del proprio modo di essere e di interagire con il prossimo, nella consapevolezza che chi crede nell'animalismo ha la responsabilità di essere esposto alla critica disfattista di chi vede gli animalisti come delle persone "strane" e, quindi, il dovere di essere di esempio.

Parlare di animalismo come di un movimento che si interessa solo di animali è riduttivo, dal momento che le sue implicazioni di rinnovamento mentale, morale e spirituale si estrinsecano non solo a livello personale, ma anche sociale. Allo stesso modo parlare di vegetarismo fine a se stesso è riduttivo se si limita il suo campo di azione alla salute della gente e non si evidenziano le sue profonde motivazioni pacifiste e non violente in senso lato. La mattazione, la vivisezione, la caccia, l'uso delle pellicce e quanto altro rendono peggiore non solo chi esercita tali infamanti attività ma tutta la comunità che le tollera, le giustifica e le consente.

Il danno maggiore che deriva da tali pratiche consiste nella sonnolenza e nell'indifferenza verso la condizione degli oppressi e nel fatto che tale insensibilità verso la sofferenza e la vita degli animali si ripercuote in modo devastante anche sugli esseri umani. Quindi è necessario capire che è fondamentale il modo di essere personale e che occorre la massima coerenza. Essere profondamente onesti e leali, giudiziosi, imparziali, questo richiede la causa animalista, ed è la sola condizione affinché essa possa essere vista e accettata dal pubblico come un arricchimento e come un movimento culturale che torna a beneficio della società umana.

Amo gli animali, ma ogni tanto me li mangio e spesso li indosso

È l'incomprensibile punto di vista di alcuni animalisti che, pur impegnati in difesa degli animali, pur partecipando animatamente alle manifestazioni per promuovere i loro diritti a non essere violentati o uccisi con la macellazione, la caccia, la vivisezione, l'uso di pellicce, i circhi equestri, i delfinari, gli zoo e quanto altro, e magari hanno la custodia di una colonia felina o canina, non rinunciano, anche se di tanto in tanto, alla bistecca, alla fetta di prosciutto, al petto di pollo o al pesce. O se invitati non si fanno scrupolo rispetto al consumare ciò che offre la tavola, compresi i pezzi di animali (che dicono di amare) cucinati alla bisogna. Ma c'è chi dice di amare gli animali e in realtà ama solo cani e gatti, e spesso solo i propri.

Come è possibile sentirsi paladini nella difesa degli animali e non rendersi conto della contraddizione? Essere pronti a bruciarsi una mano in difesa del proprio cane o del proprio criceto e infischiarsene del vitellino o del maiale che viene ucciso per il piacere della propria gola? Come è possibile chiedere rispetto per gli animali che vivono con noi ed essere indifferenti al dolore causato ad altre creature che sono solo fuori dal proprio campo visivo? Come si può lottare per il bene di un solo componente della famiglia e considerarne sacrificabili gli altri componenti? Il cardine di tutti i problemi umani sta proprio in questo: nella miope capacità di separare vita da vita, giustizia da giustizia, libertà da libertà, diritti da diritti, compassione da compassione, di considerare quelli un po' più distanti non inseribili nella nostra sfera di giustizia e di amore. È come dire che la lotta contro la tortura e la pena di morte sia valida solo per gli europei, mentre gli altri componenti dell'umanità possano essere tranquillamente torturati o uccisi.

Non possiamo dire di amare gli animali se discriminiamo animale da animale, come non si può dire che amiamo l'umanità se amiamo solo una parte di essa e consideriamo legittimo soggiogare, schiavizzare, torturare e uccidere l'altra parte. Chi ama solo il suo cane o il suo gatto non può definirsi animalista, come non può definirsi animalista chi per dare la carne da mangiare ai propri animali ne fa uccidere altri. Coloro che, per dare la carne ai loro animali, si confrontano con questa contraddizione farebbero bene a recuperare i resti di pasti cruenti di persone che ancora non sono vegetariane.

Il nostro compito di universalisti è quello di aiutare la gente a capire e a mettere in discussione le proprie consolidate abitudini, a svincolarsi da tradizioni ingiuste quanto dannose, a capire che la coerenza nella vita, tra ciò che si desidera per questo mondo e ciò che si fa o si dice, è fondamentale per la nostra credibilità. Coerenza è anche smetterla di indossare cuoio, pelle o pellicce di animali: cosa penseremmo se qualcuno portasse addosso la pelliccia del nostro cane? Insomma, dobbiamo smetterla di autogiustificarci perché la nostra causa ha bisogno di coerenza. Certo non si arriva in cima alla scala senza passare attraverso tutti i gradini che la compongono, e per questo è meglio non pretendere tutto e subito e dare invece alla gente il tempo di capire, di maturare, ma è altresì opportuno e più giusto che color che dicono di amare gli animali (e che però se li mangiano, anche se di tanto in tanto) non si definiscano animalisti e tantomeno vegetariani.

Non si può essere Animalisti senza essere Vegetariani

Molti si considerano vegetariani anche se le loro scelte non coincidono con i principi che animano questa filosofia di vita. C'è chi si astiene dal mangiare carne e pesce per motivi salutistici in modo da scongiurare le patologie a essi correlate, ma questi non sono veri vegetariani perché se la carne e il pesce facessero bene alla salute allora li mangerebbero. C'è chi aderisce a tale stile di vita per tutelare l'ambiente ed evitare la distruzione delle foreste e l'inquinamento generale, ma questi non sono veri vegetariani. C'è chi smette di consumare prodotti animali per motivi economici e così alleggerire il costo della spesa, ma questi non sono veri vegetariani. C'è chi in obbedienza alle leggi religiose si astiene dal mangiar carne in modo da favorire l'elevazione spirituale e così guadagnarsi il Paradiso, ma questi non sono veri vegetariani.

C'è chi rinuncia ai piaceri della carne perché le vibrazioni negative di tali prodotti ostacolano il benessere psicofisico, ma questi non sono veri vegetariani. E c'è chi rifiuta di mangiare animali semplicemente per un fatto di giustizia, di condivisione e di amore verso i più deboli, nel rifiuto di causare sofferenza e morte a un essere senziente, secondo il principio del "Non fare ad altri ciò che non vorresti per te stesso". Questi sono i veri vegetariani, perché non rinunciano alla carne per un vantaggio personale, fisico, mentale, spirituale, energetico, economico o ambientale, ma per il rispetto della vita, della libertà e dell'esistenza di ogni essere senziente, nella valorizzazione delle differenze formali che compongono l'universo.

C'è chi si considera animalista perché premuroso verso il suo cane, il suo gatto, il suo cavallo, il suo criceto, il suo pesce nell'acquario o il suo pappagallo nella gabbia. Ma questi non sono veri animalisti perché spesso si disinteressano della sorte crudele cui sono soggetti tutti gli altri animali: è come se gli umani lottassero per i diritti dei bianchi legittimando le ingiustizie verso le altre razze. C'è chi si considera animalista perché impegnato a difendere i diritti degli animali d'affezione e mangia a tavola i resti di altri poveri animali uccisi per il piacere del suo palato. Ma questi non sono veri animalisti. I veri animalisti difendono i diritti non solo di alcuni ma di tutti gli animali, grossi e piccoli, senza distinzione di specie.

Non lottano per salvare solo gli animali dalla mattazione, dalla sperimentazione, dalla caccia, o dalla produzione di pellicce, dalle corride, dalla pesca, o dai circhi equestri, ma da qualunque violenza di cui possano essere vittime. I veri animalisti lottano affinché ogni animale, come ogni essere umano, sia libero di vivere la sua vita, secondo la sua natura, senza che qualcuno abbia l'arbitrio di interferire sulle esistenze di altri.

Quasi Vegetariani, quasi Animalisti e supercoscienza Vegan

Molte sono le motivazione per cui una persona sceglie di essere vegetariana: etiche, salutistiche, ambientali, antropologiche, economiche, religiose, spirituali, e ancora e ancora, mentre le motivazioni dell'animalista sono essenzialmente di carattere etico.

Non è possibile considerarsi vegetariani e non lottare per i diritti degli animali, come non è possibile considerarsi animalisti e mangiare carne causando agli animali l'ingiustizia suprema della prigionia e della macellazione.

Coloro che scelgono di non mangiare la carne per motivi salutistici non possono considerarsi vegetariani: sono soltanto non consumatori di carne; allo stesso modo coloro a cui sta a cuore solo la sorte dei loro animali domestici e si disinteressano della sorte, spesso terribile, degli altri animali non possono considerarsi animalisti, sono semplicemente innamorati dei loro animali d'affezione.

Non è giustificabile l'attivista animalista che non sia vegetariano, come non è giustificabile il vegetariano che non sia animalista: sarebbe come se il pacifista si arruolasse nell'esercito per esercitarsi nell'arte della guerra. Essere vegetariano e animalista sono due condizione inscindibili.

Per esempio essere animalisti e mangiare la carne è come lottare per i diritti umani e avere in casa un essere umano come schiavo; allo stesso modo essere vegetariani e non essere animalisti è come rifiutarsi di causare violenza ma disinteressarsi delle sorti di miliardi di animali e delle necessarie leggi che li tutelino.

A volte l'errore degli ambientalisti, animalisti o vegetariani è quello di pensare che la loro collocazione all'interno del Movimento sia il punto di arrivo e non di partenza. Fermarsi al primo gradino della propria evoluzione spirituale significa stroncare il volo della propria anima: è come accontentarsi di guardare da lontano il traguardo. È vero: ognuno ha i suoi tempi di crescita; ognuno vibra a seconda delle possibilità della sue essenza spirituale, ma è nell'ordine naturale delle cose procedere verso la realizzazione integrale di se stessi; è nell'ordine naturale delle cose che l'ambientalista diventi animalista, che l'animalista adotti l'alimentazione vegetariana, come è nell'ordine naturale delle cose che il vegetariano approdi alla dimensione della più evoluta coscienza vegan. Diversamente non c'è evoluzione.

Salvo contraddizione con la propria coerenza morale, non può l'ambientalista (non vegetariano) difendere la natura e ritenere legittima l'uccisione dei suoi abitanti per il piacere del suo palato; allo stesso modo non può l'animalista difendere gli animali e ritenere legittimo mangiarseli a tavola; altrettanto incoerente è il vegetariano attivista che consuma latticini, formaggi e uova, trascurando che questi prodotti causano indirettamente l'allevamento infernale degli animali da latte e da uova. Il vegano è proiettato moralmente verso la dimensione che attende l'intero genere umano: l'universalismo.

L'etica della visione universalista è più ampia di quella più o meno vigente, vive di una sensibilità maggiore, una portata più ampia, un'intelligenza più pura; va oltre la morale comune, oltre le tradizioni, gli schemi convenzionali. La sua giustizia non è circoscritta alla specie umana, il suo amore si espande in ogni forma di vita, la sua compassione non distingue la specie, il colore del manto o della pelle, la razza. Il vero universalista è moderato, parsimonioso, tollerante, rifiuta la violenza, la prevaricazione, l'imposizione, la supremazia come logica naturale.

Solo se vegan l'umanità ha un futuro di pace, di benessere e di giustizia. Solo se vegan l'individuo non solo non reca violenza ad alcun essere vivente ma pone anche le basi per un mondo finalmente libero dalla malattia, dalla violenza, dall'ingiustizia, dal dolore.

Le sofferenze del movimento animalista

Dai libri di storia si deduce che nell'arte della guerra per fiaccare e vincere il nemico è necessario frammentare ed isolare le sue forze. In questo modo forze di più modesta entità sono in grado di attaccarlo e gradualmente sconfiggerlo.

Anche i sassi sanno che "l'unione fa la forza", ma di questa logica vecchia quanto il mondo sembra che l'arcipelago animalista non voglia trarre insegnamento.

Solo in Italia ci sono circa 800 associazioni in qualche modo interessate al problema degli animali e dell'ambiente. Un esercito di gente isolata che si muove come in un'immensa diaspora senza la possibilità di diventare una reale forza sociale in grado di far riconoscere i diritti della causa in cui crede. L'assenza di una vera forza unificante va sicuramente attribuita alla mancanza di una guida carismatica; alla mancanza di mecenati e quindi di fondi, ma soprattutto va attribuita alla responsabilità delle grandi associazioni animaliste che si rifiutano di uscire dalla logica dell'orticello per entrare nell'ottica del movente, che è quello del bene degli animali, della natura e, di conseguenza, dello stesso genere umano.

C'è in atto una vergognosa e congenita gelosia del proprio simbolo, dei proprio operato, dei propri obiettivi, come nel terrore di non avere il monopolio o i diritti d'autore dell'iniziativa. Non solo manca la collaborazione di fronte a obiettivi comuni, ma ci sono associazioni che non aderiscono alle iniziative delle altre associazioni se non possono esporre le loro bandiere o se l'iniziativa non porta benefici alla loro associazione. Le grandi associazioni snobbano le piccole invece di cercare di aiutarle nella crescita o di porsi intorno a un tavolo per cercare di dar vita a un solo grande movimento animalista che raggruppi e rappresenti le istanze anche dei piccoli movimenti.

C'è chi è partito con sane intenzioni ma poi ha fatto della causa animalista un trampolino di lancio per le sue personali ambizioni. Vi sono associazioni la cui principale preoccupazione è di chiedere versamenti agli associati. E c'è anche chi strizza l'occhio a quelli dell'altra sponda. C'è chi è riuscito a fare dell'attività animalista una notevole fonte di guadagno che solo in parte utilizza a beneficio degli animali. C'è chi trova nell'associazione una professione, chi una poltrona, chi un'immagine e chi ancora un appagamento emotivo. C'è anche chi crede che per essere buoni animalisti basti portar da mangiare ai gatti o ai cani randagi; chi darebbe la propria vita per il suo cagnolino e viene alle manifestazioni impellicciata e chi dopo un meeting per i diritti degli animali ingurgita pietanze a base di carne. Ma ci sono, per fortuna, quelli che si adoperano senza perdere di vista tutte le problematiche della causa.

Tutti questi personalismi non sarebbero gravi se a rimetterci non fossero sempre gli animali. In fondo, come diceva Platone, "siamo soltanto uomini". Ma questa mancanza di coerenza e questa assurda frammentazione del mondo animalista fa perdere di credibilità agli occhi della gente e ci fa escludere da qualunque palcoscenico dei mezzi di informazione. Nei dibattiti televisivi i rari elementi che avrebbero la possibilità di dibattere con efficacia su argomentazioni di cultura animalista e vegetariana vengono sistematicamente ignorati.

Negli ultimi anni gli unici a parlare di animali nelle televisioni sono gli stessi e sporadici presentatori (meglio di niente) che fanno e dicono quello che le onnipotenti industrie alimentari, dell'abbigliamento, della chimica o della farmaceutica consentono loro senza rischio del posto di lavoro, dando, come si suol dire, un colpo al cerchio e uno alla botte, cercando di non scontentare nessuno con la solita solfa (la politica più subdola e controproducente) che non bisogna essere estremisti, che è necessario rispettare le idee altrui, che occorre proteggere gli animali ma che è utile mangiare un po' di tutto e così via.

In questo modo si sta consegnando la causa animalista (che è costata e costa lacrime e sangue a quanti da decenni lottano per i diritti degli animali) ai vari Piero Angela, Garattini, Marcelletti, Calabrese e via elencando, i quali si guardano bene dal dire cose che potrebbero andare contro i loro stessi interessi o le direttive di chi li paga, perché sanno che finché l'uomo sarà ammalato, cattivo ed ignorante avrà bisogno dell'apparato medico con il suo sconfinato esercito che vive sulle malattie della gente; ci sarà bisogno della Chiesa, che esiste per curare le malattie dell'anima, e di tutte le forze di polizia preposte a neutralizzare la cattiveria dell'uomo; cioè avremo bisogno dei centri di potere che cercheranno in ogni modo di sopravvivere impedendo il diffondersi di idee che possano mettere in pericolo la loro stessa esistenza.

Manca la consapevolezza che la causa animalista è la chiave di volta di un processo evolutivo esistenziale e che può essere risolutrice dei grandi problemi del mondo. Non ci può essere pace finché l'uomo continuerà a convivere con l'idea del sistematico sfruttamento e massacro dei nostri fratelli animali; non ci potrà essere salute finché non sarà eliminato dalle nostre tavole il cibo che ci avvelena; non ci sarà miglioramento delle condizioni ambientali finché gli allevamenti intensivi inquineranno la terra, l'acqua, l'aria, causando la distruzione delle foreste e la desertificazione delle terre coltivabili; non ci sarà soluzione alla fame nel mondo finché i paesi del Nord obbligheranno il Sud a produrre alimenti che servano a far crescere le nostre bistecche.

Ma noi siamo tiepidi e ci muoviamo solo in vista di vantaggi personali, mentre dovremmo strapparci i capelli al solo pensiero che a due passi da casa nostra migliaia di nostri fratelli animali stanno agonizzando nelle camere di tortura dei laboratori di sperimentazione. Dovremmo inorridire all'idea che dietro l'angolo c'è, mostruosamente attivo, un campo di sterminio legalizzato, un mattatoio. E la cosa più grave è che la nostra coscienza rischia di assuefarsi ai meccanismi disumanizzanti della cultura antropocentrica voluta dai centri di potere politico, medico e religioso. E mentre ci perdiamo in chiacchiere, in stupide e sterili disquisizioni sui principi, centinaia, migliaia, milioni di creature innocenti vengono sacrificati senza possibilità di scampo perché quelli che dovrebbero tutelarli sperperano le loro risorse per curare il proprio orticello piuttosto che far fronte unico per l'esclusivo bene degli animali.

Ma se la causa animalista è ferita, se non riesce ad avere il peso e la dignità che le compete per essere incisiva, se non riesce a vincere nessuna battaglia (vedasi referendum contro la caccia) le responsabilità vanno sicuramente ricercate nell'ambito della politica individualista operata finora dalle grandi associazioni che pensano più a lustrare il proprio simbolo che a coordinare le forze nell'obiettivo comune.

È una vergogna giocare con la vita degli animali. Chi non è in grado di anteporre la "causa" alle proprie ambizioni personali farebbe meglio a non dichiararsi animalista. Chi non vuole uscire dal parzialismo darebbe maggior contributo facendosi da parte in modo da non danneggiare la causa animalista.

Noi siamo portatori di una nuova etica che supera di gran lunga la morale cattolica, la quale limita il sentimento dell'amore ai soli esseri umani. Noi che lottiamo contro ogni violenza e contro ogni disarmonia abbiamo l'obbligo di comportarci di conseguenza. Non possiamo depauperare le nostre forze nei personalismi di una politica suicida; non possiamo cadere nella trappola della frammentazione, che è quello che vogliono i nostri "nemici": come ci giustificheremo davanti alla nostra coscienza e davanti alla Vita per aver barattato il nostro ideale con le nostre ambizioni?

Dobbiamo essere uniti, concordi, fraterni, determinati, perché da questo dipendono non solo la nostra credibilità e la vita di milioni di nostri fratelli animali, ma anche la possibilità di mettere le basi per un mondo migliore.

"L'UOMO HA SEMPRE MANGIATO CARNE"

DA QUANDO PER ESTREME NECESSITÀ DI SOPRAVVIVENZA LA SPECIE UMANA SI NUTRÌ DELLA CARNE DEGLI ANIMALI ABBATTUTI L'UOMO È DIVENTATO IL PIÙ CRUDELE DEI PREDATORI; CONTINUARE A MANGIARE LA CARNE SIGNIFICA PERDURARE NELLO STATO DI PRIMORDIALE FEROCIA

Nulla di più sbagliato che considerare valida una pratica solo perché consuetudine consolidata nel tempo. Anche se fosse vero che l'essere umano abbia da sempre mangiato la carne degli animali uccisi, non può essere giustificabile un'abitudine riconosciuta dannosa per la salute e la coscienza umana, altrimenti allo stesso modo dovremmo giustificare l'omicidio, la guerra, la tortura, la pena di morte o la schiavitù, che da sempre sono caratteristiche della deviazione dell'uomo. In genere si tende a fare riferimento alle assuefazioni primitive per giustificare insane abitudini di popoli pervertiti. Se i nostri antichi progenitori mangiavano la carne ciò non vuol dire che sia stato un bene: arriva il momento in cui ci si accorge delle cose che devono essere superate per il bene di se stessi e l'evoluzione civile e morale degli umani.

Il problema dell'alimentazione carnea, con tutti gli effetti negativi a essa attribuiti, è emerso da cinquant'anni a questa parte con il benessere economico occidentale; precedentemente il popolo consumava la carne solo in circostanze eccezionali, feste o rituali religiosi. Per millenni l'alimento carneo è stato da sempre appannaggio della classe aristocratica come status symbol di ricchezza o forza guerriera. In realtà il popolo in passato pur non essendo vegetariano tendenzialmente lo quasi era in pratica.

In ogni caso la carne resta una sostanza incompatibile con l'organismo umano, anche nel caso in cui gli animali dei quali la si consuma vivessero allo stato bucolico; ma oggi la carne degli animali, allevati in condizioni innaturali quanto disumane, non è come la carne degli animali allevati allo stato naturale, ma impregnata di medicinali, di malattie e della disperazione della prigionia degli allevamenti intensivi, veleni che inevitabilmente entrano nel metabolismo di chi se ne nutre.

C'è anche da considerare che le più grandi civiltà sono nate da quando l'essere umano da nomade cacciatore-raccoglitore è divenuto stanziale cibandosi prevalentemente di vegetali a seguito dell'invenzione dell'agricoltura. Tutta la civiltà dell'area del mediterraneo risulta caratterizzata da un'alimentazione prevalentemente o quasi del tutto vegetariana. I greci, gli spartani, i romani si nutrivano di erbe, cereali, fichi, mandorle e formaggio. I greci antichi venivano chiamati mangiatori di foglie. Fino alla Roma tardo-imperiale non c'è traccia di allevamenti di animali per l'alimentazione. I buoi erano sacri, considerati trattori da campagna, e i romani, come ricorda Virgilio, si rifiutavano di mangiare la carne del vitello.

La poca carne consumata era di animale da cortile, maiale e cacciagione. Plinio, Cicerone, Seneca, Catone, Orazio, Curio Dentato e tantissimi altri grandi personaggi dell'Antica Roma erano notoriamente vegetariani. Il mestiere di macellaio era disprezzato, come riferisce Cicerone, sia a Roma come in Oriente, dove il Buddha annoverava tra i mestieri "fonte di miseria per l'uomo" quello di macellaio, di cacciatore, pescatore e venditore di animali da macello. In sostanza il consumo di carne risulta parallelo alla decadenza dell'Impero Romano mentre nell'Induismo il vegetarismo era segno di elevata distinzione sociale.

Terza parte

Aspetti antropologici

L'ANATOMIA COMPARATA CONFERMA: L'UOMO È UN ANIMALE FRUGIVORO

La morfologia umana evidenzia la differenza strutturale tra noi e gli animali carnivori: molari piatti, bassa acidità di stomaco, maggiore lunghezza dell'intestino, assenza dell'uricasi (senza la quale mangiando carne si sviluppano tossine che causano malattie articolari, gotta, artriti), forma del cranio arrotondata con i muscoli della faccia adatti a triturare, canini poco sviluppati, grandi molari adatti ai cibi duri, dentatura con incisivi, smalto dei denti molto spesso (l'uomo è l'animale con lo smalto più spesso, adatto a mangiare cibi duri come i semi), pollice opponibile adatto a raccogliere frutti e semi, sedere grosso, intestino saccoluto, cioè a zone, a sacchetti, adatto alla fermentazione di cibi vegetali.

L'uomo può effettuare movimento laterali e antero-posteriori della mandibola. La dentatura è bunodonta: una formula dentale diversa da quella dei carnivori. Ha debole muscolatura dello stomaco.

L'ordine dei primati nasce 70 milioni di anni fa, nell'era secondaria, contemporaneamente alla comparsa delle piante da frutto, le angiosperme.

Nell'ordine dei primati si sono formati le proscimmie, le scimmie antropoidi e gli uomini. Le proscimmie si svilupparono 50 milioni di anni fa, le scimmie antropoidi 38 milioni di anni fa. I generi di scimmie antropoidi sono quattro: i gibboni, gli oranghi, i gorilla e gli scimpanzé. Le scimmie antropomorfe come gli uomini mancano di coda. La sequenza degli aminoacidi dell'emoglobina dello scimpanzé è identica a quella dell'uomo.

Dai niciadi, 36 milioni di anni fa, discende la classe dei mammiferi, da cui hanno avuto origine anche tutti i mammiferi carnivori.

A 15 milioni di anni fa risalgono le radici degli antenati dell'uomo. Cinque milioni di anni fa la discendenza si divise in tre rami; di questi restò solo quella che portò all'homo sapiens sapiens. La perdita della coda risale a 6 milioni di anni fa.

Il primo ominide compare 6 milioni di anni fa. In questo periodo si separano le due linee evolutive: scimpanzé ed ominidi. Ma solo 2 milioni e mezzo di anni fa appare l'ominide dello stesso genere dell'uomo moderno.

Australopiteco 2,3 milioni di anni fa; homo habilis 2 milioni di anni fa; l'homo herectus, 1,7 milioni di anni fa, si sposta in diverse zone ed è costretto a mangiare di tutto; dall'homo sapiens 100000 anni fa partono due branche: l'uomo di Neanderthal e quella che è infine diventata la nostra razza attuale. I neandertaliani si estinsero mentre gli uomini Cro-magnon progredirono dando origine all'homo sapiens sapiens (40000, forse 100000 anni fa).

La conquista del linguaggio risale a 2 milioni di anni fa. Un milione di anni fa l'uomo lascia l'Africa e si sposta negli altri continenti. Dovendosi adattare ad altri ambienti e alle insidie della savana il suo cervello si è sviluppato passando da 700 centimetri cubi (homo habilis) a 1350 centimetri cubi (homo sapiens). Nell'ultima glaciazione "Wurm III" dell'era quaternaria, nel periodo chiamato pleistocene, circa 1 milione di anni fa, le foreste si trasformarono in savane.

L'uomo moderno, homo sapiens, nasce in Africa 300000 anni fa. I pastori del subcontinente indiano vengono chiamati Ariani, da questi discende la casta dei preti filosofi, i bramani.

Le prime sepolture risalgono a 100000 anni fa in Israele. La fronte verticale è comparsa 100000 anni fa.

L'uomo moderno si sviluppa in Africa 60000 anni fa. Dodicimila mila anni fa inizia la coltivazione del grano. Il Medio Oriente era la zona più ricca di animali addomesticabili; questo favorisce l'incremento demografico. Il passaggio dalla caccia all'agricoltura fu la mossa vincente. Il cacciatore era costretto al nomadismo, l'allevatore no. Compaiono le prime forme di Stato. Da quando ha avuto inizio l'agricoltura la popolazione mondiale è cresciuta 1000 volte. Con l'agricoltura si sviluppano le prime proprietà private e con esse le gerarchie e le burocrazie.

Cinquantamila anni fa i primi bracieri ardenti per cuocere il cibo. Da questa data l'uomo addomestica animali e crea recinti. Ottomila anni fa i primi rulli di pietra per macinare il grano.

L'arte compare 40000 anni fa. Da 30000 anni in qua l'essere umano non ha subito cambiamenti fisiologici.

L'uomo attuale nasce nelle zone della foresta tropicale. Nel neolitico, nel 6000 avanti Cristo, l'uomo primitivo si trasforma da cacciatore-raccoglitore in domatore e poi pastore.

L'uomo nasce quindi nelle grandi foreste dell'Africa equatoriale, come animale arboricolo, cioè che vive principalmente sugli alberi, contemporaneamente allo sviluppo delle angiosperme, cioè le piante da frutto e, per circa 4 milioni di anni, si nutre di frutta, semi, germogli, bacche, foglie e radici. E anche quando inserisce nella sua dieta la carne resta fondamentalmente vegetariano. Dedicandosi sempre più all'agricoltura e sempre meno alla caccia l'alimento carneo diviene sempre più raro e, col tempo, accessibile soltanto ai ricchi. La carne divenne pertanto una specie di status symbol della condizione economica.

L'uomo attuale, strettamente imparentato con i gorilla, gli scimpanzé, i gibboni e gli orangutan, appartiene alla classe dei mammiferi, all'ordine dei primati, alla famiglia degli ominidi, al genere homo, alla specie homo sapiens, e ha in comune con quei primati il 98% del patrimonio genetico. È anatomicamente strutturato come loro, che hanno infatti due mani e due piedi, niente coda, occhi che guardano in avanti, ghiandole mammarie sul petto, milioni di pori sudoripari nella pelle, apparato masticatorio come il nostro, canini poco sviluppati, grandi molari smussati adatti a triturare cibi duri e quindi notevole spessore dello smalto, forme dei denti a cuspidi arrotondate, incisivi ben sviluppati adatti a tagliare i frutti e i vegetali, e inoltre ghiandole salivari ben sviluppate come le nostre, saliva e urina alcaline, lingua liscia, stomaco con duodeno; l'intestino, lungo 12 volte la lunghezza del corpo, è sacculato, cioè a zone che servono alla fermentazione degli alimenti vegetali; la placenta è discoidale, il colon è convoluto. La loro struttura anatomica generale è praticamente identica alla nostra.

Il fatto che questi nostri parenti sono vegetariani indica chiaramente che l'essere umano non è stato strutturato dalla natura a mangiare la carne, e che non è, come alcuni sostengono, un animale onnivoro. Anche se l'essere umano, spinto da necessità di sopravvivenza, si è abituato a mangiare di tutto, questo non vuol dire che abbia disposizioni naturali ad essere onnivoro: semmai lo è diventato per abitudine, vinto dal gusto della carne cotta. Ma ha pagato e paga questo suo cambiamento di dieta con le malattie ed il conseguente accorciamento della lunghezza della vita.

Sir Richard Owen, membro della Società Reale: "*Gli antropoidi e tutti i quadrumani traggono il loro nutrimento dai frutti, dai semi e da altre succulente sostanze vegetali, e la stretta analogia che esiste tra la struttura di questi animali e quella dell'uomo dimostra chiaramente la sua natura di frugivoro*".

Dottor Sylvester Graham: "*L'anatomia comparata dimostra che l'uomo è per sua natura un animale frugivoro, destinato a nutrirsi di frutta, semi e vegetali farinosi*".

Non fu la carne a favorire l'evoluzione dell'ominide

Questo è ciò che credono coloro che considerano, in modo superficiale, la coincidenza tra l'introduzione della carne nella dieta dell'uomo dei primordi e lo sviluppo del cervello umano. Si sostiene anche che la pesca abbia contribuito all'evoluzione con l'introduzione dei grassi Omega 3, (come se tali acidi grassi fossero prerogativa del pesce, che tra l'altro sarebbe stato difficile procacciarsi nella foresta intertropicale). Affermazioni non supportate da studi antropologici e concepite dunque senza considerare che non è possibile che prodotti incompatibili con la nostra natura di animali fondamentalmente frugivori possano aver favorito la nostra evoluzione.

Non è possibile avere certezze sulle cause che portarono un ramo dei primati a svilupparsi maggiormente fino a produrre l'attuale homo sapiens sapiens. Si possono solo fare delle ipotesi. Probabilmente lo sviluppo dell'intelligenza dell'ominide fu favorita dalla sua posizione eretta di bipede, che liberò le sue mani e lo spronò a costruire utensili. A questo si aggiunse lo sviluppo del linguaggio, ma probabilmente fu la necessità di doversi difendere dai predatori della savana ad aguzzare l'ingegno dell'ominide, e successivamente l'utilizzo sistematico di semi e cereali (fonte di vitamine del gruppo B), che consentì una costante introduzione del carburante necessario allo sviluppo del suo cervello, e non certo le proteine di origine animale, la cui assunzione è causa di molte patologie che incidono negativamente anche sul cervello.

Gli eschimesi, che si nutrono quasi esclusivamente di carne, o le tribù indigene che ancora vivono prevalentemente di caccia, dovrebbero essere tra le popolazioni più evolute e intelligenti, mentre in realtà non si sono mai distinte in alcuna disciplina culturale, scientifica o artistica.

Il carburante del nostro cervello è il glucosio, combustibile ricavabile *solo* dagli alimenti di origine vegetale (ad eccezione del latte che lo contiene combinato con il galattosio), quindi l'intelligenza ha bisogno per svilupparsi di calorie che vengono tratte prevalentemente da cereali e verdure. L'adozione dei semi e dei cereali nell'alimentazione umana causa maggiore produzione di insulina e garantisce riserve caloriche in caso di eventuali carestie e grandi freddi invernali.

L'animale carnivoro ha succhi gastrici da 10 a 20 volte più potenti dei nostri, il suo rene è due volte più grosso di quello di un animale erbivoro, e la lunghezza del suo intestino è tre volte la lunghezza del tronco, per permettere il rapido smaltimento dei residui tossici della carne. Nel lungo tubo gastrointestinale umano la carne va in *putrefazione*, perché le proteine animali, protette da un pesante guscio lipidico, non vengono demolite e disgregate completamente dai deboli acidi di cui è dotato l'apparato gastrico umano, e lasciano pesanti e pericolosi residui tossici. Gilbert e Dominicé, ricercatori belgi, hanno provato mediante esperimenti che l'assunzione di carne provoca nel tubo intestinale un aumento di germi patogeni, che passa da 2000 a 70000 unità per millimetro cubo, non certo benefico per l'organismo.

La carne genera: radicali liberi, leucocitosi digestiva, crisi enzimatica, carenza di vitamine, aumento di colesterolo, aggressione acida all'equilibrio del sangue, prelazione di calcio, uricemia, ipertensione, reumatismo, gotta, cancro. Considerati i danni che produce è difficile sostenere che sia la carne ad aver determinato l'evoluzione e l'intelligenza umana.

La rivista *Viversani* riprende l'argomento con un articolo dal titolo "Vegetariani, da bambini erano più intelligenti", nel quale cui si dice: "*Secondo uno studio pubblicato sul* British Medical Journal, *chi diventa vegetariano prima dei trent'anni probabilmente da bambino aveva un quoziente intellettivo superiore al normale (con una media di 5 punti in più). Lo studio ha coinvolto più di 8000 persone che all'età di 10 anni erano state sottoposte a un test di intelligenza. Dopo vent'anni è stato preso in considerazione il loro tipo di alimentazione. Si è scoperto che i maschi vegetariani avevano totalizzato 106 punti, contro i 101 dei non vegetariani, mentre le donne vegetariane 104 punti contro i 99 delle non vegetariane. I ricercatori sostengono che questo è la dimostrazione scientifica del fatto che le persone più* intelligenti *sono anche le più sane.*"

Il professor Armando D'Elia nel suo libro Miti e realtà dell'alimentazione umana dichiara: "*Ricercatori dell'Università di Oxford, dopo una lunga serie di test condotti su studenti, hanno individuato il rapporto esistente tra il pH del sangue che nutre il cervello e l'acume intellettivo, rivelando che tale acume aumenta proporzionalmente alla 'basicità' del sangue che arriva al cervello*". Gli alimenti che favoriscono la basicità del sangue sono i vegetali, non certo la carne. La lunga lista di illustri vegetariani conferma questa realtà.

L'uomo predatore

"Finché gli uomini si nutriranno come le tigri in essi permarrà la natura della tigre"
(Anna Kingsford)

Come è possibile che l'essere umano, anatomicamente privo di qualsiasi arma naturale (artigli, zanne, zoccoli, corna, veleno, aculei), pur essendo strutturato come la creatura più inerme e meno programmata ad esercitare violenza e ad uccidere, come è possibile che sia divenuto il più crudele e spietato predatore anche nei confronti dei componenti della sua stessa specie? Che cosa lo ha inclinato alla violenza, al crimine, alla guerra, fino a portare all'estinzione intere etnie ed intere specie di altri viventi? Che cosa ha estirpato dalla sua coscienza la compassione, la sensibilità, quella sola vera ricchezza che lo distingue dagli animali predatori e che lo apre al rispetto dell'altro e al vivere in pace ed in armonia?

A mio avviso due sono state le principali cause che hanno tralignato la sua natura. Una è stata l'abitudine a uccidere gli animali suoi compagni di vita, che lo ha addestrato alla violenza, alla morte, lo ha abituato alla vista del sangue al deprezzamento della vita sia dell'animale sia del suo simile. Uccidendo gli animali l'uomo ha ucciso la sua parte migliore, la compassione che fin dai primordi andava emergendo nella sua natura; ha ucciso il rimorso, la capacità di condividere le necessità vitali dell'altro; si è reso incline alla legge del più forte e a ogni delitto anche nei confronti degli umani.

Il secondo aspetto che ha pervertito la natura umana scaturisce dal tradimento alimentare contro la morfologia del proprio organismo. Ogni specie è strutturata per nutrirsi con alimenti adatti al suo organismo: il carnivoro è strutturato per mangiare la carne di altri animali, l'erbivoro per nutrirsi di erbe e il frugivoro dei frutti delle piante. L'essere umano dovrebbe nutrirsi dei frutti delle piante, di erbe, bacche, radici e semi. Alimentarsi con cibi diversi da quelli stabiliti dalla natura è come mettere gasolio nel serbatoio di un'automobile progettata a funzionare a benzina, il suo funzionamento resta inevitabilmente compromesso, e nell'uomo gli effetti sono non solo a livello fisico ma mentale, emozionale e spirituale.

La carne è un alimento adatto agli animali predatori, serve a dare la carica dell'aggressività necessaria ad uccidere le loro prede. Se i predatori avessero avuto compassione delle loro vittime la loro specie si sarebbe estinta sul nascere. Se il leone mangiasse come gli erbivori o i frugivori (a parte eventuali carenze nutrizionali) probabilmente la sua natura cambierebbe, si trasformerebbe per acquisire col tempo una natura più mite. Per contro se gli erbivori o i frugivori si nutrissero di carne sicuramente la loro indole si sposterebbe verso la natura aggressiva, oppure ne pagherebbero le conseguenze con lo sviluppo di particolari patologie. L'esempio più lampante viene dalla sindrome della mucca pazza che si è ammalata ed è impazzita perché è stata alimentata con cibi inadatti alla sua natura di essere pacificamente erbivoro.

L'identica situazione è riscontrabile nella specie umana: da quando l'essere umano ha introdotto nella sua dieta anche la carne non solo si sono sviluppate tutte le peggiori malattie (la specie umana è la sola flagellata da 20000 sintomi e 4000 diverse patologie) ma ha sviluppato l'indole tipica degli animali predatori. L'insensibilità verso la condizione degli altri, l'indifferenza verso la sofferenza altrui e la crudeltà umana è aumentata proporzionalmente al consumo di carne. Da quando l'essere umano ha adottato la dieta degli animali predatori la sua indole è diventata sempre più simili a quella degli animali carnivori: non solo sono aumentate esponenzialmente le malattie, ma abbondano i delitti in apparenza ingiustificabili, la diffidenza verso l'altro, l'aggressività per futili motivi. Ecco perché il consumo di carne è sempre stato ed è la principale causa delle maggiori sventure umane.

Quarta parte
Aspetti scientifico-salutistici

Essenza del Vegetarismo

Il termine "vegetariano" deriva dalla radice sanscrita "vag", che significa gagliardo; tale radice si trova anche nel sostantivo della lingua latina "vigor", che significa vigore, salute, e nell'aggettivo "vegetus", che significa sano, pieno di vita. Il termine "vegetarianesimo" fu coniato nel 1847 in Inghilterra dalla prima Vegetarian Society, fondata da William Cowherd della Chiesa Cristiana della Bibbia e adottato poi nel 1857 in Germania ed in Francia nel 1875. Dal 1889 si parla di "vegetarismo" e dal 1920 di "fruttarismo", mentre il temine "vegan" fu coniato da Donald Watson nel 1944 quando fondò a Londra la Vegan Society. Dal 1970 si parla di "specismo".

Il vegetarismo non è un compendio di norme alimentari intese a tutelare la salute; non è un movimento di nutrizionisti alternativi; non è l'ideologia rampante delle ultime generazioni e non è nemmeno la tendenza spontanea verso un romantico ritorno alla natura nel rispetto di tutti i viventi. Il vegetarismo (o nella sua denominazione più estesa "vegetarianesimo") è l'espressione più alta, profonda e matura dell'intelligenza positiva e della coscienza universale protesa verso il bene, la verità, la vita e l'evoluzione integrale dell'uomo in armonia con tutti gli esseri. Nella sostanza è il ritorno al piano originale di Dio per il creato enunciato dai grandi mistici di ogni dottrina religiosa e filosofica.

Il vegetarismo, anche se si manifesta platealmente nelle ultime generazioni specialmente occidentali, affonda le sue radici nei lontani millenni della storia traendo il suo insegnamento dal pensiero dei più grandi illuminati della Terra in una sorta di sincretismo universale, facendo proprio il pensiero dei grandi filosofi, dei grandi iniziati, dei grandi mistici, letterati e scienziati di ogni tempo e paese, che sono alla base della morale e della spiritualità umana.

Il vegetarismo fa suo l'anelito dell'uomo verso la liberazione integrale dai condizionamenti fisici, mentali e morali, e lo rende libero e artefice del proprio destino, della propria salute fisica, del proprio equilibrio mentale, dello sviluppo della propria sfera emozionale e della propria elevazione spirituale.

Fulcro fondamentale della visione vegetariana è il rifiuto della violenza, in empatica adesione al pensiero jainista, al sentiero dell'amore enunciato dal Cristo, alla legge della compassione indicato dal Buddha, alla via della rettitudine raccomandato da Zoroastro e da Pitagora.

La cultura della scienza e dell'etica vegetariane supera le barriere ideologiche, razziali, culturali, religiose, e politiche, per valorizzare le differenze formali e sostanziali positive, per espandersi a raggi concentrici sempre più ampiamente dall'uomo a ogni essere vivente.

Nella sua pratica attuazione il vegetarismo vuole dare all'individuo gli strumenti per essere artefice del proprio destino attraverso la consapevolezza delle proprie capacità di recuperare e conservare la propria salute fisica, di favorire il proprio equilibrio mentale e sviluppare la propria sfera emozionale e il proprio sviluppo spirituale, attraverso stili di vita e abitudini alimentari conformi alla nostra natura di esseri pacifici e fruttariani: da ciò che mangiamo, dalla qualità dei nostri pensieri e dal nostro stato emotivo dipendono il nostro benessere, la nostra felicità e l'armonico convivere.

L'affrancamento da ciò che genera disarmonia nel nostro essere, oltre a prevenire la malattia e ripristinare l'equilibrio energetico dell'individuo rafforzando le sue difese immunitarie, consente di sviluppare una coscienza giusta e compassionevole, una personalità serena, forte e positiva nei confronti della vita, rendendo l'individuo parte attiva della sua stessa guarigione.

Il vegetarismo, quindi, supera la concezione meccanicistica, settoriale e sintomatologia della medicina convenzionale, per intervenire sulle cause che determinano la malattia, secondo approcci terapeutici alternativi, naturali, di tipo olistico, ambientali e comportamentali.

Il vegetarismo dunque si propone di: dare all'individuo gli strumenti di difesa dalle malattie derivanti da alimentazione e stili di vita dannosi per la nostra natura; favorire il rispetto della vita in tutte le sue manifestazioni; debellare la fame nel mondo e salvaguardare la natura; sensibilizzare la coscienza umana verso le necessità vitali di ogni essere vivente; abolire la violenza in senso lato mettendo in atto il principio "non ammazzare e non fare ad altri ciò che non vorresti ti fosse fatto"; opporsi a ogni pratica di sfruttamento dell'uomo come dell'animale, sviluppando una mentalità di pace, di condivisione, di non predominio.

In una nuova cultura umana fondata sulla consapevolezza delle possibilità di autodeterminare la propria condizione fisica, psichica e morale e in una nuova sensibilità umana aperta alla condivisione e al rispetto dei più deboli è possibile porre le basi del mondo a venire.

VIVERE SECONDO I PRINCIPI ETICI DEL VEGANISMO SIGNIFICA:

- estendere i codici del diritto dall'uomo a ogni essere in grado di soffrire;
- valorizzare le differenze formali e sostanziali componenti la vita;
- estendere i principi: non ammazzare e non fare agli altri quello che non vorresti per te stesso, dall'uomo a ogni essere senziente;
- anteporre il biocentrismo alla visione antropocentrica;
- responsabilizzare l'individuo delle proprie scelte che sono in grado di condizionare il destino collettivo e quindi non delegare altri a tutelare il proprio bene fisico, mentale e spirituale.

Aberrazioni alimentari

Come ha potuto l'essere umano, dotato di senso estetico, di sensibilità emotiva, di ragione, scendere, in fatto alimentare, più in basso degli sciacalli, delle iene, dei serpenti? Come è possibile che consideri una ghiottoneria il cibo adatto ai leoni, alle tigri, ai serpenti? Come è possibile mangiare ciò che puzza, che è proprio delle salme, delle mummie, delle sostanze morte? Come è possibile mettere nel proprio stomaco un altro stomaco, il cuore, il fegato, la milza, la gamba di un animale magari coperta di piaghe e di croste?

Come è possibile che l'essere umano sia arrivato a considerare prelibatezze delle parti anatomiche di un essere che poco prima camminava, respirava, pensava, mangiava, faceva l'amore, produceva escrementi? Che differenza c'è tra le interiora tolte ad un uomo sezionato in obitorio e le interiora di un vitello spaccato dai macellai?

Come può l'essere umano comportarsi come gli animali predatori, avere oggi atteggiamenti consoni agli uomini delle caverne? Come è possibile che guardando il cadavere di un animale morto e appeso ai ganci di un luogo infernale quale è, la macelleria pensi che quella massa di carne in via di decomposizione (che andrebbe seppellita) possa essere buona da mangiare? Come è possibile che non provi sgomento, disgusto, nausea e vergogna di se stesso?

Come è possibile per l'uomo (che si considera superiore agli animali) considerare squisito il latte uscito dalle mammelle di un animale e consumare le uova uscite dal corpo di una gallina?

Come ha potuto arrivare a negare l'evidenza della similitudine tra il suo dolore e il dolore degli animati, tra il suo pianto, la sua disperazione e l'identico sentire di un animale condotto al macello? A non vedere la similitudine tra gli occhi di un animale e i suoi occhi, tra il suo fegato e il fegato di un animale, al punto da considerarli cibo per il suo stomaco?

Come è possibile che l'essere umano riesca a calpestare il proprio cuore e la propria coscienza condannando a una vita infernale e all'esecuzione capitale creature dotate di ragionevolezza, di sentimenti, e capaci di accusare il dolore forse più dell'essere umano? Come ha potuto arrivare a simile ingratitudine e al disprezzo di creature bellissime, miti, forti poderose, che nei millenni lo hanno servito, protetto, e che come schiavi, lo hanno sollevato da lavori durissimi? Per quale assurdo maleficio l'uomo si è trasformato nel più insensibile dei carnefici? A mio avviso tutto questo è potuto accadere perché il popolo ha sempre cercato di imitare il ricco dissoluto, nella convinzione che se il re mangia la carne, se il medico la raccomanda e il prete la benedice, non si può trattare che di una pratica da ambire.

Naturalmente la regola vuole che l'animale debba essere necessariamente ucciso e non mangiato dopo morte naturale: si rischierebbe di essere considerati mangiatori di cadaveri.

L'INGIUSTIFICABILE PAURA DI RINUNCIARE ALLA CARNE

DARE O NO AI BAMBINI CARNE E LATTE VACCINO?

La recondita paura di abolire dalla dieta i prodotti animali e derivati, diffusa negli ultimi decenni da medici e nutrizionisti poco informati o conniventi con certe *lobby* agroalimentari e zootecniche, è dura a morire anche tra coloro che sono vegetariani per motivi salutistici. Questi spesso, eliminata la carne dalla loro dieta, non riescono a liberarsi della convinzione che almeno il pesce, in sostituzione della carne, sia necessario mangiarlo, dimostrando di essere poco informati o privi di sensibilità verso la sofferenza e la morte del pesce.

Quando si è invasi dalla paura di rinunciare anche al pesce a mio avviso bisognerebbe chiedersi: perché mai il pesce dovrebbe essere necessario alla salute umana, dal momento che innumerevoli individui che *non* consumano questo animale godono ottima salute? Quali sostanze contiene il pesce che non sono contenute nei vegetali? Gli Omega 3? Questi acidi grassi essenziali abbondano in innumerevoli vegetali come per esempio nei legumi e nella frutta sia verde che secca, senza intossicare con i veleni contenuti nel pesce, dovuti ai metalli pesanti e a tutto l'inquinamento degli scarichi industriali e ai medicinali che vengono somministrati agli animali per scongiurare epidemie.

Il medesimo discorso vale per il latte, i latticini e i formaggi, dei quali molte persone che hanno smesso di mangiare la carne fanno molto uso, convinti di dover sostituire la carne almeno con dei derivati da animali nel tentativo, errato, di approvvigionarsi in questo modo delle famigerate e "necessarie" proteine animali. Anche in questo caso bisognerebbe chiedersi: se il latte e i suoi derivati sono necessari alla salute umana come mai innumerevoli persone che *non* ne fanno uso stanno benissimo in salute? Che cosa contengono il latte e i suoi derivati che non è contenuto nelle verdure o nei legumi? Assolutamente nulla. Sono ricchi di calcio? Anche i vegetali lo sono, senza intossicare con ciò che il latte contiene. Tra l'altro è utile ricordare che da studi effettuati in molte parti del mondo è emerso che le popolazioni sono tanto più colpite da osteoporosi quanto più consumano latte e suoi derivati e che un quinto della popolazione mondiale non ne consuma affatto, e vive mediamente addirittura meglio.

Ma la paura più grande, quanto ingiustificata, si verifica dopo lo svezzamento di un bambino anche se nato da persone vegetariane o anche vegane: il dubbio che almeno i bambini abbiano bisogno della carne è duro a morire. Anche in questo caso il buon senso e la logica ci viene in aiuto e la domanda da porsi è la stessa: *perché mai un cucciolo d'uomo per crescere bene ed in salute dovrebbe avere bisogno di un pezzo di cadavere o del latte di un animale diverso dalla sua specie?* E se la carne di manzo o il latte di mucca sono necessari al bambino, perché bambini che non ne fanno uso godono ottima salute? Se la carne o il latte degli animali fossero necessari alla nostra salute la specie umana si sarebbe estinta sul nascere.

Vale la pena rammentare che gli alimenti più adatti alla nostra alimentazione sono quelli che contengono tutte e otto le categorie di alimenti, cioè: proteine, vitamine, sali minerali, grassi, zuccheri, oligoelementi, acqua e fibre, e che questi si trovano tutti e ben bilanciati nella frutta e nelle verdure, mentre la carne è priva di carboidrati, amidi, fibra, zuccheri e vitamina C, quindi altamente scompensata sul piano nutritivo. Ma anche in questo caso il terrore viene dalla paventata carenza di proteine animali.

Per capire quanto sia infondata questa paura occorre fare riferimento all'alimento per eccellenza del bambino: il latte materno. All'essere umano appena nato, nel periodo in cui il suo organismo va formandosi, è sufficiente il corredo proteico del latte della madre, che è inizialmente dell'1,2% ma decresce gradualmente fino allo 0,9%, per poi stabilizzarsi su tale percentuale. La crescita ponderale dell'individuo continua fino a circa 21-24 anni, ma con una velocità estremamente ridotta rispetto a quella del lattante. Perciò il *fabbisogno proteico* dell'uomo è massimo nel lattante, medio nell'adolescente, minimo nell'adulto. Il cibo che risponde al quantitativo di proteine ottimale per l'uomo e per il proseguimento naturale della sua alimentazione in tutta la fase successiva allo svezzamento risulta perciò essere la frutta e la verdura. Infatti la media proteica della frutta è dell'1,1%, quello della verdura più consumata è dell'1,80%.

Dare da mangiare della carne a un bambino è praticamente un delitto perché questa ha un contenuto proteico 10 o 20 volte maggiore di quello del latte materno, e le proteine eccedenti gli stretti bisogni dell'organismo vengono accolte come degli autentici corpi estranei, quasi dei veleni: si è calcolato che (almeno negli adulti) l'organismo se ne libera mediante processi catabolici entro al massimo 7 giorni. Il fegato si incarica di trasformarle in urea e i reni si incaricano di eliminarla. Ma se il fegato e i reni non sono pienamente efficienti si verificano situazioni tossiche per l'intero organismo. Quando il fegato non riesce a distruggere interamente l'eccedenza di proteine il corpo cerca di evitare che queste aumentino la viscosità del sangue ostacolandone la circolazione, e l'organismo per evitare questo pericolo cerca di legare le proteine eccedenti alle pareti dei capillari, che diventano più spesse, ostacolando sia il transito delle sostanze nutritive sia l'ossigeno diretto ai tessuti. Infine l'organismo per compensare questa situazione aumenta la pressione arteriosa.

Da ricordare inoltre che gli aminoacidi delle proteine in eccesso per essere eliminati devono essere privati dell'azoto (questo verrà poi trasferito dal fegato in sostanze azotate di rifiuto: urea, acido urico, purine e via elencando). Una volta eliminato l'azoto rimangono carbonio, idrogeno e ossigeno, che il fegato restituirà come carboidrati, che verranno in buona parte convertiti in grassi di deposito o accumulati come glicogeno epatico. Questo processo predispone il bambino all'obesità e all'ipertrofia renale. Infatti il rene di un animale carnivoro, predisposto a metabolizzare la carne, è grande il doppio di quello di un animale erbivoro, e anche il suo fegato è più voluminoso.

Le proteine presenti nel latte specifico di ogni specie sono in proporzione alla velocità di crescita del cucciolo: il bambino, con lo 0,9%, raddoppia il suo peso corporeo in 6 mesi, mentre il vitello, il cui latte specifico ha il 3,5% di proteine, raddoppia il suo peso in 2 mesi. Infatti il latte vaccino contiene molti fosfati necessari per costruire il poderoso scheletro dell'erbivoro: (168 mg di fosforo nel latte bovino contro i 32 del latte umano), ed essendo il fosforo un elemento acidificante esso impedisce l'assorbimento del calcio e provoca nel lattante una tendenza all'ipocalcemia.

La maggiore velocità di accrescimento del bambino dovuta ad un eccesso proteico è patologica, e ostacola, anche se parzialmente, il suo sviluppo psichico: l'80% dei bambini allattati a latte vaccino presentano disturbi dell'apprendimento, perché nel latte di mucca sono assenti i galattocerebrosidi, che favoriscono lo sviluppo delle facoltà cerebrali. La velocità di accrescimento, che va a scapito della resistenza, della salute e della longevità dell'individuo, aumenta anche a causa dei "trefoni", sostanze eccito-formatrici che si trovano nel latte vaccino perché la mungitura della mucche avviene anche durante il periodo di gestazione.

Inoltre. Nel latte vaccino UHT intero ci sono 120 mg di calcio su 100 g di prodotto, mentre nel latte umano ce ne sono appena 38. L'assorbimento di tale calcio in eccesso è reso difficile perché il calcio contenuto nel latte vaccino, e nei suoi derivati, è molto più grezzo rispetto al latte umano ed è legato alla caseina che ne impedisce l'assorbimento. Inoltre siccome il latte vaccino è generalmente omogeneizzato, pastorizzato e trattato, il suo calcio è degradato, reso inorganico e quindi difficilmente utilizzabile. Rudolf Steiner sostiene che il bambino nutrito con il latte vaccino presenterà da anziano sclerosi e invecchiamento precoce. Inoltre.

Nei grassi del latte vaccino vi è una quantità eccessiva di acido miristico, che può causare arteriosclerosi.

Il sodio presente nel latte vaccino è 3 volte più abbondante di quello contenuto nel latte umano, e questo può predisporre il bambino all'ipertensione.

Nel latte vaccino si riscontra una notevole insufficienza di alcune vitamine necessarie per uno sviluppo normale del bambino, che sono invece ben presenti nel latte della donna, quali la A, la C, la D e la E.

Il latte vaccino è povero di fattori biologici difensivi specifici.

Il coagulo del latte umano è costituito da piccoli fiocchi, quello del latte vaccino è costituito da fiocchi molto grossi, difficilmente digeribili.

I bambini nutriti con latte vaccino accuseranno da adulti una maggiore colesterolemia rispetto a quelli allattati al seno materno.

Il latte vaccino provoca delle allergie a causa di una proteina particolarmente allergizzante, la beta lattoglobulina.

Il latte vaccino è anche povero di ferro, privo di fibra e amido.

È utile ricordare che il latte è un alimento destinato ad essere succhiato direttamente dal seno materno senza che subisca il contatto con l'aria, con la luce, con una sorgente di calore, con l'ossigeno, pena una notevole perdita della carica vitaminica e danni da ossidazione.

Il latte è, a tutti gli effetti, sangue trasformato nelle mammelle in un liquido senza emazie, una specie di sangue bianco, un prodotto animale vivente, una parte del corpo della madre che la madre trasferisce al corpo del figlio per nutrirlo.

Il consumo di latte vaccino conferisce odori nauseabondi alle feci. Inoltre l'insonnia del bambino è quasi sempre attribuibile al latte vaccino.

È stato più volte dichiarato da molti studiosi che il latte vaccino oggi in commercio è potenzialmente cancerogeno. La diffusione del cancro tra i giovanissimi è iniziata dopo la gestazione coatta delle mucche da latte. Indizio a favore di tale tesi è la scomparsa di alcune manifestazioni cancerose dopo l'eliminazione dalla propria dieta del latte vaccino.

Non è da sottovalutare l'azione decalcificante dello yogurt, il cui uso continuato può favorire ulcera gastrica o duodenale. Bambini affetti da otiti, tracheiti o catarri sono rientrati nella norma riducendo o sopprimendo lo yogurt.

Il latte, i suoi derivati e gli altri alimenti di origine animale apportano all'organismo gli stessi veleni della carne (purine, colesterolo, ptomaine), e talvolta in dosi anche più elevate della carne.

Il latte vaccino è una sorta di discarica di tutti i farmaci somministrati alle mucche lattifere (ormoni, antibiotici, sali di zinco, betabloccanti, anemizzanti, somatotropine e via elencando), che automaticamente passano nel latte della mucca e poi in chi se ne nutre. E nei foraggi finiscono anche i diserbanti e gli additivi.

Il latte di mucca può anche scatenare il diabete giovanile nei soggetti predisposti a tale malattia. Inoltre, la carenza di acidi grassi insaturi del latte vaccino può aprire la strada alle malattie coronariche.

Un'alimentazione che comprenda le uova è equiparabile a un'alimentazione carnea, essendo le uova una specie di carne liquida.

LA CARNE È NECESSARIA AI BAMBINI...

... QUANTO L'ERBA È NECESSARIA AI PESCI

Considero un delitto contro la loro integrità fisica imporre ai bambini la dieta carnea. Come è un delitto contro la loro sensibilità costringerli a mangiare la carne degli animali che spontaneamente dimostrano di amare. I bambini non mangerebbero mai la carne se avessero consapevolezza che questa richiede l'uccisione del vitello, del pollo o del coniglio. Se assistessero all'uccisione dell'animale ne resterebbero sicuramente terrorizzati e traumatizzati.

Il terrore instaurato dalla medicina ufficiale relativamente all'alimentazione di bambini vegan, ritenuta a rischio di carenze nutrizionali, spinge i genitori, convinti di operare per il bene dei loro figli, a credere che i bambini abbiano bisogno di prodotti carnei per la loro crescita. Ma questo è falso quanto fuorviante: basterebbe chiedersi se nei prodotti animali vi sia qualche sostanza nutrizionale assente nel mondo vegetale e se i loro eventuali benefici siano maggiori dei danni che essi producono.

Questo assunto parte dal presupposto che le proteine della carne siano di qualità superiore alle proteine dei vegetali, e che nei prodotti animali vi siano sostanze necessarie allo sviluppo dei bambini. In realtà i bambini hanno ancor meno degli adulti bisogno delle proteine animali, come confermato dall'American Dietetic Association nella sua presa di posizione del 2009, qui riferita nel paragrafo precedente.

La paura della carenza di nutrienti nella dieta umana, inculcata dai mezzi di informazione, dai nutrizionisti televisivi, dai pediatri e dai medici di base, è talmente cronica e radicata nella mentalità comune da richiedere una catarsi integrale per debellarne gli effetti.

Ma il terrore di cui sono vittime i genitori è dovuto principalmente alla presunta quanto falsa convinzione che le proteine animali siano necessarie allo sviluppo dei bambini. Proviamo a chiarire la questione.

Vi sono milioni di tipi di proteine, suddivise in 8 gruppi di proteine semplici e 4 di proteine coniugate. Le proteine sono composte da circa 20 aminoacidi; 8 di essi sono ritenuti essenziali perché il nostro organismo non è in grado di produrli e quindi devono essere assunti con gli alimenti. Ma da qualunque alimento derivino le proteine l'organismo le scinderà in aminoacidi per costruire le proteine specifiche e necessarie alle singole esigenze degli organi (nel corpo umano si contano circa 10000 diversi tipi di proteine). Alla fine le nuove proteine formate, sia che vengano dalla frutta, dalla verdura, dai legumi, dalla carne, dal pesce, dai latticini o dalle uova, non hanno più alcuna attinenza con le proteine iniziali.

Dunque le proteine per essere tali devono contenere necessariamente alcuni fra i 20 suddetti aminoacidi. Ogni proteina è composta da un determinato gruppo di aminoacidi. L'organismo riesce a produrre una proteina finché è presente la quantità più scarsa di quel suo aminoacido che risulta limitante. Ma questo si verifica sia che le proteine siano di origine vegetale sia che derivino dal mondo animale, perché anche dalle proteine della carne risulta condizionante il loro aminoacido più scarso; cioè in ogni proteina di partenza gli aminoacidi essenziali sono presenti in percentuali diverse, e l'aminoacido più scarso per la nuova proteina diventa inevitabilmente limitante per la sua produzione, che viene eseguita finché è presente la scorta dell'aminoacido essenziale per essa più scarso.

Se, per esempio, mangio un etto di lattuga, nella quale scarseggia un determinato aminoacido, *le proteine che richiedono quel particolare aminoacido vengono prodotte ugualmente finché quella sua per quanto poca quantità ottenuta non si esaurisce*, e per riavviare la loro produzione interrotta posso approvvigionarmi anche mangiando altra lattuga.

Il concetto che le proteine dei cereali, povere di Lisina, sia sufficiente combinarle con le proteine dei legumi, contenenti questo aminoacido, è valido non solo per i cereali e i legumi, ma per qualunque tipo di alimento; diversamente come farebbero le mucche (e tutti gli animali erbivori, toro, bisonte, elefante, cavallo) a formare le loro possenti masse muscolari e produrre (mangiando solo erba) 20 o 30 litri di latte al giorno? Vale la pena ricordare che gli aminoacidi della carne, pur essendo completi, non sempre sono disponibili sul piano fisiologico, perché i legami che li tengono uniti alla molecola possono essere così forti da resistere agli enzimi digestivi.

Mettiamo il caso che al mercato siano disponibili solo confezioni di verdure con quantitativi prestabiliti di ortaggi e che io, per fare un bel minestrone, abbia bisogno (per ipotesi) di 5 peperoni, 2 melanzane, 4 patate, 6 pomodori, 2 zucchine e 7 carote. Se nel cesto preconfezionato invece di 7 carote ne trovo solo 4, mi basterà prendere 2 confezioni e della seconda prelevare le 3 carote mancanti. Il resto del cesto non sarà buttato; tutt'altro: mi servirà a preparare altre ottime pietanze che daranno al mio organismo il corredo di vitamine, minerali, enzimi, antiossidanti e via elencando, indispensabile per la mia buona salute.

Non solo. Le componenti alimentari del cesto preconfezionato contengono, *come gruppo* (e quindi senza bisogno di prendere un secondo cesto), tutti gli aminoacidi essenziali necessari, cioè se un aminoacido essenziale è carente, per esempio nelle melanzane, lo trovo nei peperoni e se non è sufficiente nei peperoni lo trovo nei pomodori e così via. Nessuno sarà così sprovveduto da consumare solo zucchine. Non solo. Il corpo può recuperare qualsiasi aminoacido carente o assente attingendo alle proprie riserve.

Quindi, si evince che le cosiddette proteine animali considerate nobili perché complete di tutti gli aminoacidi necessari a formare le proteine sono solo fumo negli occhi, una gigantesca farsa, una balla, un vergognoso meccanismo inventato dai nutrizionisti per assoggettare la popolazione ai loro servigi e quindi alle loro parcelle. Tutte le proteine che servono allo sviluppo del nostro organismo, e nella fattispecie ai bambini, le ricaviamo dal mondo vegetale senza incorrere nei micidiali effetti delle proteine di origine animale. È *dal mondo vegetale infatti che gli animali traggono tutti gli aminoacidi, compresi quelli essenziali.* I rarissimi casi di carenza proteica devono essere attribuiti a scarsità digestive o deficiente assorbimento.

Nessun cucciolo di animale dopo lo svezzamento ha bisogno di una particolare dieta per crescere sano e robusto; semplicemente inizia a consumare gli stessi alimenti degli adulti. La dentatura indica chiaramente l'alimento adatto nelle diverse fasi della vita. Se il bambino è privo dei molari vuol dire che la natura non ha previsto che nella prima infanzia consumi semi duri e tantomeno carne, durissima se cruda. I denti incisivi e i premolari fanno capire che l'alimento ideale dopo lo svezzamento è tutta la frutta e i teneri germogli del mondo vegetale, i più vicini per composizione chimica-biologica al latte materno, umano.

Dalla qualità del cibo dipende la qualità della vita

Per stare in buona salute non è tanto importante ciò che si mangia quanto ciò che si esclude dalla propria dieta: se non si esclude ciò che è dannoso, i benefici degli alimenti protettivi vengono annullati dagli alimenti nocivi: carne, pesce, latte, formaggi, latticini, uova e tutto ciò che è trattato, devitaminizzato, demineralizzato, adulterato, conservato, emulsionato, ucciso con le alte temperature della cottura. Le sostanze nutrizionali degli alimenti, perse nella lavorazione o uccise con il fuoco, vengono sottratte all'organismo generando carenze nutrizionali.

I giovani sono soliti guardare la condizione di salute, in genere precaria, delle persone anziane con una certa commiserazione, convinti che loro, oggi forti e pieni di vigore, non saranno domani soggetti alle medesime malattie. Ma la salute è una condizione temporanea; occorre conservarsela quando la si possiede: senza un appropriato stile di vita e una corretta alimentazione, da anziani tutti, salvo casi eccezionali, saremo soggetti alle medesime patologie. Anzi, le ultime generazioni, essendo alimentate fin dall'infanzia con prodotti raffinati, inadatti e innaturali, impoveriti, risultano essere sostanzialmente più deboli delle generazioni precedenti, e quindi più vulnerabili da parte delle malattie tipiche della società moderna occidentale.

Se consideriamo una comunità di animali di qualunque specie e di qualunque dimensione, ma libera nell'ambiente per loro naturale, e la paragoniamo con una comunità altrettanto numerosa di esseri umani, ci accorgeremo che, mentre un cospicuo numero di questi ultimi è malaticcio, malfermo e dolorante, quegli animali (dal cucciolo all'animale più anziano) sono in ottima salute e in grado di correre dando filo da torcere a qualunque predatore: cosa che quasi nessun essere umano anziano sarebbe in grado di fare.

Gli animali nel loro ambiente naturale non si ammalano che raramente, mentre l'uomo è flagellato da migliaia di differenti malattie: ipertensione, diabete, cardiopatie, tumori, allergie, obesità, osteoporosi, artrosi, artriti, ictus, depressione e via elencando. Tutte malattie da cui gli animali risultano praticamente immuni, se si eccettuano gli animali da noi costretti a cibi e stili di vita a loro inadatti. Mentre l'uomo mangia di tutto, cibi incompatibili tra loro, inquinati, denaturati con la cottura, gli animali, nutrendosi con il cibo per il quale il loro organismo è predisposto, risultano esenti dalla peggiori malattie tipiche dal cattivo stile di vita dell'uomo. L'uomo moderno muore di denutrizione nonostante mangi almeno 3 volte più del suo necessario. Solo in Italia si contano 10 milioni di ammalati cronici e nel mondo ci sono 650 milioni di invalidi.

Il nostro organismo è fatto da ciò che ingeriamo e la qualità della nostra stessa vita dipende da cosa introduciamo nel nostro stomaco attraverso gli alimenti solidi e liquidi e dall'aria che respiriamo: l'acqua è cibo liquido, l'aria è cibo invisibile. È forse il nostro corpo un forno alchemico capace di trasformare in vita ciò che è morto? Può forse una sostanza morta darci vita e vigore? Può forse il nostro stomaco trasformare in profumo ciò che è puzzolente, trasformare in gioia un prodotto intriso di dolore, in salute ciò che è ammalato? Un cibo inquinato non può che inquinare il corpo, e se il corpo è intossicato non può generare pensieri positivi e armonici. Se la mente e il corpo sono contaminati può la coscienza essere illuminata e può lo spirito essere elevato?

La vita di qualunque essere vivente, animale o vegetale, dipende da ciò di cui si alimenta. Dalla qualità del terreno e dell'acqua che lo nutre dipendono il vigore, la longevità e la bellezza dell'albero: troppa acqua può farlo morire, ma poca acqua lo porta ad avvizzire. La stabilità, la durata e la conservazione di un edificio dipendono dalla qualità del materiale che è stato utilizzato per costruirlo, ma anche dal modo in cui è stato costruito. Per questo non basta nutrirsi con il cibo più adatto: occorre anche evitare le combinazioni inadeguate.

Dunque la qualità della vita dipende da ciò che entra a formare il nostro organismo. Se ciò che mangiamo è inadatto, impuro, eccessivo o carente, la nostra vita rispecchia fedelmente la qualità del cibo ingerito. La stessa mente produce pensieri puri o impuri a seconda del cibo ingerito e la nostra stessa coscienza è condizionata dalla qualità del cibo: un cibo adatto agli animali predatori (la carne) non può generare impulsi di pace, di tolleranza e disponibilità verso il prossimo. Se ci alimentiamo come le tigri avremo pensieri predatori e soprattutto, come la tigre, non avremo la sensibilità del cuore verso le vittime del nostro egoismo: ciò che mangiamo è in grado di influire notevolmente sulla nostra salute fisica, sull'equilibrio mentale e sulla sfera morale e spirituale dell'individuo.

Il cibo è in grado di guarirci o di farci ammalare. Pensiamo a quale tragedia è subire una malattia invalidante. La malattia condiziona il nostro lavoro, la vita familiare, i rapporti sociali, le nostre risorse umane e finanziarie: con essa la stessa vita perde di valore. Un individuo ammalato è altamente vulnerabile; un popolo di ammalati è un popolo debole; un animale ammalato è facile preda di animali più forti.

La medicina convenzionale attraverso le sue slegate branche specialistiche non va alle radici del problema che genera la malattia; trascura la causa perché non considera l'uomo nella sua interezza, in tutte le sue componenti fisiche, energetiche, emotive e mentali, mentre le medicine olistica e psicosomatica hanno dimostrato che corpo e mente si influenzano reciprocamente generando salute o malattia. Sono state ampiamente dimostrate la correlazione tra organi ammalati e conflitti psicologici, e l'insorgenza della malattia fisica come conseguenza di blocchi energetici causati da conflitti psicologici. La sofferenza psicologica e la malattia fisica altro non sono che messaggi dell'anima, che ci avvisa di un blocco energetico nel nostro cammino evolutivo, di una prova che non abbiamo superato per realizzare noi stessi.

Scopo della cultura universalista è quello di rendere l'uomo medico di se stesso, responsabile del suo stesso destino, svincolato dai dogmi della cultura medica sintomatologica. In noi stessi e nel nostro modo di vivere si cela la risposta ad ogni quesito che possa consentirci di raggiungere il benessere integrale. Ma nessuna vera guarigione è possibile senza lo sviluppo armonico e bilanciato delle 4 componenti fondamentali dell'essere: il corpo, la mente, la coscienza e lo spirito.

Alimenti cotti, cibo senza vita

La cottura distrugge le proprietà nutrizionali e terapeutiche degli alimenti

Che il cibo cotto è un alimento morto viene dimostrato dal fatto che un seme cotto non germina più, un uovo di gallina fecondato se cotto non darà mai un pulcino, una pianta strappata con le radici se sottoposta a cottura non riattaccherà mai più.

Esiste una diretta correlazione tra aumento di globuli bianchi nel sangue e stato di infezione di un organismo, come esiste una diretta correlazione tra consumo di cibi cotti e aumento dei globuli bianchi, e questo risulta essere la causa più rilevante dell'insorgere di molte malattie umane.

Il medico di Losanna, Paul Kouchakoff ha dimostrato, a conclusione di migliaia di esperimenti condotti su molti soggetti e su se stesso, che un alimento cotto provoca la moltiplicazione quasi immediata dei globuli bianchi che, come è noto, servono a difenderci da corpi estranei e dannosi, soprattutto di natura microbica, mentre l'alimento crudo non la provoca mai. Esiste, insomma, nel nostro organismo una sorta di automatismo fisiologico in virtù del quale l'alimento cotto è considerato come un aggressore.

Le nostre difese leucocitarie, sollecitate diverse volte al giorno, finiscono inevitabilmente con l'indebolirsi, e forse in questo risiede la nostra grande vulnerabilità alle infezioni. Il nostro organismo è in grado di utilizzare anche il cibo cotto, ma è costretto a trasformare un cibo morto in materia vivente con un dispendio notevole di energie vitali, sottraendole all'economia delle nostre difese immunitarie.

Dopo aver mangiato cibo cotto i leucociti (che influenzano la morfologia del sangue) aumentano per mezz'ora, dopo 90 minuti ritornano nella norma. In corrispondenza di una cottura ordinaria, per esempio della bollitura, si verifica un aumento dei globuli bianchi; se poi i cibi vengono cotti ad alte temperature si sviluppa iperleucocitosi. Questo non succede con i cibi crudi: anche se si mangia carne cruda i globuli bianchi non aumentano. Ma un alimento cotto genera leucocitosi anche se assunto freddo. Anche vino, aceto e zucchero producono aumento di globuli bianchi nel sangue.

Il noto igienista Dottor Albert Mosséri dice: "*Gli alimenti cotti non sono adatti all'alimentazione umana, essendo denaturati, devitaminizzati, demineralizzati*". E il Professor Byron Tyler aggiunge: "*Gli alimenti cotti sono alimenti morti. Il cibo cotto è la più grande maledizione umana*".

L'ingegnere francese André Simoneton scoprì che certe radiazioni elettromagnetiche emesse da un organismo sano si aggirano intorno a 6500 Angstrom mentre in condizioni di malattia o di cattiva alimentazione scendono sempre ad di sotto di tale livello. Simoneton divise gli alimenti in 3 categorie:

1) alimenti **morti** (cibi cotti o conservati, margarina, pasticceria industriale, alcol, liquori, zucchero bianco e grezzo): questi prodotti hanno radiazioni nulle o quasi nulle;
2) alimenti **inferiori** (carne, salumi, uova non fresche, latte bollito, caffè, tè, cioccolato, marmellate, formaggi, pane bianco): questi hanno radiazioni inferiori a 5000 Angstrom;
3) alimenti **superiori** (frutta cruda e matura e verdura cruda e fresca): questi cibi hanno radiazioni molto elevate tra 8000 e 10000 Angstrom. Inoltre le radiazioni della frutta e della verdura sono più alte quanto più breve è il tempo trascorso dalla loro raccolta.

Gli alimenti che non si possono mangiare crudi non erano destinati dalla natura a nutrirci.

L'uomo ha iniziato a cuocere il cibo (carne e cereali) per necessità di sopravvivenza, cercando di rendere appetibili cibi inadatti alla sua natura di animale fruttariano, ma, purtroppo, come affermava Lucrezio "*Il cibo cotto è stato la causa dell'indebolimento della razza umana e dell'accorciamento della vita*". Infatti l'alimentazione cruda è la base prima del benessere umano, mentre il cibo cotto espone l'uomo a tutte le malattie e ai pericoli della morte precoce.

Quando gli uomini si nutrivano di cibi crudi vivevano più a lungo ed erano più forti e più resistenti alle fatiche. A tal proposito è bene ricordare che gli atleti greci, gli spartani e gli eserciti di Cesare si nutrivano quasi esclusivamente di fichi, nocciole, formaggio e farro.

Esiste un limite (temperatura critica) entro cui può essere portato a cottura un alimento senza che esso provochi leucocitosi digestiva. Queste temperature critiche variano da 87 a 97 gradi centigradi a seconda dell'alimento che si cuoce. Si può evitare leucocitosi mangiando prodotto cotto insieme ad altro crudo, nella proporzione del 10% di cotto e con la necessità di masticarli insieme. Mangiare prima l'uno e poi l'altro cibo non impedisce leucocitosi.

Gli animali nutriti con carne cotta vivono meno a lungo e hanno minori capacità di riproduzione, inoltre tendono a sviluppare maggiori malattie, mentre l'alimentazione cruda rende perfino più agevole il parto degli animali. Nei suoi esperimenti con le scimmie McCarrison ha dimostrato che i cibi cotti producono dissenteria: le scimmie perdono l'appetito, contraggono anemia, malattie della pelle, perdono peso corporeo, mentre i loro organi vitali cominciano ad atrofizzarsi.

Un cibo cotto è un cibo ossidato. Non c'è vita nella sostanza inorganica. La sostanza inorganica non è utilizzabile dall'organismo. Quando la carne viene bollita i fosfati organici si trasformano in inorganici.

Con il cibo cotto l'organismo, non potendo trarre tutto il nutrimento necessario, sente il bisogno di ingerire maggiori quantità di alimenti, con tutto ciò che ne consegue.

Nel latte bollito il complesso calcio-fosfato utilizzabile per la crescita viene mutato in una forma che è quasi impossibile assimilare.

Più a lungo vengono cotti i cibi, e più alta è la temperatura a cui si cuociono, maggiore è il danno.

Le parti più cotte di un cibo (per esempio la crosta del pane) hanno meno valore nutritivo di quelle meno cotte (la mollica).

Il processo di cottura è nemico non solo degli organi digestivi ma dell'intero organismo umano.

I cibi cotti e poi conservati per il pasto successivo perdono tutte o quasi tutte le loro proprietà nutritive. I cibi essiccati (tostati, inscatolati e così via) hanno pochissimo o quasi nullo potere protettivo.

Non è vero che le cose cotte sono più appetitose: sono, eventualmente, i condimenti che le rendono tali, ma le spezie e gli aromi sono spesso tossici.

Molti cibi divengono indigesti a causa del tipo di cottura, o perché vengono cucinati mettendo insieme alimenti tra loro incompatibili (per esempio legumi e grasso).

I cibi cotti, ritenuti pre-digeriti, in realtà non avvantaggiano la digestione, in quanto impediscono la giusta attività dei succhi gastrici.

Da ricordare che tra i tanti tristi primati dell'uomo (come quello di essere il solo animale che prende il latte di un altro animale anche dopo lo svezzamento) c'è quello di cuocere e mischiare i cibi che mangia. Ci sono 700000 forme di vita animale: nessuna tranne l'uomo mangia cibo cotto. L'uomo è la sola specie ad essere così afflitta da malattie, oltre agli animali domestici a cui viene dato cibo cotto.

Sylvester Graham (1794-1851) (quello fra gli eminenti scienziati che per primo ha parlato di cure naturali, di igiene naturale, di nutrizione) dichiara: *"Se l'uomo si sostenesse interamente con cibo crudo, la sua accurata masticazione e il lento inghiottire e i suoi pasti semplici servirebbero grandemente ad impedire l'iper-alimentazione e a salvarlo dai nocivi effetti di una delle cause più distruttive della vita civile"*.

Giustamente il movimento del cibo crudo si fa risalire a Graham, per il quale, come per Russell Thacher Trall (1812-1877), Alcott, Densmore, Page e altri, la frutta cruda, le noci e gli ortaggi rappresentano la migliore e la più alta materia nutritiva per l'uomo.

Dice Adolph Just nel suo "Ritorno alla Natura": "*Non c'erano forse uomini e donne belli migliaia e migliaia di anni prima della scoperta del fuoco? Volete forse credere che la natura abbia trascurato la salute dell'uomo fino a che pillole, medicinali e cibi brevettati non l'avessero salvato?*"

IN SINTESI LA COTTURA...

- distrugge il corredo vitaminico, specie delle vitamine termolabili, enzimi, ormoni, antiossidanti naturali: elementi che sono alla base delle difese naturali dell'organismo;
- cambia ciò che era organico in inorganico rendendolo inutilizzabile dall'organismo; specialmente le vitamine B e C, solubili in acqua, si dissolvono alla prima cottura;

- causa grande perdita di minerali solubili, dal 20 al 70%;
- la cottura a vapore produce una perdita di nutrienti dal 22 al 43%;
- produce acido urico, che danneggia stomaco, intestini, reni, fegato, polmoni e cuore, causando artrite, reumatismi, gotta e cancro.

In particolare: il cavolo cotto perde il 62% delle proteine, il 72% del suo calcio, il 60% di fosforo e il 67% di ferro. La perdita di vitamina C degli ortaggi è del 45%; nei germogli di soia è del 70%.

La perdita di acido folico è molto alta con la cottura dei cibi: con la cottura a vapore si perde il 10%; con quella a pressione il 20%; con la bollitura il 50%.

Il latte pastorizzato perde le sue proprietà antiscorbutiche. Lo stesso accade agli ortaggi e la frutta se essiccati, conservati o inscatolati: perdono le loro proprietà antiscorbutiche.

Meglio una forte e breve bollitura che una lunga e lenta.

RIASSUMENDO:

- il cibo crudo richiede masticazione: esercizio essenziale per i denti;
- la necessità di masticazione assicura un'insalivazione appropriata;
- il cibo crudo preserva i denti e lo stomaco dai danni del cibo cotto;
- i cibi crudi posseggono le giuste proporzioni tra le sostanze nutritive e il resto del loro contenuto;
- i cibi crudi tendono a impedire le combinazioni di alimenti dannose;
- i cibi crudi posseggono vitamine, enzimi, sali, acidi, carboidrati, proteine, e grassi in forma organica, cioè altamente assimilabili;
- la necessità di masticare ci consente di assaporare pienamente il sapore del cibo; questo assicura l'appropriato adattamento ad esso dei succhi gastrici;
- i cibi crudi non possono essere facilmente adulterati così come avviene oggi per i cibi inscatolati;
- il cibo crudo non fermenta rapidamente;
- la dieta cruda fa risparmiare energie, tempo e lavoro.

I danni della carne o i benefici del Vegetarismo?

Spesso qualche nutrizionista onnivoro in fase denigratoria del sistema vegetariano sostiene che non sia la mancanza di carne nell'alimentazione dei vegetariani a dare loro migliore salute, ma un più corretto stile di vita che di solito li caratterizza, cioè che in pratica i mangiatori di carne hanno generalmente anche un cattivo stile di vita, mentre i vegetariani sono generalmente più attenti al loro benessere. I due aspetti, a mio avviso, sono altrettanto importanti per conservare la salute, però succede che anche se gli onnivori seguono sani stili di vita sono ugualmente soggetti a molte patologie contemporanee, mentre i vegetariani anche quando non seguono sani stili di vita si ammalano molto di meno.

Le statistiche ufficiali in tal senso fanno riferimento alla condotta comune delle persone onnivore, sia che facciano eccessivo o poco uso di carne, così come le statistiche che riguardano i vegetariani fanno riferimento a tutti i vegetariani e non solo ai più virtuosi, cioè compresi coloro che non si nutrono di animali per scelta etica e che spesso trascurano l'aspetto salutistico della questione.

La letteratura scientifica vegetariana e tutti gli scienziati indipendenti hanno ribadito e ribadiscono che le malattie generate dalla carne non dipendono dal fatto che la carne derivi da animali trattati con medicinali, ma dalle proteine proprie della carne, sia che provengano da animali terricoli, da pesci, da latticini o da uova.

Anche se un individuo vive in conformità alle leggi naturali ma mangia carne, gli effetti protettivi delle verdure vengono in gran parte neutralizzati da tale prodotto. La carne fa male non perché gli animali non sono più allevati allo stato naturale, ma perché è un alimento incompatibile con i processi biochimici dell'essere umano, per sua natura fruttariano. E tutto ciò che non è adatto alla nostra alimentazione non può che apportare danni. Se fosse un alimento tollerabile il nostro organismo non lo accoglierebbe producendo radicali liberi, leucocitosi, crisi enzimatica, carenza di vitamine, aumento di colesterolo, aumento del battito cardiaco, spinta dell'equilibrio sanguigno verso l'acidità, prelazione di calcio, uricemia, ipertensione, reumatismo, gotta, cancro.

Non c'è stile di vita in grado di neutralizzare tutti gli effetti deleteri della carne. A tal proposito vale la pena ricordare che le scorie fatte accumulare dagli alimenti troppo ricchi di proteine come la carne, oltre a spingere il sangue verso l'acidità, sono causa di tutte le manifestazioni uricemiche, di obesità, diabete, calcolosi, reumatismo, nevralgie, dispepsie, eczemi, arteriosclerosi, ipertensione, stitichezza, allergie e via elencando. Infatti le leggi di Graham sul cibo elettivo dimostrano che esiste un rapporto preciso e definitivo tra la costituzione fisica di un animale e il suo cibo elettivo, che è quello che serve al meglio i suoi interessi biologici, psicologici, conservativi e ambientali. In modo più dettagliato riporto le considerazioni del dott. Valdo Vaccaro.

"La carne genera l'aldeide malonica (sostanza cancerogena al 100% che si sviluppa con la sua cottura), l'acreolina (dalla cottura dei grassi, ultratossica per il fegato), l'adrenalina (dal terrore indescrivibile provato dalle bestiole nei macelli), il dietilstilbestrolo (causatore di cancro all'apparato genitale femminile), l'acido apocolico e il 3-metil-colantrene (composti chimici cancerogeni derivati dal contatto dei prodotti di decomposizione carnea coi nostri acidi biliari, l'acido colico e l'acido desossicolico, il beta-glucuronidasi e l'alfa-idrossitasi (enzimi cancerogeni derivati da batteri intestinali di carni e pesce crudi), il coprosterolo (sterolo cancerogeno da carne e pesce crudi e cotti), la cadaverina (dall'aminoacido lisina), gli etil e metil-mercaptani (dalla cisteina e dalla metionina), la putrescina-agmatina-tiroxina-fenolo (veleni generati dalla cottura di carne e pesce), il solfuro d'idrogeno e l'acido acetico, l'albumina, la fibrina e la gelatina, derivate dal brodo di carne (causatore accertato di morie a gruppi di cani alimentati a brodo), le ptomaine (sostanze che prendono il nome da ptoma, che in greco significa cadavere), il benzopirene, le nitrosammine e le aflatossine (micidiali cancerogeni), i radionuclidi o radicali liberi, le purine (sostanze azotate derivanti soprattutto dal pesce, anche crudo, anche fresco e anche sanissimo, che fanno au-

mentare paurosamente l'acido urico nel sangue), indolo, scatolo, acido lattico, alte dosi di colesterolo, trigliceridi e acidi urici, estrogeni ed antitiroidei, sulfamidici, cortisonici, beta-bloccanti, ammoniaca, vaccini e via elencando.

Inoltre con la frollatura la carne appena macellata subisce il cosiddetto rigor mortis, determinato dalla contrazione delle strutture muscolari, che raggiungono la massima intensità entro 1 o 2 giorni. Si ha poi una parziale e graduale demolizione delle proteine muscolari e del collagene: questo fenomeno (detto frollatura e molto importante per il gusto e la tenerezza della carne) avviene a bassa temperatura e varia in base al tipo di carne: per quelle bovine la durata è di almeno 5 giorni.

Chi sostiene l'utilità della carne...

1) non prende in considerazione la struttura del corpo umano, morfologicamente strutturato per cibarsi di frutti, vegetali, semi e radici;
2) non considera la funzione degli enzimi nella digestione, che con la cottura della carne vengono distrutti;
3) non differenzia le vitamine vere dalle vitamine sintetiche, tra minerali organici e minerali inorganici;
4) non considera gli esperimenti di Kautchakoff del 1930 sulla proliferazione dei leucociti nel sangue (da 6000 a 18000 per mmc di sangue) ad ogni pasto carneo;
5) non considera il grado di alcalinità del sangue umano;
6) non valuta la scarsità di acido cloridrico presente nello stomaco umano (20 volte inferiore a quella presente negli animali carnivori), e quindi l'incapacità del nostro apparato di disgregare le proteine della carne;
7) non valuta la totale assenza di enzimi uricasi antiurici nel corpo umano (a differenza degli animali carnivori che ne sono ben dotati) e quindi l'incapacità assoluta del corpo umano di neutralizzare i micidiali effetti urici delle carni;
8) non considera i gravissimi danni provocati dalla cottura dei cibi e in particolare dei tanti grassi animali.

Se non ti ammali sei contro il sistema

La medicina ufficiale e le industrie chimico-farmaceutiche

I medici, i ricercatori scientifici, i vivisettori, il personale ospedaliero, infermieristico, le industrie chimiche e farmaceutiche... Che farebbe questo sconfinato esercito di persone se la gente non si ammalasse? Se la gente vivesse e si alimentasse in modo sano e naturale a che servirebbero i dottori e le medicine? Il modo migliore per consentire il perdurare di questa situazione di gente malaticcia e bisognosa di farmaci è fare in modo che mangi carne, cibi raffinati, conservati, trattati, e via elencando. La salute non rende mentre la malattia dà sostentamento a un esercito sconfinato di addetti ai lavori. È vero: la categoria dei medici e le industrie farmaceutiche esistono perché esiste la malattia (come è altrettanto vero che la malattia esiste perché l'uomo vive male e si alimenta peggio), come è altrettanto vero che queste categorie non traggono alcun vantaggio da una popolazione in salute.

Tuttavia non credo (per mia buona fede) che questo meccanismo sia pensato e voluto; ma dal momento che esso dà lavoro a un oceano di persone non conviene sia abolito facendo, tra l'altro, cambiare abitudini alla gente. Allo stesso modo per evitare che 60 milioni di persone restino senza lavoro non conviene abolire l'industria delle armi.

Se la gente smettesse di mangiare animali e derivati si verificherebbe:

- Chiusura di 10 milioni di farmacie, sovraccariche di farmaci inutili, e conseguente riduzione del 90% dei prodotti venduti.
- Impoverimento e decadimento sociale dei 100 milioni di medici: molti dei quali dovrebbero adattarsi a fare altri mestieri.
- Per 1 milione di fabbriche e piccole fabbriche di farmaci necessità di chiudere o cambiare attività e produrre altre cose.

- Liberazione di 10 miliardi di animali detenuti dalle catene degli allevamenti e dalle gabbie dei mattatoi. Un milione di allevamenti e 1 milione di macelli dovrebbero chiudere i battenti.
- Necessità di rassegnarsi a convertire le proprie attività per allevatori, macellai, commercianti di bestiame, operatori dei settori della carne, della produzione casearia, di pellami e concerie, delle industrie di smaltimento dei residui animali.
- Necessità per decine di istituti sanitari tipo FDA, WHO, OMS di tornare a essere piccoli e modesti uffici di raccolta e distribuzione di dati e non essere più santuari sanitari che impongono al mondo la loro egemonia.
- Ritorno a casa per decine di migliaia di funzionari sanitari. Niente più fondi governativi multimiliardari per trucchi e buffonate gigantesche tipo Aids, Sars e simili. Niente più fiumi di denaro stanziati per una ricerca inutile, stupida e crudele.

Questo meccanismo infernale, nel quale la popolazione ignara paga tutte le conseguenze con prezzi inimmaginabili in risorse umane, sofferenza e numero di morti, vuole che l'individuo continui a vivere (o sopravvivere) concedendosi tutte le deviazioni, i vizi e gli abusi che richiede la società opulenta; vuole che l'individuo non rinunci a nulla nell'illusione che la medicina possa far vivere in salute anche violando le leggi naturali; che non rinunci a nessun piacere, che non capisca dov'è la causa delle sue disgrazie, che non abbia il senso critico e si fidi ciecamente di ciò che giornalmente propinano i mezzi di informazione televisivi al servizio delle grandi case farmaceutiche, e consegni inerte e fiducioso nelle mani dei centri di potere politico ed economico delle multinazionali la propria salute e la propria vita, convinto che quel che dice la televisione torni a suo beneficio.

Abbiamo idea di quale rivoluzione può portare il regime vegano, con il quale è possibile ridurre del 90% gli infarti, del 97% gli ictus e del 34% i cancri? Oltre, naturalmente, le altre molte patologie correlate al consumo di carne e derivati animali, quali ipertensione, obesità, diabete e via elencando. È chiaro che la filosofia dei vegani deve essere ostacolata e possibilmente denigrata avvisando la popolazione che i vegani rischiano carenze alimentari (mai riscontrate e mai denunciate dai più accreditati istituti di ricerca e dagli scienziati non prezzolati). Si ripete dunque che i vegani s'improvvisano conoscitori della "complicata" scienza della nutrizione, mentre sia necessario consultare e... pagare un nutrizionista, la cui scienza dimostrerà che per stare bene in salute occorra mangiare di tutto; praticamente quello che i non vegetariani stanno già facendo, senza bisogno di pagare nessuno e ammalandosi più dei vegetariani. Per milioni di anni la specie umana non ha avuto bisogno di nutrizionisti e di medicine, come tutte le altre specie dei viventi; ora ha bisogno dell'uno e dell'altro: sarà per questo che è così malaticcia? Così vanno le cose.

Cadaveri buoni da mangiare

Proviamo a immaginare le parti anatomiche di un corpo umano; immaginiamo che il cuore, il fegato, la milza, il rene, il polmone, il cervello, gli intestini, alcune costole, alcuni muscoli, siano stati levati in obitorio a una persona deceduta e messi in un recipiente. E ora immaginiamo gli stessi organi prelevati dal cadavere di un animale, per esempio un maiale, e messi in un altro recipiente vicino al primo. Queste misere parti risultano, a un occhio profano, praticamente indistinguibili. Ebbene, pensare di cucinare e mangiare le prime farebbe vomitare, inorridire qualunque buona massaia o qualunque essere umano dotato di sensibilità e di senso estetico; invece, per le stesse massaie o per gli stessi cuochi, cucinare e mangiare le seconde viene considerato una prelibatezza da leccarsi le dita.

Eccetto i cannibali, chi se la sentirebbe di cucinare e mangiare la coscia, il petto, il piede, la faccia, i testicoli, la milza, il pancreas o qualunque altra parte del corpo di un essere umano? Solo l'idea certo sconvolge ogni persona normale, mentre è considerato un piatto prelibato se a essere cucinate sono le identiche parti anatomiche di un qualunque animale ritenuto commestibile.

Chi utilizzerebbe per il proprio pasto un recipiente in cui ci sia stato del sangue umano e siano stati messi a giacere i resti di un'operazione chirurgica? Invece, per la stragrande maggioranza delle massaie o dei cuochi è considerato normale usare recipienti in cui sono stati utilizzati resti di un cadavere di animale.

Chi consumerebbe a colazione latte di donna? Credo nessuno. Mentre è considerato normale utilizzare il latte di un animale, igienicamente meno adatto e meno compatibile con la nostra vita.

Chi mangerebbe un uovo uscito dalla vagina di una donna? Sfido chiunque a immaginare questa ipotetica prova. Mentre è considerato normale utilizzare, a profusione, uova uscite dai corpi di animali, tra l'altro ritenuti fra i meno dotati sotto l'aspetto cerebrale, estetico, spirituale.

Come può succedere tutto questo? Perché l'essere umano si è abituato a convivere con ciò che è raccapricciante, stomachevole, disgustoso e contro la sua stessa natura di essere emotivamente sviluppato? Perché l'essere umano, per sua natura frugivoro, ritiene normale mangiare un animale mentre considera crudeli gli animali carnivori che fanno la stessa cosa, e, pur non avendo gli attributi anatomici degli animali predatori, si comporta come loro? Come ha potuto arrivare a considerare buoni da mangiare dei pezzi di cadaveri sanguinolenti e in via di decomposizione? Come può un essere umano mettere nel suo stomaco lo stomaco cucinato di un animale? Nel suo intestino l'intestino di un animale? Il piede o la gamba di un animale? Che differenza c'è tra gli occhi, le orecchie o la lingua di un essere umano e gli occhi, le orecchie e la lingua di un animale considerati cose da mangiare?

Così si comportavano gli uomini delle caverne, gli uomini dell'età della pietra, al tempo della grande fame, quando spinti da estreme necessità di sopravvivenza dovettero violentare la loro stessa natura emulando gli animali predatori. Ma oggi che necessità c'è di restare ancorati ad abitudini primordiali e a pasti cadaverici? Come può risollevarsi un'umanità decaduta che è capace di giustificare con il piacere della gola comportamenti aberranti?

Mangio la carne e sto benissimo

Questo è ciò che dicono alcuni quando noi vegetariani-animalisti, nel tentativo di informare e sensibilizzare, cerchiamo di metterli in guardia sui danni prodotti dal consumo di carne e derivati animali. Certo se la carne fosse come la cicuta il nostro organismo avrebbe reazioni immediate e pochi sarebbero così incoscienti da continuare a consumarla. Ma gli effetti non sono quasi mai immediatamente avvertibili sul piano della salute (salvo che il prodotto sia altamente contaminato): si manifestano più o meno a lunga scadenza di tempo a seconda del quantitativo consumato e del tipo di alimento, così come nessuna specie si ammala immediatamente se consuma alimenti poco compatibili con il suo organismo: la Natura ha previsto che in condizioni di estrema necessità di sopravvivenza e per brevi periodi un individuo possa consumare anche prodotti estranei alla sua specie.

C'è anche chi porta l'esempio di qualche persona che ha raggiunto l'età di novant'anni mangiando tranquillamente carne. È vero, sono organismi particolarmente robusti, ma quelle persone sono l'eccezione e non la regola: se fossero state vegani probabilmente vivrebbero ancora più a lungo. C'è poi da considerare che per un lungo periodo della loro esistenza le persone anziane sono state fondamentalmente vegetariane e che solo dopo l'avvento del benessere economico hanno iniziato a consumare prodotti carnei, cosa che non si può dire delle ultime generazioni.

È ampiamente risaputo che la carne ingerita genera accumulo di tossine, le quali quando superano il quantitativo tollerato dall'organismo cominciano a scatenare sintomi di vario genere. La carne, praticamente, è come una bomba ad orologeria, finché non scoppia non si accusano evidenti segni di malessere: è come se cadendo da un edificio uno continua a stare bene (eccetto la paura) finché non si schianta al suolo. Uno che è abituato a fumare non avverte in modo evidente un calo di energia vitale, ma l'accumulo nel tempo determina inevitabilmente un'intossicazione organica che può sfociare in una patologia anche seria. Anche un farmaco considerato sicuro non causa immediatamente una malattia, ma gli effetti iatrogeni sono la quarta causa di morte nel mondo occidentale.

Sentirsi bene in salute quando si consumano prodotti dannosi è un fatto temporaneo. Vivendo in antitesi alle regole naturali si scivola gradualmente ed inevitabilmente nella malattia. Se oggi si è in buona salute, questo non garantisce affatto che lo saremo anche domani: il cattivo stile di vita sta preparando il terreno per lo sviluppo di quelle patologie alle quali è soggetta la stragrande maggioranza della popolazione, specialmente delle persone anziane, che spesso si guardano con commiserazione: la convinzione che noi più giovani e in piena salute non subiremo la stessa sorte è solo un'illusione.

Mangiare di tutto non è la soluzione del problema ma è il problema

I nutrizionisti sostenitori dell'onnivorismo umano hanno un solo grande nemico: l'eccellente salute dei Vegani

Secondo i nutrizionisti dei canali televisivi e della carta stampata, per stare in buona salute e risolvere i problemi della cattiva alimentazione, che giornalmente miete più vittime di tutte le guerre in atto, occorre "mangiare di tutto, ma... con moderazione", cioè si può, anzi si deve, consumare carne, pesce, affettati, fritti, cibi in scatola, burro, bere bibite zuccherate, gasate, e via elencando: praticamente continuare ad alimentarsi come si alimenta normalmente la stragrande maggioranza della gente e come è universalmente riconosciuto essere causa di patologie, ma... "con moderazione". È come dire all'eroinomane di consumare meno eroina o al fumatore di fumare meno sigarette e che questo risolverebbe i loro problemi di salute.

Sarebbe meglio di niente ma non è certo la soluzione del problema. E quando, loro malgrado, sono costretti ad affrontare il tema del vegetarismo, allarmano la gente facendo credere che per essere vegetariani sia necessario non improvvisarsi, essere esperti in materia, conoscere il valore dei nutrienti per non incorrere in carenze di vario tipo, e che sia necessario consumare prodotti animali almeno 2 o 3 volte alla settimana: le paventate quanto strumentali carenze alle quali andrebbero incontro i vegetariani non tengono conto dell'ottima salute di molti personaggi notoriamente vegetariani.

Il quantitativo alimentare è solo uno dei problemi, non il problema: se così non fosse le persone magre dovrebbero essere immuni dalle tante malattie dovute appunto alla cattiva alimentazione; invece risulta che sono anch'esse soggette ai malanni comuni. Il problema non è solo l'eccedenza del cibo, ma anche e soprattutto ciò che si mangia. Per stare in buona salute è necessario non solo essere parsimoniosi nel mangiare e non mischiare troppi alimenti nello stesso pasto, ma soprattutto eliminare dalla propria dieta tutti gli alimenti incompatibili con la nostra natura di esseri frugivori. Mangiare di tutto non è la soluzione del problema ma la causa del problema. Se uno ingerisce sistematicamente del veleno la soluzione non è la riduzione del quantitativo ma l'eliminazione del veleno. Molto veleno molte malattie, poco veleno meno malattie, o meno gravi, ma non loro mancanza.

Il concetto più o meno diffuso e ampiamente assimilato dalla maggioranza delle persone, che ancora credono che i mezzi di informazione di massa siano al servizio della popolazione e non delle multinazionali del settore che rappresentano, è che l'alimentazione vegetariana non sia adeguata a garantire tutti i nutrienti che invece sono contenuti in una dieta onnivora, e che sia necessario consumare anche un po' di carne, di pesce, di formaggio, di latte, di uova, naturalmente senza esagerare e nelle misure indicate dagli esperti.

In pratica, secondo le direttive dei nutrizionisti la specie umana (considerata onnivora) sarebbe la sola ad aver bisogno di "mangiare di tutto" per stare in buona salute, mentre ogni altra specie si nutre di ciò da cui è istintivamente attratta per compatibilità biologiche. Guardiamo i cavalli al pascolo, i buoi, le pecore, i bisonti, gli elefanti; essi mangiano quello per cui sono stati anatomicamente strutturati: come fanno questi animali a stare in ottima salute e a costruire le loro possenti masse muscolari mangiando solo erba? Da dove prendono gli aminoacidi per le loro proteine? Dall'erba. I panda mangiano quasi esclusivamente foglie di bambù: come fanno a trarre tutti i componenti di cui ha bisogno il loro organismo?

Gli animali quando vivono in natura non si ammalano quasi mai, non subiscono infarti, non sviluppano il cancro. Perché gli uomini sì? Gli animali che vivono con gli umani, sottoposti a vaccini e a cure veterinarie e un'alimentazione procurata dall'uomo, sviluppano le nostre stesse malattie. Gli animali non sono mai in soprappeso anche se non fanno mai ginnastica, non vanno mai dal medico eppure vivono ben oltre l'età adulta, non perdono i denti, non soffrono di artrite, di diabete, non soffrono di stitichezza, di insonnia, ansia, asma, allergie e raggiungono facilmente un'età che equiparata a quella umana sarebbe di 180 anni.

Ma a dire dei nutrizionisti l'uomo può mangiare di tutto perché è un essere onnivoro; anche se l'anatomia comparata, l'istintologia, l'immunologia dimostrano chiaramente che non lo è. Ma, anche se lo fosse, ogni animale cosiddetto onnivoro mangia di tutto solo occasionalmente, non sistematicamente, cioè solo quando le condizioni naturali non gli consentono di nutrirsi secondo le tendenze più innate specifiche della sua specie.

La necessità di dover mangiare di tutto, ma nelle proporzioni stabilite dai nutrizionisti, è solo uno spauracchio per intimorire la gente e indurla a consegnare la propria salute nelle loro mani. Questo non vuol dire che si debba fare a meno del medico, dal momento che vi sono situazioni di emergenza difficilmente gestibili anche da chi se ne interessa professionalmente. Noi vegani, che non seguiamo le direttive dei nutrizionisti, dovremmo avere una salute peggiore di coloro che mangiano di tutto: invece la nostra salute è migliore della loro e i nostri esami ematici, elettrolitici, e non solo, lo confermano.

Che cosa c'è in un cavolfiore che non sia contenuto nei legumi? Che cosa c'è in una mela che non sia contenuto in una carota? Che cosa c'è in una noce che non è contenuto nelle mandorle? Ognuno di questi alimenti può essere più o meno ricco di un determinato elemento: non possiede proprietà che negli altri sono carenti (la legge del minimo vale per il mondo animale come per quello vegetale). Questo non significa che l'uomo possa o debba mangiare solo un tipo di alimento. Nessuno si sognerebbe di mangiare solo patate o solo insalata: se non altro per variare il gusto e assaporare le tante varietà che la natura mette a nostra disposizione, ma senza la strana preoccupazione di dover ingerire tutti i prodotti conosciuti.

Mangiare di tutto non è affatto un vantaggio perché si finisce con l'ingerire prodotti tra loro incompatibili a livello digestivo creando fermentazione gastrica o putrefazione intestinale. Utile è consumare poche qualità di alimenti per volta o in pasti separati tutto ciò che è compatibile con il nostro organismo. Il pasto dei nostri progenitori era sicuramente, e per la maggior parte dei casi, fatto di un solo alimento: quando nella foresta intertropicale incontravano un albero da frutta mangiavano fino a saziarsi e nel pasto successivo, probabilmente, sceglievano i frutti di un altro albero.

Siamo quello che mangiamo

Ciò che ingeriamo attraverso la bocca il nostro organismo lo utilizza per costruire se stesso. Siamo fatti dal cibo solido che ingeriamo, dall'acqua che beviamo, dall'aria che respiriamo, dai pensieri nostri e altrui e da tutto ciò che ci arriva dall'esterno. Dalla qualità e dalla purezza di tali sostanze che nella sua interezza il nostro organismo assorbe dipende il nostro benessere fisico, mentale, emozionale e spirituale.

In genere si fa sempre poca attenzione a ciò che viene ingerito, raramente si pensa che quella sostanza diventerà parte di noi e che condizionerà i nostri processi chimici, biologici, energetici, spirituali. Se una sostanza è compatibile con la nostra natura l'organismo la assimilerà senza fatica e ne trarrà beneficio, ma se quella sostanza è incompatibile il nostro corpo resterà inquinato, faticherà per neutralizzarne gli effetti negativi, perderà energia e forza vitale. Quando il nostro organismo non è più in grado di eliminare le tossine introdotte, prodotte e accumulate, nella sua parte più debole si manifesta la malattia.

Già il filosofo Ludwig Feuerbach asseriva: "*Noi siamo quello che mangiamo*". In realtà il cibo influenza non solo il fisico ma anche la coscienza e il modo di pensare. Non solo: da quello che mangia (e anche da come mangia) si può riconoscere un uomo. Dice il Professor Alexander Von Bunge: "*La vita si basa sulla trasformazione di sostanze mediante un processo tramite il quale vengono liberate energia ed efficienza, proprio come avviene in ogni processo chimico di trasformazione da un'entità chimica di atomi e molecole in un'altra*". E come potrebbe essere altrimenti? Vi sono cibi che ammalano e cibi che guariscono. Mangiare carne o pesce *non* è la stessa cosa che mangiare frutta o verdura: i primi sono prodotti cadaverici in via di decomposizione, intrisi di violenza, di terrore, di adrenalina, di prodotti chimici e farmacologici, e come tali non possono che produrre intossicazione, malattie, inquietudine; i secondi sono alimenti vivi, colorati, profumati, carichi di energia solare, di elettricità, la parte migliore e più bella della natura e come tali portatori di vita, di armonia e benessere e bellezza. *"Se gli déi non mangiano carne neppure noi dobbiamo mangiarla"*, così diceva Musonio Rufo.

La specie umana, la più crudele e la più ammalata

I crimini più efferati e i delitti di cui si è macchiato e si macchia l'essere umano sono estranei al mondo animale: eccidi, stragi indiscriminate, stupri, rapine, sequestri di persone, schiavitù... Il criminale, che viola la legge della natura e della vita, non ha la luce e la saggezza per vivere secondo le leggi naturali e nutrirsi in modo confacente al suo organismo, per questo ne paga le conseguenze e si ammala: ciò che succede alla mente e alla coscienza succede anche al corpo.

Nonostante il dissennato modo di esistere dell'uomo, è convinzione abbastanza diffusa che la vita media degli umani si sia allungata grazie al benessere raggiunto nel dopoguerra e al progresso della medicina. In realtà se la vita media si è allungata dipende principalmente dalla maggiore igiene personale, dall'abolizione del massacrante lavoro nei campi, dalla scarsa mortalità infantile, dalla mancanza di conflitti armati. Nell'attuale contesto non si è allungata la qualità della vita, ma si è solo allungato il periodo di vecchiaia, di decadenza e di sofferenza dell'individuo.

La realtà è che nessuna generazione è stata più malaticcia, cagionevole e fragile dell'attuale; nessuna generazione che ci ha preceduto è stata flagellata da tante malattie come l'attuale. I medici ne hanno individuato ben 30000 sintomi curabili con 200000 diversi tipi di farmaci: allergie, cefalee, ipertensione, ictus, infarti, osteoporosi, diabete, esofagiti, fobie, nevrosi, panico, depressione, insufficienza renale, insonnia, anoressia, bulimia, malattie neurovegetative, disturbi del sistema endocrino, malformazioni, sterilità, anemia, artrite reumatoide, asma, autismo, cancro, cataratta, colite ulcerosa, malattia di Crohn, sclerosi multipla, stitichezza, stanchezza cronica, incontinenza urinaria, intolleranza al lattosio, linfomi, carenze di calcio, cancro allo stomaco, all'intestino, al colon, al retto, al pancreas, alle vie urinarie, appendicite, vene varicose, trombi, emboli, calcoli biliari, fibromi uterini, ipertrofia prostatica, senilità precoce, candidosi, diverticolosi, emorroidi, pubertà precoce, enteriti, epatiti, orticaria, crisi febbrili, convulsioni, insonnia, costipazione, stipsi, e via elencando. L'elenco potrebbe formare un intero volume. Quante di queste malattie colpivano le generazioni che ci hanno preceduto? A quante di queste malattie gli animali in natura sono soggetti? Praticamente quasi a nessuna. Basta osservare una mandria di buoi in libertà, un branco di zebre, un gregge di pecore, uno stuolo di uccelli e metterli a confronto con una massa di umani, per rendersi conto della differenza sostanziale fra i loro stati di salute: nell'ambito animale è impossibile differenziare i giovani dagli adulti: tutti si muovono con la stessa agilità, vitalità ed energia, e se invece si osserva la massa degli umani soltanto i giovani presentano esuberanza fisica, mentre gli anziani sono claudicanti, incerti, bisognosi di sostegno.

A differenza degli animali, che fino all'ultimo giorno della loro vita sono in grado di correre e difendersi dai predatori e che nel momento in cui sentono avvicinarsi la fine si appartano e serenamente si spengono, l'essere umano trascina il suo ultimo periodo di esistenza in modo spesso penoso e drammatico: un vero e proprio calvario tra ricoveri in ospedale, visite ambulatoriali, terapie mediche e fisioterapiche.

Qual è la causa di tale sostanziale differenza di vitalità e di energia tra gli animali, che non conoscono medici e medicine, che non hanno ospedali, istituti di ricerca, chirurghi e nutrizionisti, e gli esseri umani, supportati dalla scienza medica, dall'imponente struttura sanitaria, dalle immani risorse umane e finanziarie a disposizione, dalla tecnologia, dalla chimica e dalla farmaceutica? La risposta è semplice: è lo stile di vita degli umani, con la loro alimentazione, con i loro inquinanti chimici, con le loro costrizioni, la causa delle tante malattie a cui sono soggetti.

Ci sarà pure un motivo se nonostante la sua scienza e la sua tecnologia la specie umana è quella più inferma, malandata, bisognosa di medici, di medicine, ospedali, cliniche e case di cura: basta andare in un qualunque ospedale, in qualunque istituto di cura, per rendersi conto di quanto precaria sia la salute degli umani. Ci sarà pure un motivo se la specie umana passa gli ultimi decenni della sua esistenza a curarsi, a fare analisi e radiografie per cercare di tamponare la tante patologie che insorgono e che rendono questa parte degli umani un esercito sconfinato di gente inferma, debole, claudicante.

Ora, considerato che, a dire dall'OMS, il 90% dei decessi nel mondo è causato dal cattivo stile di vita, è facile dedurre che ciò che incide in modo determinate a generare malattie umane è la cattiva alimentazione. Ebbene, se l'alimentazione salutare, benefica che protegge dalle malattie è quella costituita da frutta, verdura, radici e semi oleaginosi, ciò che resta sono i prodotti animali, e sono essi i veri responsabili della stragrande maggioranza delle malattie, più degli inquinanti chimici o del generico inquinamento, unicamente ai quali molti cercano di attribuirne la colpa.

E le malattie assorbono risorse umane ed economiche inimmaginabili. La spesa mondiale per la salute nel 1992 era di 163,2 miliardi di Euro, nel 2002 era già passata all'incredibile cifra di 234,2 miliardi di Euro. Tra il 1996 e il 2001 le vendite di farmaci negli Stati Uniti sono aumentate del 110%, passando da 42000 a 88000 prodotti in vendita. E altrettanto esorbitanti sono i danni causati dagli stessi farmaci. Ogni anno solo nel Nord America muoiono 800000 persone a causa di medicine allopatiche. L'ONU afferma che solo 26 di tutti i medicinali in commercio sono necessari e che di questi solo 9 dovrebbero essere considerati indispensabili. Illuminante risulta la dichiarazione del Dottor Oliver Wendell Holmes (1809-1894), celebre professore di anatomia e fisiologia a Harvard, nonché fondatore della Supreme Court of Justice americana, che scrisse: *"Credo fermamente che, se tutta la medicina potesse venire affogata e depositata sul fondo del mare, sarebbe la salvezza per l'umanità e la rovina per i pesci"*.

È AUMENTATA LA LUNGHEZZA DELLA VITA MEDIA...

... NON È AUMENTATO IL BENESSERE DELLE PERSONE

È un errore considerare la lunghezza della vita sinonimo di salute e di benessere. La medicina ufficiale ha contribuito sicuramente ad allungare la vita dell'individuo, ma non ad aumentare il benessere della persona, né i meriti di una maggiore longevità possono essere attribuiti all'alimentazione carnea e industriale (solo in Italia ogni anno muoiono 230000 persone a causa di problemi legati alla cattiva alimentazione), prodottasi invece perché sono aumentati il benessere, la pulizia, l'igiene e la consapevolezza personale dell'importanza di tutelare la propria salute.

La vita media è aumentata perché oggi la popolazione ha di che nutrirsi, non lavora più sotto il Sole dall'alba al tramonto, non ci sono le guerre, le pestilenze, la mortalità infantile, la frequente morte per parto.

Fin dai primordi, finché i nostri lontani progenitori abitarono nella foresta intertropicale e vissero secondo la loro natura di animali fondamentalmente frugivori, la loro vita raggiungeva, come quelle di tutti i mammiferi, più o meno sette volte il loro periodo di sviluppo. Se si considera che l'essere umano raggiunge il suo completo sviluppo all'età di 19 o 20 anni, appartenendo anch'esso alla classe dei mammiferi dovremmo vivere 130 o 140 anni. Quando poi cambiarono le condizioni climatiche e dovettero adattarsi alla savana e inserirono nella loro dieta anche la carne, ci fu un calo della lunghezza della loro vita, che è rimasta più o meno tale nel corso della storia, a causa anche delle malattie, delle guerre e della fame. Parallelamente alle mutate condizioni sociali, a mano a mano che l'essere umano acquistava benessere la vita ha incominciato ad allungarsi fino ai nostri tempi. Attualmente la durata della vita degli umani in Occidente si aggira intorno agli 80 anni, non in virtù delle medicine, ma soprattutto perché l'essere umano con il benessere tende a ritrovare la sua vera natura e torna a recuperare quella parte di vita che gli anni bui della sua storia gli hanno sottratto.

La lunghezza di vita di ogni specie è quella stabilita dalla natura: se una determinata specie si allontana dalle sue regole biologiche inevitabilmente tende ad ammalarsi e conseguentemente ad abbreviare il corso della sua esistenza. Una qualunque specie costretta a vivere in condizioni innaturali, nutrendosi con prodotti inadatti alla sua natura, respirando aria inquinata, soggetta a contrasti tra i suoi simili e in preda a disarmonie individuali, sicuramente tende a sviluppare malattie e a rendere più breve la sua stessa esistenza. Se poi la stessa specie torna alle regole naturali non può che recuperare la sua buona condizione fisica e anni di vita. In effetti più una popolazione vive nella miseria, nell'indigenza, nella denutrizione o alimentandosi con prodotti privi di valore nutrizionale, più tende ad ammalarsi e più di conseguenza si riduce la lunghezza della sua vita media. Le popolazioni più longeve non sono quelle che vivono nell'opulenza, ma quelle che conducono una vita sana, sobria, più vicina alle leggi naturali.

Nella prima metà del Novecento l'età media della donna era di 43 anni, quella dell'uomo di circa 42. Oggi, la vita media, sia della donna che dell'uomo, si può dire sia raddoppiata. Ma l' EUROSTAT e la CIA sostengono che negli ultimi 4 anni la nostra aspettativa di vita va accorciandosi. Nei secoli passati 1 bambino su 3 moriva prima di 1 anno di vita. Alla fine dell'Ottocento in Italia il 38% circa dei bambini moriva prima dei 5 anni; dal 1950 in poi la mortalità scende progressivamente dal 10 per cento al 3 per mille attuale.

Uno dei punti fermi a sostegno dei vantaggi e dei benefici della medicina convenzionale, a cui fa riferimento molta gente, è che, nonostante i danni collaterali delle medicine di sintesi, nonostante che gli alimenti, l'aria e l'acqua sono inquinati, la vita media è aumentata, e puntualmente i meriti di questo vengono attribuiti alla medicina e ai suoi farmaci.

In realtà quando vengono confrontati i dati tra la vita media attuale e quella dei secoli passati si esclude l'altissima mortalità infantile, la morte per parto, le guerre, l'estrema fatica cui era sottoposta la gente, la poca igiene e la scarsa alimentazione: se nel paragone si escludessero questi fattori si capirebbe che se le generazioni passate avessero avuto gli agi e il benessere delle generazioni attuali, cioè cibo in abbondanza, 6 ore di lavoro giornaliero, igiene, assenza di mortalità per guerre, assenza quasi del tutto di mortalità per parto e di mortalità infantile, la loro vita media sarebbe stata sicuramente più lunga della nostra.

Sino a pochi decenni fa i pochi che sopravvivevano alle dure condizioni di vita erano di gran lunga più forti e robusti degli anziani nostri contemporanei. I nostri nonni lavoravano i campi fino a tarda età per 10 o 12 ore al giorno, e chi sa cosa significa zappare la terra può rendersi conto della forza e dell'energia necessaria. Qualunque *palestrato* oggi credo non sarebbe in grado di zappare o spaccare la legna solo per un'ora. Gente che durante la giornata lavorativa mangiava pane, olive e fichi secchi e la sera a cena, quelli più fortunati, legumi e verdure di campo. A 70 anni erano curvi e scarniti ma duri come l'acciaio.

In sostanza è vero che attualmente la permanenza in vita degli individui è aumentata rispetto soltanto a 50 anni fa, ma è aumentata la lunghezza della vecchiaia, non la salute delle persone, che passano gli ultimi 20 anni della propria vita tra terapie e analisi di ogni genere facendo la spola tra un ospedale ed una clinica. La medicina attuale (improntata a intervenire sugli effetti e non a eliminare le cause) conosce tutto della malattia ma poco o niente della salute; è in grado di tenere in vita anche i moribondi perché il suo scopo non è tanto guarire la persona ma curarla, il che non è la stessa cosa.

L'eccezione che non fa la regola

Quando una persona, in apparenza in buona salute, viene colpita da una grave malattia o addirittura da morte, coloro che sono convinti che la nostra salute, la nostre malattie e la nostra stessa morte non dipendano dal nostro stile di vita si sentono incoraggiati a continuare a vivere in modo non conforme alle leggi biologiche, a consumare cibi spazzatura, a non fare attività fisica, ad essere pessimisti nei confronti della vita. Il concetto che da questi viene ribadito in tali circostanze è "*Non c'entra nulla che cosa si mangi: c'è chi muore giovane in piena salute, magari facendo dello sport, e chi invece mangiando quello che vuole e magari fumando un pacchetto di sigarette al giorno campa fino a novant'anni*".

È vero, ma è l'eccezione e non la regola. Sicuramente una tal persona, di fibra indiscutibilmente forte, invece di vivere 90 anni sarebbe vissuta fino a 110 se avesse adottato uno stile di vita più conforme alle regole naturali. Uno su mille può avere la fortuna di vivere così a lungo, mentre i restanti 999 hanno le stesse probabilità di subire malattie e morte prematura come avviene per la stragrande maggioranza della popolazione che non tiene conto del proprio stile di vita. Le probabilità di conservare la salute e di vivere a lungo sono le stesse di una vincita al lotto: è come pretendere di far funzionare un'apparecchiatura senza tener conto delle regole riportate sul libretto delle sue istruzioni.

C'è anche chi è convinto, fatalisticamente, che la data della nostra morte è già stabilita e che non è possibile mutare il corso degli eventi: un modo per tentare di sottrarsi alla responsabilità di essere artefici del male che ci si autoprocura. Io credo che ognuno costruisce il proprio destino, che siamo noi stessi a determinare la nostra buona salute (a parte fattori genetici che però incidono solo in parte) e che la data della nostra morte la stabilisce la sommatoria delle nostre azioni contrarie alle leggi naturali: poche trasgressioni poche malattie e pochi anni in meno di vita, molte trasgressioni molte malattie e molti anni in meno di vita.

Se un animale destinato a nascere nella foresta, a vivere libero tra spazi illimitati, a respirare aria pura e a cibarsi del cibo adatto alla sua specie, viene invece fatto nascere in una metropoli, a vivere in spazi angusti, a respirare aria inquinata e a mangiare cibo non adatto alla sua specie, non occorre essere dei geni per capire che la sua vita sarà inevitabilmente più breve e flagellata da malattie. Ma se quell'animale nonostante le aggressioni al suo organismo riesce a vivere a lungo non è la norma: è l'eccezione. E tu forse non sei l'eccezione ma la norma. Se uno usa mangiare carne, pesce, formaggi e uova e riesce a vivere a lungo è l'eccezione, non la regola. Se uno che non sa nuotare si butta in acqua e riesce a salvarsi non è la norma: è l'eccezione. Se uno è indifferente all'uccisione di un animale, alla violenza contro di esso e alla sua tortura, ma è capace di essere sensibile e compassionevole verso gli esseri umani, quell'uno è l'eccezione e non la regola.

Se uno si rifiuta di capire che gli animali sono suoi stretti compagni di viaggio e parenti, ma dimostra d'altra parte intelligenza nelle scienze matematiche, chimiche, filosofiche, e spirituali, quello è l'eccezione e non la regola. La regola è che gli esseri umani, per loro natura fruttivori, crudisti, vegetariani, sono stati programmati dalla natura per vivere in ambienti naturali, a cibarsi in modo conforme alle loro esigenze chimico-fisiologiche, a muoversi continuamente, a respirare aria pulita, a bere acqua pura, a non subire stress psicofisico, a curare lo sviluppo mentale, la componente emotiva e spirituale allo stesso modo del corpo; se tutto questo non avviene è come progettare a benzina il motore di un'automobile e poi pretendere che funzioni bene anche a gasolio.

La chimera, l'illusione, l'utopia accarezzata dall'uomo è quella di poter vivere nel vizio, avvelenandosi con carnami, con prodotti di sintesi, di drogarsi, fumare, consumare alcolici, zuccheri e prodotti raffinati, di doparsi... insomma, vivere contro natura ma pretendere di vivere a lungo e possibilmente in salute. I kamikaze della forchetta, i dissacratori del buon vivere, quelli che si arrampicano sugli specchi per giustificare le proprie convinzioni e difendere a ogni costo la propria bistecca, fanno sempre riferimento non alla drammatica realtà della massa debole, malaticcia e destinata all'obitorio, ma allo sporadico, eccezionale singolo individuo che nonostante le sue scelleratezze alimentari riesce a vivere senza grosse malattie fino a tarda età: che è come correre contromano sull'autostrada e restare indenni.

Si pensa che la malattia, i tumori, gli ictus e gli infarti siano incidenti che colpiscono gli altri. In genere coloro che sono poco avvezzi alle regole del giusto vivere pensano: "*Una fettina al giorno, un pezzo di pollo, un pesce, una fetta di prosciutto, di insaccato o di mortadella; oppure 10 sigarette al giorno, 3 caffè, 1 Coca Cola, 2 pasticcini, che vuoi che siano, non possono nuocermi e infatti mi sento bene, in forma*". Raramente gli effetti sono immediati, più spesso sono a lunga scadenza, ma puntuali e inesorabili: prima o poi la natura ci presenta il conto da pagare (e spesso esige anche gli interessi) e se questo succede per il corpo succede anche per la coscienza e per la mente, dal momento che le 3 componenti sono tra loro inseparabili. Quindi, conviene essere vegani, per forza o per amore.

La logica del sistema immunitario

Lo stato generale del nostro organismo dipende da molteplici fattori, alcuni di ordine genetico, altri da scelte di vita che possono migliorare o peggiorare la capacità di resistenza del sistema immunitario e ostacolare il normale funzionamento dei meccanismi di difesa contro le infezioni batteriche o virali.

Tre sono i fattori immunodepressivi: quelli correlati all'età; quelli ereditari e quelli acquisiti. Oltre i 75 anni di età si verifica un naturale calo del numero dei macrofagi ed un rallentamento dell'azione fagocitaria dei globuli bianchi. Anche la secrezione di alcune immunoglobuline subisce un notevole rallentamento nelle persone anziane.

Il sistema immunitario (prodotto dal sangue, dal sistema linfatico, da polmoni, milza, fegato...) elabora un sistema difensivo specifico per ciascun "nemico", che può essere nell'atmosfera (anidride solforosa, carbonica, ossidi di azoto, fumi industriali...); nell'acqua (scarichi industriali, di industrie chimiche, di concerie, metalli pesanti, detersivi, fertilizzanti, pesticidi...); o come l'alcool, che ha un effetto tossico su tutte le cellule dell'organismo umano ma soprattutto sul fegato, sul sistema nervoso e sulla psiche; il tabacco; le droghe; le radiazioni elettromagnetiche, le sorgenti radioattive, i raggi ultravioletti A e B che possono esercitare una potente azione immunodepressiva, le radiazioni solari che possono alterare il DNA provocando la formazione di agenti mutageni e cancerogeni e quindi tumori cutanei, i raggi infrarossi che possono perturbare il sistema immunitario; i fattori nutrizionali responsabili di essere la causa anche del 50% dei tumori, gli additivi alimentari, l'eccesso di lipidi nella dieta, che genera obesità ipertrofica o iperplasica spesso determinata da predisposizione genetica; lo stress, nel quale l'ipotalamo, stimolando la produzione dell'ormone ACTH, attiva la produzione di cortisolo e di adrenalina (responsabile dell'ipertensione arteriosa) con conseguente aumento di battiti cardiaci e di zuccheri nel sangue; il trattamento prolungato di farmaci immunodepressori come i cortisonici, e via elencando.

Le sostanze estranee sono definite immunogene perché in grado di scatenare una risposta immunitaria di tipo cellulare, mentre le sostanze antigene sono capaci di determinare la formazione di anticorpi specifici, quali le immunoglobuline.

Prima di entrare nell'organismo l'antigene deve superare le nostre difese naturali: la pelle, le mucose interne, le secrezioni lacrimali, nasali, bronchiali, gastriche, salivari e gli acidi della mucosa gastrica che neutralizzano un gran numero di germi; poi c'è il lisozima, una proteina capace di annientare alcuni batteri e virus, e infine la flora batterica. Appena un antigene entra nel corpo umano i macrofagi entrano in azione costituendo la risposta immunitaria. In realtà il sistema immunitario dispone di 2 principali mezzi di difesa: l'immunità umorale e quella cellulare. Anche la risposta immunitaria è di 2 tipi: genetico e fisiologico.

La seconda linea difensiva del nostro organismo è costituita, invece che dai fattori umorali come l'interferone (avente proprietà antitumorali), dai macrofagi, cellule capaci, come i globuli bianchi (o linfociti, che originano da midollo osseo, fegato, timo, linfonodi), di fagocitare le sostanze estranee. La febbre è il mezzo più efficace a difesa dell'organismo: a 37°C c'è una moltiplicazione dei virus, ma al di sopra di 39°C l'attività dei macrofagi e dei globuli bianchi risulta molto potenziata. Per immunodeficienza si intende uno stato patologico, permanente o temporaneo, del sistema immunitario che espone l'organismo al rischio di contrarre infezioni gravi e recidivanti, ereditarie, congenite o acquisite.

Anche il carattere della persona può indebolire le difese immunitarie ed essere la causa di molte malattie: *orgoglio*, che genera rigidità mentale, fisica e tensione; *crudeltà*, che genera dolore diffuso; *ignoranza*, che genera incapacità di capire le cause del proprio male; *avidità*, per cui si diventa prigionieri di se stessi; *instabilità* di carattere, che genera scoordinamento nei movimenti corporei; *odio*, che genera solitudine, rabbia, isterismo; *egoismo*, che genera malattie che tolgono la gioia di vivere. Quindi anche un pensiero negativo, una delusione, una sconfitta, la perdita di una persona cara, l'invidia, il rancore, problemi finanziari, familiari, lavorativi, ma anche la denutrizione, la mancanza di igiene, il poco sonno e il non sufficiente riposo, lo stress che ammala 2 volte di più e sviluppa tumori latenti, impegnano le nostre difese immunitarie e abbassano la possibilità di essere difesi, mentre aumenta la probabilità di contrarre patologie. È come se a ogni violazione delle leggi naturali si colpisse con un martello una lastra di vetro: a mano a mano ne diminuisce la trasparenza, fino al colpo finale che causa la rottura.

Anche la mente influenza il corpo, attraverso i neurotrasmettitori (acetilcolina, dopamina, serotonina, istamina, adrenalina e noradrenalina). I pensieri e le emozioni sono uno dei fattori centrali della salute. I processi psicologici possono influenzare le strutture neuro emotive che regolano funzioni organiche, e in particolare il sistema immunitario. L'ansia, per esempio, colpisce lo stomaco, la rabbia il fegato, la paura i reni e i polmoni. Ne deriva che quando si abbassano le difese immunitarie restano compromessi anche i processi mentali.

I segnali di allarme possono essere: sensazione di permanente stanchezza o fatica; vertigini, malessere; frequenti amnesie; aggressività immotivata; nervosismo, irritabilità; diminuzione del desiderio sessuale; disturbi del sonno; tensione muscolare.

Le difese immunitarie sono quindi come un piccolo esercito preposto alla difesa piena e armonica di tutte le funzioni del nostro organismo. Gli agenti aggressori esterni, che possono essere di varia natura, sono in grado di minare le funzioni vitali, di indebolire l'organismo, di compromettere alcune funzioni importanti fisiche, mentali o emotive. Come si è detto, gli agenti nocivi esterni possono essere l'aria inquinata, che tende ad avvelenare le cellule e quindi il sangue rendendolo carico di tossine e compromettendo dunque anche la mente; l'alimentazione acidificante dei prodotti di origine animale e dei cibi industriali, la cattiva alimentazione in genere che genera carenze enzimatiche, stato di ossidazione, radicali liberi; gli zuccheri semplici industriali che sottraggono vitamine del gruppo B necessarie al buon funzionamento del nostro cervello; l'acqua non biologica e quindi i minerali inorganici; tutte le droghe, le sostanze nervine e dopanti.

Tutti questi componenti, essendo incompatibili con la natura specifica dell'essere vivente, si configurano come aggressori che impegnano parte di o tutte le difese immunitarie dell'organismo. Il sistema immunitario quindi, come un piccolo esercito preposto a difesa della salute, cerca di neutralizzare gli agenti/aggressori esterni che entrano nell'organismo attraverso la bocca, il naso, la mente, ma se gli aggressori superano in numero e capacità offensiva i soldati preposti alla difesa, penetrano all'interno dell'organismo danneggiando l'organo più debole, dove si sviluppa un'infezione e quindi una patologia.

Poche malattie vuol dire pochi "nemici" in circolo, molte malattie molti "nemici". Assenza di malattie vuol dire che il soggetto vive secondo le leggi naturali e che l'organismo è in salute, in piena efficienza e in grado di neutralizzare gli agenti aggressori, chimici, meccanici, psicologici, emozionali.

Quando gli agenti aggressori impegnano tutte le difese immunitarie, l'organismo non ha più la possibilità di difendersi. Se 100 soldati difendono la fortezza ma gli aggressori sono 101, quel nemico in più penetra all'interno del presidio e inizia a generare disordini specifici in relazione alla parte che non ha resistito. Se gli agenti aggressori sono superiori per 10 unità il danno che riescono a causare è maggiore. Quando per numero e capacità offensive sono in grado di neutralizzare tutte le difese, il nemico ha il sopravvento ed è in grado di causare anche la morte dell'organismo.

Ogni carburante incompatibile con la nostra macchina organica, progettata dalla natura per essere alimentata con cibi vegetali, freschi, biologici e di stagione; ogni cosa acidificante, eccitante, dopante, inquinante impegna parte delle nostre difese e ci rende più deboli e facili prede degli aggressori-nemici che neutralizzano uno specifico difensore generando un danno specifico. Ma attenzione: quando si verifica una qualunque malattia (dal raffreddore di stagione alla febbre, dall'influenza al morbo di Crohn, dal mal di testa all'AIDS) la causa va individuata non negli aggressori esterni ma nel calo delle difese immunitarie non più in grado di difenderci: il terreno è tutto, l'agente esterno è sostanzialmente ininfluente: i germi patogeni, i batteri, i virus non possono nulla contro un organismo sano datato di ottimo apparato difensivo; su una lastra di granito nessun seme può germogliare, mentre su un terreno fertile cresce ogni forma di vita. In noi vivono "tutti" i virus e batteri dell'universo ma diventano virulenti solo quando a causa di errati stili di vita, traumi o incidenti di percorso la loro attività non è bilanciata dalle difese immunitarie dell'organismo.

"*Gli interventi del sistema immunitario sono sempre molto costosi in termini di energia e di vitalità dissipata. Essi implicano: moltiplicazioni di leucociti nel sangue, accelerazioni forzate del battito cardiaco, aumenti della temperatura corporea, dannosi* prelevamenti *enzimatici interni,* prelevamenti *di minerali di calcio dalle ossa,* prelevamenti *di sostanze antiossidanti dal sistema interno (per tamponare gli stress ossidativi causati dai cibi più ossidanti del pianeta che sono latticini-carni-pesce-uova),* prelevamenti *di micronutrienti vitaminico-minerali interni a compensazione di quelli che mancano nei cibi dannosi che immettiamo nell'organismo,* prelevamenti *di flussi biologici interni (ormoni, sostanze specifiche di immuno-soppressione, per far fronte alle continue emergenze interne causate dai nostri errori dietologici),* prelevamenti *di sostanze ripulitrici interne,* prelevamenti *di altre vitamine e minerali per aiutare il metabolismo cellulare a ripulirsi delle congestioni causate dai residui, dalle cellule morte e non riciclate*". (Dott. Valdo Vaccaro).

La perfetta salute è possibile solo a condizione che l'individuo viva secondo le leggi biologiche stabilite per il suo organismo, cioè se si alimenta in modo vegano, respira aria pulita, beve acqua biologica incontaminata, fa attività fisica, è emotivamente sereno, psicologicamente equilibrato e spiritualmente aperto all'evoluzione della coscienza. Se solo una di queste componenti viene a mancare o a essere carente, si aprono delle "falle nell'esercito" improntato a difesa del nostro organismo, con le inevitabili conseguenze di attacchi che alla fine portano a malattie a volte anche mortali. La componente che maggiormente determina la salute o la malattia dell'individuo è quella alimentare, siamo fatti da ciò che ingeriamo: se quello che mangiamo è incompatibile con i meccanismi chimico-biologici-energetici del nostro essere fruttariani, la sostanza introdotta viene considerata dall'organismo un veleno, un aggressore, un nemico.

Tassare i mangiatori di carne

E ridurre le tasse delle spese mediche ai vegetariani

È di questi giorni la notizia della volontà da parte della Commissione europea di tassare il cibo spazzatura (junk-food), considerato responsabile di molte patologie che gravano sui bilanci nazionali; cibo che è accusato di causare obesità o sovrappeso a 22 milioni di bambini europei. Nel mirino bevande dolci e gasate, cibi con eccesso di grassi saturi e sale. La colpa va attribuita al comune cattivo stile di vita e alle abitudini alimentari delle famiglie in contrasto con le regole necessarie in fatto di corretta alimentazione.

Il piano Sanitario Nazionale del Ministero della Salute 2003-2005 ribadisce che "I costi diretti dell'obesità in Italia ammontano a 23 miliardi di Euro l'anno, la maggior parte dovuti a ricoveri. L'obesità e il sovrappeso sono i reali responsabili di una serie di gravi patologie cardiovascolari, metaboliche, osteoarticolari, tumorali e respiratorie che apportano una ridotta aspettativa di vita ed un notevole aggravio per il Sistema Sanitario Nazionale".

Ogni anno in Italia si spendono 20 miliardi di Euro (3 miliardi solo per farmaci anticancro) per curare gli effetti prodotti dal cattivo stile di vita e da un'errata alimentazione responsabile di patologie come cancro, diabete, ipertensione, infarto, ictus e via elencando, mentre le statistiche ci informano che lo stile di vita vegetariano e soprattutto vegano consente di scongiurare molte patologie e allungare la vita anche di 15 anni.

L'American Medical Association afferma: "*Uno stile di vita totalmente vegetariano può prevenire il 90% degli ictus cerebrali e il 97% degli infarti*" (la sola spesa cardiologica negli Stati Uniti ammonta a 250 miliardi di dollari l'anno). Vale la pena ricordare che il rischio di cancro a prostata, mammella e colon è 4 volte maggiore in chi consuma carne, uova e latticini tutti i giorni. Inoltre, 7 persone su 10 muoiono a causa di un consumo eccessivo di grassi saturi e colesterolo: i prodotti di origine animale sono i più ricchi di grassi saturi, oltre a essere l'unica fonte di colesterolo.

Considerato che un corretto stile di vita (cioè quello seguito dai vegani) può ridurre considerevolmente le peggiori patologie dalle quali è afflitto il genere umano occidentale, e che gran parte delle risorse umane ed economiche vengono dissipate per curare queste patologie; considerato che cibi spazzatura, come anche la carne e i derivati animali, sono i prodotti maggiormente incriminati, sarebbe giusto far pagare in toto a coloro che ne fanno uso le spese mediche derivanti da patologie correlate al consumo di tali prodotti.

Certo rendere attuabile questa ipotesi non è facile, dal momento che ognuno potrebbe improvvisarsi vegetariano per avere una riduzione sulle tasse. Ma resta comunque una realtà che penalizza i vegetariani e tutti coloro che seguono corretti stili di vita a vantaggio di quanti incuranti dei danni del cibo spazzatura preferiscono i piaceri della gola alla buona salute.

Dieta mediterranea e dieta piramide: più ombre che luci

La storia della dieta piramide inizia dopo la seconda guerra mondiale, dopo che negli Stati Uniti si era andato divulgando un modello alimentare definito "ricco", fondato su basi considerate scientifiche, in contrapposizione al modello "povero" che aveva dominato in precedenza, basato su tradizioni ed empirismo e adottato dalla generalità della popolazione italiana contadina e meridionale. In tale dieta "ricca" si privilegiavano le proteine di origine animale, ritenute ricche di aminoacidi essenziali, i quali furono i veri protagonisti nel confronto tra le due diete.

Il modello alimentare definito povero era costituito prevalentemente da frutta, verdura, cereali e legumi, mentre quello ricco era costituito in prevalenza da grassi, zuccheri industriali e proteine animali, definite nobili, da inserire nella dieta anche dei bambini appena svezzati. Tale modello, sotto pressioni di *lobby* alimentari, venne esportato dagli Stati Uniti anche in Europa. Da noi venne accettato senza alcuna obiezione da parte dei rappresentanti della scienza dell'alimentazione, i quali probabilmente lo ritennero più valido della nostra dieta tradizionale.

Ma dopo poco tempo tale modello cominciò a provocare sempre più danni alla salute umana fino a costituire la cosiddetta patologia della civilizzazione. Così iniziarono a diffondersi patologie fino ad allora rare o sconosciute come: obesità, diverticolosi, stipsi, appendiciti, emorroidi, epatiti, colecistiti, calcolosi, vascolopatie varie, disturbi metabolici; incremento dei casi di cancro, specie del colon e della mammella, e via elencando. Tale inquietante quadro patologico allarmò la popolazione europea e quella degli Stati Uniti, da dove era partita la proposta della dieta "ricca".

La classe medica americana si convinse che la causa dovesse ricercarsi nell'alimentazione, anche perché il Professor Doll aveva nei suoi studi evidenziato il fatto che le popolazioni più povere, che avevano conservato la loro tradizionale alimentazione, erano rimaste indenni da tali patologie. Così la scienza statunitense dovette fare marcia indietro e riconoscere che i fattori scatenanti stavano proprio nella dieta ricca. Sotto accusa furono messi ipernutrizione, eccessivo consumo di proteine e grassi animali, eccessivo consumo di sale e zucchero industriale e carenza di fibre.

Quindi maturò la necessità di stabilire un modello alimentare correttivo per scongiurare i malanni provocati dalla dieta ricca, e su iniziativa del Professor Ancel Benjamin Keys fu proposto un modello alimentare dapprima battezzato Italian style, in quanto suggeriva l'alimentazione povera del contadino italiano del Cilento. In un secondo tempo l'indagine venne estesa anche alle diete tradizionali della Grecia e della Jugoslavia e fu così che si cominciò a parlare di dieta mediterranea. Più tardi tale indagine incluse anche il Giappone, la Finlandia e il Sud Africa, perché in tali aree erano stati riscontrati livelli più bassi di colesterolo e pressione arteriosa, un minor numero di obesi e una minore quantità di mortalità per malattie cardio-vascolari.

Conseguenza di tali fatti fu il varo della **dieta piramide**, presentata nell'aprile del 1992 negli Stati Uniti dall'allora ministro dell'agricoltura Milligan; tale dieta con orientamento chiaramente filo vegetariano (in cui carne, pesce e uova vengono considerati cibi superflui) approda poi in Italia per opera dei professori Ticca, Strata e Peri. Successivamente venne adottata in Finlandia, Svezia, Norvegia e Danimarca e divulgata nelle scuole di queste nazioni. Contro tale rivoluzionaria innovazione alimentare reagirono le grandi consorterie dell'alimentazione, coltivatori di mangimi e allevatori di bestiame, con il tacito (ma non troppo) supporto di gran parte della classe medica, ostili all'alimentazione vegetariana, che inoltre paventavano il danno che una tale tendenza avrebbe causato al turismo gastronomico in Italia.

Da allora parlare di dieta piramide o di dieta mediterranea è quasi parlare di una stessa cosa non ben definita e c'è chi sostiene che essa sia stata deliberatamente propagandata per eliminare solo una parte delle patologie correlate all'alimentazione. E anche se la riduzione del quantitativo proteico di derivazione animale di tali orientamenti fu imposto alla scienza dell'alimentazione americana da fatti clinici e statistiche importanti, dopo che fu vinta questa battaglia contro i colossi della zootecnia e del commercio di carne, le loro stesse *lobby* imposero in cambio lo smercio sui mercati internazionali della soia, il cui contenuto proteico, come è risaputo, è più elevato di quello della carne, cioè imposero lo smercio di un ingombrante sottoprodotto dell'olio di semi di soia, di cui gli Stati Uniti sono i maggiori produttori ed esportatori mondiali.

Oggi ce la troviamo in un gran numero di prodotti alimentari: pane e pasta di soia, bistecche di soia, latte di soia e vari derivati. In sostanza la **piramide alimentare** fu adottata a seguito della pressione da parte dei lobbisti dell'industria alimentare allo scopo di vendere i loro prodotti in sostituzione della carne che la dieta mediterranea aveva ridotto.

Ma il vero regista dell'operazione "Dieta mediterranea" fu il ministro dell'agricoltura americano, e per lui l'USDA (United States Department of Agriculture), lo stesso organismo che ancora oggi destina circa l'80% di cereali e soia agli allevamenti di animali, contribuendo a causare la fame nel Terzo Mondo, la distruzione delle foreste e l'inquinamento dell'aria.

Molti esperti nutrizionisti americani dovettero ammettere che la dieta mediterranea non era in grado di debellare le patologie degenerative causate dalla cosiddetta civilizzazione e che tale dieta aveva un'efficacia limitata. Infatti la sola riduzione del quantitativo proteico, di grassi saturi e prodotti di derivazione animale non è sufficiente a scongiurare le molte patologie a essi correlate. In sostanza fu persa un'occasione storica per indicare la dieta vegetariana come la sola adatta, giusta e salutare nell'alimentazione umana. Ma era troppo passare da uno stato di carnivorismo a uno vegetariano. E lo stesso Professor Strata, che pochi mesi dopo il lancio della dieta piramide affermava che carne, pesce e uova erano da considerare cibi superflui, aveva precedentemente firmato un manifesto dal titolo "Carne e Salute", col quale si attaccava il vegetarismo e si esaltava l'alimentazione carnea (manifesto che era stato affisso in tutte le macellerie d'Italia).

Vegetarismo pratico: cosa mangiano i Vegetariani?

La stragrande maggioranza della gente trascura il valore della nutrizione: è convinta che sia sufficiente saziarsi per assolvere al compito nutrizionale. In sostanza, vittima di una carente informazione sull'importanza dei componenti nutrizionali di cui ha bisogno il nostro organismo per essere in buona salute, placa la fame mangiando di tutto, ma quando non ci si nutre degli alimenti adatti alla nostra natura le cellule restano affamate e il nostro organismo ricorrerà alle sue riserve per disporre dei nutrienti necessari a mantenersi efficiente: è come prelevare continuamente somme di denaro alla banca senza effettuare depositi; quando il conto arriva in rosso si manifesta la malattia.

Alimentarsi in modo vegetariano non richiede necessariamente la conoscenza del valore nutrizionale degli alimenti, saper calcolare le calorie, il quantitativo proteico, i minerali o le vitamine necessarie: nessuna specie animale ha bisogno che qualcuno le indichi cosa, come e quanto mangiare. Nella filosofia vegetariana non è importante ciò che si mangia quanto ciò che si esclude dalla propria dieta, cioè tutti quei prodotti incompatibili con la nostra natura, come carne, pesce, latte, latticini formaggi e uova, e importa consumare semplicemente tutto ciò che offre il mondo vegetale; possibilmente prodotti locali, biologici e di stagione. Infatti, se si continua a consumare prodotti incompatibili con il nostro organismo, in genere i benefici apportati della frutta e dai vegetali vengono in gran parte neutralizzati dagli alimenti dannosi. Naturalmente ognuno avrà il buon senso di non consumare un solo tipo di alimento, se non altro per variare il gusto ed evitare la monotonia. Ma se un individuo non fa mancare alla sua tavola una bella insalata mista a pranzo e a cena, frutta fresca di stagione, cereali integrali, legumi, tuberi, semi oleaginosi e frutta essiccata, avrà dato al suo organismo tutto ciò che serve per restare in ottima salute.

Una persona abituata da anni a nutrirsi in modo convenzionale avrà difficoltà iniziali nell'organizzare i suoi pasti escludendo degli alimenti che giornalmente utilizzava nella sua dieta. Allora deve avere innanzi tutto la consapevolezza che da vegani si vive meglio, che la carne e i derivati animali non solo non sono necessari alla nostra salute ma che sottraggono energie vitali; che sperimenterà benefici a livello fisico, mentale e spirituale; che avrà vantaggi a livello economico, e soprattutto che non avrà sulla coscienza l'uccisione di tanti animali innocenti. Con un po' di buona volontà e con un minimo di organizzazione pratica imparerà gradualmente a consumare solo prodotti alimentari adatti al nostro organismo.

Quando è possibile è molto meglio cercare nei pressi della propria abitazione mercati rionali o negozi dove acquistare prodotti biologici, meglio ancora biodinamici.

Il primo passo è quello di escludere dalla propria dieta la carne di tutti i tipi. La settimana successiva, si escluderà il pesce, i molluschi, i crostacei, i mitili. E procedendo per settimane (o per mesi a seconda dalla forza di volontà di ognuno), si escluderanno i formaggi, poi i latticini, il latte ed infine le uova, per poi passare col tempo ad adottare la dieta vegana tendenzialmente crudista; i più eroici arriveranno al crudismo fruttariano.

Regola fondamentale del mangiar sano è non mangiar troppo, non consumare cibi troppo elaborati, non mischiare troppi alimenti nello stesso pasto nell'errata convinzione che avendo ingerito di tutto siano stati assunti tutti i principi nutritivi necessari. Altro punto fondamentale è cercare la compatibilità degli alimenti: alimenti tra loro incompatibili per velocità di digestione causano fermentazione. In sostanza il cibo frugale è il migliore; ideale sarebbe alimentarsi di un solo alimento per pasto.

Cosa mangia un vegano nell'arco della giornata?

Alla **mattina** appena svegli è utile prendere un bicchier *d'acqua* a temperatura ambiente, meglio, specialmente d'inverno, intiepidirlo sul fuoco. La *colazione* dovrebbe essere composta da sola frutta, di stagione, possibilmente biologica, di un solo tipo, o da più frutti tra loro compatibili per dolcezza o acidulità. Ma se si sente la necessità di qualcosa di caldo si può prendere del latte di mandorla, di riso o di avena e, per chi volesse arricchire la colazione, si può aggiungere un cucchiaio di fiocchi d'avena, di germe di grano o di semi di lino frullati. Conviene abituarsi a fare a meno del caffè: dopo i primi giorni di astinenza non si avvertirà più la necessità di consumare questa sostanza nervina, eccitante e dannosa. Assieme al latte di mandorla si possono consumare dei biscotti di frumento integrale.

Nella tarda mattinata è utile un secondo spuntino a base di frutta. La *frutta* è necessario consumarla lontano dai pasti, ma le mele, l'ananas e la papaia essendo dotate di enzimi predigerenti possono essere consumate anche a fine pasto.

Il **pranzo**, come la cena, è utile quanto necessario sia preceduto da un'abbondante insalata di verdure miste, condita con poco olio extravergine di oliva e limone: carote, pomodori, lattuga, rughetta, ravanelli, sedano, cavolfiore, verza, tarassaco, cappuccina, spinaci, indivia, finocchio, cicoria, cetrioli, radicchio... e tutte le parti tenere delle verdure che possono essere consumate crude. Questo servirà non solo a preparare lo stomaco, ma anche a dare all'organismo i veri alimenti di cui ha bisogno perché ricchi di nutrienti, antiossidanti, enzimi, fibra, acqua, minerali, vitamine, grassi e proteine nel quantitativo armonico e necessario al nostro organismo.

Dopo l'insalata, che avrà il salutare scopo di saziare e lasciare poco spazio per gli alimenti cotti, come *primo* si può consumare pastasciutta di tutti i tipi di cereali integrali e possibilmente biologici: alle varie salse, al sugo di pomodoro, al pesto di basilico, alle noci, alle zucchine, ai carciofi; gnocchi, ravioli, lasagne, cappelletti, tortellini, minestroni; oppure i vari risotti vegan integrali, polenta, miglio, couscous, creme di vegetali, zuppe, focacce, panzanelle, bruschette...

Come secondo si consumerà verdura cotta di stagione (al vapore, lessata), passato di verdure varie, patate bollite, patate al forno, patate gratinate, purea di patate, cavolo, funghi, carciofi, broccoli, porro, cipolle al forno, zucca al forno, peperoni, melanzane, tarassaco, cicoria, crescione, fagiolini, cipolline in agrodolce, peperonata, parmigiana vegana, verdure ai ferri, una fetta di pane integrale. A fine pasto potrà essere consumata della *frutta secca*: noci, mandorle, pistacchi, pinoli, semi di sesamo, di girasole, di zucca, arachidi, nocciole, anacardi. Attenzione a non esagerare: tre o quattro noci o una decina di mandorle saranno più che sufficienti. E infine il *dessert*, per chi volesse concludere in bellezza, potrà essere fatto da: uva passa, datteri, fichi secchi, budino, torta di mele (anche se questi ultimi componenti sarebbe meglio consumarli lontano dai pasti).

Un terzo abbondante *spuntino* a base di frutta potrà essere consumato nel pomeriggio e, sempre lontano dai pasti, bisognerà bere un bicchiere d'acqua a basso residuo fisso.

La **cena**, come il pranzo, è necessario sia preceduta da una ricca insalata mista. Il *primo* potrà essere composto da: pasta (o riso) e piselli, pasta e fagioli, pasta e ceci, pasta e lenticchie, insalata di riso, pomodori ripieni di riso, arancini di riso, gnocchi di patate, tortini vegetali, creme di ortaggi, purea o passata o paté di legumi vari…

E per *secondo*: verdura cotta di stagione (al vapore, lessata), passato di verdure varie, patate bollite, patate al forno, crocchette di patate, purea di patate, polpette di legumi vari. In casi eccezionali e solo per provare nuovi sapori, si possono utilizzare prodotti derivati dalla soia o simili (spezzatini, tofu, seitan e via elencando), anche se scarsi o privi del tutto dei nutrienti uccisi con la lavorazione. A fine cena, come per il pranzo, *frutta secca*: noci, mandorle, pistacchi, pinoli, semi di sesamo, di girasole, di zucca, arachidi, nocciole, anacardi… E per *dessert*: uva passa, datteri, fichi secchi, prugne secche, albicocche secche, castagnaccio, budini, torta di mele…

DOVE TROVO...

IL CALCIO (MG IN 100 G DI PARTE EDIBILE)

Tarassaco: 316
Ruchetta: 309
Soia secca: 257
Fichi secchi: 286
Mandorle: 240
Prezzemolo: 220
Farina di soia: 210
Spinaci: 170
Nocciole secche: 150
Cicoria: 150
Ceci secchi: 142
Fagioli secchi: 135
Pistacchi: 131
Agretti:131
Bieta bollita: 130
Radicchio: 115
Crusca di frumento integrale: 110
Indivia: 93

IL FERRO (MG /100 G)

Crusca di frumento: 12,9
Germe di grano:10
Semi di soia: 8,4
Radicchio: 7,8
Semi di girasole: 7,6
Pistacchi: 7,3
Farina di soia: 6,9
Lupini: 5,5
Ruchetta: 5,2
Miglio: 5
Fave secche: 5

Mandorle: 4,6
Arachidi tostate: 3,5
Nocciole secche: 3,3
Tarassaco: 3,2
Fichi secchi: 3
Lenticchie bollite: 3

L'OMEGA 3 (MG / 100 G)

Olio di lino: 66
Semi di lino: 32
Olio di canapa: 18
Olio di noce: 14
Soia cotta: 11
Noce: 10
Olio di soia: 10
Germe di grano: 5
Semi di zucca: 5
Latte di soia: 4
Fagioli di soia secchi: 1,3
Mandorle: 0,3
Nocciole: 0,1
Olio extra vergine d'oliva: 0,07

LA VITAMINA E (MG / 100 G)

Germe di grano: 133
Semi di girasole: 68
Mandorle: 26
Olio extra vergine di oliva: 22,40
Nocciole secche: 15
Noci secche: 4
Pistacchi: 4

IL POTASSIO (MG / 100 G)

Farina di soia:1660
Crusca di frumento: 1160
Arachidi tostate: 680

Prezzemolo: 670
Patate bollite: 570
Anacardi: 565
Ruchetta: 468
Tarassaco: 440
Bieta bollita: 420
Indivia: 380
Banane: 350
Frumento integrale: 337
Ceci bolliti: 302
Pomodoro maturo: 297
Fagioli secchi bolliti: 289
Sedano: 280
Lenticchie bollite: 266
Lattuga: 240
Ravanelli: 240

IL MAGNESIO (MG / 100 G)

Crusca di frumento: 550
Mandorle: 264
Anacardi: 260
Arachidi tostate:175
Fagioli: 170
Nocciole tostate: 160
Miglio: 160
Pistacchi: 158
Noci: 131
Farina di frumento: 120
Spinaci cotti: 80
Bietola: 80
Carciofi: 45
Cavolfiore: 30
Lenticchie: 28
Cavolo broccolo: 24
Kiwi: 12
Carote: 11

LA FIBRA (MG/100 G)

Crusca di frumento: 42,4
Fagioli borlotti bolliti: 17,3
Prugne secche: 8,4
Lenticchie secche bollite: 8,3
Fave secche bollite: 7,3

IL SELENIO (MG / 100 G)

Mais: 15,5
Anacardi: 12
Pistacchi: 8
Noci: 6
Riso bollito: 4
Lenticchie: 4
Sedano crudo: 3

COMPOSTI FITOCHIMICI ANTITUMORALI

Curcuma
Mirtillo
Fragola
Tè verde
Fagioli di soia
Pomodori
Uva
Agrumi
Aglio
Cavolo verza
Broccoli

ATTIVITÀ ANTIOSSIDANTE DELLA FRUTTA

Mirtillo
Mora
Lampone
Fragola

Mela-delizia
Ciliegia
Prugna
Avocado
Pera
Arancia
Uva rossa
Pompelmo
Pesca
Mango
Albicocca
Mandarino
Ananas
Banana
Pesca noce
Mandorla
Nocciole
Mele con la buccia

ATTIVITÀ ANTIOSSIDANTE DELLA VERDURA

Carciofo
Patata Russet
Cavolo rosso
Asparago
Cipolla
Patata dolce
Radicchio
Lenticchie
Spinaci
Melanzana
Broccoli
Lattuga Boston
Peperone rosso
Piselli surgelati
Mais

Peperone verde
Pomodoro
Sedano
Cavolfiore

PRESENZA DI PURINE (MG/100 G)

Tè: 2800
Cacao in polvere: 1880
Caffè: 1160
Cioccolato: 620
Merluzzo: 265
Fegato: 244
Rognoni: 210
Manzo: 155
Trota: 147
Lenticchie: 142
Sogliola: 136
Tacchino: 131
Maiale: 108
Vitello: 100
Pollo: 76
Piselli verdi: 71
Prosciutto: 66
Salmone: 63
Formaggio: 58
Spinaci: 52
Asparagi: 50
Fagioli bianchi: 45
Cavolo verza: 29
Cavolfiore: 21
Pane bianco: 21
Radici: 13
Ravanelli: 13
Funghi: 13

Il **Triptofano**, giusto e adatto al nostro corpo frutto-vegetariano, volendolo assumere direttamente coi cibi, si trova soprattutto nei seguenti alimenti naturali:

proteine isolate della soia, farina di soia
alga spirulina essiccata
semi di senape
fieno greco
crusca
noci
menta essiccata
cacao amaro
pistacchi
semi di papavero
semi di finocchio
lenticchie
arachidi
fagioli
basilico essiccato
farina integrale frumento
orzo decorticato
mandorle
grano saraceno
timo essiccato
ceci
spinaci
miglio
patate
pinoli
olive.

Regole alimentari

Mangia solo quando hai fame.
Mangia solo se sei libero da stress fisico o emotivo.
Mangia solo cibi che vanno d'accordo con te.
Mangia cibi a temperatura ambiente.
Mangia solo in ambienti piacevoli.
Mangia solo cibi che ti siano piacevoli e gustosi.
Mangia solo cibi freschi al loro stato naturale (l'80 % del cibo dovrebbe essere crudo e alcalino).
Mangia con parsimonia e in modo frugale.
Mastica a lungo e attentamente.
Non consumare cibi né troppo caldi né troppo freddi (distruggono o inibiscono l'attività enzimatica).
Non ti alimentare in eccesso e non ti sottoalimentare.
Non bere immediatamente prima, durante o dopo i pasti.
Combina bene gli alimenti.
Al mattino mangia solo frutta fresca.
Riposati dopo aver mangiato.
Tra un pasto e l'altro ci siano da 3 a 5 ore di interruzione.
I cibi troppo caldi distruggono gli enzimi della digestione, causano irritazione, infiammazione, ulcerazione, fibrillazione.
I cibi troppo freddi inibiscono l'attività enzimatica e rallentano il processo digestivo.
Consuma alimenti biologici, preferibilmente biodinamici.

Gli alimenti alcalinizzanti sono:
frutta fresca, secca, ortaggi, le mandorle, le patate.

Gli alimenti acidificanti sono:
carne, pesce, formaggi, uova, legumi, cereali, zucchero, bevande alcoliche, aceto, yogurt.

Elimina:
carne, pesce, affettati e insaccati di ogni tipo;
uova, latte e derivati;
cibi elaborati, conservati o raffinati;
fritti e fritture in genere.

Evita:
bevande alcoliche, vino, birra, e quelle gasate,
caffè, cacao, tè, cioccolato, succhi di frutta,
sottaceti, sale, spezie,
zuccheri, dolci, marmellate.

Limita:
pasta, pizza, pane, riso, legumi.
Pratica un giorno di digiuno totale almeno 1 volta al mese
o al limite mangia in quel giorno solo crudo o sola frutta.

Combinazioni alimentari

PROTEINE:
raccomandate con verdure;
da evitare con amidacei e frutta.
AMIDACEI:
raccomandati con verdure;
da evitare con proteine e frutta.
VERDURE:
raccomandate con proteine e amidacei;
da evitare con frutta dolce, frutta semiacida, frutta acida.
FRUTTA dolce:
da evitare con proteine, verdure, amidacei, frutta acida, tollerabile con frutta semiacida.
FRUTTA semiacida:
da evitare con verdure, tollerabile con frutta acida.
FRUTTA acida:
da evitare con amidacei, verdure, frutta dolce, tollerabile con frutta semiacida.

(Frutta dolce: datteri, cachi, banane, prugne, ciliegie e altri frutti.)

(Frutta semiacida: fichi, uva, mele, pere, pesche, ciliegie, prugne e altri frutti.)

(Frutta acida: arance, ananas, fragole ed altri frutti.)

La maggior parte delle allergie sono causate da cattiva digestione per cattiva combinazione degli alimenti.

Gli acidi, di qualunque genere, inibiscono la secrezione del succo gastrico.

L'aceto sospende la digestione salivare.

Gli amidi hanno bisogno di un ambiente alcalino, le proteine di uno acido.

Gli zuccheri insieme alle proteine ostacolano la digestione di queste ultime.

Gli zuccheri passano direttamente dallo stomaco nell'intestino.

Caramelle, marmellate, gelatine, zuccheri, sciroppi, aggiunti a pastarelle, pane, cereali, patate e via elencando producono fermentazione.

I dolci a fine pasto ritardano notevolmente la digestione.

Gli amidi dovrebbero essere mangiati a pranzo, le proteine a cena.

Un'insalata al giorno toglie il medico di torno.

Limone ed aceto dovrebbero essere evitati.

L'acido contenuto nei pomodori interferisce nella digestione sia delle proteine sia degli amidi.

Quanto costa una bistecca?

Circa 100 miliardi di animali ogni anno vengono uccisi dall'uomo a scopo alimentare, senza considerare centinaia di miliardi di pesci, crostacei, molluschi, echinodermi e via elencando:

- 131 milioni ogni giorno,
- 5500000 ogni ora,
- 91000 al minuto,
- 1500 ogni secondo.

Considerando che circa un terzo della popolazione mondiale è vegetariana, ogni persona carnivora ha sulla coscienza, ogni anno, l'uccisione di una ventina di animali. Praticamente ogni carnivoro mangia nella sua vita almeno milleseicento animali, esclusi i suddetti pesci e quanto altro.

Per produrre 1 kg di carne di manzo sono necessari circa:

- 50000 litri di acqua,
- 9 litri di petrolio,
- 15 kg di cereali,
- 12 mq di foresta.

Facendo il calcolo si evidenzia che mangiando una sola bistecca una persona consuma circa:

- 10000 litri di acqua,
- 1,5 litri di petrolio,
- 4 kg di cereali,
- distrugge 3 mq di foresta.

A questo bisogna aggiungere, oltre l'iperbolica cifra delle spese sanitarie per curare le malattie dovute alla cattiva alimentazione ed in particolare alla carne: l'inquinamento dell'aria, della terra, delle falde acquifere, del mare, dei fiumi, dei laghi, lo sperpero di risorse energetiche e naturali, il consumo di acqua potabile, i danni delle piogge acide, la desertificazione, la fame nel mondo…

INSOMMA MANGIARE CARNE È UNA VERA FOLLIA,
OLTRE CHE UN SUICIDIO

L'intelligenza dei Vegetariani

Nella rivista settimanale *Viver sani e belli*, riprendendo un articolo pubblicato su *Il Corriere della Sera* il 7 gennaio 2007 dal titolo "Vegetariani, da bambini erano più intelligenti", si afferma: "*Secondo uno studio pubblicato sul British Medical Journal, chi diventa vegetariano prima dei trent'anni probabilmente da bambino aveva un quoziente intellettivo superiore al normale (con una media di 5 punti in più). Lo studio ha coinvolto più di 8000 persone che all'età di 10 anni erano state sottoposte a un test di intelligenza. Dopo 20 anni è stato preso in considerazione il loro tipo di alimentazione. Si è scoperto che i maschi vegetariani avevano totalizzato 106 punti, contro i 101 dei non vegetariani, mentre le donne vegetariane 104 punti contro i 99 delle non vegetariane. I ricercatori sostengono che questo è la dimostrazione scientifica del fatto che le persone più intelligenti sono anche le più sane (eliminare la carne, infatti, porterebbe benefici a cuore e arterie)*".

Da notare che, se basta essere vegetariani per aumentare la propria *positiva* intelligenza, con l'essere vegani non si può che ottenere il massimo dei benefici. Infatti il professor Armando D'Elia nel suo libro "Miti e realtà dell'alimentazione umana" dichiara: "*Ricercatori dell'Università di Oxford, dopo una lunga serie di test condotti su studenti, hanno individuato il rapporto esistente tra il pH del sangue che nutre il cervello e l'acume intellettivo, rivelando che tale acume aumenta proporzionalmente alla "basicità" del sangue che arriva al cervello. L'alimentazione tradizionale, a causa soprattutto della carne è, in quanto a rendimento finale, acidogena, con un pH sensibilmente inferiore a 7.*

Il sangue dell'uomo in salute richiede in permanenza un pH alcalino aggirantesi all'incirca su 7,35. Se le riserve per questo necessarie mancano nell'alimentazione o sono insufficienti, l'organismo ricorre alle sue riserve alcaline prelevando il calcio e il magnesio dalle ossa, dai denti, dalle unghie ed altro ancora, provocando osteoporosi, carie dentarie, e via elencando. Acidificanti sono, oltre alla carne e al pesce, anche i cereali e i loro derivati, formaggi, legumi, zucchero industriale, le uova, il caffè, l'alcol, l'aceto, lo yogurt. Sono invece alcalinizzanti tutta la frutta fresca, la frutta secca, tutti gli ortaggi a foglia o a radice, le mandorle, le patate. La scoperta degli scienziati di Oxford ci permette ora di sostenere con maggiore convinzione che il vegetarismo aumenta, oltre la speranza di vita, anche la nostra intelligenza. Da rammentare, inoltre, che l'energia necessaria all'attività dei 100 miliardi di cellule mediamente presenti nel cervello umano è fornita da circa 200 grammi quotidiani di glucosio, combustibile ricavabile solo *dagli alimenti di origine vegetale (ad eccezione del latte che lo contiene combinato con il galattosio).*"

Poi il Professor Armando D'Elia riporta nel suo libro un lunghissimo elenco di illustri personaggi della storia (filosofi, santi, eroi, scienziati, poeti, scrittori e via dicendo), i pilastri della cultura e della spiritualità universale del mondo, che sono stati, o sono, vegetariani. Ed egli sostiene che sia stato proprio il tipo di alimentazione adottato a favorire in loro lo sviluppo di un'intelligenza fuori dal normale. Io invece sostengo che proprio perché avevano, questi grandi personaggi, un'intelligenza fuori dal normale abbiano scelto di essere vegetariani.

LEGUMI, PROTEINE E SQUILIBRI ALIMENTARI

Alcuni neo-vegetariani fanno l'errore di credere di aver bisogno di sostituire la carne con altri alimenti ricchi di proteine e molto spesso non solo ricorrono a dosi abbondanti di formaggi e altri derivati del latte (che spesso sono più dannosi della stessa carne per il loro alto contenuto di proteine, grassi saturi, colesterolo e residui chimici), ma fanno grande uso di legumi, convinti di dover sopperire a una carenza di proteine. In questo modo di essere vegetariani si hanno scarsi benefici sul piano fisico e la situazione generale organica può anche peggiorare.

Tralascio di parlare dei derivati del latte, già trattati altre volte, e mi soffermo sui legumi.

Sappiamo bene che tutto sommato i legumi, se consumati con moderazione, sono ottimi alimenti e che mangiarne è tutto sommato assolutamente raccomandabile, ma ecco qui di seguito anche una panoramica di "messe in guardia" che abbiamo raccolto sul loro conto.

È bene sapere che i legumi contengono anche delle sostanze tossiche, comunemente chiamate fattori antinutrizionali (sostanze elaborate dai vegetali per difendersi dagli animali che potrebbero nutrirsene), che ostacolano la normale nutrizione dell'individuo. E oltre a questi fattori ce ne sono altri: antivitaminici, che impediscono in modo particolare l'utilizzo delle vitamine A, B e B12, epato-ipertrofizzanti, rachitogeni, emolitici, distruttori di alcuni aminoacidi, specialmente del triptofano e della treonina.

In particolare per quanto riguarda i fagioli è interessante quanto risulta da studi effettuati dal Dottor Ezio Preturi, il quale riferisce che nei fagioli è stata identificata una sostanza chiamata faseolamina, che si comporta come un'antienzima, e che inoltre essi contengono sostanze tossiche che favoriscono la coagulazione del sangue.

È stato ampiamente dimostrato l'aspetto antinutrizionale dei fagioli (e della soia) anche negli allevamenti di animali nutriti con farine di tali leguminose: si sono manifestati arresto della crescita, alterazioni e lesioni degli organi interni e perfino morte degli animali. Tra i legumi pare che i piselli manifestino meno effetti antinutrizionali degli altri.

I fagioli, dice il Professor Armando D'Elia, contengono anche acido fitico, notoriamente rachitizzante (perché decalcificante) e dei glucosidi detti saponine che provocano, tra l'altro, il cosiddetto meteorismo schiumoso.

L'attività antinutrizionale della fava, come gli studi di Gabriel Bertrand hanno dimostrato fin dal 1908, è causata da eterosidi particolarmente dannosi, che sono i principali accusati del cosiddetto favismo, il quale può provocare distruzione dei globuli rossi e itterizia.

Da notare che la fava contiene forti concentrazioni di L-Dopa, sostanza oggi usata per curare il morbo di Parkinson e che fa aumentare la concentrazione di dopamina nel cervello, che può causare insonnia, stati ansiosi e allucinazioni.

L'abbondante contenuto proteico dei legumi può produrre purine e acido urico che, com'è noto, è il principale fattore artritico. Il consiglio del Professor Brioschi è di limitare drasticamente l'uso dei legumi, mentre il Dottor Herbert Shelton sconsiglia l'abbinamento cereali-legumi, perché in tale abbinamento si viene a creare una incompatibilità digestiva, dal momento che gli amidi e le proteine hanno esigenze enzimatiche opposte: i cereali hanno bisogno di un ambiente alcalino, i legumi di un ambiente acido, e il loro transitare insieme costringe le proteine dei legumi a sostare nell'intestino sino a decomporsi, mentre gli amidi fermentano producendo laboriosità digestiva, flatulenza e pirosi con conseguente dispendio di energie che danno sensazione di stanchezza e sonnolenza.

Il Dottor Arthur Cason nel 1945 dimostrò sperimentalmente che mescolando nello stesso pasto proteine e carboidrati si disturba l'andamento regolare della digestione, mentre se sono ingerite separatamente le sostanze di ciascuno di questi 2 tipi vengono disgregate, assorbite e utilizzate completamente dal corpo.

Occorre considerare che tutti gli alimenti molto proteici possono risultare dannosi perché le proteine sono l'unico principio nutritivo che l'organismo si rifiuta di accumulare: le proteine in eccesso vengono eliminate affaticando reni e fegato, ma si possono anche trasformare in glucidi e grassi di deposito, con probabile produzione di radicali liberi.

Le scorie accumulate dall'eccessivo consumo di proteine, oltre a spingere il sangue verso l'acidità, sono causa di tutte le manifestazioni uricemiche, di obesità, diabete, calcolosi, reumatismo, nevralgie, dispepsie, eczemi, arteriosclerosi, ipertensione, stitichezza, allergie e altro ancora. Nel 1963 la FAO e l'OMS hanno stabilito il fabbisogno in 0,5 grammi di proteine al giorno per ogni Kg di massa dell'individuo. Quindi per una persona di 60 chili, 35 grammi di proteine al giorno. Se invece si resta al di sotto di tale quantità (è stato sperimentalmente provato) la vita della persona si può allungare anche di un quarto. Inoltre aumentando le proteine si aumenta il quantitativo di calcio che viene eliminato con le urine, fino a una sua eliminazione maggiore di quanto se ne ingerisca, con sua sottrazione dalle ossa e dai denti, andando quindi incontro all'osteoporosi. Diminuendo l'assunzione di proteine diminuisce il quantitativo di calcio eliminato. Le diete ricche di proteine sono spesso causa di cancro al seno, alla prostata, al pancreas. Insomma, meno proteine si mangiano e più a lungo si vive.

OGM: UN RIMEDIO PEGGIORE DEL MALE

La rivoluzione del transgenico inizia nel 1953 quando si scopre che la struttura chimica del DNA è identica nei batteri, nella piante e negli animali, compreso l'uomo. Gli OGM entrano in commercio nel 1970. Dal 1980 gli Stati Uniti consentono il brevetto di organismi geneticamente modificati.

Gli Stati Uniti e l'Argentina da soli lavorano l'84% delle colture OGM coltivate nel mondo, mentre in Italia, in un'iniziativa promossa dall'AIAB (Baule Volante, ICEA e NaturaSì), si sta raccogliendo l'adesione di enti e organizzazioni (Coldiretti, Coop, Slowfood, Legambiente ed altre associazioni di consumatori, assessorati regionali e sindacati di categoria) per promuovere un'alimentazione libera da OGM. La Toscana con la legge 53 del 2000 è stata la prima Regione in Italia a vietare sul proprio territorio la coltivazione e la produzione di specie OGM, poi è stata la volta dell'Emilia Romagna, la quale oltre che ai vegetali ha esteso tale proibizione all'allevamento di animali GM. Oggi sono 1860 i Comuni italiani che rifiutano di coltivare OGM, e a essi si aggiungono 14 Regioni e 27 Province. Il maggior numero di Comuni liberi da OGM è in Piemonte, seguito dalla Campania.

Il pretesto iniziale era quello di produrre vegetali in grado di aumentare la produzione, migliorare le caratteristiche organolettiche ed aumentare la resistenza ai parassiti e agli erbicidi, in modo da poter distruggere le erbe infestanti senza danneggiare le colture. Ma ci si accorse presto che le piante modificate geneticamente richiedevano un quantitativo doppio di pesticidi rispetto a quelle coltivate in maniera tradizionale, e la scusante di poter produrre maggiori quantità di alimenti disponibili si è rivelata palesemente pretestuosa, in quanto la fame nel mondo non dipende dalla carenza di alimenti a disposizione (basta ricordare l'ingente quantità di alimenti che vengono distrutti per bilanciare i rapporti tra richiesta e offerta), quanto dalla disparità delle risorse e dalla disonestà nella distribuzione degli aiuti.

La soia, GM Roundup Ready prodotta dalla Monsanto, era geneticamente modificata per resistere al diserbante glifosato (venduto dalla stessa Monsanto), ritenuto uno dei pesticidi meno tossici disponibili. Ma nel 2001 per distruggere le erbe infestanti resistenti al glifosato era necessario utilizzare quantità doppie di questo erbicida e questo ha causato, oltre la decimazione della presenza batterica nel terreno, l'emergenza di super infestanti. Si calcola a milioni di tonnellate il quantitativo di prodotti chimici sparsi ogni anno nel mondo sulle piante e sui terreni che, come è facile intuire, vanno a inquinare le falde acquifere, ad avvelenare le piante, gli animali e coloro che se ne nutrono.

Anche la prospettiva di poter produrre alimenti in periodi di calamità naturali (siccità o eccezionali gelate) trova giustificazione solo nell'ambito di una pericolosa cultura sintomatologica. Che vuoi che interessi alla Monsanto se le colture saranno più abbondanti o più resistenti ai parassiti? Lo scopo recondito, ma non troppo, è stato quello di creare un meccanismo in agricoltura che richieda l'uso di ingenti quantitativi di prodotti chimici, ma soprattutto arrivare ad avere il monopolio dei sementi.

Ogni manipolazione genetica è potenzialmente pericolosa perché dotata di effetti imprevedibili, ma è soprattutto il principio degli OGM che è sotto accusa, in quanto si tende a intervenire sugli effetti di un male diffuso e non sulle sue cause, che vanno ricercate nell'inquinamento generale, nella cattiva gestione delle risorse agroalimentari da parte del potere politico ed economico e negli interessi di parte.

La principale preoccupazione che viene dagli OGM riguarda la salute dell'uomo: con gli OGM si sono moltiplicate le allergie, la diffusione dell'antibiotico resistenza e la produzione di proteine più o meno potenzialmente tossiche contenute in questi nuovi alimenti, delle quali non è possibile prevedere gli effetti a breve e a lunga scadenza di tempo sull'organismo umano. Inoltre, senza considerare la possibilità di farne un'arma batteriologica programmandoli intenzionalmente per essere nocivi all'uomo, se gli OGM verranno commercializzati senza nessuna etichettatura, le persone allergiche a qualche determinata sostanza non avranno alcuna possibilità di difendersi da un rischio a volte mortale.

Ma il pericolo maggiore viene dalla tendenza a brevettare organismi viventi. Il monopolio dei semi garantito dai brevetti renderebbe le popolazioni più povere e più dipendenti dai paesi ricchi, come è successo in India. Un altro problema può essere rappresentato dal WTO, che si è trovato a difendere gli interessi economici delle multinazionali piuttosto che la libertà delle singole nazioni di accettare o rifiutare sementi GM sul proprio territorio.

Si spera che sia fatto valere l'Articolo 174 del trattato di Amsterdam nel quale si sostiene il principio di precauzione: in assenza di certezza scientifica devono essere vietati su tutto il territorio coltivazioni di OGM in campo aperto e allevamenti di animali geneticamente modificati; si spera inoltre che in Europa si decreti l'obbligo di etichettare alimenti carnei derivati da animali nutriti con mangime GM e che la legge sementiera sia fatta rispettare in modo più rigoroso.

Purtroppo ritengo che (salvo con una presa di coscienza universale) sia impossibile impedire l'impiego delle modificazioni genetiche e che queste, come per molte altre scoperte scientifiche, si traducano in danno per l'intero genere umano. A ognuno di noi resta il compito determinante di avvalersi del potere di scegliere alimenti biologici o biodinamici (secondo natura) oppure i prodotti GM, che aprono prospettive incerte e forse inquietanti, semplicemente perché non sono naturali.

OGM, etanolo, biodiesel, termovalorizzatori, gassificatori e via dicendo. L'unica soluzione possibile per il genere umano è il contenimento dei consumi, il rispetto delle leggi naturali, la saggia amministrazione delle risorse, la riduzione dell'incremento demografico e soprattutto l'adozione del sistema vegano: il solo in grado di nutrire tutto il genere umano e azzerare, o quasi, l'inquinamento prodotto dai rifiuti: un vegano consuma un quarto delle risorse di un onnivoro. Basti confrontare il costo medio di 1 kg di carne (20 Euro), con 1 kg di verdure (2 Euro) per rendersi conto che la differenza può essere tra 1 e 10. Essere vegani non è solo uno stile di vita conforme ai codici etici e alle leggi naturali, ma la sola alternativa possibile: l'umanità del futuro sarà vegana o non sarà affatto.

FRUTTA, IL CIBO DEGLI DEI

La frutta, per i suoi principi nutritivi, completi, armonici e bilanciati, risulta essere il cibo elettivo per l'essere umano, il più puro e il più adatto al sostentamento della mente e del corpo dell'uomo; il cibo che, secondo il criterio del minimo dispendio energetico e digestivo, risulta essere il più appropriato alla specie umana, che è strutturata morfologicamente, anatomicamente e biologicamente per raccogliere e mangiare la frutta. L'anatomia comparata conferma che la dentatura umana, lo stomaco, i succhi gastrici digestivi, il canale intestinale ed altro ancora dimostrano, senza ombra di dubbio, che l'essere umano è stato strutturato per nutrirsi quasi esclusivamente di frutta.

Anticamente la frutta è stata ritenuta un cibo quasi sacrale; specialmente le scritture religiose sono piene di racconti e parabole nei quali la frutta è considerata simbolo di ricchezza, abbondanza, salute e buona sorte: le cornucopie traboccavano di frutta. Stando alla Bibbia l'uomo era destinato ad essere giardiniere, coltivatore, non allevatore, e quando dimenticò la sua missione si svilupparono le malattie e la morte precoce. La frutta è stata considerata il cibo più ambito dall'uomo, al punto che un frutto simboleggia la causa della cacciata dal Paradiso Terrestre. Maometto amava talmente mangiare i fichi da desiderare di portarli con sé in Paradiso. Anche nell'antico Egitto specialmente l'uva veniva tenuta in grande considerazione. I pagani consacravano l'ulivo a Minerva, il dattero alle Muse, il fico e l'uva a Bacco, per ottenere la loro protezione.

Tutte le piante producono frutti di qualche tipo; si ritiene che sul pianeta ci siano circa 300000 differenti tipi di frutta, anche se solo una piccola parte di essi è commestibile per l'uomo: quella dolce, succosa, profumata e attraente alla vista. La frutta è la parte commestibile delle piante in esse prodotta come risultato dei fiori impollinati, mentre i legumi e i semi in genere non posseggono un involucro commestibile. La dolce e succosa polpa prodotta dalla pianta è in sostanza una riserva di cibo per il seme finché questo non trova le condizioni per germinare. Nutrendosi di frutta l'uomo non nuoce neppure alla pianta (anche la pianta soffre se strappata); anzi dopo aver mangiato un frutto (la pesca, l'albicocca, la nespola) l'uomo getta il seme in un terreno lontano dal fusto, contribuendo alla propagazione di quella specie.

La frutta può essere suddivisa in 4 gruppi fondamentali: A - frutta succosa; B - noci, mandorle e simili; C - cereali; D - legumi. Il gruppo A è costituito dalla parte carnosa che avvolge il seme dal quale è costituito il gruppo B. Questi due gruppi costituiscono il nostro vero nutrimento perché possono essere consumati direttamente, allo stato naturale, cioè crudi, mentre gli alimenti che costituiscono i gruppi C e D devono essere in qualche modo preparati. Questi ultimi 2 gruppi in realtà sono dei sostituti utilizzati dall'uomo fin dall'antichità principalmente quando la frutta fresca non era più disponibile per fattori climatici. In realtà è più per un bisogno di varietà che di vere necessità nutrizionali che gli umani ricorrono al consumo dei gruppi C e D. Nella frutta del gruppo A è contenuto tutto ciò di cui ha bisogno il nostro organismo per riparare e mantenere i propri tessuti e le funzioni vitali in ottimo stato, perché fornisce all'organismo energia sotto forma di zuccheri e nel contempo lo ripulisce dai rifiuti accumulati. I frutti del gruppo B, anche se non indispensabili, sono utili perché aiutano il corpo a incamerare energia sotto forma di grassi.

Gli enzimi sono sinonimo di vita ed è nella frutta fresca e matura che essi si trovano nella loro massimo espressione. Ogni alimento allo stato crudo contiene enzimi che si associano a quelli già presenti nel nostro apparato digerente allo scopo di scomporre gli alimenti per assimilare i nutrienti contenuti.

La frutta contiene: acqua biologica, enzimi, sali minerali organici, ferro non-eme bilanciato e assimilabile, auxoni o fattori di crescita, proteine in quantità bilanciata e commisurata alle esigenze umane, Omega 3 contenenti prostaglandine tipi 1 e 3 positive, ormoni capaci di regolarizzare e rallentare l'assorbimento del glucosio nell'intestino, antiossidanti che riducono i radicali liberi e le malattie, prodotti alcalinizzanti che fanno barriera contro l'osteoporosi, fibre, bioflavonoidi, molecole che si trovano esclusivamente nella frutta e nella verdura e svolgono potenti azioni protettive sui vari organi interni del nostro corpo, vitamine A, B1, B2, C, PP. La frutta è altamente purificante, anti-costipante e dimagrante. Inoltre è priva di grassi saturi. È tanto più ricca di nutrienti quanto più proviene da terreni e climi non contaminati.

La frutta e la verdura coltivate ai margini delle strade hanno un maggiore contenuto di piombo rispetto a quelle coltivate in piena campagna. In modo particolare le mele hanno, tra l'altro, anche il vantaggio di essere tra la frutta quella più immune dallo smog. Ma tutta la frutta ha potere disintossicante. Già alla fine del 1800 Metchnikoff dimostra che attraverso certi enzimi disintossicanti del fegato e di altri organi, si può ottenere un ringiovanimento ed un allungamento della vita. Mentre Kempner suggeriva agli ipertesi di consumare mele e riso, entrambi capaci di assorbire il sodio dalle pareti delle arterie.

Molti frutti della nostra area geografica non richiedono trattamenti chimici e sono naturalmente biologici, come: fico, fico d'india, cachi, nespola, melograno, corbezzolo, frutti di bosco, sorba, fragolina di bosco, azzeruolo, carruba, lampone, giuggiola, gelso, mora, mandarino, clementina, mirtillo.

Le mele meritano una particolare considerazione: sono le più ricche dello zucchero meno pericoloso, il fruttosio, che non determina diabete, né riduzione ormonale. Infatti le mele hanno 6 parti di fruttosio e 1 parte di glucosio e saccarosio, mentre l'altra frutta ha per lo più uguali quantità tra fruttosio, glucosio e saccarosio. Soltanto uva e ciliegie hanno il 6% di fruttosio, ma anche un'alta carica di glucosio e saccarosio. Le mele hanno il più alto contenuto di pectine rispetto a tutti gli altri frutti, sostanze capaci di ridurre il contenuto batterico intestinale svolgendo un'azione profilattica e curativa contro le artriti.

Il vantaggio di contenere un'alta quantità di fruttosio e una scarsa quantità degli altri zuccheri è notevole: gli altri zuccheri favoriscono la formazione di trigliceridi che insieme al colesterolo provocano l'arteriosclerosi; il colesterolo colpisce di più il cuore, il cervello e i reni, mentre i trigliceridi si localizzano principalmente nelle arterie delle gambe e della retina. Il fruttosio passa direttamente dall'intestino al fegato senza produzione di trigliceridi. Le persone che soffrono di crampi notturni dovrebbero sostituire lo zucchero con il fruttosio.

Le mele contengono 16 aminoacidi e tra questi 2 considerati essenziali, la lisina e la treonina, sufficienti alla sintesi proteica, cioè alla crescita dei tessuti e alla riparazione degli stessi. Da notare che l'eccesso proteico comporta un consequenziale aumento di aminoacidi che riducono le prestazioni cerebrali, inducendo una specie di torpore intellettuale con effetti negativi sulla memoria e sulle capacità creative dell'uomo. Inoltre indagini dimostrano che eccessi proteici, oltre ad abbassare il pH del sangue, favoriscono l'insorgenza di vari tipi di tumore.

La mela è ricca di polifenoli protettivi, di peptine antisettiche, di potassio. I polifenoli attivano anche un complesso enzimatico presente in tutti i tessuti umani (il P450) che ha poteri disintossicanti e anticancerogeni, ma soprattutto è un fattore antisenile. Le cavie cui vengono somministrati polifenoli resistono meglio alla fatica. Inoltre i polifenoli, considerati i veicoli della vitamina C, favoriscono la diuresi, stimolano il cuore, inibiscono il glaucoma, captano il calcio e lo introducono nelle cellule.

Sotto l'influenza del sole gli amidi della frutta si trasformano in zuccheri. Gli zuccheri della frutta sono migliori degli amidi e forniscono la stessa energia, perché richiedono un lavoro digestivo molto minore e con dispendio energetico prossimo allo zero. In sostanza danno il maggior nutrimento con il minor sforzo digestivo. Infatti una considerevole energia viene sperperata per convertire l'amido in zucchero.

La migliore fonte di zucchero per il corpo è la frutta dolce: mele, cachi, fichi, pere, albicocche, pesche, ciliegie, prugne, nespole, meloni, cocomeri, banane, datteri, i cui zuccheri arrivano predigeriti nel nostro intestino, ben bilanciati con le vitamine, i minerali e gli altri fattori nutritivi, in condizioni ideali secondo i requisiti digestivi dell'apparato digerente.

Anche se gli umani risultano strutturati per alimentarsi fondamentalmente di frutta, i nostri progenitori per milioni di anni insieme alla frutta, consumata allo stato naturale e in ambienti incontaminati, si nutrivano, anche se in modo limitato, anche di bacche, semi e radici. Nel contesto attuale della società industrializzata, ritengo difficile oggigiorno poter vivere per lunghi periodi di sola frutta, anche se biologica, e che a questa è necessario aggiungere un giusto quantitativo di semi oleaginosi, cereali integrali, radici, e verdura consumata cruda.

Ma come fanno i veterinari a non essere vegetariani?

Allo stesso modo del medico generico che sceglie questa professione per alleviare le sofferenze degli umani, l'opera del veterinario è quella di prestare cura e soccorso agli animali, prodigarsi per il loro bene, tutelarli dalla sofferenza o peggio ancora dalla morte. Di conseguenza il veterinario, se cura con passione e amore un animale bisognoso di assistenza, non può che essere vegetariano; se invece usa mangiare la carne inevitabilmente causa agli stessi animali che cura la pena suprema della macellazione e quindi dolore e agonia, e questo è a dir poco un paradosso perché non si può con una mano accarezzare e con l'altra colpire.

Ma come un medico generico non lascerebbe torturare un suo simile e tantomeno lo lascerebbe uccidere, come può un veterinario, che cura (si presume) con amore gli animali, considerare normale poi mangiarseli a tavola? Come può mangiare lo stesso fegato che ha curato, lo stesso muscolo, lo stesso arto e non essere preso da sgomento e disgusto? E come è possibile avvicinarsi con amore e dedizione verso un animale se si nutre la convinzione che quella creatura possa essere fatta a pezzi e cucinata?

Il veterinario dovrebbe essere tra i paladini della causa vegetariana, il maggior difensore dei diritti animali; succede invece che tra i simpatizzanti della causa vegetariana-animalista vi sono professionisti di ogni estrazione e di ogni categoria, medici chirurghi, psicologi, pediatri, chimici, biologi e via dicendo, ma stranamente in questo elenco non compare mai (o quasi mai) la professione di veterinario.

Non si lamentino poi i veterinari se in qualche modo si sentono medici di serie B: fino a quando considereranno gli animali pazienti di serie B rispetto agli umani, questi continueranno a considerare la loro professione di serie B rispetto alle altre categorie di medici.

"Se non mangi la carne, dove prendi le proteine?"

Chi fa questa domanda ha l'errata convinzione che le proteine siano prerogativa dei prodotti animali, probabilmente non sapendo che sono presenti in tutto il mondo organico e che non c'è alcuna differenza tra proteine vegetali e proteine animali. Non sa che le proteine dei vegetali, prese come gruppo, sono dotate di tutti gli aminoacidi essenziali. Non sa che l'organismo è una fabbrica di proteine e che se si abbinano due qualità di proteine considerate di scarso valore biologico si ottengono proteine di un valore biologico ancora più alto in quanto ottenute da componenti più assimilabili e digeribili. L'eventuale carenza di alcuni aminoacidi essenziali è in fondo un vantaggio, in quanto spinge l'individuo ad attingere a due (o più) diverse qualità di cibo vegetale anziché ad una sola di origine animale, col guadagno di non incorrere negli effetti dannosi delle proteine e dei grassi animali.

Gli aminoacidi di origine vegetale sono assolutamente identici agli aminoacidi di origine animale: nei nostri tessuti sono indistinguibili. La distinzione tra essenziale e non essenziale non ha motivo di essere dal momento che tutti gli aminoacidi sono essenziali per la sintesi proteica.

Se gli alimenti vegetali non contenessero tutti gli aminoacidi essenziali, come spiegare l'eccellente salute dei vegani e quella degli animali erbivori come il cavallo, il bisonte, il rinoceronte, l'elefante e tanti altri, che costruiscono le loro possenti masse muscolari nutrendosi di soli vegetali? Dove trassero i nostri progenitori i cosiddetti aminoacidi essenziali, durante i milioni di anni vissuti nella foresta da fruttariani? In realtà il corpo umano ha anche la possibilità di recuperare qualunque amminoacido assente o carente attingendo alle proprie riserve.

La vita sulla Terra dipende esclusivamente dal mondo vegetale; è dal mondo vegetale che si nutrono gli animali erbivori, dei quali a loro volta si nutrono i carnivori; mentre le creature del mare si nutrono oltre che di pesci di alghe e plancton, ovvero dei vegetali marini ricchi di proteine. Il mondo vegetale fornisce agli animali tutti gli aminoacidi necessari a costruire le proteine.

Noi vegetariani le proteine le prendiamo dagli ortaggi, dai cereali, dai legumi, dai semi oleaginosi, dalla frutta secca ed essiccata, e, oltre a essere complete anche sotto il profilo degli aminoacidi essenziali, quelle proteine sono prive di tutti quei fattori di tossicità e non provocano quei danni caratteristici delle proteine di derivazione animale, come confermato scientificamente e statisticamente dai più recenti studi a livello internazionale. Illuminante a tal proposito è il libro *The China Study*, che invito tutti a leggere.

Comunque anche nel mondo vegetale troviamo proteine complete, come nella soia, nelle arachidi, nelle noci, nel sesamo, nella quinoa, nell'amaranto.

Nelle popolazioni occidentali è estremamente difficile che si verifichino carenze proteiche, dal momento che si assume mediamente almeno 3 volte il quantitativo necessario e che tali carenze si possono verificare solo in concomitanza con una grave carenza calorica. E invece l'eccesso proteico è causa di gravi patologie a livello epatico e renale.

Non è necessario abbinare cereali e legumi in uno stesso pasto per ottenere la perfetta miscela di aminoacidi. Chiunque assuma nell'arco della giornata cereali (pane, pasta, riso e simili) e legumi (come i fagioli, le lenticchie, i ceci) è in grado di ottenere facilmente tutti gli aminoacidi necessari. I legumi sono ricchi di triptofano e *lisina* ma scarsi di metionina; mentre i cereali (per esempio il riso, la pasta) sono ricchi di *metionina*. Un pasto di riso e fagioli fornisce un apporto proteico completo, identico a quello che si trova nelle uova o nella carne. Per combinare i cibi in maniera corretta, basta mangiare qualsiasi cereale e qualsiasi legume in qualunque momento della giornata. Ma è un errore credere che senza abbinare cereali e legumi non si abbiano le proteine necessarie: gli animali erbivori e le scimmie antropoidi vegetariane ci insegnano che non è necessario ricorrere a simili abbinamenti.

OMEGA 3 DEL PESCE, FUMO NEGLI OCCHI

Non c'è rubrica di cucina in televisione in cui non si ribadisca la necessità consumare pesce per i suoi preziosi Omega 3, facendo passare il messaggio come se tali sostanze fossero prerogativa del pesce. Questo a mio avviso è solo fumo negli occhi di chi non voglia prendersi la briga di interessarsi personalmente della propria salute, invece di lasciarsi condizionare dai *media* al servizio delle *lobby* che hanno alle proprie spalle e sempre disposti a mettere in buona luce gli errori della gente.

Consumare pesce almeno 2 volte a settimana per garantirsi gli Omega 3, come raccomandano i nutrizionisti, *non è sufficiente* a garantire un quantitativo utile, dal momento che *solo alcuni* tipi di pesce contengono *modeste* quantità di Omega 3 e solo se i pesci sono selvatici o da acquicoltura, pesci che si nutrono a loro volta di pesci che mangiano alghe nelle quali sono presenti gli Omega 3. Dalle tabelle ufficiali si può vedere che il contenuto di Omega 3 in 100 g di prodotto edibile dei pesci che ne contengono è il seguente: sardine *fresche* 1,73; anguilla 1,30; aringa *fresca* 1,09; salmone *fresco* 0,89; tonno *fresco* 0,80; sgombro: 0,73; spigola 0,48; orata *fresca* 0,46; negli altri pesci la percentuale contenuta è trascurabile. Per contro le percentuali di Omega 3 nel mondo vegetale sono notevolmente maggiori: semi di lino 17,01; olio di colza 9,0; olio di soia 7,6; noci secche 6,64; olio di germe di grano5,4, e via elencando.

Come si può facilmente constatare il mondo vegetale è molto più ricco di Omega 3 del pesce, ma mai in televisione viene evidenziato questo aspetto, mentre ciò significa più facile reperibilità, sicuramente costi molto minori e assenza dei molti probabili effetti collaterali del pesce. Mentre la dannosità della carne degli animali terricoli viene riconosciuta anche dagli stessi allevatori e macellai, la dannosità del pesce viene celata per motivi puramente commerciali e per ignoranza o malafede dagli stessi nutrizionisti. I benefici degli Omega 3 del pesce per la salute umana non sono dimostrati o al limite sono trascurabili;

per contro i disastri ambientali causati dalla pesca sono ben documentati. Da recenti esperimenti è stato dimostrato che gli oli vegetali riducono la mortalità dal 50 al 70%, mentre gli Omega 3 del pesce la riducono solo del 15-30%. Non solo. Esperimenti effettuati all'università di Harvard hanno dimostrato che gli Omega 3 del pesce fanno aumentare le possibilità di cancro alla mammella.

La maggiore caratteristica dell'inaffidabilità dei nutrizionisti è il fatto che essi, come per il formaggio ricco di calcio, per la carne di ferro e il pesce di Omega 3, si limitano a considerare solo l'importanza della presenza di tali sostanze omettendo, volutamente o no, gli aspetti negativi che comporta l'assunzione di quegli alimenti. Cioè non si può considerare buona una sostanza solo perché (per esempio) contenendo essa vetro, chiodi e spine contenga anche buone briciole di pane. Non si possono cantare le lodi della cicuta perché magari non fa crescere i peli sotto le ascelle trascurando il fatto che può essere mortale. Se gli Omega 3 del pesce fossero necessari alla buona salute delle persone come spiegare l'eccellente salute dei vegetariani? Mai che i nutrizionisti televisivi dicessero che gli Omega 3 del mondo vegetale possono sostituire quelli del pesce; che il calcio dei vegetali è più assimilabile e senza gli effetti collaterali di quello dei formaggi; che l'essere *non eme* del ferro dei vegetali è una qualità eccellente e non un difetto.

I pesci contengono *grassi saturi* in quantità maggiore della stessa carne; il grasso del pesce fa ingrassare allo stesso modo della carne di maiale. Secondo la Food and Drug Administration il *mercurio* contenuto nel grasso può causare malformazione nei neonati, danni renali, deficienza mentale, cancro. Il pesce contiene molto *colesterolo*: gamberi e crostacei ne contengono quasi il doppio rispetto alla carne di manzo. Il pesce per motivi di sicurezza e gusto deve essere cotto, la cottura denatura gli Omega 3, oltre ad inattivare gli enzimi digestivi.

I pesci sono ricchi di *purine* (sostanze azotate che fanno aumentare i livelli di acidi urici nel sangue) e di *metalli pesanti* dovuti all'inquinamento delle acque con gli scarichi industriali e fognari. Il mercurio è una potente neurotossina in grado di interferire nello sviluppo del cervello riducendo l'intelligenza specialmente dei bambini. I pesci grossi, specialmente i predatori, possono accumulare nelle proprie carni sostanze come il metil-mercurio (nocivo per il cervello, il fegato, i reni...) e diossina, notoriamente cancerogeni. La rivista settimanale "Viversani e belli" riporta quanto segue: "*Quasi tutti i pesci contengono tracce di mercurio, ma quelli che ne contengono di più sono i pesci grossi che mangiano altri pesci, come sgombri e soprattutto tonni (tonni, alici, sgombri, sarde e salmoni appartengono alla categoria dei pesci grassi). Preso in eccesso il mercurio può danneggiare il sistema nervoso. Perciò i medici sconsigliano di far mangiare questi pesci ai bambini fino a 3 anni. E visto che il mercurio si trasmette al feto e passa nel latte materno, le donne gravide e quelle che allattano dovrebbero ridurne drasticamente il consumo se non evitarlo.*"

Ancora peggiore è l'uso di supplementi a base di Omega 3, come documentato nel Journal of the American Medical Association da Evangelos Rizos dell'Università greca di Ioannina, nel quale si afferma che far uso di tali supplementi non serve a ridurre il rischio di problemi cardiaci, né incide in alcun modo sulla mortalità generale o quella legata a eventi vascolari. Lo studio, condotto come revisione di venti ricerche precedenti, coinvolge quasi 60.000 persone.

Inoltre, eticamente è più grave consumare del pesce che carne di animali terricoli. Mentre con la carne di una mucca o di un maiale si nutrono centinaia di individui, col pesce è necessario sacrificare molti animali e il valore etico dell'uccisione di un animale non è direttamente proporzionale alla sua grossezza. La morte del pesce, in qualunque modo avvenga, per opera dell'uomo è un fatto crudele: le chiazze di sangue delle tonnare o la contorsione dei pesci in agonia nelle reti fanno capire l'intensità di dolore subito dai pesci e quanto disumana sia la pesca. Ma si preferisce credere che i pesci non soffrano, perché non abbiamo la capacità di percepire il loro grido di dolore.

Vitamina B12, la bestia nera dei Vegani

La vitamina B12 (indispensabile per la sintesi dell'emoglobina) è contenuta quasi esclusivamente nei prodotti di origine animale come carne, latticini e pesce, mentre è presente solo in tracce nelle alghe, nei lieviti alimentari, nei vegetali e nei cibi vegetali fortificati: hamburger vegetali, alcuni cereali e latte di soia fortificato. La vitamina B12 è legata ad una buona funzionalità gastrica ed intestinale in quanto lo stomaco produce il "fattore intrinseco", che si lega alla vitamina B12 e ne consente l'assorbimento intestinale. Poiché la vitamina B12 si accumula nel fegato, chi da adulto diventa rigorosamente vegano può contare su una sua riserva sufficiente per molti anni (a seconda delle condizioni fisiche del soggetto) prima che si manifestino segni di carenza.

Il problema si pone soprattutto per quei vegani che non usano alimenti fortificati o integratori alimentari perché convinti che i lieviti alimentari, il germe di grano, le alghe, il tempeh, il miso e i cibi biologici non accuratamente lavati contengano quantità adeguate di B12, ma i dati scientifici disponibili, purtroppo, dimostrano che ciò non è vero: tali cibi sembra che non contengano affatto vitamina B12, oppure contengono delle sostanze analoghe ma biologicamente inattive per l'organismo umano, oppure contengono vitamina B12 attiva, ma in quantità del tutto inadeguate.

Certi microrganismi, soprattutto batteri, sono i soli agenti conosciuti in grado di produrre vitamina B12. Tali batteri spesso vivono nell'acqua e nel terreno. Gli animali assumono la B12 mangiando cibo e terra contaminata da quei microrganismi, oltre che dai batteri presenti nel loro apparato digerente. La bile e la B12 vengono insieme secrete nella prima parte dell'intestino tenue e in seguito riassorbite alla fine di questo. I vegani adulti riassorbono quasi il 100 % della B12 secreta nella bile, riuscendo così a ritardare la comparsa del deficit acuto di B12 anche per 20 o 30 anni, ma se hanno problemi di assorbimento della B12 e non usano supplementi svilupperanno una carenza nel giro di 1 o 3 anni, perché i problemi di assorbimento compromettono il recupero della vitamina dall'intestino. In assenza di Fattore Intrinseco solamente dall'1 al 3% circa della B12 ingerita viene assorbita. Si tratta di una quantità generalmente non sufficiente, condizione che può causare secondariamente anemia macrocitica denominata Anemia Perniciosa.

I sintomi clinici caratteristici della sindrome da carenza di vitamina B12 possono manifestarsi anche dopo anni dall'inizio di una dieta priva o carente di essa (anche nel caso di vegetariani che mangino latticini ed uova solo sporadicamente). In alcuni casi la carenza può restare apparentemente asintomatica anche per oltre vent'anni. Ma le conseguenze, in primis a carico del sistema nervoso, possono essere anche molto gravi se l'ipo- o l'avitaminosi non viene corretta con l'assunzione di integratori. Secondo Crane e collaboratori (1994, Stati Uniti), le prime manifestazioni sono una stanchezza insolita, difficoltà digestive ed amenorrea. Altri sintomi possono essere nervosismo, formicolio e ridotta sensibilità alle mani e ai piedi, modesta depressione, repentine modificazioni del comportamento, paranoia, riflessi iperattivi, febbre di origine ignota, frequenti infezioni delle alte vie respiratorie, impotenza, compromissione della memoria, infertilità, lingua irritata e diarrea. Poiché alcuni di questi deficit possono essere irreversibili, i sintomi neurologici costituiscono il problema clinico più grave.

Siccome alcuni vegani hanno sviluppato sintomi neurologici secondari da carenza di vitamina B12, è consigliabile verificare periodicamente i propri livelli plasmatici di vitamina B12, possibilmente mediante il test dell'omocisteina: l'omocisteina ha effetti favorenti l'ossidazione. I livelli di omocisteina cominciano ad aumentare quando i livelli di B12 scendono al di sotto di 300 pmol/L. La vitamina B12, insieme ai folati, è necessaria per convertire l'omocisteina in metionina. La dose giornaliera consigliabile di vitamina B12 è di 2 microgrammi. Tutti i sintomi sono reversibili, *se trattati abbastanza precocemente*, ma possono lasciare danni permanenti, soprattutto nei bambini. I bimbi allattati al seno possono sviluppare sindrome da carenza di B12 se la madre assume poca B12, anche in modo asintomatico.

Come mai l'essere umano, animale fruttariano, ha necessità di tale vitamina? L'uomo è dunque condannato a usare violenza sugli animali per assicurarsi una buona salute? Io credo che i nostri progenitori, anche se fruttariani, per milioni di anni hanno consumato frutta e verdura allo stato naturale, senza lavarla, cioè con i microrganismi che si depositano sulla buccia e sulle foglie, e che questo abbia abituato il nostro organismo a non produrla spontaneamente, oppure che l'organismo dei nostri progenitori era in grado di produrla in virtù del fattore intrinseco e che un'errata alimentazione a base di carne e prodotti di origine animale abbia impedito col tempo al nostro organismo di produrre tale vitamina, ma questa è una mia teoria.

Per ciò che mi riguarda, personalmente da circa 20 anni sono vegano, cioè escludo dalla mia dieta anche i derivati da animali: latte, formaggi e uova, con l'eccezione di qualche raro gelato o qualche dolcetto, e non mi sembra di avere, finora, problemi di sorta. Ho amici che sono fruttariani da molti anni e stanno in ottima salute. Ciò che è difficile sapere è se questa condizione durerà nel tempo o se, prima o poi, noi che non prendiamo integratori di vitamina B12 svilupperemo qualche sintomo dovuto a sua carenza. Anche se pare alquanto difficile che tali carenze si verifichino, se non in coloro che siano rigorosamente ed incorruttibilmente vegani; nel dubbio il mio suggerimento è di rassegnarsi e assumere degli integratori, o consumare cibi fortificati.

Secondo alcuni autori (dott. Valdo Vaccaro) la vitamina B12 si può trovare anche nei lieviti, in alcuni ortaggi verdi, nel germe di grano, nel riso completo, nel malto, nelle alghe, nella soia, nel tamari, nel miso, nei germogli dei legumi, e non sarebbe vero che i vegani soffrano di carenze della B12 e, sebbene abbiano spesso livelli di B12 più bassi rispetto agli onnivori, i loro livelli sarebbero sufficienti a mantenere regolare la produzione cellulare di globuli rossi. Alti livelli di B12 nei mangiatori di carne causano spesso non solo anemia perniciosa ma anche aggregazioni piastriniche con conseguente rischio di infarto e ictus.

Più basso è il livello di B12 nei vegani e più alto è il loro livello di B9 (acido folico), vitamina che sostituisce validamente la B12 e che si assume facilmente mangiando verdura a foglie verdi, mentre è d'altra parte in contrasto con la vitamina C e col ferro. E le minuscole percentuali di B12 presenti nel mondo vegetale potrebbero anche essere sufficienti a scongiurarne la carenza. Ma se il suo livello è veramente basso, e se nel contempo ci sono sintomi di danni neurologici o di anemia perniciosa, allora sarà assolutamente necessario dare come emergenza delle pasticche sottolinguali o delle iniezioni di B12. È estremamente raro che la carenza di tale vitamina causi danni al sistema nervoso e quando ciò si verifica la causa non è da ricercare tanto nella carenza della singola vitamina quanto nella mancanza di un buon equilibrio chimico-fisiologico in sinergia con la stessa, equilibrio sempre perduto in un cattivo stile di vita, che non è certo quello vegano.

Ci sono molte condizioni, dovute a varie malattie, nelle quali la B12 non è assorbita nell'intestino: malattia celiaca; psilosi tropicale; enterite e tubercolosi intestinale; operazioni chirurgiche riduttive degli intestini; diverticoliti al piccolo intestino; presenza di vermi. Uno studio recente del Dottor A. Mazofa, pubblicato nel numero di novembre '96 di *New Century Nutrition*, ha dimostrato che tutte le piante contengono B12. In particolare quelle coltivate organicamente contengono 3 o 4 volte più B12 di quelle fertilizzate chimicamente. Alimenti vegetali che conterrebbero vitamina B12 sono dunque: piselli, rape, pane integrale, carote, avena, soia, mandorle, arachidi, asparagi, fichi, lenticchie, avocado, cavoli di Bruxelles, cavolfiore, susine, noci di tutti i tipi, funghi.

Latte, alimento incompatibile con la salute umana

Tra il latte umano e quello vaccino c'è la stessa differenza che c'è tra una donna e una mucca

Dopo i primi tre anni di vita l'uomo perde la capacità di sintetizzare gli enzimi rennina e lattasi, preposti per la scissione e digestione del lattosio (lo zucchero del latte) nei suoi due costituenti glucosio e galattosio. L'uomo è il solo animale che continua a prendere il latte, anche dopo lo svezzamento, di un animale che tra l'altro considera inferiore sotto l'aspetto intellettivo, emotivo, estetico, spirituale... Il latte della mucca è adatto al vitello, che ha una velocità di crescita pari a 3 volte quella del cucciolo umano e una necessità proteica di quasi 4 volte.

Carenze di nutrienti nel latte vaccino

"Il latte vaccino risulta carente di lattoferrina, un'importante fonte di ferro e che ne facilita l'assorbimento, di vitamina D, Iodio, Omega 3 e vitamina A, perché il fosforo e il calcio che contiene interferiscono con l'assorbimento di queste sostanze" (Dottoressa Elena Guarnieri, nutrizionista, "Viversani", maggio 2009). Il lattante dovrebbe assumere 8 litri di latte vaccino al giorno per assicurarsi il quantitativo di ferro necessario.

Il latte umano, oltre ad avere (in assoluto) il più basso valore proteico, è anche il più dolce. Il cervello umano funziona a glucosio. I glucidi del latte umano, sotto forma di lattosio, sono essenziali per lo sviluppo cerebrale del bambino: sono presenti nel latte umano in misura quasi doppia rispetto al latte vaccino.

Solo il 25-30% del calcio presente nei latticini viene assimilato; il resto viene eliminato con le feci perché i latticini non contengono la vitamina K fondamentale per il corretto assorbimento del calcio. Il latte di mucca essendo scarso di lattoalbumina favorisce l'accumulo del tessuto adiposo e l'obesità nel bambino. Il fosforo presente nel latte vaccino è circa 6 volte maggiore che nel latte umano; questo blocca l'assorbimento del calcio. Il fosforo serve all'animale per costruire rapidamente il suo possente scheletro che gli consente di fuggire anche da cucciolo a un pericolo improvviso.

Danni alla salute

Il latte vaccino causa piccoli sanguinamenti nell'apparato gastrointestinale a causa di allergia o intolleranza. L'anemia sideropenica nel lattante può causare deficienza intellettiva e ritardi mentali, maggiore predisposizione alla tristezza e alla distrazione.

Le troppe proteine del latte vaccino predispongono all'obesità e al diabete, oltre che all'ipertensione a causa dell'elevato quantitativo di sodio. L'eccesso di proteine e di calcio dei *formaggi* facilita l'insorgenza dei tumori (aumento di produzione di IGF-1 e ridotta produzione di vitamina D, vitamina antineoplastica). Nei formaggi c'è un'alta concentrazione di farmaci, di diserbanti e di additivi. I nitrati (conservanti) si trasformano facilmente in nitrosammine potenzialmente cancerogene. I formaggi stagionati contengono abbondanti proteine, grassi saturi e colesterolo. Inoltre per la maggiore presenza di grassi saturi favoriscono l'insorgenza di malattie cardiovascolari.

Il latte vaccino danneggia il sistema immunitario per i suoi bassi contenuti di zinco e vitamina C. Lo scarso contenuto di vitamina A può influire sugli occhi, sulla pelle e sulla vista del bambino.

I reni di un bambino nutrito con latte vaccino arrivano ad essere di un terzo più grossi di quelli di un bambino nutrito col latte di donna: l'ipertrofia è determinata dal superlavoro cui sono sottoposti i reni a causa dell'eccesso proteico del latte vaccino, che oltre ad oberare i reni e il fegato arreca danni all'ipofisi, alla tiroide e al surrene.

Tre quarti di tutte le allergie e metà dei problemi digestivi del bambino sono causati dal latte vaccino, oltre a casi di asma, insonnia e affezioni cutanee. Il latte produce catarro e muco che si fissa sulle pareti dello stomaco riducendone l'assorbimento delle sostanze alimentari. La caseina del latte è la base di una delle più potenti colle per il legno usata per la costruzione delle navi, è di difficile digestione (intolleranza) e favorisce lo sviluppo di tumori.

Il latte vaccino apre la strada a: febbre da fieno, asma, bronchite, raffreddore, allergie, dissenteria, stitichezza, palpitazioni, malattie cardiache, angina, calcoli renali, artriti, spondiliti, tumori e cancro.

Al latte e alle *uova* sono da attribuire almeno la metà di tutti i cancri maschili e più di due terzi dei cancri femminili. Rudolf Steiner sostiene che il bambino nutrito con il latte vaccino presenterà da anziano sclerosi ed invecchiamento precoce.

Comparazione tra latte di donna e mucca in %

	Donna	Mucca
Proteine	1	3,2
Lipidi	3,5	3,7
Glucidi	7,5	4,8
Calcio	38	173
Fosforo	32	168
Sodio	1	3

Proteine	Glucidi	
Bufala	3,8	4,9
Capra	3,9	4,7
Pecora	5,3	5,2
Asina	1,8	6,2

Un quinto dell'umanità vive benissimo senza consumare latte vaccino: cinesi, giapponesi, coreani... L'uomo del paleolitico non usava latte vaccino ma aveva ossa robustissime con una dieta basata su cereali, verdure e frutta.

ESPERIMENTI, INDAGINI, STATISTICHE

Nel 1942 un'indagine in Scandinavia sulla corrispondenza tra il latte vaccino e l'insorgenza dell'artrite, durata 30 anni, ha dimostrato che il latte vaccino causa il fattore artritico.

Da un'indagine in alcune zone dell'India, dove lo yogurt si consuma abbondantemente, pare che il galattosio sia causa dell'insorgere della cataratta.

Il pediatra Professor Marcello Giovannini e il nutrizionista Ermanno Lanzola sconsigliano il latte vaccino almeno nei primi 12 mesi di vita del bambino perché:

- ha troppe proteine;
- ha meno lattosio del latte umano;
- ha uno squilibrato rapporto di acidi grassi;
- ha valori squilibrati di calcio e fosforo;
- è privo di fattori di difesa specifici.

Negli Stati Uniti, il paese che è maggior consumatore mondiale di latte, c'è tra la popolazione un'incidenza maggiore di osteoporosi.

Il Progetto di nutrizione Cornell Oxford-Cina, salute e ambiente, che iniziò nel 1983 con uno studio delle abitudini quotidiane di 6500 abitanti di 65 province disperse nella Cina rurale, una delle ricerche più rigorose effettuate in materia di salute, provò che le donne che *non* bevevano latte di vacca non soffrivano di osteoporosi. Quando nella loro dieta introducevano latte vaccino i loro livelli di calcio si abbassavano e aumentava l'incidenza di questa patologia.

Le ricerche svolte dal dottor John McDougall (medico nutrizionista del Saint Helena Hospital di Napa, California) dimostrarono che le donne dell'etnia Bantù, che *non* bevono latte di vacca, pur avendo una media di 10 figli e allattandoli per lunghi periodi, non soffrivano di osteoporosi.

Il lavoro del dott. William Ellis, ex presidente dell'Accademia Americana di Osteopatia Applicata, osservò che le persone che bevevano da 3 a 5 bicchieri di latte al giorno presentavano i livelli più bassi di calcio nel sangue. Lo studio pubblicato dall'American Journal of Clinical Nutrition stabilì che l'eccesso di proteine del latte è uno dei fattori più importanti nello sviluppo dell'osteoporosi. Inoltre si dimostrava che fino all'età di 65 anni le donne che *non* bevevano latte ed erano vegetariane avevano solo il 18% di perdita ossea, mentre le onnivore avevano una perdita ossea del 35%. Studi più recenti mostrano che con l'assunzione di 75 grammi giornalieri di proteine del latte si perde più calcio nell'urina di quello che si assorbe attraverso la dieta.

Il dott. Seignalet, ematologo, immunologo, biologo e cattedratico di Medicina all'Università di Montpellier, riferisce: "*Il pericolo della mancanza di calcio è un'illusione. È vero che il latte di vacca è ricco di calcio, però, una volta che si trova nel tubo digestivo umano, la maggior parte di esso precipita sotto forma di fosfato di calcio e viene eliminato attraverso le feci. Solo una sua piccola parte viene assorbita. Il calcio assimilabile è apportato in quantità più che sufficiente dai vegetali: ortaggi, legumi secchi, verdure, frutta secca e fresca. Eliminare dall'alimentazione il latte animale non provoca carenza di calcio. Al contrario, il regime alimentare che esclude i derivati del latte blocca 70 volte su 100 l'evoluzione dell'osteoporosi e permette di recuperare parte del terreno perso*".

La caseina del latte

Il bambino lattante assimila completamente la caseina del latte materno ma *non* quella del latte di vacca. La caseina animale in alcune persone aderisce ai follicoli linfatici dell'intestino impedendo l'assorbimento di altri nutrienti. Sbarazzarsi dei suoi residui metabolici causa perdita energetica per l'organismo e può provocare problemi immunologici.

I grassi del latte

Il latte *umano* contiene 45 grammi di lipidi per litro, il 55% dei quali sono acidi grassi polinsaturi, e il 45% sono saturi; esso ha, soprattutto, un elevato contenuto di acido linoleico, precursore delle prostaglandine e dei leucotrieni antinfiammatori. Al contrario, il latte di *vacca* contiene un 70% di acidi grassi saturi e 30% di polinsaturi. Inoltre questo 30% di polinsaturi perde le sue proprietà quando per effetto del calore (tra i 40 e i 45°C) essi si denaturano e non possono essere precursori di sostanze antinfiammatorie.

La carica ormonale

Il latte vaccino contiene circa cinquantanove tipi di ormoni (pituitari, steroidei, adrenali, sessuali e via elencando) tra cui il più importante è l'ormone della crescita veloce dei vitelli. La Professoressa Jane Plant spiega che l'IGF1 è attivo durante la pubertà e la gravidanza e che alti livelli di questo ormone incrementano fino a 3 volte il rischio di contrarre cancro alla mammella nelle bambine e nelle adolescenti.

Sostanze tossiche nel latte

I macchinari utilizzati negli allevamenti per trasportare e immagazzinare il latte possono contaminarlo. Di fatto si sono trovati in esso ferro, rame, piombo, cadmio, zinco e altro ancora. Il latte può anche essere contaminato da prodotti chimici, ormoni, antibiotici, pesticidi, pus proveniente dalle mastiti, virus, batteri, prioni... Viene arricchito con additivi, vitamine e minerali sintetici, semi, piante, frutti, proteine, acidi grassi... In alcuni casi, anche grassi di animali diversi. Le sostanze tossiche che con più frequenza si possono trovare in un bicchiere di latte di vacca sono:

- metalli e plastica
- detergenti e disinfettanti
- pesticidi e fertilizzanti
- micotossine
- antibiotici ed altri farmaci.

Cosa mangiano gli animali d'allevamento?

Residui industriali di semi sgusciati di arachidi, di anacardi, di barbabietola da zucchero, di agrumi, farina sgrassata di carne di balena, sottoprodotti della lavorazione della birra, bucce di cacao, farine di sangue e di ossa, derivati da petrolio, siero di latte, scarti essiccati di uova, vinacce, e via elencando. L'animale d'allevamento è diventato una macchina per lo smaltimento di rifiuti.

Medicinali somministrati agli animali d'allevamento

Sulfamidici, betabloccanti, anemizzanti, integratori, tranquillanti, ormoni, estrogeni, alcali, aminoacidi di origine sintetica, sostanze coloranti, conservanti (nitrato e nitriti), appetizzanti, minerali di sintesi... Ogni anno 10000 tonnellate di antibiotici sono prodotte in Europa: più della metà sono utilizzate per gli animali.

Negli allevamenti solo 1 animale su 1000 viene controllato dal personale veterinario.

Il settore zootecnico (carne e latte) assorbe il 23% di tutte le sovvenzioni annue in Europa; questo dimostra che se il latte dovesse costare il suo vero valore sarebbe economicamente inaccessibile alla maggior parte delle persone.

Malattie connesse al consumo di latte

Anemia ferropenica; artrite reumatoide ed osteoartrite; asma; autismo; cancro allo stomaco; cancro della mammella, dell'ovario, del pancreas, della prostata, del polmone, del testicolo; cataratta; colite ulcerosa; colon irritabile; diabete mellito tipo 1; malattia di Crohn; malattie coronarie; sclerosi multipla; stitichezza; fatica cronica; incontinenza urinaria; intolleranza al lattosio; linfomi; emicrania; disturbi di orecchie, naso e gola; reazioni allergiche; emorragie gastrointestinali; sindrome di cattivo assorbimento; problemi di sonno; ulcera peptica...

Aspetti etici del problema

La mucca di allevamento intensivo non ha la possibilità di accoppiarsi con il toro, viene fecondata artificialmente ed in modo continuativo in modo da produrre latte in continuazione. I vitellini che nascono vengono allontanati dalla madre dopo 2 o 3 giorni in modo da recuperare interamente il latte destinato al vitellino. Se il cucciolo è femmina subisce la stessa sorte della madre, cioè viene allevata per la produzione del latte e poi, quando non più redditizia, inviata alla macellazione; se il cucciolo è maschio viene allevato in strettissime gabbie e avviato alla macellazione a 2 o 3 mesi di vita.

Una mucca da latte produce circa 50 o 60 litri al giorno, mentre di norma ne dovrebbe produrre al massimo 15 o 20; questo significa che è "pompata" per produrre 3 volte quanto sono le sue capacità naturali. La produzione esasperata, con la sua mungitura intensiva, provoca spesso *mastiti* (curate con la somministrazione di antibiotici), che, oltre che terribilmente dolorose per l'animale, finiscono con il far colare *pus* nel latte munto. Inoltre le terribili condizioni di allevamento e lo stress produttivo riducono a un quarto od un quinto la lunghezza naturale della loro vita. Una mucca dovrebbe vivere 25 o 30 anni, mentre dopo essere stata sfruttata viene di solito inviata alla macellazione a all'età di 4 o 5 anni.

L'importanza vitale dell'equilibrio acido-basico del sangue

Il pH è un valore numerico delle condizioni di acidità o alcalinità, che si estende tra 1 e 14: quanto più è al di sotto di 7 tanto maggiore è il grado di acidità, quanto è maggiore di 7 tanto maggiore è la condizione di alcalinità. Nel punto 7 vi è uno stato neutro. I valori ottimali del sangue per la vita degli esseri umani stanno tra 7,35 e 7,43, mentre i limiti estremi per la vita vanno da 7,1 a 7,8, al di fuori dei quali ci sono il coma e l'arresto cardiaco. Dunque i processi vitali dell'organismo hanno luogo solo se il pH del sangue è stabile e leggermente alcalino, mentre se si posiziona verso valori acidi c'è un pericoloso accumulo di tossine con le possibili conseguenze suddette.

Gli enzimi che si trovano negli alimenti di origine animale, come la pancreatina, presentano delle limitazioni in quanto possono agire soltanto entro una gamma di pH che va da 7,2 a 9,0, che è alcalina. Durante la digestione la gradazione dell'acido dello stomaco scende fino a 2,0-3,0: questa è la ragione per cui gli enzimi di origine animale non riescono mai a digerire il cibo, in quanto sono limitati al suddetto parametro. Gli enzimi di derivazione vegetale agiscono in una gamma di pH assai più estesa, che va circa da 2,0 a 12,0 e quindi ricopre le due condizioni acida e alcalina, e li rende ideali per la digestione anche in condizioni di pH estreme, e dunque perfetti per la digestione di proteine, amidi e grassi: questa caratteristica conferisce una maggiore accessibilità di sostanze nel sangue, nella linfa e nei tessuti. Uno studio effettuato in Inghilterra ha rilevato che un piccolo quantitativo di lipasi acido-stabile derivata da fonti vegetali aveva la stessa efficacia di una dose 25 volte superiore di pancreatina di origine animale (*Nexus*, n. 52).

Tutti gli acidi sono irritanti, assorbono dall'organismo grandi quantità di ossigeno e sali minerali (sottratti principalmente alle ossa, ai denti, ai capelli, al sangue), intossicano e degradano i tessuti, causano infiammazioni dolorose, indeboliscono le membrane cellulari, riducono la velocità degli scambi metabolici, alterano le difese immunitarie e stimolano il sistema simpatico fino all'esaurimento. Più c'è acidità e più l'organismo sottrae calcio e fosfati. La deplezione di calcio genera iperattività, irritabilità, nervosismo, insonnia, allergie. L'organismo ricorre all'alcalinizzazione attraverso la formazione di ammoniaca, che interviene quando gli altri sistemi non sono in grado di alcalinizzare l'organismo. Dopo il sodio, il calcio è il minerale più alcalinizzante. I minerali basici sono: calcio, sodio, ferro, magnesio, manganese, potassio, rame. Gli acidi più difficili da smaltire sono quelli del catabolismo proteico animale.

Tutti gli alimenti contengono sia sostanze acidificanti sia alcalinizzanti. Tutti i grassi, sia animali che vegetali, sono acidificanti, eccetto l'olio extravergine di oliva spremuto a freddo. Tutti i legumi sono acidificanti eccetto la soia. Tutti i cereali sono acidificanti ad eccezione del miglio. Le patate sono alcaline se mangiate con la buccia. Noci, pistacchi, nocciole e simili sono acidificanti, eccetto le mandorle. I farmaci acidificano, e ostacolano la naturale espulsione delle tossine facendole migrare da un tessuto all'altro. Le cause dell'acidosi sono da attribuire all'inquinamento chimico, alla cattiva alimentazione, al poco riposo, a fattori psicologici e affettivi. Il diabete ne è una delle cause più comuni.

La nostra alimentazione dovrebbe essere composta per l'80% circa di alimenti alcalinizzanti e per il 20% circa di alimenti acidificanti. Noi sappiamo quali sono i cibi acidificanti e quali gli alcalinizzanti. Altamente acidificanti sono i cibi di derivazione animale e tutti i cibi industriali, poco acidificanti o molto alcalinizzanti sono tutti i cibi vegetali.

Si possono quindi escludere tutti i cibi che sappiamo essere altamente acidificanti e consumare invece tutti i cibi vegetali che risultano perfetti per l'equilibrio acido-basico del sangue.

Le principali conseguenze dell'Acidosi sono 4

- Invecchiamento precoce.
- Cattiva assimilazione dei nutrienti.
- Calo del rendimento psicofisico.
- Osteoporosi e radicali liberi.

I sintomi sono

Mal di testa, dolori reumatici, nevralgie, irritabilità, disfunzioni del sistema immunitario, invecchiamento precoce, scarsa forma fisica, gonfiore, pesantezza, stitichezza alternata a diarrea, sudorazione, pallore, freddolosità, stanchezza, alitosi, ansia.

Alimenti alcalinizzanti

Frutta acida: ananas, arancia, clementina, limone, mandarino, melograno, pompelmo.

Frutta semi-acida: albicocca, ciliegia, fragola, mela, uva, pera, pesca, prugna.

Frutta neutra: melone, cocomero.

Frutta dolce: dattero, banana, fico, mela dolce, uva, tutta la frutta seccata e la mandorla.

Asparago, broccolo, cardo, carota, castagna, cavolo, cetriolo, cicoria, cipolla, fagiolino, fungo, indivia, lattuga, peperone, porro, pomodoro, oliva, pastinaca, patata, prezzemolo, rapa, ravanello, scalogno, scarola, sedano, spinacio, tarassaco.

Alimenti acidificanti

Sostanze animali: carne, crostacei, pesce, selvaggina, pollame.

Prodotti lattieri: burro, margarina, panna, formaggio, latte, yogurt.

Cereali e derivati: farina bianca, di avena, di mais, grano completo, grano saraceno, pane bianco, pane integrale, pasta, mais, orzo integrale, riso integrale, semola.

Legumi secchi: fave, fagioli, piselli, lenticchie.

Alimenti voluttuari: alcolici, bevande industriali, cacao, caffè, tè nero, condimenti, oli raffinati, spezie, miele, cioccolato al latte, succhi di frutta, bibite industriali, vino, zucchero bianco o grezzo, marmellata, caramelle, prodotti di pasticceria.

Tutti i farmaci (soprattutto gli antinfiammatori) e gli integratori alimentari sono acidificanti.

L'IMPORTANZA DELLA COMBINAZIONE DEGLI ALIMENTI

C'è una profonda differenza tra mangiare e nutrirsi; nell'accezione comune mangiare, quasi sempre, equivale a riempirsi la pancia, a saziarsi delle cose che ci appetiscono; nutrirsi invece è dare all'organismo le sostanze che servono a conservare la salute. Ma non è quello che mangiamo ciò che assicura il benessere, bensì quello che digeriamo e assimiliamo. Se non digeriamo e assimiliamo correttamente quello che mangiamo, oltre a carenze nutrizionali, si verifica un cospicuo spreco di risorse vitali.

Una buona digestione è assicurata solo se sono rispettate le regole delle giuste combinazioni alimentari. Un'alimentazione con alimenti tra loro incompatibili per tempi di digestione genera decomposizione e fermentazione a livello gastro-intestinale, e i prodotti della decomposizione batterica sono gli stessi, sia che si sviluppino all'interno del nostro stomaco sia al di fuori. Combinazioni sbagliate producono ammoniaca, anidrite carbonica, alcol, acidi batterici: per eliminare questi veleni il corpo è costretto a ricorrere alle sue riserve vitali. *"La putrescenza che insorge nell'apparato digerente non è meno ostile alla vita e alla salute di quella che ha luogo in un pozzo di rifiuti"* (Herbert Shelton).

Per ogni cibo che ingeriamo il nostro organismo emette secrezioni differenti: il tipo di succo che viene emesso dallo stomaco è determinato dal tipo di cibo ingerito. Per questo è sbagliato consumare nello stesso pasto alimenti altamente proteici e amidi concentrati. La digestione di carboidrati e proteine richiede ambienti differenti tra loro al punto che l'uno neutralizza l'altro e questo genera fermentazione, perché l'acido inibisce la digestione dell'amido. Cereali e legumi, cioè proteine e amidi, messi insieme producono facilmente fermentazione. In sostanza, ciò che ha mescolato la natura è digeribile, ciò che ha mescolato l'uomo risulta indigesto.

La putrefazione e la fermentazione che iniziano nello stomaco continuano poi nell'intestino. I cibi che richiedono la condizione alcalina per essere digeriti non dovrebbero essere mischiati con cibi che richiedono la condizione acida. Anche se è vero che la natura mischia nello stesso alimento amidi e proteine, c'è differenza tra un alimento isolato e il miscuglio con altri alimenti aventi caratteristiche diverse. Se mangiamo un solo cibo a pasto il nostro organismo è in grado di adattare i suoi succhi digestivi, ma se si mischiano molti cibi questo adattamento è reso difficile se non impossibile. Comunque non è ciò che facciamo occasionalmente che causa il problema, ma è l'abitudine.

In particolare: non bisognerebbe mai consumare 2 alimenti altamente proteici nello stesso pasto, perché 2 proteine di natura diversa richiedono succhi digestivi e tempi di digestione differenti.

Non bisognerebbe consumare grassi e proteine insieme, perché il grasso esercita un potente effetto inibitore sulla produzione del succo gastrico necessario per digerire cibi ricchi di proteine. I grassi quando sono ingeriti da soli rimangono a lungo nello stomaco e quando sono consumati con altri alimenti ne ostacolano la digestione. A causa della presenza di grasso l'amido ristagna nello stomaco causando fermentazione. Grassi e proteine sono una combinazione difficile da digerire.

Non consumare amidi e zuccheri insieme. Lo zucchero nella bocca provoca la produzione di saliva, ma non di ptialina, l'enzima preposto per la digestione dell'amido. I monosaccaridi (cioè gli zuccheri semplici) e i disaccaridi fermentano più rapidamente dei polisaccaridi. Lo zucchero viene digerito per primo e la conversione dell'amido in zucchero viene ostacolata. Lo zucchero, oltre a inibire la secrezione del succo gastrico, genera fermentazione e ritarda la digestione. La stessa regola vale anche per il miele.

Non mangiare diversi tipi di amidi nello stesso pasto, perché il nostro apparato digerente si può occupare di una sola forma di amido alla volta, diversamente uno degli amidi resta intatto nello stomaco ritardando la digestione degli altri alimenti.

Non mangiare frutti insieme a proteine: i frutti si combinano bene con le verdure, non con le proteine e gli amidi. L'ideale è non consumare più di 3 frutti a pasto, tra loro compatibili, come per esempio uva, banana e mela. In sostanza la frutta ostacola la digestione degli altri alimenti: andrebbe consumata da sola e lontana dai pasti.

In particolare: gli amidi vanno combinati con verdure, grassi e oli; le noci con verdure e frutti acidi; cereali e legumi con verdure; meloni e simili sempre da soli e lontani dai pasti. Per chi ancora, purtroppo, mangia uova e formaggi, questi dovrebbero essere abbinati con verdure. Il latte sempre da solo.

Le fasi dell'alimentazione umana

Anche se in passato la fame ha costretto gli esseri umani a comportarsi come gli animali predatori, il cibo elettivo per l'essere umano era e resta quello vegetariano-fruttariano.

Oggi nei paesi occidentali, grazie all'abbondanza di cibo, non è più giustificato il consumo di carne, che equivale ad adottare comportamenti dannosi e primordiali.

L'alimentazione, nel corso dell'evoluzione della specie umana, ha conosciuto alcune fasi, che hanno caratterizzato le necessità contingenti del genere umano e il suo livello evolutivo:

- la **prima** fase è stata quella dell'istinto, nella quale gli uomini erano spinti verso il cibo compatibile con la loro natura, come succede per qualunque altra specie;
- la **seconda** fase è stata caratterizzata dal cambiamento climatico, che ha spostato la specie umana dalla foresta alla savana, costringendo i nostri antichi progenitori a improvvisarsi onnivori con le note conseguenze sull'insensibilità degli individui, lo sviluppo delle malattie, l'accorciamento della vita;
- la **terza** fase è quella attuale, in cui emerge l'interesse verso l'importanza nutrizionale, nella consapevolezza che la giusta alimentazione è in grado di condizionare la vita di un individuo e quindi della stessa società.

La fase **successiva**, a cui è chiamato l'essere umano, proiettato verso i canoni dell'etica, della giustizia interspecista e della vera civiltà, deve essere quella **dell'alimentazione morale**, per mezzo della quale egli sarà finalmente libero dalla violenza, dall'ignoranza, dalla malattia, dal dolore.

NON BASTA ESSER VEGAN

Vegan sono coloro che rifiutano di nutrirsi anche dei prodotti derivati dagli animali: la loro è la dimensione umana aperta alla solidarietà universale, che supera di gran lunga la visione antropocentrica, che invece caratterizza il pensiero e il comportamento di gran parte del genere umano.

Ma anche se la scelta vegan è condizione imprescindibile per chiunque cerchi il benessere psicofisico, la vera realizzazione dell'uomo richiede il rinnovamento anche della propria dimensione spirituale. L'essere umano non è solo il cibo che ha ingerito: è anche emozioni, aria, spirito, movimento, e chi cerca il benessere integrale deve necessariamente tener conto di tutte le componenti di cui è composta la sua entità. Concentrare la propria attenzione solo sul cibo per recuperare o avere una buona salute, il proprio benessere, è molto utile ma non sufficiente: i benefici per la salute possono essere transitori, parziali, se al buon cibo non si associa un sano stile di vita, un nuovo modo di percepire la realtà biologica. Occorre essere consapevoli che la rivoluzione vegana richiede la volontà di un vero rinnovamento sia del pensiero che della propria coscienza, e il senso della responsabilità verso il proprio bene fisico, psichico, emotivo e spirituale.

Per ottenere il benessere integrale non è sufficiente conoscere l'importanza del cibo nella nostra vita: occorre concentrarsi, più che sul cibo stesso, sull'uomo che se ne nutre. La salute non è lo scopo dominante della cultura vegan: è la sua componente più determinante, dal momento che dal tipo di alimentazione restano condizionati anche il nostro pensiero e la nostra sfera emotiva, ma se le altre componenti sono trascurate i suoi benefici sono solo transitori o aleatori.

Essere vegan non è il punto di arrivo per chi intende conseguire la vera buona salute e il vero benessere, né di coloro che scelgono questo tipo di alimentazione per motivi etici: è solo il secondo gradino che caratterizza la filosofia universalista; il passo successivo è quello dell'alimentazione tendenzialmente crudista e la propensione a consumare il frutto e non la pianta (per ciò che riguarda l'alimentazione etica). Alla dieta vegana è doveroso abbinare il movimento, la costante attività fisica, la pratica della respirazione profonda di aria pulita, il contatto con la natura, i pensieri positivi, la fede verso un ideale superiore da servire.

Quinta parte

Aspetti spirituali e religiosi

Spiritualità e Vegetarismo

La dimensione spirituale della filosofia del vegetarianesimo ha origini nel pensiero dei grandi iniziati, mistici, santi e filosofi di ogni tempo e paese, anzi si può dire che è l'aspetto più alto, più evoluto, più edificante di ogni dottrina spirituale e religiosa, riservato a pochi eletti in grado di recepirlo come messaggio. Le radici di questa grande e rivoluzionaria visione dell'amore e della compassione universali, come mezzo potente per raggiungere l'illuminazione, la santificazione e la salvezza, si trovano negli antichi testi dei **VEDA**: cioè nei più antichi testi del brahmanesimo, scritti circa nell'Ottavo Secolo avanti Cristo. In essi troviamo il saggio che dice al re: "*Se una persona mangia carne o priva gli altri del latte uccidendo le mucche, o Re, se questa persona malvagia non desiste, non esitare a tagliarle la testa*". Chi mangia la carne nella vita successiva sarà ucciso e mangiato a sua volta. La mucca è simbolo della vita semplice e del pensiero elevato. Chi uccide una mucca si macchia del più odioso dei crimini.

Secondo i Veda per ottenere il sapere spirituale occorre essere vegetariani. È necessario astenersi dal mangiare qualunque tipo di carne perché tale cibo implica sempre l'atto di uccidere. Nell'AHIMSA, la nonviolenza dei Veda, viene condannato non solo chi uccide l'animale, ma chi lo mangia, chi lo vende, chi lo cucina e chi lo alleva per macellarlo. Nei testi vedici si narra di Re santi che si preoccupavano della protezione dei bovini al fine di assicurare alla popolazione ogni benedizione dalle forze della Natura.

L'**Induismo**, che ha attualmente 800 milioni di seguaci (sviluppo successivo del brahmanesimo), ha sempre dato molta importanza agli animali. La divinità Vishnu s'incarna con il compito di far cessare i sacrifici animali. "*Coloro che amano affondare i loro denti nella carne rinasceranno animali feroci e saranno cacciati e uccisi a loro volta*". L'Induismo parla di gentilezza verso tutte le creature. Dio è visto come padre di tutte gli esseri e gli animali come fratelli e sorelle con un'anima come quella umana. Secondo la legge del karma ogni azione malvagia si paga, ne deriva che il mangiar carne porta ad essere vittime della stessa violenza. Le anime degli uomini si possono incarnare negli animali.

Nelle vecchie scritture Indù vi è un passo dove è detto che in epoca lontana certe caste inferiori cominciarono a nutrirsi di carne. Prima di allora non esistevano che 2 malattie, dopo ne scoppiarono 68. Clemente Alessandrino racconta che i Brahmani dell'India erano asceti rigorosissimi e si astenevano dalla carne e dal cibo cotto. Porfirio, Tertulliano, Agostino, Ambrogio e Origene fecero riferimento a questa millenaria tradizione. Proverbiale è l'amore di **Krihsna** per le mucche: "*La carne degli animali è come la carne dei nostri figli*". La **Bhagavad Gita** divide i cibi in terne di categorie: cibi teneri, cibi amari, cibi putridi; cibi adatti ai principianti, cibi di mezzo e cibi perfetti; cibi somatici, cibi psichici e cibi spirituali.

Noti sono gli insegnamenti di Manou, il primo legislatore indiano, che dice: "*La carne non può essere ottenuta senza uccidere; questo impedisce di raggiungere la pace celeste*". C'è una relazione diretta tra alimentazione e crescita spirituale: purezza di cibo produce purezza di mente. Una casta speciale in India, quella dei Vais Vas, attendeva alla cura degli animali.

Il **Buddismo**: 340 milioni di seguaci. La compassione e la liberazione dal dolore di ogni essere sono i punti principali della filosofia buddista. La carne impedisce di raggiungere le vie dell'illuminazione. Buddha annoverava tra i mestieri più infamanti quelli di macellaio, di cacciatore e di pescatore. "*Perché infliggere sofferenza agli altri quando noi stessi cerchiamo di sfuggirla? Si diventa degni della salvezza quando non si uccide alcun essere vivente. Se uccidiamo, uccidiamo noi stessi, se mangiamo la carne mangiamo la nostra carne*".

Lo **Zoroastrismo**. Zoroastro, riformatore religioso dell'Iran dell'Ottavo Secolo avanti Cristo, dice: "*Chi rinuncia a cibarsi delle carni martoriate avrà lo spirito santo e la verità*" e nella sua preghiera più importante recita: "*Mi pento, mi umilio e faccio penitenza per tutti i peccati commessi contro gli animali*".

Nel **Taoismo**, filosofia cinese del Quinto Secolo avanti Cristo, uno dei principali criteri di condotta vieta di cibarsi di carne.

Il **Jainismo**: religione con 4 milioni di seguaci di derivazione induista, fondata nel Settimo Secolo avanti Cristo da Jaina, è tra le dottrine orientali quella che più si è evoluta in merito al rispetto per gli animali. Più rigoroso del buddismo, nel quale si paga soprattutto per le intenzioni, nello Jainismo si paga anche per gli errori inconsapevoli. La nonviolenza universale e il rispetto della vita di ogni essere è regola fondamentale. Ovunque vi sia un essere vivente lì è Dio. Vivi e lascia vivere. Ama tutti, servi tutti. Alcuni seguaci usano camminare con una garza sulla bocca per evitare di ingerire moscerini. I monaci usano spazzare per terra prima di camminare. I jainisti hanno ospedali per animali e spesso acquistano animali dal macello per liberarli.

Gli **Antichi Egizi**. In Egitto, il più grande centro di cultura antico, si recarono Pitagora, Plutarco, Erotodo, Platone, Talete. I sacerdoti si astenevano da carne e pesce per elevarsi spiritualmente, per rendere più limpida la mente e controllare le passioni. Nel Libro dei Morti troviamo la confessione del defunto davanti ai giudici: "*Non ho maltrattato le bestie, non ho dato la caccia agli animali nascosti tra i cespugli, non ho intrappolato gli uccelli degli dei....*" I devoti di Iside non mangiavano carne. Apuleio narra che prima dell'iniziazione dovette seguire una dieta rigorosamente vegetariana.

Ermete Trismegisto, divinità dell'Egitto ellenistico, proclamava l'amore verso ogni essere vivente: "*Poiché gli animali hanno un'anima essi hanno un posto nell'altra vita con Dio*".

Nell'**Orfismo,** movimento religioso e filosofico dell'antica Grecia, si astenevano dalla carne e dai sacrifici violenti. Orfeo, vegetariano, sacerdote di Apollo, viene raffigurato attorniato di animali affascinati dal suo amore. Agli Orfici è vietato uccidere animali e cibarsene, poiché gli animali, nel ciclo delle esistenze, possono essere incarnazioni di anime. Gli orfici ritenevano empio il mangiare carne e insozzare gli altari con il sangue.

Nei **Misteri Elèusini**, feste d'iniziazione ai misteri di Demetra, celebrate a Leusi, centro della Grecia antica, **3** sono i principi fondamentali: onorare gli antenati, venerare gli dei e non cibarsi di carni.

Negli **Oracoli Caldei**, uno dei riti praticati dalle Chiese orientali, la regola fondamentale era l'esercizio della pietà verso ogni creatura.

I **Pitagorici**: mai immolare animali e lordare gli altari con sangue degli animali. Tutti gli esseri viventi devono essere trattati alla stessa stregua.

Nello **Stoicismo**, dottrina filosofica fondata da Zenone, i bulbi e le lenticchie erano paragonabili all'ambrosia. L'uomo, l'essere più simile agli dei deve nutrirsi nel modo più simile a loro: la carne ottenebra la psiche.

Tutta la **letteratura greca** manifesta sentimenti nobili nei riguardi degli animali. Coloro che venivano iniziati ai misteri antichi dovevano essere rigorosamente vegetariani, essendo il regime carnivoro nocivo allo sviluppo spirituale.

Nello **Sciamanesimo**, che comprende pratiche per profetizzare e intercedere presso gli déi, tipico dei popoli della Siberia, l'animale ha natura divina, salvifica, protettrice. Il Grande Spirito è in ogni cosa che esiste.

Nell'**Islamismo**, con oltre 1 miliardo di seguaci, religione di ceppo ebraico nata nel Sesto Secolo con Maometto, si rivela evidente la compassione di Maometto per gli animali. "*Se proprio devi uccidere, disse Allah, al posto di 40 polli uccidi una capra.*" Fu chiesto a Maometto se esiste una ricompensa per chi fa del bene a un animale. "*Esiste una ricompensa a chi fa del bene a qualunque essere vivente*", rispose il Profeta. Maometto obbligava coloro che avessero mangiato carne a sciacquarsi la bocca prima di mettersi a pregare. Vietò il tiro all'uccello e rimproverava coloro che maltrattavano i cammelli. Per l'Islamismo gli animali hanno un'anima perché il Profeta li cita continuamente parlando del Giudizio, per cui sono destinati ad avere un paradiso. È anche da notare l'insegnamento dei Santi Sufi. Così disse Mirdad: "*Chi intraprende la vita spirituale non deve mai dimenticare che dovrà pagare con il suo sangue se mangia la carne*".

I **Cinici**, scuola di filosofi fondata ad Atene da Antistene nel Quarto Secolo avanti Cristo, si cibavano soltanto di lupini, fichi secchi e orzo.

La **Filocalia**, una raccolta di testi dei padri spirituali sull'ascesi e la preghiera compresi tra il Quarto e il Quattordicesimo Secolo, dà molto rilievo alla disciplina dell'alimentazione, ed Esichio Presbitero mostra il rapporto diretto tra alimentazione e vita spirituale.

I **Filosofi** e i **pensatori**: Aristotele, Cicerone, Darwin, Einstein, Euripide, Galeno, Gandhi, Goethe, Ippocrate, Leonardo da Vinci, Marco Aurelio, Newton, Nietzsche, Orazio, Ovidio, Schopenhauer, Seneca, Schweitzer, Socrate, Spinoza, Virgilio, Voltaire, Tolstoj, solo per ricordarne alcuni, erano vegetariani.

Empedocle diceva: "*Se gli déi non mangiano carne neppure gli uomini devono mangiarne*". Teofrasto: "*I sacrifici cruenti basati sull'uccisione di animali sono buoni per i cattivi demoni, non per gli déi, che aborrono il sangue*". Senocrate: "*L'ingiustizia è uguale su qualunque essere vivente venga perpetrata. Il comando di non uccidere deve essere esteso a ogni essere vivente.*" Euripide: "*Un sangue rosso scorre in tutti gli animali a significare che tutti abbiamo in comune il cielo e la madre Terra*". Marrone scrisse che un tempo in Attica l'uccisione di un bue era punito con la pena capitale.

Animali e traduzioni bibliche

Secondo la cultura cattolica gli animali sono stati creati da Dio per le necessità dell'uomo. Questa concezione, però, non trova giustificazione né sul piano della logica né su quello della giustizia divina. Infatti se l'uomo fosse stato destinato a mangiare la carne il Padreterno lo avrebbe dotato degli attributi naturali adatti a rincorrere, arpionare, azzannare gli animali, mentre la mancanza di artigli e di una dentatura adatta a dilaniare la carne, nonché di uno stomaco dotato, come quelli dei carnivori, di forti succhi gastrici, e di un intestino predisposto a digerire l'alimento carneo (l'intestino degli animali carnivori è lungo praticamente un quarto del nostro) dimostra chiaramente che l'essere umano non è stato strutturato anatomicamente per mangiare la carne, ma la frutta e i vegetali, come i primati frugivori-folivori al cui ordine l'uomo appartiene. Inoltre la spontanea repulsione alla vista del sangue e alla violenza, e la mancanza di quella necessaria insensibilità a divorare parti sanguinolenti e palpitanti di un animale ancora in agonia, lasciano supporre che l'uomo non sia stato creato per nutrirsi di cadaveri.

Come nasce dunque l'idea, più o meno diffusa, che gli animali siano "fatti per l'uomo"? La maggior parte della gente (che disattende volutamente la prescrizione di essere vegetariani data da Dio all'uomo prima del Peccato Originale in Genesi 1,29), preferisce trarre le sue motivazioni da Genesi 9,3, laddove il Signore dopo il Diluvio, e dopo 10 generazioni di vegetariani da Adamo a Noè, consente all'uomo di mangiare anche la carne. Si legge infatti: "*Quanto si muove ed ha vita vi servirà di cibo: vi dò tutto questo come già vi diedi le verdi erbe. Soltanto non mangerete la carne con la sua vita, cioè il suo sangue*". A parte il fatto che risulta impossibile eliminare il sangue dai capillari, mangiare la carne significa adottare un ribaltamento del patto originale con Dio che era la condizione di prima del Peccato, che Cristo, nuovo Adamo, è venuto a ripristinare.

Un'altra citazione biblica che non trova rispondenza né sul piano della logica né su quello della giustizia è la naturale violenza tra gli animali che secondo i Sacri Testi sarebbe dovuta al Peccato dell'uomo. Gli animali carnivori infatti erano anatomicamente strutturati a mangiare la carne anche prima del Peccato. In ogni caso sarebbe ingiusto far pagare a miliardi di animali per milioni di anni, con la sofferenza, il terrore e la morte, una colpa commessa da altri. Che razza di giustizia divina sarebbe questa?

Ma oltre all'egoistica volontà da parte della maggior parte delle persone di seguire più i piaceri della "carne" che i dettami dello Spirito, vi è il problema della false o inesatte traduzioni dei testi biblici che, in merito al problema degli animali, hanno spesso distorto il concetto originario. Per esempio i verbi (in ebraico) usati da Dio in Genesi 1,28 per qualificare l'atteggiamento dell'uomo nei confronti degli animali sono ARCHEUO, cioè essere guida verso tutti gli animali, e CATAKURIEUO, che significa "reggere come un governante: governare come un re" e che invece viene solitamente tradotto col verbo "soggiogare", che invece Dio usa solo quando parla della terra, affinché sia lavorata e dia frutti. Infatti in Genesi 2,15 troviamo: "*Il Signore Dio prese l'uomo e lo pose nel giardino dell'Eden perché lo coltivasse e lo custodisse*".

E ancora in Genesi 2,18-19 Dio crea gli animali non come schiavi né tantomeno come oggetti a disposizione dell'uomo, ma come compagni di vita. "*Non è bene che l'uomo sia solo; gli voglio fare un aiuto che gli sia SIMILE. Allora il Signore plasmò dal suolo ogni sorta di bestie selvatiche e le condusse all'uomo per vedere come le avrebbe chiamate*". In questo contesto vengono usate la parola BARA', cioè creazione diretta, sia per la creazione dell'uomo che per gli animali, e la parola NEFESCH per indicare l'unico spirito che viene infuso sia negli uomini che negli animali.

La licenza a mangiare anche la carne viene data temporaneamente ai sopravvissuti dell'Arca finché la terra restò coperta dalle acque, cioè per 150 giorni. E in effetti sarebbe un controsenso per un Dio buono e giusto legittimare l'uso di alimenti carnei, e quindi l'uccisione di creature innocenti, in un contesto in cui l'uomo può nutrirsi senza spargimento di sangue. Infatti più volte Dio, per voce del profeta, ribadisce: "*Voglio misericordia, non sacrifici*".

Nel corso dei millenni i testi biblici sono stati trascritti, a mano, migliaia di volte (circa 6.000 volte i testi in ebraico e circa 5.000 volte quelli in greco). È lecito supporre che alcune o molte cose abbiano subito un'alterazione del loro originale significato, per negligenza, per interpretazioni personali o per favorire il potente di turno. Infatti lo stesso San Girolamo asserisce che l'autorizzazione a mangiare la carne fu un'interpolazione dei testi sacri da parte della Chiesa cattolica in un periodo di basso profilo spirituale, ma che in principio, cioè sia alle origini del cristianesimo che nella Genesi, non fu così. Ma la gente è più incline a prendere dalla Bibbia e dall'insegnamento dei Santi non tanto ciò che può innalzare la coscienza spirituale quanto ciò che risulta conforme alle proprie preferenze.

Nella Bibbia troviamo le cose più sublimi come le cose più terribili. Affermare che tutto ciò che c'è scritto sia la volontà di Dio è un azzardo se non una bestemmia. Io preferisco prendere dalla Bibbia solo quei principi che inducono al bene di tutte le cose, a ciò che mira al rispetto e all'amore verso ogni essere vivente. Il resto credo sia opera del Maligno.

Manomissione dei Testi Sacri

(Ovvero)
Il vizio congenito di alterare i fatti

La piaga della cattiva informazione e della trasformazione dei fatti accaduti ha origini antiche: il primo nella tradizione religiosa a parlarne fu il profeta Geremia (8,8), che si lamentava dicendo: "*Perché dite la legge del Signore? A legge menzognera l'ha ridotta la penna menzognera degli scribi*". Più tardi anche Giovanni l'Evangelista avvisa in tal senso: "*Diletti, non credete a ogni espressione ispirata, ma provate le espressioni ispirate per vedere se hanno origine da Dio, perché molti falsi profeti sono usciti nel mondo*". Nel corso della storia i Testi Sacri pare siano stati più volte manomessi, spesso per compiacere il regnante di turno.

Pipino il Re dei Franchi, su richiesta di **Stefano III**, venne a liberare la Chiesa dai Longobardi e restituì alla Chiesa i territori riconquistati in virtù di un documento fatto preparare dal Papa secondo cui quei territori sarebbero stati donazione di Costantino.

Secondo alcuni autori nel tempo di **Costantino** fu nominata una commissione di correttori, composta da ecclesiastici e politici i quali, con la scusante dell'ortodossia, ritoccarono i testi evangelici nel momento in cui il cristianesimo diventava religione di stato e doveva trovare l'approvazione di un imperatore pagano fino al momento della sua morte.

Alcuni decenni più tardi **San Girolamo** fu incaricato, suo malgrado, dal Papa **Damaso I** nel 382, a rivedere il testo in latino dei Vangeli, nonché la traduzione delle Scritture in ebraico. Le innumerevoli imperfezioni, contraddizioni, le diverse possibilità di interpretazione lo portarono alla disperazione, e scrisse al Papa dicendo che le generazioni future lo avrebbero considerato come un falsario della Bibbia, poiché doveva selezionare e decidere a propria discrezione ciò che fosse giusto o sbagliato, ciò che fosse incompleto e dovesse essere integrato. Anche Sant'Agostino criticò l'operazione. **Damaso** fu creduto il primo autore del *Liber Pontificalis* che era l'elenco dei primi Vescovi di Roma, a cominciare da Pietro; in realtà pare sia un falso che si aggiunge alla vasta serie di "falsificazioni Simmachiane" dell'inizio del Sesto Secolo, quando Papa **Simmaco** per evitare di essere processato fece produrre una enorme mole di documenti inventati: carteggi interi, atti di un Sinodo mai tenutosi, documenti di processi ideati, il tutto per creare precedenti fasulli su cui basare la sua pretesa di non dover essere giudicato da nessuno al mondo, neppure da un Concilio.

Fra l'Ottavo e il Nono Secolo, dato che il testo di San Girolamo detto Vulgata era stato più volte ricopiato, studiosi come Alcuino e Teodulfo cercarono di correggere errori linguistici e testuali che si erano insinuati in tale versione. In seguito, per rendere di più facile consultazione le Scritture, altri ne suddivisero il testo in capitoli. Nel 1546, durante il Concilio di Trento, la Chiesa cattolica da una parte sancì l'autenticità della Vulgata e dall'altra ne auspicò la revisione. Furono istituite apposite commissioni ma, impaziente di vederla completa, il Papa **Sisto V** volle portare di persona a temine l'impresa e, attenendosi al testo di Lovanio e con l'aiuto di Bellarmino, intervenne sulla versione di San Girolamo, e quando incontrava punti oscuri non si faceva scrupolo di aggiungere o levare parti del discorso con l'intento di renderlo più chiaro. Ma nel 1590, mentre l'opera era in stampa, il Papa morì e i Cardinali la ritirarono lasciando l'opera ancora piena di errori.

La nuova edizione, detta Sisto-Clementina, vide la luce nel 1592 sotto Clemente VIII e rimase a lungo la versione ufficiale della Chiesa Cattolica. Nel Ventesimo Secolo ci fu la volontà di rivedere la Vulgata come le altre versioni e nel 1965 fu nominata una "Commissione per la Neo-Vulgata" che rivedesse la traduzione in latino tenendo conto delle nuove conoscenze. I primi libri furono pubblicati nel 1969 e 10 anni dopo Giovanni Paolo II approvò la Nuova Vulgata.

A quanto pare **Gregorio VII** creò intorno a sé una schiera di falsari che sfornavano ogni sorta di documenti a seconda delle esigenze e durante il suo pontificato molti scritti originali furono ritoccati.

E quanto alle trasformazioni dei testi biblici nelle innumerevoli trascrizioni nel corso dei millenni, all'insofferenza di San Girolamo nel compito assegnatogli di revisore, alla sua denuncia e alla sua presa di posizione riguardo al carnivorismo, rimandiamo a quanto appena detto alla fine del paragrafo precedente.

5700 sono i manoscritti in greco della Bibbia che sopravvivono oggi; di questi solo 10 contengono la Bibbia intera come noi la conosciamo e di questi solo 4 sono stati redatti prima del Nono Secolo. In tutti questi manoscritti gli studiosi hanno calcolato che ci sono 400000 punti in cui le varie copie differiscono tra di loro, e che il numero delle varianti del Nuovo Testamento è maggiore delle parole stesse che lo compongono. Alcune di queste varianti sono evidenti errori commessi dal copista, altre sono delle modifiche effettuate deliberatamente per appianare diversi punti di vista teologici. Molte delle più importanti definizioni, come molti episodi biblici, si basano su delle copie deliberatamente o accidentalmente alterate, anche se i teologi affermano che le correzioni non alterano in alcun modo il senso originario del messaggio.

Le manomissioni dei Testi Sacri, a mio avviso, non depauperano la dimensione divina e spirituale nella vita dell'uomo, né l'importanza del grandioso insegnamento di Gesù; anzi credo che esso debba spingere ognuno a cercare personalmente le grandi verità che governano le leggi universali e che indicano il percorso da seguire nella realizzazione integrale dell'uomo.

L'attuale Nuovo Testamento in realtà è un miscuglio di testi provenienti dalla più disparate tradizioni. San Girolamo, che conosceva ben 7 lingue, cambiò i Vangeli in 3500 punti e disse che non c'erano 2 testi che coincidessero per lunghi paragrafi. San Girolamo disse: "*Si troverà qualcuno che non appena prenderà in mano questo volume (cioè la Bibbia) non mi accusi a squarciagola di essere un falsificatore sacrilego, dissacratore della religione, poiché io ebbi la temerarietà di aggiungere o di cambiare o di migliorare qualcosa dei vecchi testi*"? Il Vangelo degli Ebrei (che Girolamo rifiutò e che Origene chiamava Vangelo dei Dodici) fu l'unico ad essere accettato per 4 secoli dai Cristiani Giudei, dai Nazareni e dagli Ebioniti.

Esistono almeno 800 manoscritti dei Vangeli del Nuovo Testamento provenienti dal periodo che va dal Secondo al Tredicesimo Secolo, ma non ci sono nemmeno 2 di essi coincidenti fra loro. Alcuni teologi contano tra le 50000 e le 100000 varianti. I manoscritti greci del Nuovo Testamento sono circa 4680; di questi nemmeno 2 riportano esattamente le stesse definizioni. *Plinio*, nella sua lettera all'Imperatore Romano Traiano, conferma che gli Ebioniti erano vegetariani. *Epifanio* racconta che alla domanda sul perché rifiutavano di mangiare carne e offrire sacrifici, gli Ebioniti risposero che così era stato rivelato loro da Gesù.

La tendenza ad alterare le notizie è anche oggi una piaga più che mai diffusa, secondo la quale i grandi mezzi di comunicazione di massa, in gran parte manovrati dai centri di potere economico e politico, influenzano le scelte della popolazione con strategie che tornano per esempio solo a vantaggio di chi intende smerciare un prodotto, trascurando gli aspetti negativi che spesso comportano danni per le persone. E se dunque la verità dei fatti umani raramente viene riportata senza alterazioni di parte, è facile supporre che gli uomini non hanno avuto scrupoli ad alterare gli insegnamenti attribuiti alla divinità.

La nostra filosofia mira a spingere l'individuo a sviluppare l'intelligenza critica nelle cose, la consapevolezza che ognuno di noi deve imparare a essere artefice del proprio destino, della propria salute fisica, del proprio equilibrio mentale, della propria sfera spirituale, attraverso uno dei mezzi più potenti, la filosofia dell'Universalismo, che nella pratica attuazione passa attraverso l'alimentazione incruenta vegana, la quale consente all'uomo di vivere in ottima salute, di sviluppare una mentalità di pace, di salvaguardare la natura, di non contribuire ad affamare il Terzo Mondo, di porre le basi per un mondo di verità e di giustizia.

La religione cattolica? Una vera sventura per il mondo animale

Il Vecchio Testamento è più umano del Nuovo?

È veramente sconfortante constatare quanto è proterva, ostica, indifferente e refrattaria la religione cattolica nei confronti della condizione degli animali. Se si considera che ogni grande religione segue un particolare sentiero (il Buddhismo segue il sentiero della Liberazione, l'Islamismo quello della Sottomissione, l'Induismo quello dell'Identificazione, il Confucianesimo quello dell'Armonia, l'Ebraismo quello della Legge, il Jainismo quello della Nonviolenza, lo Zoroastrismo quello della Rettitudine, il Platonismo quello della Ragione), la religione Cattolica è la sola che, nonostante segua il sentiero dell'Amore, non include nella sua dottrina il rispetto dovuto agli animali.

Quale grande, inaccettabile, incoerenza constatare che non una sola frase sia uscita dalla bocca di Gesù in difesa del dolore e della vita degli animali e che, nella sostanza, nel Nuovo Testamento vengono aboliti quei precetti contenuti nel Vecchio, e che la "Buona Novella" del Nuovo, per gli esseri umani, fatalmente coincide con la condanna all'inferno per gli animali.

Non vi è evoluzione della dimensione etica nei testi evangelici ma regresso, perché Gesù (stando ai testi canonici ufficiali) dimostra meno umanità e meno compassione per gli animali rispetto ai grandi Iniziati delle altre religioni e soprattutto non tiene conto nemmeno delle scarse prescrizioni sancite in loro favore nel Vecchio Testamento. I comandi di Gesù contenuti nei Vangeli Apocrifi a difesa degli animali e la condanna contro il consumare la carne sono stati diligentemente ignorati dalla Chiesa Cattolica.

Nel Vecchio Testamento, e precisamente in Deuteronomio 14,3-18, troviamo l'elenco degli animali consentiti e di quelli proibiti: "*Non mangerai alcuna cosa abominevole. Questi sono gli animali che potrete mangiare: il bue, la pecora, la capra, il cervo, la gazzella, il daino, lo stambecco, l'antilope, il bufalo e il camoscio. Potrete mangiare di ogni quadrupede che ha l'unghia bipartita e che rumina. Ma non mangerete quelli che ruminano soltanto o che hanno solo l'unghia divisa da una fessura, cioè il cammello, la lepre, l'irace, che ruminano ma che non hanno l'unghia bipartita: considerateli immondi; anche il porco che ha l'unghia bipartita ma non rumina, lo considererete immondo. Non mangerete la loro carne e non toccherete i loro cadaveri. Fra tutti gli animali che vivono nell'acqua potrete mangiare quelli che hanno pinne e squame, ma quelli che non hanno pinne e squame considerateli immondi. Questi sono gli uccelli che non dovete mangiare: l'aquila, l'ossifraga e l'aquila di mare, il nibbio e ogni specie di falco, ogni specie di corvo, lo struzzo e la civetta, il gabbiano e ogni specie di sparviero, il gufo, l'ibis, il cigno, il pellicano, la folaga, l'alcione, la cicogna, ogni specie di airone, l'upupa e il pipistrello.*" Insomma, almeno alcuni animali si salvavano, mentre i cattolici (e non solo loro) non disdegnano di inserire anche quelli nella loro dieta.

Dunque, nonostante il Dio dell'Antico Testamento si manifesta a volte duro e vendicativo, tramite i profeti prescrive codici di comportamento che gli umani devono adottare a tutela degli animali.

- "*Per 6 giorni farai i tuoi lavori ma nel 7° giorno farai riposo perché possano godere quiete il tuo bue, il tuo asino ed ognuna delle tue bestie*" (Esodo 23,12).
- "*Colui che percuote a morte un capo di bestiame lo pagherà: vita per vita*" (Levitico 24,18).
- "*Quando cingerai d'assedio una città non ne distruggerai gli alberi colpendoli con la scure. L'albero della campagna è forse un uomo per essere coinvolto nell'assedio?*" (Deuteronomio 20,19).
- "*Non essere tra coloro che s'inebriano di vino, né tra coloro che sono ghiotti di carne*" (Proverbi 23,20).
- "*Non cuocerai il capretto nel latte di sua madre*" (Esodo 34,26).
- "*Io ho peccato, ho agito da iniquo, ma queste pecore che hanno fatto?*" (Davide in Secondo Samuele 24,17).

- *"Il giusto ha cura dell'anima del suo animale domestico"* (Proverbi 12,10).
- *"Quando vedrai l'asino del tuo nemico accasciarsi sotto il carico non abbandonarlo a se stesso: mettiti con lui ad aiutarlo"* (Esodo 23,5).
- *"Non devi arare con un bue ed un asino aggiogati insieme"* (Deuteronomio 22, 10).
- *"A causa della malizia di quelli che vi dimorano, le bestie e le creature volatili sono state spazzate via"* (Geremia 12, 4).
- *"Pasci il gregge destinato all'uccisione! I suoi compratori lo uccidono impunemente e i suoi venditori dicono: Sia benedetto il Signore, eccomi ricco! E i suoi pastori non ne hanno pietà alcuna! Io infatti non avrò più compassione alcuna degli abitanti della terra. Oracolo del Signore. Ecco, io li abbandonerò uno in mano del suo pastore ed uno in mano del suo Re; essi distruggeranno la terra né io li libererò dalle loro mani!"* (Zaccaria 11,4-6).

Inoltre. Nel Kasherut, l'insieme delle leggi alimentari ebraiche, vengono elencati i cibi prescritti: pane, verdure, latte, miele, olive, capperi, cetrioli, meloni, lenticchie, aglio, cipolle, porri, erbe di prato, cereali, fichi, uva, datteri, mandorle, carrube noci, acqua, vino. Non esiste alcuna benedizione (*b'racha*) da recitare per la carne o il pesce, mentre è prevista per il pane, i dolci, il vino, la frutta e la verdura. Anche nei tempi moderni l'ebraismo ha molti illustri difensori del vegetarismo, tra cui Shmuel Yosef Agnon e Isaac Bashevis Singer (premi Nobel per la letteratura) e innumerevoli altri grandi personaggi.

Perfino **Maometto**, profeta e rude guerriero, ha parole di compassione per gli animali e prescrive precisi codici di comportamento riguardo all'alimentazione e al rispetto per gli animali, anche se non si tratta di divieti ma di prescrizioni. Fu chiesto a Maometto se esista una ricompensa per chi fa del bene a un animale. "*Esiste una ricompensa a chi fa del bene a qualunque essere vivente*", rispose. Maometto obbligava coloro che avessero mangiato carne a sciacquarsi la bocca prima di mettersi a pregare. Vietò il tiro all'uccello e rimproverava coloro che maltrattavano i cammelli. Per l'Islamismo gli animali hanno un'anima perché il Profeta li cita continuamente parlando del Giudizio, per cui sono destinati ad avere un Paradiso.

Tra tutti i grandi illuminati della Terra Gesù, Colui che ha fatto della non violenza e dell'amore il suo vessillo, il più mite, il più buono e il più saggio degli uomini, mai esprime una sola parola in difesa del mondo animale. Allora nasce un quesito: se Gesù ristabilisce l'antico patto tra Dio e gli uomini, infranto dalla prima coppia, nel quale Dio aveva dato un preciso decreto di essere vegetariani, come è possibile che Gesù abbia trascurato questa prescrizione e che la stessa Chiesa Cattolica non si senta in obbligo di adottare quei codici di comportamento che rendono possibile la nuova era, il nuovo ordine religioso, umano e cosmico preannunciato anche da Isaia? E anche se alcuni teologi affermano che l'amore di Gesù tutto include e dunque anche il rispetto per gli animali, nella sostanza Gesù non tratta mai in modo diretto questo argomento (almeno nei 4 Vangeli Canonici) e i cattolici si sentono autorizzati a non considerarlo una prescrizione, ma una libera scelta personale: come se uccidere o no fosse la stessa cosa; come se dare morte o vita possa essere considerato una scelta a seconda del capriccio di chiunque.

In 2000 anni di storia la cultura cattolica non ha prodotto una sola regola in difesa degli animali, non una sola parola in tal senso è rintracciabile in uno dei 267 papi che si sono succeduti, anzi si può dire che è successo il contrario. L'animale è stato sempre considerato simbolo di male per antonomasia, la parte più turpe e bruta della creazione, al punto che il modo migliore per dimostrare il proprio disprezzo per la materia era quella di torturare e uccidere animali: rospi, civette, capre e via elencando.

Non c'è giornale, rivista, radio, televisione, di qualunque estrazione culturale e politica, che non parli qualche volta di diritti degli animali e auspichi maggior rispetto e leggi più efficaci a loro tutela. Ebbene, in questa universale ed unanime richiesta di protezione e tutela, in questo progressivo crescere della sensibilità umana verso la sofferenza degli animali, manca solo la voce del Vaticano: mai una sola parola, un solo commento, un solo invito al rispetto e alla compassione verso questi sventurati nostri fratelli, come fosse un giuramento da strappare sotto tortura; come se dicessero: "*Passerete sul nostro cadavere prima che la Chiesa cattolica rinneghi l'antropocentrismo*". E così 100 miliardi di animali ogni anno vengono massacrati nel mondo con la benedizione di Santa Romana Chiesa.

E in futuro, come reagirà la Chiesa cattolica al diffondersi inarrestabile della nuova coscienza umana protesa verso l'etica universale? Continuerà a negare l'evoluzione dello spirito umano restando la sola istituzione a difendere il diritto di sfruttare, uccidere e mangiare la carne degli animali, oppure adotterà l'ennesimo e salutare "ci siamo sbagliati"?

Ditelo a tutti, che la Chiesa cattolica negando la fratellanza biologica universale nega l'Amore stesso e tradisce la sua missione.

Il problema dell'antropocentrismo di Gesù Cristo

Animali, figli di un dio minore, ovvero: perché Gesù non ha difeso gli animali?

La religione cristiana risulta essere la più antropocentrica che la storia abbia conosciuto. La Chiesa Cattolica e i cristiani in genere, nella stragrande maggioranza dei casi, seguono nei confronti degli animali e della natura gli insegnamenti di Gesù, il quale, stando ai testi evangelici, non ha mai manifestato interesse per la loro condizione, anzi in molte circostanze ha loro dimostrato disistima nella palese volontà di far emergere la superiorità dell'uomo rispetto alle altre creature.

Le principali motivazioni potrebbero essere le seguenti.

PRIMA IPOTESI. **Gesù, fedele interprete della legge mosaica**, riserva il suo messaggio di salvezza unicamente al popolo eletto e quindi non lo ritiene estensibile al mondo animale, come si evince nell'episodio riportato in Matteo 15,26: "*Non sono stato inviato che alle pecore perdute della casa di Israele.... Non è bene prendere il pane dei figli per gettarlo ai cagnolini*". E ancora: "*Non andate fra i pagani e non entrate nelle città dei Samaritani; rivolgetevi piuttosto alle pecore perdute della casa d'Israele*" (Matteo 10,5). Ma poi il suo insegnamento diviene universale quando, alla fine del suo mandato, in Matteo 28,19 comanda: "*Andate dunque e ammaestrate tutte le nazioni*", e ancora in Marco 16,15: "*Andate in tutto il mondo e predicate il Vangelo a ogni creatura*".

SECONDA IPOTESI. **Gesù, anche se fa dell'amore il fulcro del suo insegnamento, è realmente indifferente alla sorte degli animali.** Fin dall'infanzia di Gesù vi sono episodi di poca considerazione verso di essi, come quelli qui di seguito citati.

"*Quando venne il tempo della loro purificazione secondo la legge di Mosè, portarono il Bambino a Gerusalemme per offrirlo al Si-*

gnore... e per offrire in sacrificio una coppia di tortore e una di giovani colombi come prescrive la legge del Signore" (Luca 2,24).

Nei quali più volte il valore della vita dell'uomo viene esaltato contrapponendolo a un disprezzo per la vita degli animali.

"*Non date le vostre cose sante ai cani e non gettate le vostre perle avanti ai porci perché non le calpestino con le loro zampe e poi si rivoltino per sbranarvi*" (Matteo 7,6).

"*Ed essi, usciti dai corpi degli uomini, entrarono in quelli dei porci: ed ecco tutta la mandria si precipitò dal dirupo nel mare e perirono nei flutti*" (Matteo 8,32).

"*Due passeri non si vendono forse per un soldo?*" (Matteo 10,29).

"*Il Regno Dei Cieli è simile anche ad una rete gettata nel mare che raccoglie ogni genere di pesci. Quando è piena i pescatori la tirano a riva e poi, sedutisi, raccolgono i pesci buoni nei canestri e gettano via i cattivi*" (Matteo 13,47-48).

Il miracolo della moltiplicazione dei pani e dei pesci.

"*... Non abbiamo che 5 pani e 2 pesci.... Ed egli disse: «Portateli qua». E dopo aver ordinato alla folla di sedersi sull'erba, prese i 5 pani e i 2 pesci e alzati gli occhi al cielo pronunciò la benedizione, spezzò i pani e li diede ai discepoli e i discepoli li distribuirono alla folla*" (Matteo 14,17-19).

"*... Va al mare, getta l'amo e il primo pesce che viene prendilo, aprigli la bocca e vi troverai una moneta d'argento*" (Matteo 17,27).

In quest'altro insegnamento si esclude l'importanza di ciò che l'uomo usi mangiare e si trascura l'azione cruenta necessaria ad utilizzare prodotti animali. L'uccisione di un animale non rende forse più insensibili alle altrui sofferenze e più impuri il corpo e la coscienza dell'uomo? Gesù dice: "*Non quello che entra dalla bocca rende l'uomo impuro ma quello che esce dalla bocca*" (Matteo 15,11).

Ma poi evidenzia l'importanza di un singolo animale, anche se è difficile pensare che l'atteggiamento del pastore sia di amore verso la pecorella smarrita e non per il suo valore venale.

"*Se un uomo ha cento pecore e ne smarrisce una, non lascerà forse le novantanove sui monti per andare in cerca di quella perduta?*" (Matteo 18,12).

La poca considerazione di Gesù anche verso il regno vegetale è manifestata nell'episodio dell'albero di fico, verificatosi, pare tra l'altro, in un periodo in cui non potevano esserci frutti. Vedendo un fico sulla strada, gli si avvicinò, ma non vi trovò altro che foglie e gli disse: "*Non nasca mai più frutto da te*", e subito il fico si seccò (Matteo 21,19).

Mentre non è riportato chiaramente che Gesù in qualsiasi circostanza abbia mangiato della carne, il pesce è stato da Gesù sicuramente consumato.

"*«Avete qui qualcosa da mangiare?» Gli offrirono una porzione di pesce arrostito; egli lo prese e lo mangiò davanti a loro.*" (Luca 24,41-43).

Molti sono gli episodi in cui il pesce rientra nella vita di Gesù.

"*«Gettate le reti dalla parte destra della barca e ne troverete.» La gettarono, e non potevano tirarla su per la gran quantità di pesci.*" (Giovanni 21,6).

"*Appena scesi a terra videro un fuoco di brace con del pesce sopra e del pane. Disse loro Gesù: «Portate un po' del pesce che avete preso or ora». Allora Simon Pietro salì sulla barca e trasse a terra la rete piena di 153 grossi pesci... Gesù disse loro: «Venite a mangiare»... Allora Gesù si avvicinò, prese il pane e lo diede loro e così pure il pesce.*" (Giovanni 21,9-13).

La chiara indicazione che per Gesù gli animali non sono che un bene di utilizzo a vantaggio dell'uomo viene dalla parabola del figliol prodigo.

"*Ma il padre disse ai servi: «Presto, portate il vestito più bello e fateglielo indossare, portate il vitello grasso, ammazzatelo, mangiamo e facciamo festa, perché questo mio figlio era morto ed è tornato in vita, era perduto ed è stato ritrovato».*" (Luca 15,22-24).

È difficile dire che la reazione di Gesù verso i venditori di animali a scopo sacrificale sia dovuta al rispetto per gli animali e non all'avversione per la sorta di mercato nel quale il Tempio era stato trasformato.

"*Trovò nel tempio gente che vendeva buoi, pecore e colombe e i cambiavalute seduti al banco. Fatta allora una sferza di cordicelle scacciò tutti fuori dal tempio con le pecore e i buoi; gettò a terra il denaro dei cambiavalute e ne rovesciò i banchi e ai venditori di colombe disse: «Portate via queste cose e non fate della casa del Padre mio un luogo di mercato».*" (Giovanni 2,14).

Se fosse vera questa seconda ipotesi Gesù sarebbe forse il solo tra i grandi Iniziati a non aver avuto parole di amore e di rispetto per le creature non umane, il solo, tra questi, a non aver comandato di astenersi dal mangiare la loro carne. Ci si chiede: come è possibile che Colui che dice "*Beati i misericordiosi perché troveranno misericordia. Beati i puri di cuore perché vedranno Dio*" (Matteo 5,7-8) si lasci superare in misericordia da molti santi e profeti? Come è possibile essere misericordiosi e puri di cuore se si è indifferenti alla sorte crudele di tante creature innocenti? A differenza di Gesù gli altri grandi Iniziati dicono cose come queste che seguono.

"*La carne degli animali è come la carne dei nostri figli*" (**Krishna**).

"*Si diventa degni della salvezza quando non si uccide alcune essere vivente. Uccidere un'altra creatura per cercare di averne un vantaggio è indegno dell'uomo buono, compassionevole. Non uccidere, ma invece proteggi e aiuta ogni vivente*" (**Buddha**).

"*Chi rinuncia a cibarsi delle carni martoriate avrà lo spirito santo e la verità. Mi pento, mi umilio e faccio penitenza per tutti i peccati commessi contro gli animali.*" (**Zoroastro**).

"*Poiché gli animali hanno un'anima hanno un posto nell'altra vita con Dio*" (**Ermete Trismegisto**).

"*Come potete pretendere giustizia quando voi stessi sacrificate per crudele ghiottoneria o avidità degli esseri legati a noi da fraterna alleanza? Mai sacrificare animali agli Déi o ferire animali, ma promuovere in tutti i livelli una cultura di rispetto e protezione nei loro riguardi.*" (**Pitagora**).

"*Siate buoni con gli uomini, con le piante e con gli animali. Non braccate né gli uomini, né gli animali, né fate loro del male.*" (**Lao Tse**).

"*Una buona azione fatta a un animale è tanto meritoria quanto una buona azione fatta ad un essere umano, mentre un atto di crudeltà ad un animale è tanto cattivo quanto un atto di crudeltà su un essere umano*" (**Maometto**).

Perfino le altre due religioni monoteiste, l'ebraismo e l'islamismo, non solo si astengono dal mangiare alcuni tipi di animali che il mondo cristiano usa invece consumare con indifferenza, quali il cavallo, lo struzzo, il maiale, i pesci senza squame, alcuni tipi di uccelli e altri ancora, ma hanno anche l'accortezza di usare gentilezza e rispetto verso gli animai macellati: aspetto del tutto assente nel pensiero di Gesù e quindi nella religione cristiana, dimostrando regresso di sensibilità verso il mondo animale. Nella tradizione ebraico-cristiana c'è sempre stata attenzione all'astinenza dal cibo, in particolare dalle carni di ogni tipo in determinati periodi, oppure da quelle di animali considerati "impuri" o uccisi senza versarne il sangue. Ancora oggi le chiese ortodosse conservano una legislazione molto precisa riguardo all'astinenza da alcuni alimenti e i fedeli vi si attengono scrupolosamente, mentre la Chiesa cattolica propone l'astinenza dalla carne solo nei venerdì di Quaresima.

TERZA IPOTESI. **Il popolo ebraico non era pronto per l'estensione del messaggio d'amore agli animali.** Questa terza ipotesi non trova giustificazione sul piano filologico dal momento che, come abbiamo visto prima, gli altri grandi iniziati (e quindi altri popoli) anche prima della venuta di Gesù, avevano già considerato la necessità dell'amore e del rispetto anche per gli esseri non umani.

QUARTA IPOTESI. **Gli animali non sono stati considerati da Gesù perché oggettivamente privi di valore.** Questa ipotesi è stata superata da studi di etologia, zooantropologia, anatomia comparata, dalla realtà quotidiana dei fatti che dimostrano chiaramente che le qualità cognitive ed emozionali non sono prerogative degli umani ma sono invece comuni, a differenti livelli, a tutti gli esseri senzienti. Cioè l'intelligenza, il sentimento o l'anima non sono realtà presenti oppure assenti del tutto. La prova concreta che gli animali, come gli esseri umani, sono capaci di provare dolore, angoscia, tristezza, gioia è stata dimostrata anche da prove sperimentali.

QUINTA IPOTESI: **Gesù ha tralasciato anche altri grandi problemi umani.** Gesù non ha parlato esplicitamente neanche della guerra, della pena di morte, dello schiavismo, dell'aborto: probabilmente perché il suo insegnamento mirava alla causa dei problemi, cioè a rendere l'uomo più giusto e misericordioso, il solo modo per risolvere ogni problema umano. Ma il 99% della creazione, cioè del regno animale e vegetale, è forse un fatto trascurabile? Può darsi che tale precetto fosse implicito nel suo messaggio d'amore. Ma perché non spendere esplicitamente una parola per i grandi drammi umani e dello sterminio sistematico degli animali da parte dell'uomo come hanno fatto gli altri grandi Profeti? E se tali comandi erano impliciti perché la Chiesa Cattolica e il mondo cristiano condannano giustamente lo schiavismo, la pena di morte, la guerra e l'aborto mentre non condannano la violenza sugli animali?

SESTA IPOTESI: **I Testi Evangelici sono stati alterati.** È lecito supporre che gli insegnamenti di Gesù, e quindi i Testi Evangelici, siano stati in qualche modo alterati nella successione dei tempi (a causa di inesatte traduzioni o per favorire i regnanti di turno), e specialmente nel Concilio di Nicea del 325, nel quale fu istituita una commissione di esperti politici e clericali i quali, con la scusa dell'ortodossia, diedero vita ad una versione definitiva dei Vangeli per renderli accettabili a Costantino che assumeva la direzione della nuova religione di stato? Questa tesi darebbe credito ad alcune parti dei vangeli apocrifi, a certi scritti di alcuni padri della chiesa antica e ad alcuni cronisti dei primi tempi, i quali affermavano che Gesù e alcuni apostoli erano vegetariani.

In merito alla manipolazione delle scritture ci sono dei precedenti nella storia dei Testi Biblici. Il primo a parlare di manomissione fu Geremia (8,8) che dice: "*Come potete dire «Noi siamo saggi e la legge del Signore è con noi?» Certo! Ecco: a menzogna l'ha ridotta la penna menzognera degli scribi.*" San Girolamo fu incaricato dal Papa Damaso III di intervenire sui Testi Evangelici per renderli più comprensibili, ma fu costretto a interpretare le parti meno chiare e pare che, preso dallo sconforto per simile impresa, disse che un giorno i posteri lo avrebbero accusato di aver alterato il pensiero originale. Gregorio VII si creò intorno una schiera di "falsari" che sfornavano ogni sorta di documenti a seconda delle esigenze. Molti scritti originali furono ritoccati. Sisto V attenendosi al testo di Lovanio e con l'aiuto di Bellarmino intervenne sulla versione latina della Bibbia detta Vulgata, scritta da San Girolamo nel Quarto Secolo, perché in quel periodo si erano diffuse diverse versioni lacunose. Quando incontrava punti oscuri non si faceva scrupolo di aggiungere o levare parti del discorso con l'intento di renderlo più chiaro.

Considerazioni conclusive

Ritengo inarrestabile l'evoluzione morale, civile e spirituale del genere umano. Un giorno, così come è stata abolita quasi del tutto la schiavitù umana, sarà abolita la schiavitù degli animali, ma i cristiani continueranno a far riferimento ai Testi Evangelici canonici oppure si apriranno a un'etica interspecista superando gli stessi insegnamenti di Gesù? La Chiesa Cattolica, e altre comunità religiose cristiane, continueranno a far riferimento ai testi antichi o si apriranno alle nuove frontiere dello spirito umano? Se gli insegnamenti sono immutabili, come risolvere il problema del rispetto per gli animali? Rispolvereranno il pensiero dei Padri della Chiesa che raccomandavano di astenersi dalla carne o continueranno a far riferimento ai Vangeli ufficiali?

Certo il problema è complesso e semplice nello stesso tempo: complesso perché la teologia è una branca vastissima e dai molteplici aspetti; semplice perché 2 più 2 fa sempre 4. Cioè, una religione che limita i criteri del diritto all'esistenza, al rispetto e alla libertà ai soli esseri umani è sostanzialmente più povera nei suoi contenuti essenziali rispetto a un pensiero laico che li estende a tutti gli esseri senzienti. Il problema nasce perché questa chiusura antropocentrica viene proprio da quella religione che dice di seguire il sentiero dell'amore e soprattutto perché Gesù, come abbiamo visto (sempre stando ai testi ufficiali), non solo non avrebbe chiesto rispetto per gli animali ma avrebbe più volte deliberatamente sottolineato la loro intrinseca inconsistenza rispetto al valore dell'uomo. Anche se non dice mai che gli animali siano privi di valore, dice invece che hanno meno valore dell'uomo. "*Guardate gli uccelli del cielo... non contate voi forse più di loro?*" (Matteo 6,26). "*...Non abbiate timore, voi valete più di molti passeri*" (Matteo 10,31).

Occorre biocentrizzare la cultura cristiana, farla uscire dal suo anacronistico, pernicioso, comodo e, se vogliamo, autolesivo antropocentrismo: solo in questo modo sarà la vera religione universale e si libererà dalle contraddizioni che la indeboliscono nei suoi principi etici fondamentali.

Occorre riesumare i testi antichi originali (qualora vi fossero o al limite le copie degli originali) e verificare oggi, con spirito obiettivo e neutrale, l'attendibilità del pensiero espresso da Gesù nei Vangeli apocrifi, ma specialmente nelle Pergamene del Mar Morto.

Questo ci permetterebbe finalmente di capire se Gesù, la più alta manifestazione di vita apparsa sulla Terra, il figlio del Creatore, il principe del bene, della pace, della misericordia e dell'amore abbia, in realtà, manifestato meno compassione verso le sue stesse creature di un qualunque comune mortale che dice: l'amore è vero solo se coinvolge non solo alcuni ma tutti i viventi.

La chiesa cattolica ha il dovere di rinnovarsi

In un mondo in cui i valori tradizionali procedono superando la sfera antropocentrica per espandere i codici della civiltà e del diritto dall'uomo a ogni essere senziente, la Chiesa non può essere refrattaria alle nuove esigenze dello spirito umano e trincerarsi a difesa della centralità dell'uomo sul creato con la facoltà di disporre delle risorse naturali e della vita degli animali: l'etica universale del movimento vegetariano-animalista è la realtà verso la quale è chiamata a confrontarsi e a esprimersi la Chiesa Cristiana.

L'uomo è vegetariano per volontà di Dio, come comandato in Genesi 1,29. L'autorizzazione a mangiare la carne degli animali caratterizza l'uomo decaduto, riscattato dal sacrificio di Cristo che restaura l'antico patto tra Dio e gli uomini, l'antica alleanza tra Dio e tutte le sue creature.

L'uomo deve tornare a essere custode e saggio amministratore della creazione, non tiranno. La chiesa ha il dovere morale di uniformarsi alla dimensione antecedente il peccato originale restaurata da Cristo, nella quale l'uomo non si nutriva della carne degli animali suoi simili, come riportato in Genesi 2,16 e come indicato sia da San Girolamo padre della chiesa cristiana che da San Basilio di Poiana che affermava: "*Se i monaci cercano l'antico ordine devono volere i cibi che Dio ha dato ad Adamo nel paradiso, non quelli di Noè dopo il Diluvio*".

La Chiesa Cattolica è la sola istituzione che mai ha levato la sua voce in difesa delle creature non umane sofferenti, e in questo ha tradito la sua missione. Dovrebbe essere fautrice di compassione, di pietà, di sensibilità umana. Il movimento vegetariano-animalista trova sostenitori in qualunque categoria eccetto che nella maggior parte del clero e dei cristiani.

Siamo in comunione con Dio quando siamo in comunione d'amore con tutte le sue creature. E come possiamo essere in comunione con le sue creature se le tormentiamo in ogni modo e le uccidiamo per mangiarne il corpo martoriato?

Se lo scopo della religione è quello di rendere l'uomo sostanzialmente migliore, cioè più buono, più giusto, più misericordioso e fraterno, come concilia il cattolicesimo la pratica dello sfruttamento e dell'uccisione di un animale senziente, che induce alla durezza di cuore, all'indifferenza verso la sofferenza dell'altro e al disprezzo del valore della vita? Limitando il sentimento dell'amore e della compassione alla sola specie umana non si rende peggiore l'uomo sul piano morale, civile e spirituale? Reprimendo la pietà nell'animo umano non si inclina l'uomo alla violenza anche verso il suo stesso simile? L'indifferenza verso il valore della Vita e verso la sofferenza in senso lato non genera una mentalità di predominio del più forte sul più debole? Non preclude lo sviluppo di una mentalità di pace e di nonviolenza, di rispetto, di condivisione, di benevolenza nei confronti degli stessi esseri umani?

Se la Chiesa Cattolica trae insegnamento dalla Bibbia perché non rispetta il comando in Genesi 1,29 dato da Dio agli uomini di essere vegetariani? "*Ecco, io vi dò ogni erba che produce seme ed ogni albero in cui è frutto: essi saranno il vostro cibo, mentre agli animali dò la verde erba dei campi*". Perché resta ancorata alla condizione dell'uomo dopo il peccato e non patrocina la nuova dimensione instaurata da Cristo che afferma: "*Misericordia voglio, non sacrificio*"?

Se lo sfruttamento degli animali è legittimato dalla Chiesa perché ritenuti esseri inferiori al servizio dell'uomo, perché nel creare gli animali Iddio in Genesi 2,18-19 parla di esseri simili a noi? "*Non è bene che l'uomo sia solo, gli voglio fare un aiuto che gli sia SIMILE. Allora il Signore Iddio plasmò dal suolo ogni sorta di animali selvatici e li condusse all'uomo per vedere come li avrebbe chiamati*". I presunti vantaggi dell'uomo nello sfruttare gli animali perché ritenuti esseri inferiori non ha forse lo stesso motivo che indusse i bianchi a legittimare la schiavitù nei confronti dei negri e non solo? Una mentalità di predomino del più forte sul più debole non è forse stata il seme di ogni tirannia a danno della civiltà umana e del progresso morale e spirituale?

Ecco che dice Ecclesiaste 3,19-21. "*Infatti la sorte degli uomini è la stessa che quella degli animali: come muoiono questi così muoiono quelli. Gli uni e gli altri hanno uno stesso soffio vitale, senza che l'uomo abbia nulla in più rispetto all'animale. Gli uni e gli altri sono vento vano. Gli uni e gli altri vanno verso lo stesso luogo: gli uni e gli altri vengono dalla polvere, gli uni e gli altri tornano alla polvere. Chi sa se lo spirito vitale dell'uomo sale in alto e se quello dell'animale scende sotterra?*" E Giobbe 12, 7-10. "*Ma interroga pure le bestie, esse ti istruiranno; gli uccelli del cielo, essi ti informeranno, o i rettili della terra, essi ti daranno lezione, te lo racconteranno i pesci del mare. Chi non sa, tra tutti questi esseri, che la mano del Signore ha fatto questo? Egli tiene in suo potere l'anima di ogni vivente e il soffio di ogni carne umana.*" Se dunque al pari degli uomini gli animali sono dotati di anima, nella dimensione trascendente le anime degli animali uccisi non accuseranno la Chiesa alla presenza di Dio? Mangiare carne per procurarsi un piacere, che causa sofferenza e morte a una creatura senziente, non è forse considerato peccato di gola, oltre che un fatto eticamente inaccettabile?

La legge morale e spirituale non deve forse ampliarsi con l'evolversi della coscienza umana e con le mutate esigenze dello spirito? Il seme gettato dal Cristo non deve forse dare i suoi frutti e dunque ampliare la sua sfera d'amore dall'uomo a ogni creatura posta da Dio sotto la **tutela** dell'uomo?

Molte cose sono state superate dalla Chiesa perché non più giustificabili sul piano storico-sociale in continua evoluzione, come la legge "occhio per occhio", la lapidazione degli adulteri, l'uccisione degli eretici e via elencando; perché dunque la Chiesa Cattolica si ostina a negare dignità e rispetto agli animali nostri compagni di viaggio e li condanna ad un'esistenza infernale organizzata e gestita dall'uomo? Che siano i laici e non la Chiesa a chiedere rispetto e amore anche per gli animali non è un controsenso per la morale cristiana?

Quali parti dei testi evangelici possono essere considerati autenticamente ispirati da Dio e quali invece possono essere interpretazioni illusorie?

Non si tratta di spodestare l'essere umano dalla sua centralità, ma di responsabilizzarlo nel suo dovere di tutore della creazione.

Lo scopo della Religione deve essere quello di farsi medicina per curare i mali di cui soffre l'umanità; non solo di preparare l'uomo alla dimensione ultraterrena: deve essere sintesi delle conoscenze acquisite e specchio dell'evoluzione umana.

Gli animali non sono tristi per loro natura, non sono infelici o ammalati: è l'uomo che li rende tali, è l'uomo che li condanna ad un'esistenza infernale. Mai gli animali si macchierebbero di crimini orrendi contro i propri simili. Gli animali sono innocenti, puri, miti, in armonia con il creato: da sempre hanno obbedito pazienti all'arroganza umana pagando con il dolore e la vita; eppure mai si leva la voce della Chiesa a loro difesa.

Antropocentrismo, principale nemico da abbattere

Da dove nasce l'idea che la specie umana sia sostanzialmente superiore alle altre specie animali e che l'uomo abbia il legittimo diritto di utilizzare, sottomettere, schiavizzare, uccidere a suo piacimento ogni altra specie animale considerandola senza valore dal suo punto di vista, senza sentimenti e senza diritti?

Se immaginiamo un altro pianeta in qualche angolo sperduto dell'universo nel quale la creatura più astuta creda che il Tutto sia stato creato in sua funzione e che gli altri esseri siano a sua disposizione, sicuramente penseremmo che quella creatura è perniciosa oltre che fuori di testa.

Il concetto antropocentrico sembra sia connaturato con l'uomo. Da quando si accorse di essere la creatura più astuta e più capace di organizzazione probabilmente l'uomo rivolse gli occhi al cielo e ringraziò la divinità per essere stata benigna nei suoi confronti, si convinse che Dio fosse dalla sua parte e tradusse questa sua visione in regole e dottrine. Ma indipendentemente da una visione religiosa ogni popolo della Terra, da quelli tecnologicamente più avanzati alle popolazioni che ancora vivono allo stato primordiale, sfrutta e uccide gli animali per ogni sua necessità, secondo l'impietosa legge naturale del più forte che infierisce sul più debole.

Spostare la pratica sacrificale dall'uomo agli animali fu per la gente di Mosè un notevole passo in avanti; purtroppo l'umanità è rimasta ancorata a principi primordiali e profondamente condizionata dalla dottrina delle 3 religioni monoteiste, che più di altre rivendicano il primato dell'uomo sulla natura per l'avallo dato da Dio in Genesi 9,2-3, e che trova compiacenza in un mondo di crapuloni e mangiatori di bistecche convinti che, per compiacenza di Dio, oltre al piacere della gola ci si guadagni anche il Paradiso.

Il danno che viene dalla visione antropocentrica è di proporzioni apocalittiche perché abitua l'essere umano al deprezzamento di tutto ciò che non è specie umana e lo inclina alla legge della supremazia del forte sul debole. La violenza verso ogni forma di vita, l'indifferenza verso la sofferenza degli animali, l'abitudine all'animalicidio, alla vista del sangue, il disprezzo del dolore altrui inclinano inevitabilmente alla violenza anche verso gli umani e quindi al predominio, alla guerra, alla sottomissione di chi si considera meno intelligente secondo il concetto aristotelico (ereditato appieno dalle religioni di stampo ebraico e non solo) per il quale i deboli sono destinati a servire i forti, gli schiavi fatti per i padroni, i negri per i bianchi, le donne per gli uomini.

In natura non esiste l'antropocentrismo, l'arrogante motivazione primaria del quale fu forse il tentativo di allontanare l'uomo da comportamenti predatori e incanalarlo verso espressioni sociali meno violente, meno "animalesche"; ma divergendo da tali tendenze migliorative esso costituì e costituisce il più grande ostacolo alla conoscenza dell'ordine cosmico. L'universo sarebbe tale anche senza il Pianeta Terra.

La cultura antropocentrica, sempre in sintonia con la visione geocentrica, genera egoismo, individualismo, materialismo, irrazionalismo, perché l'individuo percepisce tutto in funzione di se stesso. Mettere al centro dell'universo l'uomo è come credere che la goccia sia l'oceano, che il granello il deserto, che il filo d'erba l'intera vegetazione terrestre.

Meglio avere cento dubbi che una sola falsa certezza.

Violenza naturale, Vegetarismo e fede in Dio

Ovvero, libera deduzione su alcuni grandi enigmi della vita

Non è facile conciliare la fede in Dio con l'essere vegani nella volontà di non nuocere agli animali. Le leggi della natura sono crudeli: la scena di un predatore che sbrana un altro animale è sicuramente raccapricciante. Quasi tutti gli esseri viventi, dal microbo alla balena, per sopravvivere sono costretti a nutrirsi uccidendo altri esseri al punto che senza la sopraffazione del più forte sul più debole nulla potrebbe esistere e la stessa vita non potrebbe manifestarsi nell'universo. Sembra che il "male" della violenza, del dolore e della morte sia indispensabile affinché la vita trionfi. La vita sulla Terra è la sintesi dell'equilibrio tra gli opposti, come positivo e negativo, notte e giorno, freddo e caldo, yin e yang. Ciascun opposto non potrebbe esistere senza l'altro. L'universo stesso vive sull'equilibrio degli opposti, e l'universo contenuto nel nostro corpo non fa eccezioni.

Dunque la vita nasce grazie alla simbiosi armonica tra due opposti (seme e terra, terra e acqua, idrogeno e ossigeno e via elencando) e si sviluppa per mezzo della lotta per la sopravvivenza attuata nella sopraffazione dell'uno sull'altro organismo. Le due condizioni sono imprescindibili al fine del progresso lungo la via dell'evoluzione di ogni essere.

Ma questo assunto si scontra con la legge dell'amore enunciata da tutti i grandi mistici e santi (cioè da coloro che per antonomasia sono considerati portatori della volontà del Creatore) e da tutti noi che lottiamo per un mondo senza violenza tra gli esseri umani e tra questi e il resto del creato. Applicare la legge dell'amore, della compassione, della misericordia, del "non fare ad altri ciò che non vorresti per te stesso" e del "non ammazzare", contraddice e vanifica la legge che tutto governa. In sostanza se la natura fosse regolata dalla legge dell'amore e della compassione, invece che dalla violenza reciproca, la vita sulla Terra non si manifesterebbe.

Ogni essere vivente cerca disperatamente di fuggire il dolore, la sofferenza, la morte. Ma la sofferenza è il solo meccanismo che consente alle creature di evolvere, di acquisire esperienza: nel tentativo di sfuggire al predatore, al dolore e alla morte, ogni essere sviluppa il suo istinto, la sua arguzia, la sua intelligenza e quindi si evolve. Abolire la violenza sarebbe come impedire l'evoluzione delle cose. Ma questo è in contraddizione con la legge dell'amore, della bontà e della misericordia invocata dai grandi mistici e da Dio.

Ma se la violenza è componente necessaria per il manifestarsi della vita, se sono sempre i più indifesi a pagarne le conseguenze, come giustificare il messaggio di tutti i grandi illuminati che si sono schierati sempre in difesa dei più deboli? Non è forse porsi in contrasto con le leggi naturali che consentono alla creazione di perpetuare se stessa e alle creature di evolvere?

Di fronte all'eterno dilemma del perché della violenza naturale a mio avviso si possono azzardare 4 ipotesi.

1) Tutto è frutto del caso; ma a mio avviso la stupefacente realtà della vita, la perfezione di ogni essere vivente e delle leggi che governano l'intero universo fanno nutrire grossi dubbi contro tale affermazione: è difficile credere che non vi sia il disegno, il progetto o la volontà di Qualcosa o di Qualcuno.
2) Le violente leggi naturali *non* sono meccanismi voluti dal Creatore in quanto Dio, consentendo alla vita di manifestarsi e alle creature di progredire nel piano evolutivo, non può che essere buono e giusto. Il fatto che la creazione esiste è a vantaggio della creazione e non dell'Essere la cui potenza è in grado di creare gli universi.
3) Il Creatore è indifferente alla sofferenza degli esseri viventi non umani; non si dà cura del singolo componente ma dell'intero Sistema. Però questa ipotesi non è suffragata dal pensiero dei grandi santi, dei grandi teologi o dei grandi filosofi, perché inclinerebbe l'essere umano a reprimere i sentimenti di pietà e compassione (sempre invocati dai saggi) che l'uomo spontaneamente nutre nei confronti di chi soffre, e lo porterebbe inevitabilmente

all'indifferenza verso il dolore del suo simile. Se è per volontà di Dio che la tigre è programmata fin dalle origini a uccidere per nutrirsi, allora Dio non può che essere ingiusto nei confronti delle vittime e indifferente al loro dolore. Non solo. L'agnello avrebbe di che obiettare per essere stato progettato totalmente privo di difese, il rospo per la sua poca eleganza e lo scorpione per qualcos'altro ancora.

4) Siccome è la forma fisica (frutto dell'evoluzione) a predisporre i carnivori a nutrirsi di altri animali, gli erbivori di erbe ed i frugivori di frutti, io credo che la forma sia la concretizzazione materiale del loro contenuto energetico e spirituale. Cioè, la natura del leone non potrebbe vivere in una gazzella, come l'essenza spirituale della mucca vivere in un'aquila. Ma il problema fondamentale a mio avviso sta in questo: se chiunque di noi confutasse la sua stessa esistenza, dimostrerebbe che la sua vita gli sarebbe stata imposta (anche se la vita secondo il pensiero religioso è un dono, il ricevente dovrebbe avere la libertà di rifiutare o accettare il dono che gli viene offerto), e siccome Dio per definizione non può che essere giusto, non impone nemmeno l'esistenza. Questa ipotesi porta alla logica conseguenza che le cose esistono non per volontà di Dio ma di se stesse, che esistono da sempre in un piano e in una dimensione spirituale antecedente la stessa creazione e che mediante la vita tendono ad attuare il loro piano evolutivo, resosi necessario a causa di un allontanamento dall'Armonia primigenia precedente lo stesso Big Bang.

Cioè gli esseri allontanatisi dal Tutto Armonico iniziale, dalla dimensione spirituale, precipitano materializzandosi nel livello che corrisponde al loro grado di pesantezza energetica, da dove riprendono la risalita attraverso i vari regni, e di vita in vita, in un processo di evoluzione e di smaterializzazione progressiva, riprendono il loro cammino a ritroso per tornare alla condizione antecedente la disarmonia generatasi nel Tutto Armonico iniziale (come una specie di onda anomala nell'immensità dell'oceano) che li ha precipitati nella dimensione terrestre. Cioè gli esseri sono da sempre in Dio e parte stessa di Dio, anche se questo porterebbe alla logica che in Dio si possa manifestare qualcosa di disarmonico. Una sorta di disarmonia in accordo con se stessa ma in antitesi al tutto armonico che ha generato la "caduta". Ma questa è solo una mia ipotesi, alla quale però credo.

In che modo si manifesta la bontà di Dio verso le sue creature? Le "scintille divine" o energetiche precipitate nella dimensione materiale potrebbero non avere la possibilità di risalita e ristagnare per sempre nella loro condizione: in questo io credo che Dio manifesti il suo amore verso gli esseri viventi.

Quindi se le leggi della natura portano gli animali a divorarsi a vicenda non è per volontà di Dio. E anche se la violenza impera nella natura e il debole soccombe sempre al più forte, l'armonia, che consente il manifestarsi della vita e agli esseri di procedere nel piano dell'evoluzione, trionfa sempre.

Altra considerazione. Se lo scopo della creazione è dare la possibilità alle creature di esistere e attuare la loro stessa evoluzione, l'adesione alla legge della procreazione dovrebbe essere un principio imperativo specialmente per coloro che, spiritualmente, sono i "portavoce" di Dio, ma quasi tutti i grandi iniziati, mistici e santi, hanno rinunciato a procreare (almeno dopo la loro conversione).

Ma come conciliare la fede in Dio con il vegetarismo? Contrariamente all'inesorabile e crudele legge naturale, tutti i grandi illuminati hanno sempre affermato e ribadito, e ribadiscono, la bontà di Dio verso le sue creature. L'essere umano è la sola specie che può sottrarsi deliberatamente alla legge della violenza naturale, che può scegliere di non causare sofferenza e morte ad altri esseri viventi: la nostra conformazione fisica dimostra che non siamo strutturati per vivere uccidendo, né abbiamo lo stomaco o gli intestini adatti a nutrirci di altri animali come i carnivori. In sostanza l'uomo è un essere disarmato, privo di armi di attacco e di difesa naturali, quindi un essere strutturato per essere pacifico e vegano: e questo si trova in sintonia con la mia scelta vegana e la mia fede nella possibilità di progredire lungo il piano evolutivo (possibilità che avrei potuto non avere).

Se un giorno la violenza tra gli umani dovesse cessare resterebbe di inaccettabile solo la violenza tra gli animali in natura. Ma a quel punto l'uomo avrebbe diritto di impedire al leone di uccidere la gazzella per nutrirsi? Io credo che il compito dell'uomo non sia solo instaurare la nonviolenza tra i suoi simili ma anche estenderla nella creazione. Cioè, un giorno lontanissimo l'evoluzione morale e spirituale umana potrebbe spingere l'uomo a evitare che almeno i grandi carnivori, con i quali può interagire, uccidano per nutrirsi, magari dando loro da mangiare altri animali morti di morte naturale. Ma questo forse è solo un'utopia. Ma chissà, a volte le utopie...

Religione e mancanza di senso critico

Il contrasto verbale ed ideologico che spesso sorge tra il libero pensatore e il devoto di una qualunque religione è che il primo non accetta come veritieri tutti gli enunciati dei testi religiosi, oppure considera le scritture come prescrizioni da adattare al continuo mutare delle esigenze morali, storiche e spirituali della gente; mentre il secondo ritiene le Scritture verità immutabili nel tempo. Il quesito è: se le dottrine sono soggette al mutare degli eventi, quali aspetti possono essere modificati, ampliati? Se invece si accetta fideisticamente che siano inalterabili le leggi e le regole, come giustificare le molte innovazioni apportate nel tempo, ad esempio, nella dottrina cattolica? Come le seguenti.

La preghiera per i morti e il segno della croce furono adottati ufficialmente intorno al 500 dopo Cristo.

Il termine Papa, che significa padre, entra in vigore nel 610.

L'adorazione della croce, delle immagini e delle reliquie fu adottata nel 787.

Il celibato dei preti fu imposto da Gregorio VII nell'anno 1074.

La confessione auricolare fu istituita da papa Innocenzo III durante il Concilio Laterano del 1215.

Il battesimo per aspersione divenne legale con il Concilio di Ravenna nell'anno 1311.

I 7 Sacramenti furono sanciti dal concilio di Firenze nel 1439.

Il Credo Cattolico fu istituito da Pio IV nel 1560.

Il dogma dell'infallibilità del Papa fu proclamato da Pio IX nel 1870.

Ma oltre a queste molte sono state le cose superate.

L'Inquisizione, che fu istituita dal concilio di Verona nel 1184.

L'uso della tortura, permessa da Innocenzo IV (1243-1254) con la bolla "Extirpanda".

La schiavitù, legittimata da Niccolò V (1447-1455) con la bolla "Divino Amore community".

Le Indulgenze, che furono concesse per la prima volta nell'850 da Papa Leone IV: la vendita delle stesse iniziò nel 1190 e durò fino all'epoca della Riforma.

Il divieto di lettura della Bibbia, che era proibita al popolo fin dal Concilio di Tolosa del 1229.

E ancora, le cose superate dell'Antico Testamento.

"*Colui che percuote suo padre o sua madre sia messo a morte*" (Esodo 21,15).

"*Colui che maledice suo padre o sua madre sarà messo a morte*" (Esodo 21,17).

"*Non lascerai vivere colei che pratica la magia*" (Esodo 22,17).

"*Chiunque farà un lavoro di sabato sarà messo a morte*" (Esodo 31,15).

"*Non vi taglierete i capelli in tondo ai lati del capo, né raserete i lati delle vostre barbe*" (Levitico 19,27)

"*Se uno commette adulterio con la moglie del prossimo, l'adultero e l'adultera dovranno essere messi a morte*" (Levitico 20,10).

"*Se uno ha rapporti con un uomo come con una donna, tutti e due dovranno essere messi a morte*" (Levitico 20,13).

"*Se uno ha rapporto con una donna durante le sue regole, tutti e due saranno eliminati dal loro popolo*" (Levitico 20,18).

"*Chi bestemmia il nome del Signore dovrà essere messo a morte: tutta la comunità lo dovrà lapidare*" (Levitico 24,16).

"*La donna non si metterà un indumento da uomo, né l'uomo indosserà una veste: perché chiunque fa tali cose è in abominio al Signore*" (Deuteronomio 22,5).

"*Se un uomo avrà un figlio testardo e ribelle che non obbedisce alla voce né di suo padre né di sua madre... allora tutti gli uomini della sua città lo lapideranno ed egli morirà*" (Deuteronomio 21,18-21).

Se molte innovazioni sono state apportate e molte prescrizioni sono state superate, perché non superare anche l'ingiusta, crudele e sanguinaria usanza di mangiare animali? Probabilmente per il semplice fatto che il massacro di 100 miliardi ogni anno di esseri senzienti, urlanti, piangenti per la stragrande maggioranza dei religiosi non esiste come problema.

Diverse centinaia di piccoli satelliti sono nati dalla religione cristiana; oggi se ne contano ben 30000 diverse denominazioni. Ognuna di queste è profondamente convinta che solo la sua visione è la più giusta, la più vicina al pensiero di Gesù. Cercare di dialogare con alcuni fedeli di certe comunità religiose a volte è impresa ardua. Chi ha ragione? Certo ognuno segue il sentiero religioso che più sente in sintonia con le proprie aspettative. In questo caso l'individuo adatta l'oggetto di riferimento a se stesso piuttosto che adattare se stesso all'ideale superiore. Cioè, se la dottrina della propria religione prescrivesse (per assurdo) che i fedeli dovessero tagliarsi una mano a testimonianza della loro fede, accetterebbero? Oppure metterebbero in moto il loro senso critico? Se la logica di Dio mi porta alla guerra io ho il dovere di disobbedire? Se Dio autorizza l'uccisione degli animali non dimostra forse di disprezzare la sua stessa opera ed essere in antitesi con se stesso?

Se Dio ci ha dato un cervello è segno che vuole che lo facciamo funzionare; allo stesso modo se ci ha dato una coscienza lo scopo è quello di cercare di ampliare la sfera della nostra compassione. La vera logica però è solo quella che non è di parte: è quella che ha una visione universalista il cui intento è il bene e l'evoluzione di tutte le cose (altrimenti Dio perché le avrebbe create)? Trincerarsi dietro una visione parziale significa escludere dal proprio orizzonte tutto il resto e soprattutto negare l'inevitabile interazione ed evoluzione cui sono soggette per legge universale tutte le cose, compresi il pensiero, la sensibilità umana, il senso di giustizia, il rispetto verso l'altro, l'intrinseco valore delle diversità, la sacralità della vita in qualunque forma fisica si manifesti.

Chi volesse attenersi strettamente alle parole del suo Profeta o del suo Iniziato dovrebbe avere la coerenza di applicare integralmente il suo insegnamento, e non solo a quella parte di esso che è conforme alle sue personali convinzioni o ciò che gli torna comodo, senza cercare patetiche scappatoie con la solita solfa che l'essere umano è debole e imperfetto. Se fossimo nati in Cina seguiremmo con lo stesso ardore la dottrina del Tao? Se in India l'induismo? Se in Iran lo zoroastrismo? Se nel Tibet il buddismo? Il luteranesimo, il calvinismo e così via?

Ciò che la stragrande maggioranza dei religiosi spesso si rifiuta di comprendere è che nulla di ciò che è stato scritto o detto dai profeti è valido in eterno: se così fosse nulla potrebbe evolvere. Per ogni cosa c'è un tempo stabilito. I dettami e le regole spirituali o religiose vengono prescritti per quella particolare popolazione nel suo particolare contesto storico, culturale, morale e spirituale; diversamente sarebbe come parlare di meccanica quantistica ad un popolo indigeno. I Profeti hanno gettato il seme, ma guai a concentrarsi sul seme dimenticando che deve diventare pianta e dare i suoi frutti.

Se fare la volontà di Dio contraddice la logica del bene universale, allora ho il dovere di disobbedire alla regola. Anche se, come si dice, la mia logica può non coincidere con la logica di Dio. Ma se le leggi sono fatte per l'uomo e per il creato non devono forse tornare a loro beneficio?

Il fondamento della fede nelle religioni monoteiste è credere nella parola rivelata: chi crede si salva; chi non crede è condannato. Questa politica di accettazione passiva di credere in ciò che ad altri è stato rivelato genera sonnolenza nella parte creativa dell'uomo, fiacca il pensiero e preclude l'autodeterminazione. Credere passivamente nel dogma libera dall'impegno di dover ragionare. Questo delegare ad altri ciò che riguarda la nostra vita, il prendere a scatola chiusa ciò che non si comprende né magari si condivide, parte dal presupposto che io, uomo qualunque, non sono in grado di distinguere ciò che è bene per me stesso da ciò che mi danneggia fino al punto che altri sono autorizzati a impormelo "per il mio bene" (come è successo in passato e succede anche oggi in alcune religioni estremiste). Molti infatti sono stati sterminati per aver osato mettere in dubbio la parola rivelata, ma un fatto è credere in Dio e un altro è credere in ciò che è stato scritto o interpretato dall'uomo. Io considero dannoso dover accettare per fede ciò che la mente rifiuta per mancanza di logica.

La chiesa cattolica allergica agli animali

Le poche voci in difesa degli animali e dell'ambiente restano sempre lettera morta

Negli attuali allarmanti scenari previsti a causa dei cambiamenti climatici, nel crescere dell'inquinamento e nella distruzione della natura, non vi è organismo, ente, corporazione, movimento che non esprima le sue vibranti preoccupazioni. Il solo organismo che sembra tutt'altro che preoccupato è la Chiesa Cattolica, la quale per mezzo del suo attuale pontefice si limita a suggerire politiche intese a conciliare le uccisioni e i maltrattamenti inflitti dall'uomo con la protezione dell'ambiente. Per la Chiesa gli animali e la natura sono gli ultimi dei problemi, come se la Vita stessa non dipendesse dalla biodiversità. Se la Chiesa non interviene a detronizzare l'uomo dal centro dell'universo tra non molto non ci saranno anime da salvare.

In ben 4 Concili, in passato, la Chiesa Cattolica ha sentito la necessità di ribadire **l'obbligo per il clero di mangiare la carne** pena la scomunica e la destituzione dei pubblici ministeri se qualcuno se ne fosse astenuto non per mortificazione personale ma per rispetto agli animali: concili di Ankara (314), Gangrense (324), Braga (577) e Aquisgrana (816).

Un po' di cronistoria recente

"***L'anticristo sarà un convinto spiritualista, un ammirevole filantropo, un pacifista impegnato e solerte, un vegetariano osservante, un animalista determinato e attivo***". Queste parole, del filosofo russo Solovev, vengono citate dal cardinale Giacomo Biffi durante il Convegno del 14 marzo 2000 organizzato a Bologna dalla Fondazione Russa Cristiana. Tali parole vengono espresse nuovamente il 27 febbraio 2007 dall'Arcivescovo di Bologna che, sempre citando l'opera di Solovev, ricorda al Pontefice e alla Curia Romana che ***"l'anticristo si presenta come pacifista, ecologista ed ecumenista".***

Il vescovo di Orvieto Lucio Grandoni nel mese di Maggio 2003, in una telefonata di un animalista che protestava civilmente contro il sacrificio della colomba per la Pentecoste ha detto: ***"Io gli animalisti li metterei tutti al muro, o al forno".***

Monsignor Caffara in un'omelia nella Clinica Veterinaria dell'Università di Bologna il 28 Gennaio 2005 ha detto quanto segue:

"Il primo punto sul quale vorrei attirare la vostra attenzione è l'affermazione della ***essenziale diversità*** *dell'uomo dall'animale, che fonda* ***una superiorità ontologica ed assiologica del primo nei confronti dell'altro.*** *È il «principio-persona», vera colonna portante della nostra visione della realtà. Essere persona umana* ***è più*** *che essere animale; essere persona umana* ***è meglio*** *che essere animale. La persona è dotata di una preziosità che l'animale non possiede. L'uomo, non l'animale, è pertanto «a immagine e somiglianza di Dio».*

La superiorità ontologica e assiologica dell'uomo nei confronti dell'animale fonda il rapporto di ***dominio*** *nei confronti dell'animale da parte dell'uomo, il che equivale al rapporto di* ***uso****. La natura, e in essa l'animale, non ha in sé nulla di sacro o di divino. Dominio/uso significa dunque un vero potere che l'uomo ha nei confronti dell'animale in ordine a scopi che egli si prefigge: «Tutto hai posto sotto i suoi piedi; tutti i greggi e gli armenti, tutte le bestie della campagna». Dominio/uso non significa che la natura e in essa l'animale sia a totale disposizione dell'uomo... è nell'obbedienza al Creatore che l'uomo esercita il suo dominio su tutto il creato.*

Lo "sposalizio" fra tecnica e natura è la via da percorrere per evitare sia il fossato di una riduzione dell'uomo alla natura sia di cadere nel fossato di una dominazione violenta a cui cioè non ha diritto, dell'uomo sulla natura e sull'animale... Esistono doveri-diritti reciproci fra le persone; non esiste una correlazione del genere fra la persona e l'animale. L'animale non ha diritti. Il diritto infatti sussiste sempre all'interno di una ***relazione*** *fra l'uomo che possiede quella facoltà e gli altri che la devono rispettare. Ciò non significa che il dominio/uso dell'uomo non abbia limiti obiettivi. I limiti sono fondati sulla natura* *ragionevole dell'uomo; ciò che l'uomo deve a se stesso è di agire ragionevolmente quando si rapporta all'animale. Comportamenti di obiettiva crudeltà verso l'animale non sono indegni dell'animale (solo la persona ha una dignità), ma sono indegni dell'uomo che li pone in essere. Comportamenti di equiparazione dell'animale all'uomo non sono segno di rispetto all'animale (solo la persona merita rispetto), ma sono un atto di ingiustizia verso l'uomo perché lo degradano dalla sua regale dignità*".

Le dichiarazioni apprezzabili ma in contraddizione

Nel lontano 1981 così scrivevano i vescovi tedeschi. "*Solo nella solidarietà con il resto della creazione, solo nel comportamento responsabile verso il mondo degli animali, delle piante e delle cose, l'uomo può a lungo andare vivere come signore della creazione senza diventare schiavo delle sue manie di grandezza. Le chiese si sottraggono alle premesse per tutti gli esperimenti che hanno come vittime gli animali. Inoltre occorre spiegare che incoraggiando diete a maggior carattere vegetale si risparmierebbe la vita a tanti animali e si ottimizzerebbe l'energia solare rendendo sufficiente il cibo per tutta l'umanità. Infatti la trasformazione dei valori nutrizionali dal vegetale all'animale comporta tanti e tali sprechi che le proteine nobili divengono un peso deficitario per il genere umano*".

Nello stesso anno, il 12 Ottobre 1981, in un messaggio al popolo brasiliano trasmesso in cento lingue, il Papa **Giovanni Paolo II** nell'Enciclica "Laborem Exercens" ribadisce l'infausto concetto biblico: ***"L'uomo ha la missione, il dovere, la facoltà piena di soggiogare la terra"***. Per fortuna le sue successive dichiarazioni contengono una blanda inversione di posizione e l'11 novembre 1981 dice: "*Esprimo il mio incoraggiamento nell'opera per la salvaguardia del patrimonio della natura e per la protezione degli animali nostri fratelli più piccoli*". E il 12 Marzo del 1999 inoltra richiesta ai governanti di "*Un esame di coscienza sui peccati contro l'ambiente naturale*". Successivamente nell'udienza del 17 Gennaio 2001 così dice: "*Soprattutto nel nostro tempo l'uomo ha devastato senza esitazioni pianure e valli boscose, inquinato acque, deformato l'habitat della terra, reso irrespirabile l'aria, sconvolto i sistemi idro-geologici e atmosferici,* *desertificato spazi verdeggianti, compiuto forme di industrializzazione selvaggia"*. E nell'Agosto del 2002 da Johannesburg rivolge ai capi di stato e di governo presenti un invito a trovare vie efficaci per uno sviluppo umano integrale, tenendo conto delle dimensione economica, sociale e ambientale.

Nel giugno del 2002 da Venezia arriva una dichiarazione firmata da Giovanni Paolo II e del patriarca Bartolomeo sul tema: "Religione, scienza e ambiente, per il bene di tutti gli esseri umani e la protezione del creato". "*Occorre educare le persone a una consapevolezza ecologica, occorre un atto di pentimento da parte nostra. Il problema non è meramente economico e tecnologico, ma di ordine morale e spirituale. Occorre trovare una soluzione che possa indurci a cambiare il nostro stile di vita e i nostri insostenibili modelli di consumo. Occorre una nuova cultura che si ispiri a un comportamento etico nei confronti dell'ambiente. Che sottolinei l'interdipendenza e i principi di solidarietà universale"*.

Nella quarta consultazione delle Conferenze Episcopali Europee sul tema: "Lavoro e responsabilità verso il creato", svoltasi a Venezia nel maggio del 2002, tra l'altro si dice: "*...L'attuale sistema economico non è sostenibile e ciò causa conseguenze negative alla salute umana. Questo stato di cose richiede un cambiamento profondo dei valori di riferimento economici e culturali e del rapporto con la natura"*.

Il Professor Don Karl Golser, sul tema "Responsabilità per il creato, un impegno per i cristiani", nel Febbraio 2001 a Roma, dice: "*Un'ecologia umana che renda più dignitosa l'esistenza delle creature, proteggendone il bene radicale della vita in tutte le sue manifestazioni"*. A Marzo del 2002 il Professor Golser interviene ancora sul tema "Il creato e la liturgia". In tale assemblea ecumenica a Basilea era stato proposto che si realizzasse ogni anno una settimana ecumenica per la giustizia, la pace e la salvaguardia del creato. E il patriarca di Costantinopoli Dimitrios aveva proposto si celebrasse ogni anno la "Giornata per il creato", e a tale scopo veniva accolta in Svizzera, dall'Associazione Ecumenica Chiese e Ambiente, la proposta di un tema per ogni anno: nel 1993 "Più energia". Nel 1994 "L'animale e noi". Nel 1998 "Santa biodiversità". Nel 2000 "Fratello Sole". Nel 2002 "L'aria e la vita". Il Professor Gosler individua una doppia pista circa la salvaguardia dell'ambiente: quella biblico-teologica, che interpreta il dominio della Terra che Dio ha affidato all'uomo come impegno di responsabilità e custodia, e quella etica in cui si evidenzia il nesso tra l'agire umano e l'integrità del creato.

In Australia è stata costituita nel 1992 l'Associazione "Responsabilità per il creato". In Germania quella "Agire per il futuro della creazione". In Ungheria sono stati elaborati per le scuole programmi per l'educazione al rispetto per la natura. In Belgio, Spagna, Portogallo, Svizzera e Slovacchia il tema mette al primo posto la responsabilità umana verso il creato.

Nell'Assemblea Ecumenica Europea a Graz nel 1997 si ribadisce la necessità della consapevolezza della responsabilità verso il creato. "*La creazione deve essere vista come l'opera di Dio Trinitario. Ciò conferisce alla creazione stessa una dimensione sacramentale, poiché Dio stesso è presente in lei...* ***Tutte le creature sono in Dio e Dio è in loro... per questo è necessario riconoscere la dignità intrinseca di ogni creatura, e avere una particolare solidarietà con tutte le creature che soffrono"***. Nella stessa Assemblea viene raccomandato alle chiese di promuovere la salvaguardia del creato, quale parte integrante della vita della Chiesa a tutti i suoi livelli, e di organizzare una rete europea di responsabilità verso l'ambiente.

Come si può dedurre, le poche voci a difesa degli animali e dell'ambiente nel seno della Chiesa Cattolica non si traducono mai in fatti concreti. Si è mai sentito il Papa che nell'omelia domenicale in Piazza San Pietro inviti i fedeli a rispettare gli animali? O che qualunque prete durante la messa domenicale ricordi ai cristiani che l'amore di Cristo deve essere esteso a tutte le creature viventi e a tutelare la natura? I bei proclami servono solo a scagionare le proprie responsabilità nei confronti dei danni che anche la Chiesa ha contribuito a determinare con la visione antropocentrica della vita, che sta portando il pianeta al collasso di interi ecosistemi.

Nel dicembre 2003 nella Basilica di San Giovanni in Laterano Monsignor Angelo Scola, patriarca di Venezia, in un simposio tenuto apposta per ribadire la centralità dell'uomo nel creato, tra le altre cose ha detto: ***"L'antropocentrismo e il cristianesimo stanno insieme o cadono insieme"***. E che importa se in nome di questo principio le foreste stanno scomparendo, se migliaia di specie animali sono in estinzione, se l'aria è irrespirabile, se la terra, i mari, i fiumi, i laghi sono avvelenati, se milioni di persone muoiono di fame a causa delle monoculture imposte dalle multinazionali alle popolazioni del Terzo Mondo, se l'umanità è in preda ad un'epidemia di malattie croniche dovuta ad un'alimentazione innaturale? L'importante è che l'uomo non perda la sua centralità: ***"L'antropocentrismo e il cristianesimo stanno insieme o cadono insieme"***. E che dire del nuovo Catechismo Universale, nel quale si ribadisce la legittimità che l'uomo sperimenti sugli animali e si serva di essi per il nutrimento, la confezione dei vestiti e ogni altro proprio bisogno o piacere? Niente come l'abitudine del mangiar carne contribuisce alla distruzione del pianeta, e risulta che (come diceva Frederich Nietzsche) i preti siano grandi mangiatori di bistecche.

Non basta dire *"la Chiesa ha denunciato il dissennato sfruttamento della natura"* se poi essa insegna a considerare gli animali e la natura come oggetti ad uso e consumo dell'uomo. Se l'uomo si è rivelato sfruttatore insensibile e ingiusto rapace la colpa è anche o soprattutto della Chiesa, che non ha saputo, mediante il giusto esempio, rendere gli uomini saggi amministratori dell'eredità di Dio. Quando Giovanni Paolo II nel 1993 affermava *"Chi deturpa l'ambiente dovrà fare i conti con il tribunale di Dio"*, forse intuiva che tra i primi a essere giudicati e forse condannati saranno proprio quelli del clero.

Il peccato di crudeltà non contemplato dalla Chiesa

Il pensiero di Gesù Cristo appare tutto imperniato sulla conversione del cuore della gente. Dal cuore infatti nasce ogni azione buona e lodevole come ogni fatto biasimevole ed ogni azione malvagia. La bontà d'animo, la compassione, la misericordia, la capacità di condividere l'altrui condizione (non solo nei riguardi dell'essere umano ma di ogni creatura in grado di soffrire) sono il fulcro del messaggio evangelico. E in effetti si ama veramente solo quando l'amore si estrinseca non solo nei 360 gradi di un piano, ma in modo sferico, superando le discriminazioni di casta, di sesso, di religione, di specie, altrimenti l'amore è mutilato oppure è solo l'espressione di un egoismo mascherato.

Quindi la bontà del cuore è agli antipodi della cattiveria e della crudeltà d'animo. Ebbene, io mi chiedo, come mai tra i 7 peccati capitali (accidia, lussuria, avarizia, gola, invidia, gelosia e superbia) la religione cattolica non contempla esplicitamente anche la crudeltà come peccato capitale, dal momento che questo è il peggiore di tutti i mali e più di tutti gli altri messi assieme è la causa di ogni crimine e di ogni sventura umana?

L'ANTROPOCENTRISMO RENDE L'UOMO PEGGIORE

I buoni propositi persuasivi dei filosofi e pensatori più o meno contemporanei che operano in favore degli animali svaniscono davanti alla convinzione comune che in natura il più forte domina sul più debole e che solo l'uomo è fatto ad immagine di Dio.

Il filosofo Jeremy Bentham per la prima volta parla nel Diciottesimo Secolo di diritti animali e concentra la sua tesi sull'assioma che la sofferenza è condizione sufficiente per avere il diritto al rispetto. Per Peter Singer, filosofo australiano contemporaneo, il problema non si pone in termini di compassione, pietà o sentimento, ma di giustizia. Un essere vivente ha tanto più valore quanto più è in grado di percepire dolore. Più incisivo è il pensiero di James Rachels, che chiede l'estensione a livello universale del contenuto evangelico "Non fare ad altri ciò che non vorresti ti fosse fatto", sostenendo che basterebbe solo questo a risolvere ogni problema. Mentre la posizione del filosofo statunitense Tom Regan punta essenzialmente sul valore intrinseco della vita: "*È l'appartenenza alla folla dei viventi che rende ogni essere portatore di diritti, non la capacità di soffrire; altrimenti avremmo dei doveri verso i fili d'erba, le patate o le cellule tumorali*".

L'ostacolo a mio avviso sta nell'indifferenza comune verso il problema degli animali e nell'intima convinzione che l'animale sia un essere inferiore, che abbia un'intelligenza ed un sentire limitato e che l'uomo sia un essere superiore con il diritto naturale a disporre di ogni altra specie.

Sotto l'aspetto antropocentrico il danno principale viene dalla Bibbia, secondo la quale Dio soffia nelle narici solo dell'uomo, non dell'animale, per renderlo un essere vivente. Questa concezione fa comodo a chi non si cura di sapere se i testi biblici rispecchino realmente la volontà di Dio. Genesi fu scritta da un uomo e in nessuna parte è indicato che fu scritta su dettatura o ispirazione diretta da Dio.

Ma alla gente fa più comodo supporre che sia vera, piuttosto che interrogare la propria coscienza e rinunciare a uno dei piaceri fondamentali della loro vita, quello della bistecca.

Ora noi potremmo disquisire all'infinito sulle opposte posizioni per cercare di dimostrare teoricamente o scientificamente la validità o l'assurdità di ognuna delle posizioni. Ma senza scomodare la Bibbia o i grandi filosofi, e facendo uso del buon senso, della logica e prendendo spunto dalla realtà inconfutabile dei fatti, ci accorgiamo che tutto ciò che è nell'uomo (compreso l'"io sono") è presente, in differenti livelli, in ogni essere vivente. L'intelligenza, il sentimento, la morale non sono qualità che o si hanno per intero o non si possiedono affatto.

C'è un tempo per ogni cosa. Genesi fu scritta nei tempi più bui della civiltà e della coscienza umana: tempi di olocausti, di incesti, di schiavitù, di sacrifici umani. Considerare estensibili ai nostri tempi certe concezioni di certi libri della Bibbia è quanto di più involutivo, retrogrado, fuorviante e lesivo si possa immaginare.

Il problema della violenza sugli animali confluisce nella dimostrazione che la visione antropocentrica preclude l'evoluzione civile, morale e spirituale dell'essere umano; nella dimostrazione che la mancanza di rispetto verso gli animali si traduce inesorabilmente in danno della coscienza collettiva, e che quel danno è la causa diretta non solo della violenza tra gli uomini, ma anche delle malattie, della distruzione dell'ambiente, della fame nel mondo e di tutte le guerre che ne derivano.

Finché l'essere umano avrà una coscienza in grado di giustificare il sistematico massacro di miliardi di animali nei campi di sterminio/mattatoi, di giustificare una collettività nella quale una sparuta minoranza violenta, schiavizza, tortura e massacra il 90% dei suoi componenti naturali, esso non potrà essere in grado di realizzare un mondo migliore, perché il disprezzo del dolore e della vita dell'animale inclina inevitabilmente l'uomo al disprezzo della vita in senso lato e a giustificare la legge della supremazia del più forte sul più debole. Quindi tutto si concentra sulla necessità di una nuova coscienza umana più giusta e sensibile e su un maggiore senso critico da parte della gente.

Questa nuova posizione non deve nascere dal vantaggio più immediato (e illusorio) che l'uomo possa ricavare, ma dalla consapevolezza che tutte le cose sono intimamente legate tra loro, tanto che non è possibile raggiungere la pace e l'armonia in un contesto che soffre e muore a causa dell'irresponsabile e predace comportamento di una delle parti dell'unico organismo vivente che è la Terra.

Gli animali hanno un'anima?

Quando il sostantivo definisce il contenuto

Qualche anno fa, e precisamente il 4 Gennaio 2008, in un'omelia nella Cappella Sistina il Papa attuale ha sentito la necessità di ribadire la preminenza dell'uomo sul creato, dicendo che gli esseri umani hanno la prospettiva dell'immortalità mentre gli animali con la morte fisica sono destinati a svanire nel nulla: "*Nelle altre creature* (gli animali) *che non sono chiamate all'eternità, la morte significa soltanto la fine dell'esistenza sulla terra*". Gottfried Wilhelm Von Leibnitz, filosofo e matematico tedesco (1646-1716), su questo tema dice: "*Io credo che le anime degli animali siano imperiture. L'idea che Dio annienti l'anima dell'animale non ha alcun fondamento né logico né teologico*".

Nell'ambito del Giudaismo, dice il Libro dei Misteri di Enoch che in uno dei suoi viaggi celesti Enoch arriva in un cielo nel quale le anime degli animali accusano gli esseri umani davanti al tribunale dei morti. "*Tutte le anime degli animali, nella grande èra, hanno un posto per loro, un grande recinto, un grande pascolo nel cielo. Poiché l'anima degli animali che il Signore ha creato non sarà annientata nella morte fino al giorno del Giudizio: da lì tutte le anime accusano l'uomo.*"

Sempre nel Giudaismo il Libro della Figura, uno dei libri più alti del misticismo ebraico, così dice riguardo alla crudele macellazione delle bestie: "*Non arrechiamo danno agli animali affinché la loro anima non gridi contro di noi, poiché l'anima è il sangue, l'anima di ogni carne è nel sangue*".

Non so su quali basi Benedetto XVI affermi che gli animali siano privi di anima. Però essendo questo Papa un eminente teologo avrà tratto sicuramente dai testi biblici tale assunto, anche se nella Bibbia il sostantivo "pneuma" viene usato indifferentemente per indicare sia lo spirito degli uomini che quello degli animali.

A tal proposito riporto alcuni riferimenti tratti appunto dalla Bibbia.

"*Poiché il tuo* **spirito** *incorruttibile è in tutte le cose*" (Sapienza 12,1).

"*Egli ha in mano* ***l'anima*** *di ogni vivente ed il soffio di ogni carne umana*" (Giobbe 12,10).

"*Se Egli non pensasse che a se stesso e ritirasse a sé il suo* ***spirito*** *ed il suo respiro, morirebbe all'istante ogni creatura e l'uomo ritornerebbe in polvere*" (Giobbe 34,14).

"*Dio, Dio degli* ***spiriti*** *di ogni essere vivente*" (Numeri 16,22).

"*Tutte le hai fatte con sapienza, è piena la Terra delle tue creature... mandi il tuo* ***Spirito*** *ed esse sono create, e rinnovi così la faccia della Terra*" (Salmi 103,24-30).

San Bernardo parla dei 4 generi di **spirito**: di Dio, dell'Angelo, dell'Uomo, dell'Animale.

Pure San Giovanni Crisostomo parla dell'immortalità **dell'anima** degli animali.

Di Giustino Martire si riporta quanto segue: "*Tutte le* ***anime****, domandò allora, discendono indifferentemente in ogni essere vivente, o l'anima dell'uomo differisce da quella del cavallo o dell'asino? No, sono tutte identiche in tutti, rispose.*"

Anche altre dottrine trattano il problema dell'anima degli animali, come qui di seguito indicato.

Nella **Gnosi** della Siria del Quarto Secolo viene riportata la rivelazione **sull'origine delle anime degli uomini e degli animali**, plasmate nei cieli dalle gerarchie angeliche.

Così si esprime la Filosofia **Ermetica** degli Alchimisti del Tredicesimo e del Quattordicesimo Secolo. "*Il fuoco elementare di cui voi dubitate è l'anima. È in tutte le cose che hanno spirito e anima,* ***in tutti gli animali volanti e terrestri e nei vegetali"***.

Anche nell'antico Egitto si crede nell'esistenza **dell'anima** degli animali e si crede che l'uomo ha dei doveri verso di essi.

Per Aristotele l'anima è la forma dell'essere vivente, è il principio vitale che determina la struttura e il movimento. Aristotele stabilisce una gerarchia di anime a seconda delle funzioni delle classi a cui appartengono, dai meno perfetti ai più perfetti: **l'anima** vegetale, quella sensitiva e quella intellettiva.

Giordano Bruno, filosofo e scrittore italiano (1548-1600). "*Vi è una differenza di quantità, non di qualità tra **l'anima** dell'uomo, quella dell'animale e quella delle piante*".

Pierre Bayle, filosofo francese, calvinista (1647-1706). "*Nemmeno i filosofi della Scolastica sono in grado di produrre le prove che gli animali siano privi di **anima** o che gli uomini siano di natura diversa da quella degli animali. Aristotele e Cicerone all'età di un anno non avevano pensieri più sublimi di quelli di un cane. Altrimenti l'anima del bambino è diversa di quella di un adulto.*"

Plutarco, filosofo greco (45-125). "*Per un pezzetto di carne togliamo **l'anima** agli animali e li priviamo della luce del Sole e della vita.*"

Pitagora e Anassagora sostenevano che le **anime** degli animali erano imperiture. Ugualmente affermava Orfeo: "*Come voi hanno un'anima*"; Talete: "*Tutte le cose sono animate*"; similmente Empedocle, gli Stoici, Zarathustra... Ermete Trismegisto: "*Poiché gli animali hanno un'anima essi hanno un posto nell'altra vita con Dio*".

Versetto musulmano: "*Godremo, nei regni del cielo, la beatitudine dell'eterno amore quando l'uomo, libero da affanni e pene, abiterà in cielo con uccelli e fiere*".

Nel Medioevo i viaggiatori del Paradiso, i mistici che con visioni viaggiavano verso di esso, videro sempre un Eden ricchissimo di animali di ogni specie.

Io non sono un teologo, ma forse questo può essere un vantaggio perché senza condizionamenti mentali posso fare le mie osservazioni affidandomi al buon senso e alla logica.

Primo punto. Se solo gli esseri umani sono in possesso dell'anima, questa dovrebbe manifestarsi in attitudini che gli animali non hanno. Ma la realtà conferma che non esiste attitudine umana totalmente assente negli animali; esiste una differenza di grado, non di sostanza. E se c'è solo una differenza di grado, a che livello è consentito all'anima di manifestarsi?

L'intelligenza è presente nell'uomo come nell'animale e non può essere il suo livello a sancire la presenza dell'anima, altrimenti moltissimi esseri umani ne sarebbero privi.

Analogamente il **sentimento**, a seconda dei soggetti, è presente nell'uomo come nell'animale. E non può essere il livello più o meno alto o profondo a giustificare la presenza dell'anima.

Per non parlare della **percezione** del dolore, dell'angoscia, della gelosia, della tristezza e di tante altre qualità presenti nell'uomo come nell'animale. Insomma la logica ci dice che l'anima o ce l'hanno tutti gli esseri animati o non ce l'ha nessuno.

Secondo punto. La convinzione che gli animali siano privi di anima è abbastanza diffusa tra gli umani, indipendentemente dalle motivazioni antropocentriche delle religioni monoteiste; ma questo è solo un patetico pretesto per strumentalizzare, oggettivizzare e schiavizzare gli animali senza andare incontro a doveri, sanzioni giuridiche, sensi di colpa o alla paura di dover scontare nell'aldilà la colpa del loro dolore e della loro uccisione.

Solo dalla superbia può nascere la presunzione che l'anima sia prerogativa degli umani

Per rispondere alla domanda se esista o no l'anima bisognerebbe non essere più di questo mondo. Ma volendo far uso del buon senso e della logica, nonché di ciò che hanno già detto molti filosofi in tal senso, occorre prima capire che cosa si intende per anima. L'anima dovrebbe essere un'entità immateriale, dalle sembianze più o meno analoghe a quelle del corpo, che sopravviva dopo la morte fisica. Sotto l'aspetto scientifico questa definizione potrebbe essere vera dal momento che, come afferma la fisica, nulla si crea e nulla si distrugge ma tutto si trasforma. E se questo è valido per la materia, potrebbe esserlo anche per la sua componente energetica, dal momento che la materia altro non è che energia condensata.

La concezione spiritualistica dell'anima come sostanza immateriale distinta dal corpo fu espressa per la prima volta da Platone e dai neoplatonici, i primi a porsi il problema dell'origine dell'anima, che per loro ha carattere divino e deriva dall'Uno, cioè Dio, in un processo di emanazione.

Credo che tutto ciò che esiste sia, in un certo senso, eterno e che la componente energetica animante di ogni essere passi, dopo la morte corporea, dà vita a vita in organismi sempre più evoluti per proseguire il suo cammino evolutivo. Questo concetto si ritrova negli antichi libri dei Veda, che riconoscono l'anima ad ogni creatura, dotata della stessa dignità umana con la medesima possibilità di raggiungere altissimi livelli di spiritualità, indipendentemente dal corpo in cui risiede. Per i Veda tutti gli esseri viventi sono spiritualmente uguali, perché tutti nascono dalla stessa sostanza. Ma Erodoto afferma che gli Egizi per primi affermarono l'immortalità dell'anima e che questa trasmigri attraverso tutti gli esseri prima di incarnarsi in un corpo umano, (più tardi anche Leibnitz sostenne che le anime degli animali siano imperiture).

Pitagora porta alle estreme conseguenze il concetto secondo la dottrina della metempsicosi, affermando che uccidendo un animale può accadere di uccidere il proprio stesso padre. Empedocle riteneva che negli animali s'incarnassero le anime degli uomini. Anche per Platone una sola anima passa attraverso una pluralità di vite e di corpi. Plutarco scrisse un'esauriente opera circa la somiglianza dell'uomo con gli animali. Mentre per Aristotele non solo gli animali ma anche le piante posseggono un'anima, principio e causa del corpo vivente, sostanza reale e sorgente di movimento. E Lucrezio diceva che gli uomini sono differenti dagli animali solo nella forma fisica. D'altronde come potrebbe essere diversamente? Ci sono inconfutabili analogie fisiologiche e neurologiche tra noi e gli animali e, anche a livello scientifico, i grandi primati sono simili a noi per il 98% dei geni.

Dato che non è possibile individuare una netta demarcazione tra i regni minerale, vegetale ed animale, perché una catena biologica ininterrotta lega tutti gli esseri al punto che alcune componenti del regno minerale risultano più evolute di altre del regno vegetale, così come alcuni organismi del regno animale risultano meno evoluti di altri del regno vegetale, se ne deduce che, come affermava lo stesso Talete, tutte le cose sono animate, oppure, aggiungo io, non lo è nessuna. E siccome l'uomo attuale è frutto dell'evoluzione biologica (non apparso all'improvviso dal nulla), quando fu dotato di anima? Quando era homo sapiens, homo herectus, homo habilis, australopiteco o quando ancora era una scimmia antropoide?

Ma da dove nasce il concetto più o meno diffuso che solo l'essere umano sia dotato di un'anima immortale? Stando ai testi biblici, in

Genesi 2,7 leggiamo: "*Allora il Signore plasmò l'uomo con polvere del suolo e soffiò nelle sue narici un alito di vita e l'uomo divenne un essere vivente*". A causa del fatto che la stessa operazione non fu eseguita anche per la creazione di Eva, fin nel Medioevo si discuteva ancora se la donna avesse o no un'anima. Però ecco che cosa troviamo che disse il Signore Iddio in Genesi 2,18. "*Non è bene che l'uomo sia solo: gli voglio fare un aiuto che gli sia SIMILE. Allora il Signore plasmò dal suolo ogni sorta di bestie selvatiche e le condusse all'uomo per vedere come le avrebbe chiamate.*" Da questa somiglianza si deduce che al pari dell'uomo gli animali sono dotati di anima. E siccome l'uomo fu fatto a immagine di Dio (Genesi 1,26), se ne dedurrebbe che anche gli animali lo siano. A conferma di questo ecco che troviamo in Ecclesiaste 3,19-21. "*Infatti la sorte degli uomini è la stessa che quella degli animali: come muoiono questi così muoiono quelli. Gli uni e gli altri hanno uno stesso soffio vitale, senza che l'uomo abbia nulla in più rispetto all'animale. Gli uni e gli altri sono vento vano. Gli uni e gli altri vanno verso lo stesso luogo: gli uni e gli altri vengono dalla polvere, gli uni e gli altri tornano alla polvere. Chi sa se lo spirito vitale dell'uomo sale in alto e se quello dell'animale scende sotterra?*"

Dunque i testi biblici parlano di Spirito, mentre l'idea dell'esistenza dell'anima, e che questa sopravviva alla morte fisica dell'uomo, risulta essere solo una deduzione. Nessuna esplicita affermazione in tal senso viene dalla Bibbia. Infatti, come si è visto, Dio soffia nelle narici dell'uomo non un'anima ma un alito vitale per renderlo un essere vivente. E siccome anche gli animali, e non solo, sono inconfutabilmente esseri viventi, è altrettanto consequenziale (anche se non esplicitamente riportato) che al pari dell'uomo gli animali sono dotati di anima. Vi è una differenza quantitativa, non sostanziale, delle facoltà intellettive ed emozionali tra l'uomo e l'animale. Tutto ciò che sono in grado di fare gli uni lo fanno anche gli altri. Anche per ciò che riguarda il linguaggio, la capacità degli scimpanzé di imparare per comunicare i segni dell'alfabeto gestuale dei sordomuti sembra ormai fuori discussione. L'intelligenza non è un valore di cui si è in possesso o si è privi del tutto: è distribuita per gradi diversi a tutto il mondo animale. L'uomo non è l'animale razionale: è solo più razionale degli altri.

Gli animali sanno essere grati, compassionevoli, sperano (il cane spera quando attende il padrone), amano, s'innamorano, s'adirano, tengono il broncio, soffrono la solitudine, la delusione, sanno essere altruisti, sanno sacrificare a volte la loro vita per gli altri e si lasciano anche morire di inedia per la perdita del compagno, o del proprio padrone.

In ogni caso non ha alcun senso prendere come riferimento l'intelligenza, il sentimento, la paura o qualcos'altro degli animali per dimostrare che questi ultimi, essendo dotati di anima, al pari dell'uomo hanno diritti e meritano rispetto. Ogni specie, a qualunque regno appartenga, è perfetta di per se stessa, non in relazione alle capacità umane; non ha alcun bisogno di avere qualità speciali per meritare la nostra considerazione. L'universo esiste in virtù delle differenze formali fra i suoi componenti, e non c'è in esso chi sia più importante e chi meno, dal momento che se per esempio sparisse dalla faccia della Terra la specie umana ciò non sarebbe più grave della scomparsa delle api.

È innegabile che le facoltà percettive di molti animali (vista, olfatto, udito, premonizioni extrasensoriali) sono di gran lunga più sviluppate negli animali che non negli esseri umani. Pertanto, siccome tutte le facoltà umane, compresa quella della pietà, sono riscontrabili, in modo più o meno evidente, e diffuse tra gli esseri non umani, risulta alquanto difficile negare a loro la realtà dell'anima e riconoscerla all'uomo. Porfirio sosteneva che "*Gli animali condividono con noi anche i vizi, ma un solo vizio è a loro sconosciuto, la malevolenza per colui che si manifesta loro amico: essi rispondono sempre con un'amicizia assoluta. È tanto grande la loro fiducia nell'uomo che lo seguono ovunque li conduca, anche a un sacrificio o a un pericolo manifesto*".

Il Professor Antonino Zichichi nelle sue conferenze usa spesso affermare che ciò che maggiormente dimostra che noi siamo l'unica materia vivente in grado di ragionare non è tanto l'autocoscienza (chi può dimostrare l'esistenza dell'autocoscienza o no dell'animale?), quanto la ragione, che ci consente di tramandare conquiste culturali in grado di accelerare il nostro processo evolutivo. L'etologia invece afferma il contrario, cioè che nemmeno questo processo è prerogativa degli esseri umani. Sono stati osservati molti animali, come i cercopitechi e molte altre specie di scimmie, che sanno compiere azioni non trasmesse per via genetica ma culturale. È il caso di alcune scimmie che hanno imparato a lavare le patate e a immergerle nell'acqua del mare per insaporirle prima di mangiarle. Si è visto pure che molti animali hanno sistemi di comunicazione e di istruzione che trasmettono ai cuccioli, con successiva verifica sperimentale degli stessi. Quindi è del tutto improprio affermare che solo l'essere umano si avvantaggi dei suoi strumenti culturali, che sia il solo a non essere immobilizzato nella lentissima spinta evolutiva delle cose.

In natura è fondamentale la realtà della indispensabile differenza tra le cose. Come le tessere di un immenso mosaico ogni singolo componente contribuisce a formare l'immagine d'insieme, cioè lo scenario della vita. E tutte le cose devono necessariamente essere diverse tra loro e su piani differenti, altrimenti nulla esisterebbe nell'universo. Quindi ritenersi la cosa più importante è stupido quanto falso e presuntuoso. L'accorgersi maggiormente delle somiglianze tra gli uomini e gli altri animali è contrastato dal timore che esse spingano ad accordare loro dei diritti e rinunciare alla nostra arrogante supremazia su di loro: non avremmo più alcuna giustificazione morale nel trattarli in modi crudeli o irrispettosi.

Occorre però distinguere l'intelligenza dall'anima. Mentre la presenza della prima è facilmente verificabile anche nell'animale, la seconda non lo è altrettanto, dal momento che dovrebbe essere di natura prettamente spirituale.

Ma se fosse la presenza dell'anima a dare all'uomo maggiore intelligenza, un criminale con un acume più sviluppato rispetto a quello di un Santo, di indole buona ma di modeste capacità intellettive, avrebbe, diciamo, un'anima più grande. E come risolvere il problema di alcuni animali la cui intelligenza risulta essere superiore a quella di qualche essere umano? In questi ultimi tempi alcuni giornali raccontavano di una scimmia bonobo quattordicenne dell'università della Georgia che conosce il significato di 3000 vocaboli ed è in grado di esprimersi meglio di un bambino di 4 anni, mentre è risaputo che neppure il padrone è in grado di imparare e ricordare un solo suono del linguaggio del suo cane. Ma se l'essere umano ha, diciamo, una marcia in più rispetto agli animali, la sua fortuna è dovuta, come dicevano Giordano Bruno e lo stesso Anassagora, all'arto della mano e alla capacità di un linguaggio più articolato.

Le menti più illuminate della cultura laica (più umane, più lungimiranti e con maggiore ampiezza visiva rispetto a quelle clericali) hanno tutte difeso l'idea dell'anima negli animali. Victor Hugo, quasi in modo provocatorio, scriveva: "*Fissa lo sguardo del tuo cane e poi osa affermare che gli animali non abbiano un'anima*". Mentre Erich Fromm affermava: "*Forse che Colui che ha creato miliardi di universi con miliardi di miliardi galassie, con miliardi di miliardi di miliardi di stelle non aveva la possibilità di dare una realtà ultraterrena anche agli animali e limitare questa possibilità solo ad una delle 500 milioni di specie viventi?*" Sembra blasfemo solo supporlo. Vi immaginate un paradiso con sole anime antropomorfe, senza animali, senza piante, senza fiumi? E comunque, come affermava Rachels: "*Un Dio giusto e onnipotente non avrebbe creato degli esseri che patissero senza scopo*".

E se il Padreterno invece di dare l'anima all'uomo l'avesse data, ad esempio, al cavallo e avesse escluso tutte le altre specie da tale prerogativa, che logica avrebbe usato l'Onnipotente nel dare solo a questo animale un'anima immortale? Sarebbe la cosa più illogica e improduttiva anche per qualunque padre di famiglia che dica di amare tutti i suoi figli dando intanto a uno di loro licenza di sottomettere, sfruttare, violentare e uccidere gli altri fratelli con il pretesto che solo il primogenito debba valere. Con lo stesso infausto pretesto, che solo l'uomo è a immagine di Dio, l'essere umano ha trovato modo di giustificare tutti i suoi crimini nei confronti della creazione e ha fatto della Terra un'immensa camera di tortura per gli animali.

Ma per quale motivo il Padreterno non avrebbe dovuto dare un'anima anche agli animali, dal momento che con un suo "fiat" può creare dal nulla una galassia? Anche il più egoista e crudele dei mortali non negherebbe la gioia ad una sua creatura (che non ha chiesto di esistere), soprattutto quando questa ha sempre sofferto ingiustamente e a lui non costa nulla darle conforto? Diceva Montaigne: "*La presunzione è la nostra malattia originaria. La più calamitosa e la più fragile delle creature è la più orgogliosa. È per vanità che egli si ugua-*

glia a Dio, si attribuisce prerogative divine e separa se stesso dalla folla dei viventi".

Se l'anima dell'animale non perisce con la morte del suo corpo è probabile che nell'aldilà ritroveremo gli animali a cui siamo stati affezionati in questa vita. Ma i macellai, i vivisettori, i cacciatori, i pellicciai, i pescatori, ognuno che mangia la carne e gli altri prodotti dello sfruttamento di animali, potrebbero incontrare le anime degli animali che hanno maltrattato e ucciso e forse quello sarebbe per loro motivo di giudizio davanti al Padreterno.

Cibo per l'anima

Vegetarismo, strumento di elevazione spirituale

Il cibo che nutre il corpo deve essere conforme anche al nutrimento dello spirito; chi cerca la propria evoluzione spirituale deve essere consapevole di questo. Non è possibile raggiungere le vette della spiritualità se il corpo è nutrito con alimenti inadatti, energeticamente pesanti, intrisi di dolore e di violenza. Se l'anima nel suo percorso evolutivo ha bisogno di pensieri puri e di una coscienza compassionevole, anche il cibo deve essere adatto, incontaminato e soprattutto non essere prodotto a danno di un altro essere senziente.

In ogni tradizione spirituale gli Iniziati hanno dato massima importanza all'alimentazione che escludesse la carne per raggiungere la via della realizzazione e della salvezza. Secondo alcuni Maestri, il fatto di cibarsi di carne risulta dannoso anche per chi intende praticare la meditazione, perché le energie negative che si assorbono quando si assimila la carne di animali brutalmente uccisi impediscono una perfetta armonizzazione delle proprie energie con quelle dell'universo. Tutti i grandi yogi indiani si astenevano dalla carne. Secondo tali yogi l'uomo è formato da un corpo fisico-astrale-spirituale. Il corpo astrale è sensibile alla condizione di quello fisico: la sua stessa purezza dipende dalla condizione di quello fisico e di conseguenza dal tipo di alimentazione. Gli inquinanti e le tossine, oltre a essere dannosi per l'organismo, rendono il corpo astrale più denso. Come il corpo fisico anche gli altri corpi hanno bisogno di essere alimentati e richiedono per il loro sviluppo particolari energie che l'organismo deve sintetizzare a partire dall'alimentazione. La carne degli animali uccisi emana radiazioni di terrore: quando l'individuo consuma simili alimenti assorbe tali emanazioni dai piani inferiori.

Lo sviluppo della parte spirituale dell'uomo si attua attraverso il riferimento costante verso un ideale superiore che in sé racchiude l'idea della realizzazione integrale di se stessi attraverso l'armonia, la bellezza, il bene, la gioia, la vita. L'individuo diventa ciò che desidera profondamente. Identificandosi nell'ideale oggettivo, positivo, armonico, l'essere umano tende a uniformarsi a tutto ciò che di positivo, armonico ed edificante vi è nelle sue migliori aspirazioni e che ancora non trova compimento nella dimensione terrestre.

La componente spirituale dell'entità umana si identifica nella ricerca del bene e della felicità totale, nel desiderio di esistenza anche dopo la morte. Il tendere alla perfezione dell'ideale al quale cerchiamo di uniformarci è ciò che impegna, come in un patto d'amore e devozione, a migliorare noi stessi. Credere in un ideale di amore e di giustizia universale, lottare gratuitamente per il bene dell'altro, questo è ciò che ci fa crescere spiritualmente.

Credere poi nell'esistenza di Dio, come entità suprema spirituale ma reale e onnipotente, artefice di tutte le cose e capace di realizzare le nostre aspirazioni, porta a sviluppare in noi la forza della fede, componente imprescindibile per il raggiungimento di qualunque obiettivo. Attraverso la preghiera l'essere umano "assorbe" in se stesso ciò che l'Entità è e rappresenta e lo rende capace di "muovere le montagne".

Mancanza di saggezza e ipocrisia spesso caratterizzano il comportamento di molti religiosi. È forse possibile raggiungere la spiritualità invocando la pace su un'ecatombe di animali assassinati? Come è possibile pregare Dio affinché ci salvi dall'ingiustizia e dalla violenza e poi cenare con le membra di un animale che implorava di essere risparmiato? Come può il religioso prendere la comunione e mischiarla nello stomaco con fette di prosciutto mangiato prima, o dopo? Presentarsi davanti a Cristo con addosso pelli di animali assassinati, come può evolverti? La pelle degli animali ti impedisce di sollevarti. In Paradiso non si mangia carne; chi tende alla spiritualità si rassegni e si prepari fin da questa vita, finché è in tempo.

Nessuna elevazione è possibile senza la volontà di essere giusti e compassionevoli. Se paghi per assistere alla tortura di un toro nella corrida, se generi terrore e morte con la caccia o la pesca, se sperimenti il tuo sadismo su animali innocenti, non puoi sperare nell'elevazione spirituale. Può forse progredire chi versa sangue innocente? C'è incompatibilità d'essenza tra la condotta di chi disprezza il dolore e la vita di qualunque creatura e la dimensione dello spirito: la vera spiritualità sta agli antipodi della natura di certa gente. Si rassegnino i cacciatori, i vivisettori, i macellatori di animali: salvo provvidenziale conversione, l'inferno è per loro assicurato.

Bibliografia

AA.VV. *Gli animali soffrono, il profeta denuncia*. Edizioni Vita Universale.

AA.VV. *Diventare vegetariani*. Associazione Igienista Italiana.

AA.VV. *La rivoluzione nonviolenta*. Edizioni BS.

AA.VV. *I vangeli apocrifi*. Einaudi Tascabili.

AA.VV. *Diventare vegetariani*. Edizioni Michele Manca.

AA.VV. *La Bibbia*. Edizioni Paoline.

Lorenzo Acerba, Valerio Pignotta. *Cancro, puoi guarire*. Ed. Macro.

Alfredo Agostinelli. *L'alimentazione dell'uomo*.

Omraam Mikhael Aivanhov. *Hrani yoga*. Edizioni Prosveta.

Jacqueline Andrè. *Sette miliardi di vegetariani*. Giannone Editore.

Stefano Apuzzo, Michela D'Ambrosio. *Anche gli animali vanno in paradiso*. Edizioni Mediterranee

Claude Aubert. *Un altro piatto*. Oscar Mondadori.

Luciana Baroni. *Vegpyramid*. Edizioni Sonda.

Luciana Baroni, Hans Diehl. *Decidi di stare bene*. Edizioni Sonda.

Renzo Baschera. *I poteri esoterici degli animali e delle piante*. Oscar Mondadori.

Richard Belivean, Denis Gingras. *L'alimentazione anti-cancro*. Edizioni Sperling Kupfer.

Rynn Berry. *Da Buddha ai Beatles*. Gruppo Futura.

Jacopo Bertini, Michelangelo Giampietro. *Diete vegetariane*. Il Pensiero Scientifico Editore.

Edmond Bordeaux Szekely. *Il vangelo esseno della pace*. Edizioni Michele Manca.

Guidalberto Bormolini. *Il vegetarianesimo nelle tradizioni spirituali*. Edizioni Leone Verde.

Bruno Brigo. *La prevenzione del cancro*. Tecniche Nuove.

T. Colin Campbell, Thomas M. Campbell II. *The China Study*. Macro Edizioni.

Giuseppe Capano. *La cucina a crudo*. Edizioni Tecniche Nuove.
Giorgio Celli. *I sette peccati capitali degli animali*. Edizioni Mursia.
Giorgio Cerquetti. *La rivoluzione vegetariana*. Edizioni Il punto d'Incontro.
Giorgio Cerquetti. *Mondo vegetariano*. Laris Editrice.
Kath Clements. *Perché vegetariani*. RED Edizioni.
Vernon Coleman. *Come impedire al vostro medico di nuocervi*. Macro Edizioni.
Alain Contaret. *Omaggio agli animali*. Fabbroni Edizioni.
Claudio Corvino. *Latte e formaggio*. Macro Edizioni.
Luigi Costacurta. *La nuova dietetica*. Edizioni Di Medicina Naturale.
Pietro Croce. *Vivisezione o scienza*. Edizioni UNA.
Giusi De Francesco. *Guarire con il cibo*. Macro Edizioni.
Armando D'Elia. *Miti e realtà nell'alimentazione umana*.
Michela De Petris. *Ricette da favola*. Editrice Novalis.
Raymond Dextreit. *Le virtù della verdura e della frutta*. I Garzanti.
Paola Di Pietro. *I reumatismi*. Edizioni FCE.
Gino Ditadi. *I filosofi e gli animali*. Edizioni Isonomia.
Arnold Ehret. *Il sistema di guarigione della dieta senza muco*. Edizioni La Cassandra.
Giuseppe Fariselli, Daniele Razzoli. *Prevenire e curare il cancro con le medicine naturali*. Edizioni RED.
Carmelo Fucarino. *Pitagora e il vegetarismo*. Antonio Giannone Editore.
Giamblico. *Vita pitagorica*.
Jackie Habgood. *Guida alle Combinazioni Alimentari*. Macro Edizioni.
Sandra Hood. *Bimbi vegan*. Edizioni Terra Nuova.
Michel Jossay. *Come potenziare le difese immunitarie*. DVE Pocket.
Michio Kushi. *Medicina macrobiotica*. Edizioni Mediterranee.
Tim C. Leedom e Maria Murdy. *Il libro che la tua chiesa non ti farebbe mai leggere*. Tascabili Newton.
Franca Maffei. *Guida alla combinazioni alimentari*. Edizioni Demetra.
Diego Manca. *Benedetti animali*. Edizioni Armenia.
Silvano Mantovani. *L'equilibrio acido basico*. Edizioni Akros.
Annamaria Manzoni. *In direzione contraria*. Edizioni Sonda.

Annamaria Manzoni. *Noi abbiamo un sogno*. Tascabili Bompiani.
Massimo Montanari. *Il cibo come cultura*. Edizioni Laterza.
Oscar Montanari. *Alimenti cotti uccidono il corpo umano*.
Albert Ronald Morales. *Fruttoterapia*. Edizioni Il Punto d'Incontro.
Michel Odoul. *Dimmi dove ti fa male e ti dirò perché*. Edizioni Il punto d'Incontro.
Manuel Olivares. *Vegetariani, dove, come, perché*. Malatempora/ Movement.
Claudia Pastorino, Massimo Tettamanti. *Il Jainismo*. Edizioni Cosmopolis.
Plutarco. *Del mangiar carne*. Edizioni Adelphi.
Plutarco. *Vite parallele*. Grandi Tascabili Economici Newton.
Jean Prieur. *Gli animali hanno un'anima*. Edizioni Mediterranee.
Luciano Proietti. *Figli vegetariani*. Edizioni Sonda.
Francesco Pupillia. *Al punto di arrivo comune*. Mimesis.
Michele Riefoli. *Il rapporto mente-cibo*. Armando Editore.
Michele Riefoli. *Mangiar sano e naturale*.
Jeremy Rifkin. *Ecocidio*. Edizioni Mediterranee.
Bruno Romano. *Il digiuno*. Edizioni Mediterranee.
Steven Rosen. *Il vegetarismo e le religioni nel mondo*. Gruppo Futura.
Cosmo Sallustio Salvemini. *Informazione manipolata dalle **lobby***. Edizioni Movimento Salvemini.
Silvio Sciurba e Luca Speranza. *Fruttalia*. Edizioni Sì.
Herbert Macgolfin Shelton. *Artrite: soluzione naturale*. Società Editrice Igiene Naturale.
Herbert Macgolfin Shelton. *Assistenza igienica ai bambini*. Società Editrice Igiene Naturale.
Herbert Macgolfin Shelton. *Danni causati da vaccini e sieri*. Società Editrice Igiene Naturale.
Herbert Macgolfin Shelton. *Il digiuno può salvarvi la vita*. Società Editrice Igiene Naturale.
Herbert Macgolfin Shelton. *Il sistema igienistico*. Società Editrice Igiene Naturale.
Herbert Macgolfin Shelton. *Introduzione all'igiene naturale*. Società Editrice Igiene Naturale.

Herbert Macgolfin Shelton. *Ipertensione e malattia cardiocircolatoria*. Società Editrice Igiene Naturale.

Herbert Macgolfin Shelton. *Le malattie cardiovascolari*. Società Editrice Igiene Naturale.

Herbert Macgolfin Shelton. *Nutrizione superiore*. Società Editrice Igiene Naturale.

Herbert Macgolfin Shelton. *Soluzione al diabete e all'ipoglicemia*. Società Editrice Igiene Naturale.

Herbert Macgolfin Shelton. *Tumori e cancri*. Società Editrice Igiene Naturale.

Giancarlo Signore. *Storia delle abitudini alimentari*. Edizioni Tecniche Nuove.

Peter Singer. *Liberazione animale*. Edizioni LAV.

Soleil. *Guarire*. Edizioni Sarva.

Rudolf Steiner. *Alimentazione e Coscienza*. Edizioni Basaia.

Teofrasto. *Della pietà*. Edizioni Isonomia.

John Henry Tilden. *La tossiemia*. Società Editrice Igiene Naturale.

Eckhart Tolle. *Parole della quiete*. Edizioni Armenia.

Lev Tolstoj. *Il cammino della saggezza*. Centro Gandhi Edizioni.

Kevin Trudeau. *Vogliono farti ammalare*. Oscar Mondadori.

Valdo Vaccaro. *Alimentazione naturale*. Anima Edizioni.

Valdo Vaccaro. *Il ferro, l'enzima e l'anima*.

Valdo Vaccaro. *I papiri di Igea*.

Valdo Vaccaro. *Storia dell'igienismo naturale*. Anima Edizioni.

Nico Valerio. *Alimentazione Naturale*. Oscar Mondadori.

Nico Valerio. *Il piatto verde*. Oscar Mondadori.

Le diete per tutti. Vallardi, Le guide Salute.

Sang Whang. *Invertire l'invecchiamento*. Nuova Editrice Apulia.

Paramahansa Yogananda. *Autobiografia di uno yogi*. Edizioni Astrolabio.

Roberto O. Young, Shelley Redford Young. *Il miracolo del pH alcalino*. Edizioni Nea Bis.

Giancarlo Signore. *Storia delle abitudini alimentari*. Edizioni Tecniche Nuove

Marco Urbisci. *DEA*. Edizioni Vegan Ok

INDICE